雲五文庫
漢譯叢書

聖多瑪斯·阿奎納

論萬事

王雲五◎主編
王學哲◎重編
呂穆迪◎譯述
高凌霞◎審校

臺灣商務印書館

重印好書，知識共享

「雲五文庫」出版源起

商務印書館創立一百多年，臺灣商務印書館在台成立也有六十多年，出版無數的好書，相信許多讀者朋友都是與臺灣商務印書館一起長大的。

由於我們不斷地推出知識性、學術性、文學性、生活性的新書，以致許多絕版好書沒有機會再與讀者見面，我們對需要這些好書的讀者深感愧歉。

近年來出版市場雖然競爭日益劇烈，閱讀的人口日漸減少，但是，臺灣商務基於「出版好書、匡輔教育」的傳統理念，我們從二〇〇八年起推動臺灣商務的文化復興運動，重新整理絕版的好書，要作好服務讀者的工作。

二〇〇八年首先重印「文淵閣本四庫全書」，獲得社會熱烈的響應。我們決定有計畫的將絕版好書重新整理，以目前流行的二十五開本，採取事前預約，用隨需印刷方式推出「雲五文庫」，讓一小部分有需求的讀者，也能得到他們詢問已久的絕版好書。

臺灣商務印書館過去在創館元老王雲五先生的主持下，主編了許多大部頭的叢書，包括「萬有文庫」、「四部叢刊」、「基本國學叢書」、「漢譯世界名著」、「罕傳善本叢書」、「人人文庫」等，還有許多沒有列入叢書的好書。今後這些好書，將逐一編選納入「雲五文庫」，再冠上原有叢書的名稱，例如「雲五文庫萬有叢書」、「雲五文庫國學叢書」等。

過去流行三十二開本、或是四十開本的口袋書，今後只要稍加放大，就可成為二十五開本的叢書，字體放大也比較符合視力保健的要求。原來出版的十六開本，仍將予以保留，以維持版面的美觀。

二〇〇九年八月十四日是王雲五先生以九十二歲高齡逝世三十週年紀念日。為了紀念王雲五先生主持商務印書館、推動文化與教育的貢獻，這套重編的叢書，訂名為「雲五文庫」，即日起陸續推出。如果您曾經等待商務曾經出版過的某一本書，現在卻買不到了，請您告訴我們，臺灣商務不惜工本要為您量身訂作。這樣的作法，為的是要感謝您的支援，讓您可以買到絕版多年的好書。讓我們為重讀好書一起來努力吧。

臺灣商務印書館董事長王學哲
總編輯方鵬程謹序
二〇〇八年十二月十二日

目錄

宇宙：生存的花園 71

人生：智性的生存使命 107

主宰：上智生存的扶導　268

奇蹟：宇宙間的神異　463

法律：生存的指導 515

聖寵：超性生存的助佑　647

序論

第一章　序論

卷首題辭：「上主是偉大的天主，並是超越眾神的偉大君王。上主不擯棄祂的人民，因為陸地四方上下的邊境，都在祂的手掌中；高山峻嶺，都在祂監臨之下。海洋是祂作成的。陸地是祂的手形成的。陸地海洋，都屬於祂所有」。（《聖詠》，九四，三─五）

議論程式

以前（兩卷）的討論，證明了萬物之上，有第一實體，竭盡生存實理的純全，擁有盈極無缺的美善，至上至一，吾人尊稱為天主。祂從本體美善的豐富洋溢，給所有萬物，普施生存：明證祂至高至尊，獨一無二：祂是萬物的始元。

回觀前論，（卷二，章二十三），明見上主，給諸外物，賞賜生存的恩惠，不是迫於本性的必然，而是由於意志的自主。故此，祂是上主，主宰所造萬物：譬如在吾人間，意志管治事物，即是主宰事上主造生萬物，既不用外在的工具，又不用物質的資料；而是給每物，造出生存的全部，故是普世萬物的主宰，有完善無缺的主權和實力。祂是造物真主。

作者意志自主作出的每一物體，都嚮往作者規定的終向：因為終向和福善，是意志本有的對象和目的。意有所為，常有所為。凡從意志發出的事物，都嚮往某某目的：這是必然的。每物用自己的行動，掙取終極目的，必受其主因的指導。物體的主因給物體，賦予動作所需的能力及因素。

天主本體，全善全美；由自主的權能，普施生存，造生萬有；主宰萬物，指導萬物的行動，不受任何物的指導：物體的生存，莫非天主所賜；故其行動，全受天主統制，無所逃遁或推辭。這是理之必然。天主有至善純全的生存，是至善純全的原因；依同比例、天主治理萬物，也是至善純全的主宰。

天主主宰的實效，隨物類本性的不同，在不同的物類，呈露出不同的方式。靈智之類，近似天主，表現天主的真相，有靈明的智力；憑固有的行動，嚮往應得的目的；不但受指導，受管理，而且自己指導自己，管理自己：他們是受治的自治者：受治於天主，自治於自主。他們自主自治的行動，如果遵從天主的統治，便由天主治理的恩惠，實得終極的目的；但如不遵從天主的治道，便受天主的拒絕。

無靈之類，沒有靈明的智力，為達到生存的目的，自己不指引自己，但受外物的指引；分不朽與可朽。不朽者，有如天上諸形體：運行於天際：常動不息，常則不變：恆久如一，不死不滅：本性生存，不會凋殘衰落；本性固有的行動，循軌旋轉，趨向於先天固定的目的，總不越軌；遵從第一主宰者的主宰，全守天文的軌道和規律，不犯過失。（古代天文學觀念認為天上星宿只變位不變質）。

可朽者，物質形體，有生死變化：本性生存，能遭受衰敗和滅亡：但舊者故去，新者代興：實體變化，一物之滅亡，常是另一物的新生。生存如此，行動亦然。它們的行動，能犯過失，越出本性自然的秩序：但一失常有一得，一弊常有一利，得失相償，利弊相折，（猶如禍福相依，而成於一事：蒸水成汽；水之失，乃是汽之得，回閱本卷章二十四）。從此可見，它們雖然顯似逾越第一主宰的秩序，仍不逃脫第一主宰的權能：足證這類可朽的無靈形體，一如其實體受建立於天主，如此其行動也全遵守天主權能的統轄。

《聖詠》的作者，充滿了天主聖神，觀察上述情況，為給吾人指明天主的主宰和治理，首先乃描寫第一主宰，至高無上的美善；於是標出天主聖名，指明其性體至善；又稱呼上主偉大，指明其權能至強：為收治理的實效，全能自足，不借助於外物；又讚頌偉大君王，超越眾神；指明天主權位至尊：（極言帝王尊貴，若聖若神；神聖之名，均含帝王之意）：眾神眾帝，猶言眾位主宰，各司治理之權；（皇權至上，位極崇高）；雖然如此，皆不高於天主：全屬於天主權下，遵守天主的治理。天主至大至尊，位居萬王之王；並居萬神之上！（順之者治，逆之者亂）。

其次，又給吾人，描寫天主治理的方式。首論有靈的物類，他們如果遵從天主的治理，使賴天主恩賜，得到生存的終極目的。故此說：上主不擯棄祂自己的人民。次論可朽的形體之類：它們雖有時行動越軌，仍脫不開第一主宰權能的籬範；因此，《聖詠》說：陸地的邊境，都在祂的手掌中。最後，對於天上諸形體：它們超越陸地的最高峯，這就是說：它們超越各類可朽的形體。它們常常遵守天主規定的正道。因此，《聖詠》說：高山峻嶺，都在天主監臨之下。

最後，指出天主主宰，掌管普世萬物。物，凡受天主造成，必受天主掌管。此乃《聖詠》末句所說：陸地海洋，都被天主造成，都是天主所有。

既然本書第一卷，討論了天主的性體至善，第二卷討論了祂的權能至強：祂是造生萬物的主宰；現於這第三卷，尚待討論的，便是天主權位至尊：天主的權位，至極尊貴：祂是萬物的目的，又是治理萬物的首長。

本卷討論的程式，故應進行如下：

首論天主是萬物生存的目的；

次論天主治理萬物：泛論天主的治理；

末論天主治理有靈智的物類：特論天主治理神和人。

目的：生存的美滿

第二章　作者與目的

那麼，現應首先證明一條定理，就是：凡是作者，在動作中，都追求某一目的。

理證：某些物體，為目的而動作，是顯明的事實。分析起來，作者興奮之所追求，吾人稱之為目的。追求它，叫作追求目的。得到它，叫作達到目的，即是工作成功，有了結局。失掉它，叫作失掉目的，即是計劃失敗，工作沒得結果。請看醫師動作，是為治好病人；人跑路，是為達到某個終點：這就是一些顯明的實例。無論作者有無知識，凡有動作，必有目的：例如箭手射箭，（不是無的放矢。箭手有知識，箭頭無知識，但都有一個目的）。箭頭射中的目的，便也是箭手要射的目的。（目的也叫作終向，就是終止點，終局，或結果。凡是作者，動作起來，都有目的）。

然而凡是作者奮力動作，所追求的目的，都是明確固定的某某目的；因為不拘什麼動作，不是發自任何什麼能力；但各有固定的來源，例如炙熱的動作，來自熱力；凍結的動作，來自寒冷。動力有種種不同，動作隨之而異。不同的動作，有不同的目的。（目的萬殊，總歸二類：一在作者以外，一在作者以內）。例如建築的目的是房屋；治病的目的是病人恢復健康。（房屋是在工程師以外建築起來。病人恢復了的健康，也不得是在醫師身內）。凡是以外在事功為目的的動作，（專叫「外成動作」），都有藝術的含意：通稱工作。工作者，操行技藝，奮力動作，其目的是完成那個（外在的）效果。反之，凡是以內在事功為目的的動作，（專叫內成動作），都有生活的含意：通稱活動。活動者，施展活力，所追求的目的，是完成（自身以內的）那個活動，（不是在自身以外，另作出什麼效果或產品），例如覺力的知覺，和智力的智解。

統觀以上兩類動作，（工作及活動），足見：凡是作者，在動作裡，都追求某某固定的目的：或以動作自身為目的；或以動作所完成的（外在）效果為目的。這是（歸納法，直證而得的）一個必然結論。

還證：（用演繹性的反證法，也可證出同一結論）：凡在有目的的作者以內，分析起來，可以發現都有終極目的。作者得之，則不上進另求其他。這樣的最後目的，吾人稱之為「終極目的」。（凡是動作，在許多節目相繼完成以後，都有終極目的）：例如醫師的動作，終於治好病人。目的既已達到，醫師便停止動作，不再診治不停。（醫類如此，萬類亦然。物無例外）。否則，動作繼續，將永無止境。這是不可能的：因為（按大哲《分析學後編》卷一，章二十二），「歷程無限，是渡不過去的」；因而作者也無以開始動作：無任何物移動而嚮往不能達到的終點。（物點動作而無終極目的，既是不可能的），足見凡是作者都是為目的而動作。

加證：（仍用反證法）：假設作者的動作，前後相繼發出，無限無窮，（永無止境）；或隨而生出某一（外在）效果，或不生出任何（外在）效果，（用兩難法論去）：

假設有某（外在）效果生出，那某效果的製作，必須發生在無限多動作完畢以後。先備無限需求，卻是不可能的。「無限歷程，非渡得過」！不能有者，不能成。不能成者，作不成。足見：先備條件所需無限的任何效果，非任何作者能有開始製作之時。

另一方面，假設無任何（外在）效果，隨之而生，（那些動作須是所謂的「內成動作」，（即是生物的活動，典型的實例是「知識」。知識的許多活動，依假設應有無限之多。這卻是不可能的：因為前後相繼而生），遵循必不可少的秩序；或遵照動力方面的秩序，例如人的知識：先有器官的知覺，而後有覺像力的想像；（既有想像，始有腦力的思想；反復思索，最後）始有智力的曉悟；轉而始生意力的愛憎：（如此，前後相繼，系統有始有終，上溯下推，都不是永無盡頭）；或在另一方面，遵照對象方面的秩序，例如人智力（下學而上達，由下級概念上達而知高級的概念），先觀察形體，（有了形體界的知識），然後始能以觀察出靈魂，或心神之類，（而有心理學的知識）；由靈魂的知識上進一步，始能觀察到（和形體界絕離而分異的）純神實體，有了純神的概念，始能理會到（無上純神，造物真主）的概念：即是悟認出「天主」的真義，（而領略神學的知識。如此，諸級知識，相繼而生，前者以後者為目的；後者以前者為條件：排成系統），上溯下推，也不能是永無止境的。

綜合上述，（加用複比例的推論法，進步想去），可知無論依照兩者之中任何那一方面的秩序，上溯下推，都不會是永無止境的。（比例如下）：在動力方面，不能永無止境，猶如在物類各級性理方面，也不能永無止境。理證詳見於（大哲）《形上學》卷二，（另版卷一小甲，章二，頁九九四）：動力發源於性理。物體具備的性理是物體動作的（內在）因素。性理非無限，動力必有窮。在對象方面，也不能永無止境，猶如在物類品級方面，也不能永無止境：因為按（本書卷一章四十二）已有的證明，在實有萬物之上，有至高無上的第一實有物，（此即天主）。從以上這各方面看來，（歸納起來），可以斷定：動作系統，前後相繼，而永無止境，是不可能的。足見：必有某一終局。終局既得，動作停止，作者的努力便也休息下來。（終局，止境，停止，休息，盡頭，止點，都有終向或目的的意思：系統秩序必有的止點，恰當是動作的目的）。如此想來，可見：凡是作者的動作，都有（確定）目的。

再證：為目的而動作的許多因素，排成系統；在第一作者和最後目的之間，所有中間各級因素，前後相繼，前者是後者的成因和動力；後者是前者的成效和目的。彼此對待，有這樣的關係，（是一個事實和定律）。準此而論，假設作者的努力，沒有確定的目的；而其動作，依假設，相繼生出，永無止境；那麼，它的動力也就應上下相繼，層出無窮：按上面已有的證明，這是不可能的。（用反證法返回去），足見：作者的努力有某一確定的目的，乃是必然的。（目的是系統秩序宜有的止點）。

還證：凡是作者發出動作，或由於本性的自然，或由於心靈的智力。用智力者，動作起來，無疑的，都有目的：因為它們先在心智以內思慮動作能得的成效，然後依照既定的計劃和謀略，發出適當的動作：先思而後行，這乃是智力行動的特性。依相同的比例，沒有心智，只有本性自然動力的作者，發出動作，也不是沒有目的。它們如同有心智的作者，先在心智內，思慮到動作效果的觀念；在無心智的自然動力內，也彷彿先有自然效果的圖型；由而發出適當動作，促成那某某固定效果的生成：例如惟火生火；惟有橄欖樹，才生出橄欖果。（本性自然而必然，恆常如斯，不是漫無目的）。

（歸納起來），有智力者，用自己智性的動作，趨向固定目的；無智力者，用本性的自然，也趨向於固定目的。（作者雖有無智或有智的分別；各自都有目的，卻是同守的一條公律。作者萬殊，不出有智與無智二類之外。二類既都有目的），足證萬種作者，動作起來，都不是沒有目的。

加證：物體生存行動，果如沒有目的，則不會有過錯。不中於本職以外的目的，也算不得有過錯可受咎責。例如醫師的本職是為治病，而不中其目的，固應歸咎於醫師，但不得責成於工程師，或文法家；（工程師或文法家不會治病，不算失職或辱職）。然而，事實上，在事物裡，不分人工與自然，都能發現出過錯。（人工包括人為的工藝和文藝等等），例如文法家發言，措辭不合文法，便是犯了（文藝）的過錯。自然界，怪物出生，（不合本類自然的常規），即是犯了（自然傳生或變化的）過錯。（既然承認那裡有過錯，就不得否認那裡有一定的規則和目的，應遵守，應達到，而不幸沒有遵守，沒有達到）。如此推論，足以斷言：凡是作者，不分人工與自然，動作起來，都有目的。（人意志自由的行動，有目的；自然界無意志自由的行動，仍然有目的）。

又證：假設作者動作，不追求某某固定目的；它所能作的任何實際功效，對於它都是無可無不可的。漠漠然，面對多方，去就兩可，將不知何所適從。由此緣故，或然兩可的因素，除非由另某因素決定於一可，則不實際產生任何行動或功效。足見它自己行動，是不可能的；（必須被動於另一有決定作用的原因；這個原因不能又是沒有目的）。如此，（推論到盡頭），足證凡是作者，動作起來，都追求某一固定的實際功效。這個功效，便是所說的目的。（既知無目的則無動作，便知有動作故有目的）。

解難：有些動作，依表面看來，好似沒有目的，例如遊戲，靜定的觀賞神思；或有一些人不注意而作出的行動，出於無心，就好像是全無目的，例如（無緣無故的）攄一攄鬍鬚；還有其他這樣的動作。於是有人能想某些作者能作出無目的的行動。

為解除以上這樣的疑難，須知靜思觀賞之類的動作，（是前面談過了的「內成動作」之典型；凡是這類動作）都是以自己的實現為目的；說它們固然沒有目的，只是說它們在自身實現以外，別無目的。遊戲或玩耍之類的動作，有時也是以自身的實現為目的；例如某人玩耍的目的只是為安享玩耍中的樂趣：（他這就是為玩耍而玩耍，樂在其中，別無其他目的；和神思觀賞之類的靜思，有相同之處）；但有時玩耍也是另有目的，例如吾人，玩耍消遣，目的是在玩耍散心以後，更能收起心來，用功讀書，或研究問題。論到那些「事出無心」的動作，須知所謂「無心」，是說「沒有心智方面的注意」，但不是沒有一些突然的想像力，或其他某某本性自然的動因：例如血氣不調，皮膚發癢，是某人抓摩鬍鬚的原因；（解癢是其目的，抓摩的動作，出於自然而突然的知覺和想像），卻不出於心智的反省注意。這類自然反應的動作，雖然出於心智注意範圍以外，仍舊不可說它們完全沒有目的。

駁謬：用這裡的定論，可以破除古代《物理學》家的錯誤：他們曾主張萬物的行動和變化，都是出於物質的必然；（認為物質的必然性是盲目的，沒有理智的目的；因此）他們遂肯定宇宙萬物，完全沒有目的；（乃從物體各類因素之列），鈎銷「目的因素」這一條。（這是懂錯了物質）。

第三章　物性向善

從此轉進，即應證明：凡是作者，都是為善良而動作。

理證：顯然、凡是作者動作，都有目的；理由是因為凡是作者都追求某某確定的對象。然則，作者確定追求的對象，必然適合於作者的追求：否則，便不足以為其對象。然而，凡適合於某物之追求的對象，都乃是那某物欲得之善良。故此，凡是作者，都是為善良而動作。

另證：目的乃是動作者，或運動者，和被動者，雙方慾望滿足而安息的止點。然則，善良二字的定義內，固有的要素，正是「滿足慾望而安息之」：因為（接大哲《道德論》卷一章五的名言）「善良就是萬物慾望之所追求」。足見，動作和變動，無非為善良而發。

還證：凡是動作和變動，依眾人觀察之所見，都在某某方式或限度內，對物體之生存，有常則不移的附屬關係：或為保全生存，或為得到新生存；或為成全某物的個體生存，或為成全某類某種的群體生存。然則，生存二字所指的本質，正是善良。（善良之理，就是生存之理：二理合是一理）。凡是物體，無不追求生存；理由也是在這裡。故此，凡是動作和變動，（或發動，或被動），都是為善良而動：（為成全善良對象而動）。

加證：凡是動作和變動，都是為成全（生存的）某一美善。（歸納各種事實），可知動作（或屬於「內成動作」之類，或屬於「外成動作」之類。顯然的，內成動作）是以動作自身為目的，乃是作者的第二美善。另一方面，如果動作某是一外成動作，它的效用是依照作者的意旨，變化外在的某某物質，並給由物質變化而出生的新物，締造生存方面的某某美善。這某某美善，在自然界物體變化生生的過程裡，是新生物體，本性追求的對象。這裡所說的生存美善，（現實盈極，全備無缺），正是吾人（在本章）所說的善良。（依吾人本章的定義，善良非他，惟乃生存的全美）。足證：凡是動作和變動，都是為了某某善良的對象。

又證：凡是作者，都是以生存現實盈極為根據，而發出動作。作者動作起來，趨向於和自己同類或近似的成效。足見它乃是趨向於完成另某生存的現實盈極。然而，現實盈極，按各類物體生存實況而論，常含「美良」之理：因為它的反面，常含「惡劣」之理。惡劣在乎潛能虧虛，缺乏盈極的現實：非在這裡，他處無以見之。足證凡是動作都是為了善良的理由而發出。

還證：有智力的作者，用智力發出動作，是為達到自己指定的目的。無智力的作者，用本性自然的動力，發出動作，雖然按前章已有的證明，也是為追求目的而發動，但因自己不認識目的理由之所在，故不自己給自己指定目的，惟賴被動於外在原因，追求某某被指定的目的。（外在原因，追究到最後，是有智力的）。然而，有智力的原因，給自己指定動作的目的，別無其他理由，惟因某某目的包含善良之理。智力可知的對象，如無善良之理，則不引起智力的追慕。智力或理智追慕的對象，乃是善良：不得是惡劣。（從此可見，有智力的作者，發出動作，常是為了善良目的）。

既然如此，也可看到，無智力而有本性自然動力的作者，不被動，也不動作，而追求某某目的，除非那個目的也有善良之理：（一因它在最後，被動於有智力的原因，追求被那智力指定的目的，不能不含善良之理；二因）本性自然的動力，由本性自然的某某慾望，指定本性自然需求的某某目的：這樣的目的，依名理的實義，乃是善良。足見凡是作者，（不分有無智力），都是為追求善良對象，而發出行動。

又證：趨善而避惡，是名異而實同，事異而理同的；猶如升高而離低，也是名異實同，事異而理同的。（有離低之名與事，必有升高之實與理。依正比例相推，可知那裡有避惡之名與事，那裡就必有趨善之實與理）。然而，各類物體，依眾人觀察所見的事實，沒有不亟力避惡的：請看，有智力的作者，躲避某物，其理由正是因為他在那某物中看到了可惡之理；本性自然的作者，也是竭盡全力，抵制自身的敗亡：免遭（失掉生存而死亡的）兇禍。足證各類物體都是為求福免禍而動作。這就是說：都是為得善良之對象而動作。

還證：作者動作產生的意外效果，叫作偶然效果：或僥倖，或不幸。吾人觀察自然界的事實，可以見到物體動作的目的，是追求更優越的美善：或恆常如此，或大多必須是相同的一個止點。然而，被動者，是一個潛能物體，追求的止點，是潛能的實現：由生存的虧虛，轉移而進入盈極狀態：因為「被動」非他，乃是由潛能虧虛出發而進入現實盈極。生存的潛能實現而達於盈極無缺，乃是美善和善良，（包括各種應有的福利）。足證凡是發動者，或動作者，發動或動作起來，常有求善的宗旨。

史證：本此種種理由，往代哲士，給「善良」二字下定義，嘗說：「善良是萬物之所追求」。（參考大哲《道德論》卷一章一）。狄耀尼《天主諸名論》，章四，也說：「萬物之所慾，在得善良和至善」。

評註：「可欲之謂善」。（《孟》、《墨》）。物各有恆性，數次如此：例如植物生長枝葉是為保護菓實；動物生長肢體和器官，構造適當，也是為保養生命。假設這樣的事實是出自物體本性自然生長的意料之外，便都是偶然事件，或僥倖，或不幸。但這樣的假設是不可能的：因為恆常或屢次發生的事件，不是偶然的，也不是無因而至的僥倖或不幸。依名理的本義，（按大哲《物理學》卷二章五），偶然事件乃是罕見的稀有事件，非某類全體之所常有或多有。足證物體動作，本性自然目的，是追求更優越的善良：盡力增加福利，減除兇惡。有智力的作者，顯然更是如此。足見凡是物體動作，都是旨在追求善良。

又證：物體被動而動者，都受發動或施動者的指引，而達到變動的止點。故此，發動者和被動者共同追求的，率性而動，自知所止，止於適中之善，而達於至中至正的純善而後已。小善非純善。純善惟至善。物性不安於小善，必止於大善純善而後安。純善實體，乃生存的最高目的。物性無不渴求至善。但「惡劣」何自而生？詳論於下章。

善惡：生存的得失

第四章　惡劣是意外的偶然

從此轉進考察，即可明見：事物中有惡劣情況襲入，是出於眾作者意料之外，（是偶然的不幸）。

理證：從某某動作中生出了和作者本意，迥乎不同的效果，顯然是意外不幸的偶然。惡劣的事物，卻迥乎不同於個個作者本旨追求的善良（對象）。足見，惡劣事件是出於作者意料之外的。

又證：動作和成效內的缺點，是動力內某某缺點招致而來的效果；猶如生物種籽內某部分的朽爛，是怪胎出現的原因；又如步法的拐蹶，是兩腿長短不齊所致。然而，作者動作，是根據它所有的動作能力；不是根據它患有能力的殘缺。同時，它根據什麼發出動作，它就也根據什麼追求動作的目的。從此可見，它的本意是追求和動力相稱的目的。和動力的缺點，相合而生的效果，顯然不是它本意之所追求。那樣缺點的效果，卻是所說的「惡劣」。足證惡劣事情，都是作者意外偶然而生的不幸。

還證：發動者所發的動，和被動者受動而動的動，有同樣的動向和目的。被動者本性固有的動向和目的，卻是某一善良對象：有時陷於惡劣境況中，乃是意外而偶然的不幸。試觀物體生死變化的實況，即可看到這一點，顯明至極：物質現實具備此某物體的性理，有失掉此某性理，而領取另某性理的潛能和容量：例如：現有氣的性理而是一股清氣，卻有失掉氣體之性理而領取火的性理之潛能與容量。物質的變化以得此失彼為同時俱至的終點：火體新生而得火體之性理；氣體隨之俱毀而失掉氣體之性理：氣體之消失和火體之新生，同時俱來。但請注意：物質的慾望和意旨，是追求性理之獲得，不是追求性理之缺乏：理由是因為（依物性的自然），物質不追求不可能的生存境況。在性理缺乏的境況中生存，是物質本性所不可能有的。在性理俱備的境況中生存，卻是物質本性之所能。從此可見，物質變化的結果，假設竟是性理的缺乏，這必是自然生物的本旨以外，無心而生的偶然。它在變化的終點，得此失彼，本旨是得此，因而不得不失彼：得此性理，是原有的本旨；失彼性理，是意外必隨之而生的附效。本旨的效果是物性動作的本然。附效卻是意外的偶然。實體類的生死變化是如此；其餘附性類各式各樣的變化也都是如此。本此理由，在任何變動的事件中，也都有一些和實體生死變化相近似的情形：例如某物由白變黑，是得黑而失敗，儼然好像白物的消滅，恰當時黑物的生成。

說到這裡，請理會到這些定理：物質的性理完備，和潛能的實現，或虧虛的充實盈極，乃是物質生存的福利，即是善良。反之，物質的性理殘缺，或潛能未得適度的實現；或虧虛的容量，沒有受到充實，（或完全缺乏，或缺東少西），卻是物質生存的貧苦，即是惡劣。

如此貫通全段議論，既知凡是作者和發動者的本旨是得到善良，便知惡劣的出現，乃是作者意外偶然的不幸。

加證：在有智力和有任何評鑑力的物體內，它們動作的宗旨是隨知識而發的意志：知識既知某物是目的，意志便與起而追求之。知識內思想不到的某事，如果發生了，必是意外的偶然。例如：設有某人本心的原意是取嚐蜂蜜，事實上卻嚐了一口苦膽，並誤認苦膽是甜蜜；他這樣的認苦為甜，就是一個他意料之外的偶然事件。

然而，按上面（前章）的說明，凡是有智力的物體，動作起來，都是追求它認為有善良之理的某某目的。假設那某某目的不是善良，而是惡劣，受到了它的追求，乃是它本心意料以外的一件事。從此可見：物體有智力，動作起來，卻出了惡劣，也不得不是出於意外的偶然。

論到最後，追求善良目的，既然是各類物體動作共同的本旨，不分智力的有無；足見惡劣效果的出生，不是出於作者的本旨，而是出於意料之外。

史證：本此理由，狄耀尼，《天主諸名論》，章四，說：「惡劣事是智力和意志範圍以外的事」。許多人不同意這樣的結論。他們的理由，詳在下章研討）。

第五章　惡劣事與偶然事

以下有一些理由，依字面看去，似乎和前章的結論相反：

第一：作者意外發生的事，大眾都稱之為偶然無因而至的稀有事件。然而，（事實上），惡劣事件，不可說是無因而至的偶然事件，也不是罕見的稀有事件；而是物類常有或多見的事實。例如自然界，物體的新生，常常伴隨著舊物的消亡。有意志的物類中，（例如人類中），罪惡的事件，是大多數人都有的。沒有罪過或過錯的人，數目極少。按亞裡斯多德，《道德論》，卷二，章九，有句話說：「遵德而行善，難矣哉！如圓裡射中」。如此看去，惡劣事件似乎不是意外的偶然，（而是物性本然的常態）。

第二：亞里斯多德，《道德論》卷三，章五，明說：「罪惡是意志的行為」。為證明這一點，他用的理由如下：有些人故意作不正義的事。「故意作不正義的事又不願意是不正義的主犯；或故意強姦處女，而不願意行為失節，是不合理智的想法」。他又用了這另一個理由：立法者判罰惡人，旨在判罰明知而故犯的罪人。明知故犯是故意作惡。可見惡事不是無意的，也不是意外的。

第三：凡是物性自然的變動，都有物性自然追求的目的。然則，物體死亡朽腐，是一件物性自然的變動，和物體的新生一樣。可見，死亡朽腐的目的，失掉本體性理，有惡劣之理，而是物性自然追求的目的：猶如性理齊備，事體善良，同樣也是物體新生的目的：都是自然物類，變化生生的本旨，不是本旨以外，意料不及的偶然。

（針對以上類似的理由，提出答覆，詳述於下章）。

第六章 惡劣事與意外事

為能更明白解破前章舉出的那幾條理由需要注意：可從兩方面觀察惡劣的意義：一在實體方面，一在動作方面。在某實體內，惡劣的意義，專指實體缺乏它生來能有而應有的某某事物：例如人而無翅，不算惡劣，因人的本性生來不能長上翅膀。又如人沒有黃髮，也不算惡劣，因為人的本性生來，雖然不是不能長黃頭髮，但他卻不是本性應當非有不可的。然而假設某某實體，是人而無手，那就是他不幸而有的惡劣，因他本性生來，為有實體的成全，能有而且應有手，今卻無有，故此是實體殘缺。人無手是有殘缺，鳥無手卻不算有殘缺。凡是殘缺，依名理的狹義，恰當說來，專指某某實體沒有它本性生來能有而應有的某某要素。這樣想來，實體某要素的缺乏，常含惡劣之理。

然而，物質（和實體，不可混為一談。能有實體而無物質。在有物質的實體內，實體是物質與性理之合。實體缺乏性理，是實體缺所不應缺，缺之則陷於死亡，故是一惡劣事件。物質缺乏某某性理，卻算不得是什麼惡劣；因為）物質、依其本性，是一潛能的主體：有領受各種性理的可能性和容量；它卻不是生來應當非有各種性理不可：實際上，它不必須專有任何某個性理，也不必須全備各種性理：因為它的潛能沒有任何某一性理，仍能因領受任何另某性理，而達到實現，充實自己虧虛的容量，至於盈極的程度。

（對於領受任何某一性理，物質只有潛能，沒有必需：得之固為善，失之不算是惡）。實體不然。含有物質的實體，在構造中，必須具備那些性理中的任何某某一個，一無所有，則不能成為實體，例如水的實體，非有水的性理，不能是水；火的實體，沒有火的性理，也不能是火。物質無某某實體的性理，（不是某某實體，不是水，或不是火，而是他物，無所不必有，非所不必是），不算有什麼不好。某某實體，如無那實體的性理，是缺所當有，故是惡劣。

在這裡，還有一點，須要理會，就是：缺乏具有性理三個名辭，在名理的實義內，兼涵所在的主體。對於某某性理所在的主體，那個性理的缺乏，是那主體的殘缺，並且是本體惡劣：有惡劣的純正意義。反之，但對物質而言，某物性理的缺乏，只是某物不好，不是物質本體純正不好：例如物質缺乏了空氣的真性實理，不是物質本體真有什麼不好，而是那一團空氣有了惡劣處：不是一團好空氣了。（這些分別，微妙而明確，相當重要）。

在動作方面觀察，須知：動作的惡劣，是動作方面，缺乏了應有的秩序和限度。凡是動作，都應遵守某些秩序和限度，（否則不能達到動作的目的）。為此理由，缺乏了應有的秩序和限度，動作的本身，便是純正的不好：有惡劣的純正意義。

看清了以上數點，話歸本題，逐一解答前章的疑難：

第一、須知意外發生的事物，不件件都必是無因而至的偶然，或稀罕事件。

相對著物性自然宗旨或常有或屢有的事物，意外發生的相反事物，不是無因而至的偶然，而是當然而必然的：例如人的意旨是飽享甜酒的口福，但因吃酒而陷於陶醉。這裡醉的事件，是意外的，但不是無因而至的偶然事件，也不是稀有的，而是日常慣見的。假設是稀有的，便應說它是偶然的。（許多惡事，雖是多見而必然的，但仍是意外的，不是物性自然的本旨）。

為此理由，物體本性自然的死亡朽腐，雖是自然生產本旨以外的事，但是自然常有的：因為自然界依實體變化生生的常則，新物性理的獲得，常陪伴著舊物性理的消失：舊物的死亡，促成新物的產生。為此理由，物體敗亡的事件，不是偶然的，也不是少見的：仍需記得，物質缺乏性理，不是純正意義的惡劣事件，而不過是某某物體的惡劣，依照前面方才說明了的限度和意義。

如說性理的缺乏，正是某某新生的主體缺乏本性應有的性理或要素，這樣的缺乏，是主體本身的惡劣事件，是偶然的，不是常見或多見的；例如生物中，怪物的生出。這樣的事件，不但是自然生物本旨以外的，而且是違反自然的：因為自然界，物體動作，促成物質變化，本性固有的宗旨，是生產實體完善的新物，不是生出殘缺的病體或怪物。

論到動作的惡劣，自然界，物體動作的惡劣，生於動力的缺點，專就無知識的物類而論，如果某某物體的動作能力，或器官有缺點，它的動作必有缺點。這裡動作的缺點，是意外的事件，不是出於動作者的本旨，但也不是無因而至的偶然：因為它是那樣的作者必然作出的缺點，固然是出於它意料之外；同時為了常有或屢有的能力之缺點，它就常常或屢屢作出有那樣缺點的動作：既然常作那樣的錯事，故此不可說是偶然的。反之，如果某個缺點是某物動作之所罕有，偶而發生了，當然便是一個偶然的事件（雖然是有某原因，必然招致而生的）。

如論有意志的物體，須知它們動作的宗旨是追求某某特殊的福利：因為能促成現實動作的（近因），不是普遍的概念或公理，而是特殊的個別事物：只是在個別的事件裡，能發生動作的現實。

準此而論，可知每遇作者意志追求的那某善良目的，如有另某合理的善良事物之缺乏，與之必然連結，（欲得前者，必以失掉後者為貸價），或常常如此，或屢屢如此，那麼，後者的失掉固然是一件（本旨以外的），但不是一件偶然（罕見）的罪惡，（因為每遇前者，必有後者），或常必如此，或屢必如此。（常然者，或屢有者，不得說是偶然者）。舉例說明以上這個定義：運用女人的身體，以達成享樂的願心，（在合理的婚姻內，是一件善良的實行，但在合理婚姻以外），常與姦淫的荒亂，有必然的連結。享樂的實行自身，是一件善良的事，但（為了不合理的環境而必觸犯理智的規範），姦淫的罪惡，隨之而生，不是偶然的。（為能更清楚明了這一點，請審視下面與之相反的另一情況）：

假設每遇作者故意發出某某動作，追求一善良的目的，遂有某罪惡，或過錯，隨之而生，但不是屢次必生，而是少數次能生：那麼，這裡的罪惡或過錯，乃是偶然的事件。例如某人投槍射鳥，而殺傷了某人。

有人故意在許多事上，屢次追求這樣（偶然）招致罪惡的許多福利；原因是由於這樣的許多人，習慣追隨器官的知覺和情慾而生活；器官可知覺的福利，是明顯而易知的，故在個別事物中，更能激動人心的情慾，而作出現實的動作。許多這類的福利和動作，招引人陷於難免的罪惡。（行險而僥倖的人，所在多有。心理的原因，就是在乎此。這裡所說的罪惡，是人故意喪失合於理性的善良事物）。

從上述一切看來，可以明見：有些惡劣事物或行為，雖然是作者本旨以外的或偶然的，但有時仍能是故意尋求或期待的：非因其本體，乃因其附性（連帶的環境或動機）。

第二、上面的分析，已足以解答前章舉出的第二條理由。詳加申說如下：本旨和副意不同。人為了最後某某目的之本體可慾，而追求之，這是人行為的本旨。但為此而附帶著願意作出或捨棄另某一些福利，（以為是必要的犧牲或方法），這裡的願意，就是副意。副意之所願，不是本旨之所願。例如商家航海遇險，將貨物投棄海中，目的是脫險求生；他的本旨，不是拋棄貨物，而是保救性命。至於他同意拋棄貨物，不是願意這件事的本體，而是為了另有的原因：就是保救性命。他保救性命的願意，是純心的願意；拋棄貨物的願意，卻是有條件限制的，（是出於不得已，不是出於真心的絕對願望）。依同樣的比例，可知如有某人，為追尋情慾的福樂，而同意於荒亂的行為，他的本旨不是甘心於荒亂，也不是以純正的願心願意它，但是為了另有的這些福樂。為此理由，也可看到，過錯和罪惡也可以說是人有意的行為：是作者自願的，雖然不是作者動作的本旨：例如將貨物拋棄海中。

第三、用同樣的看法，可以明見，如何解答第三條疑難：因為在事實上，舊物的敗亡和新物的出生，是不能相無的：從此隨之而生的另一結論是：敗亡的目的和新生的目的，也是不能相無的。故此，自然生物的宗旨，不能願有此而無彼；但須兩者都同時願有。但物之新生，是生物的本旨。舊物的敗亡，卻不是本旨，而是附意。例如自然變化的絕對宗旨，欲生雲氣，不得不因而同意於水的蒸沸而消盡：氣水不能同在：願有空氣，則不得不願消滅水。空氣的現有，是自然生物的本旨：因空氣本體可欲而願有之。水的消盡，不是自然生物的本旨，而只是為了它和空氣的新生是連結不分的。如此看來，足見物性自然同意於性理的缺乏，不是為了缺乏之本體，而是為了附性連帶的關係：追求性理的全備，卻是為了性理本體之可欲。願得某某性理是本旨，因而願失掉另某性理，是副意。（自然生物的本旨，在得不在失：在善不在惡。惡之實有，是自然生物之本意以外的事）。

總結前論，足證：在自然功化之中，純粹惡劣的事物，是意外的事物：例如怪物的孕生。如有某某事物，不是純粹惡劣，而是有限制的惡劣：有害於某某方面，它的消滅，不是自然生物的本旨，而是副意。（自然生物的本旨，願物之生，不願物之死。為有某物之生，而願另某物之死，是副意之不得已而同意之。願物之生，是願其本體，並是物性之本然。同意於某物之死亡，不是願其死亡（事件）之本體，而是願其本體以外連帶而生的副效果：產生某某新物）。

評註：「意外」有廣狹二義：廣義指「本旨以外」：泛指副意與無意。凡無意，無心之事，或副意不得已而同意之事，都可泛說是「意外事」。狹義專指「無意的事」：完全出於無心。說惡劣事是自然生物意外的事，是就其廣義，泛然而說的。「意料之外」仿此；猶言「謀略之外」。「偶然」也有廣狹二義，比例同上。廣義泛指「非物性之本然」。狹義專指「無因而至，世所罕見的稀有事件」。說惡劣事物是偶然，就自然界實況而立論，也是泛說廣義的偶然。「意」字的本義，指示有知識的心意。凡是字都能有借義。因事體的近似，「意」字的借義，指示無知識或無心意的旨趣或趨向。「宗旨」或「志向」亦然。說「惡劣事」是物類本性自然界的「意外事」，是泛然指示「意」字的本義或借義，視上下文的需要而定。

第七章 惡劣與性體（一）

從以上這些討論，轉進可以明見，凡是物之性體，專就其本體著眼，無一是惡劣者。

理證：按（章六）已有的說明，惡劣非他，惟乃某主體缺乏其本性生來能有而應有的要素：因為眾人公用的語言，專用「惡劣」這兩個字指示要素的缺乏。然而「缺乏」不是什麼（事物為生存必備的）性體；而是某物實體內（不幸而）有的殘缺：是某某積極要素的否定：專指「無有」。既是非「無有」，故非「性體」。足以斷言：「惡劣」在物類中，不是任何（某一物的）性體。

還證：物各有性，物體之有生存，是以自己現有的性體為根據。各位竭盡其所有生存之品級與程度，而有其相稱的善良和福利。既然「善是萬物之所欲」，故應贊稱「物體各有的生存也是一善」，因為萬物都有生存的願欲。從此可見：每個物體都是善良的，其根據乃是在於每物都有性體。善和惡是彼此相反的。性體既是物體善良的根據，則不能又是物體惡劣的根據。足見無任何一物，根據其現有性體，而是惡劣的。故此，凡是足以稱為性體者，無一是惡劣的。

加證：專對性體而言，物體或是動作而生物者，或是被動而成的作品或效果：（不是生物者，便，是被生的）。惡劣既是缺乏與否定，故不得是動作而生物者，因為凡是動作者，都是現實生存而完善的物體：有完善無缺的生存現實及盈極程度。同樣，它也不得是被生的物體：因為新生過程的終點，是給某物質裝備上新物的性理，並給它賦與所需的美善。如此推論，足見所有一切物體，就其現有性體而言，都不是惡劣的。

又證：無物趨向於自相衝突。每一物體都追求和自己相近似或適合的事物。凡是物體，動作的宗旨，按（章三）已有的證明，是追求善良的對象。就此而論，足見凡是實有物，沒有是惡劣的。

還證：凡是某物之性體，都是些本性自然所固有的。如果那物屬於實體之類，它的性體乃是它實體生來固有的本性。如果它屬於附性（九類中的任何）一類，它則必須是由實體某些內在因素所生出的效果，如此也是那實體本性自然所固內的，例如熱性，是火本性自然之所固有，而非水本性自然之所固有。（熱性屬於火的實體，出於火的本性）。然而，本體惡劣的事物，不能是任何物體本性自然所固有的。因為，惡劣的本體定義以內，包含的主要意義是：缺乏某物本性生存能有而應有的要素。由此可見，某物本性生來固有的任何要素，為那某物的福利，都是善良的；那個要素的缺乏，才是惡劣的。故此，專就本體而論，無任何實有物之性體，本身竟是惡劣的。（自然的物性，本體無惡：這是定然的）。

加證：凡是有某任何性理的物體，或此物自身，純是那某性理，或是在本體（物質）以內，包含著那某性理：物因有性理，而歸屬於某類或某種。性理，竭盡自己名理含蘊的真義，具有善良之理，並是善良的，因為它是動作的因素；並是作物者本旨追求的目的；又是每物因有性理而是一完善物體，所依憑的盈極因素。從此可見，凡是不拘任何有某性體的實有物，專憑性體而言，都是善良的，足證，惡劣是性體的衝突，不是性體的擁有。（不好的人，也常被人叫作「缺少人性的人」。有人性的人，不因其有人性而是惡人，足見人性本體不惡。如說惡人缺少人性，乃是某人缺少了人性宜有的某某要素，不是說某人在生存期間，缺少了人性本體。他真如缺少了人性本體，便成了沒有人性本體的死屍。這仍是惡劣的，不是罪惡，而是死亡的禍惡）。

加證：本書卷二（章十五）證明了，不拘什麼實有物的生存，在任何品級或程度內現有的，都是來自天主。本書卷一（章二十八及四十一），卻證明了天主是完善純全的善良性自身。既然原因善良，不能生出效果的惡劣，足證凡是實有物，竭盡它生存的實有，都不能是惡劣的。（生存廣於生物的生活，深於靜止現前的存在，是一切實有物之所必有：並從內部建立其實體：發源於純善無惡的天主）。

經證：本此理由，《古經》（《舊約》）《創世紀》章一節三一有以下這句名言說：「天主看見了祂所造的一切，都是美好至極的」。《訓道篇》，章三，節十一：「（天主）在自己（規定的）時期內，造成了所有一切，都是良善美好的」。《新經》（《新約》），聖保祿致弟默德書一、章四、節四：「凡是天主所造的物體，都是良好的」。

（史證）：狄耀尼《天主諸名論》，章四也說：「惡是沒有存在的，也不是現存物體內實有的某某事物」：猶言惡的本體，沒有實體獨立的存在；也不是一個附性或附屬物，依附某某實體而存在，例如黑色或白色；然而純是某某積極事物的缺乏、否定，或無有。（惡的本體，既是缺乏，純是消極，故此沒有任何積極的內容：它說不是實體，又不是附性，而是兩者的偶然否定：故此，惡的本質，屬於「無物」之範圍以內）。

駁謬：用本章的理由，足以破除摩尼派人的錯誤。他們主張（善惡二元論），實有兩個某某物體，

（一個是本體純善，另一個是本體純惡。宇宙間現有的善良事物，來自元善；惡劣事物，來自元惡）。故此主張宇宙間，實有某些物體，是本性惡劣，性體不良的。

評註：性體，（不是男性女性的血肉之體），而是神形萬物，為實有生存，必須各自具有的本性本體：簡稱性體，以生存為用；又簡稱性。物性，是每物生來具有的本性，是它的本性本體，對生存之作用而言，遂稱為性體。物性天生，本體無惡。惡是性體之衝突，又是生存的否定，本質消極，不能是積極的實體或附性，而是實體或附性生存要素之缺乏。有形的物質界，性體是物質與性理之合；實體是性體與生存之合，而主體是有生存及行動的實體：既有本體，兼有附性。本體生存的缺乏是死亡。附性生存的殘缺，是疾病災殃之類。疾病死亡是惡。有意行為，不合理智，也是惡。前者是禍患，後者是罪惡。凡是惡，都是某某要素的缺乏或否定，故此惡的本體，沒有任何積極的含義。宇宙間，或實有界，有本體精純的元善，沒有本體純精的元惡：有本體全善的事物，沒有本體全惡的事物。事物的惡劣，依附事物的實體，全在於某要素的缺乏，在於實有某物的否定。故此，惡劣二字不指示積極生存的任何本體或附性：只指示本體或附性某要素的不幸無有。簡言之：惡劣二字，直指無有，轉指缺乏，及其主體的不幸：不是本體上積極實有的什麼單位。這一點，有許多人不易明了，也不易贊同；理由種種，詳論於下章）。

第八章　惡劣與性體（二）

然而，有些（人的）許多理論，就字面去看，似與前章定論，迎頭抵觸。

一、每物各由本身固有的種別因素，領受本種特有的性體和種別。然則，在某些物類中，劃分種別的因素，卻是惡劣：例如德性和品行之類，各分善惡兩種。善德是美德，惡德是惡習。善行是德行。惡行是罪惡。美德是良習的一種，以善為因素。它的對面，按衝突相關的理則，是惡德，俗稱毛病，是惡習的一種，以惡為種別因素。德行和罪惡，也同樣是道德行為之類中，分出的兩種。德行有善性。罪惡有惡性。足見「惡」是「惡性」並是劃分種別的因素。故此、惡也是某種事物特有的性體，並且是某些事物天生具有的本性。

二、衝突的兩端，各有自己固有的本性；各是一積極的事物，否則，一端消極，無所肯定，便只是另一端的缺乏，與之完缺對立；或只是它的純否定，與之是非相對，或有無相對：（這乃是矛盾對立，而不是衝突對立了）。然而，依照眾人的公論，善惡對立，是衝突對立，（不是矛盾對立：足見善惡兩端，各是一積極而相反的事物。凡是積極的事物，都有性體或本性，善者有善性。惡者有惡性：是兩個積極而相反的性體）。足證：惡也是一個積極的性體。

三、亞里斯多德，《範疇集》，章八，曾說：善惡是兩個類名：指示兩類互相衝突的事物。然則，凡類名之所指，都有積極的性體和本性：有所肯定，否則，純是否定，指示虛無。虛無之空洞境界以內，無種別之可分，也沒種別特徵或因素之可言。如此可知，虛無二字，不能是事物的類名。「惡」字，既是類名，故其所指，不是虛無，而是某一積極的性體和本性。

四、凡有動作的物體，都是一個實有物。惡字本義所指的惡之為物，也有動作：因為它反抗善良，並毀壞善良。足證，惡之為惡，就其名理純正本義之所指而論，乃是一個實有物。

五、凡遇某些事物，互有程度不齊的比較，它們必是一些積極的實有事物，並組成品級高下不同的系統。它們不能是消極的否定或缺乏：因為「否定」或「缺乏」，在消極的意義裡，指示「虛無」：不會又分別出高下不齊的品級來。然而，惡字指示惡劣，卻能指出大小不同的許多程度或品級：例如大罪小罪，小惡大惡，或一個惡，另一個更惡，等等的分別。如此看來，足見，惡劣二字之所指，必須是某些積極而實有的事物，（不得如前章所說，只是消極的否定或缺乏）。

六、事物和實有物，是可以互作實辭的兩個名辭。在語言裡，隨處可以互相替換。（是名異而實同的，雖然名理的微義，互不相同。事物是自然界或宇宙間現實所有的事物：都有積極的本性和生存。實有物也是本性和生存的主體）。然而，惡字之所指，是宇宙間實有的事物。故此，惡也是自然界有本性，有生存和動作的一個事物；並且也是一個性體或本性，（乃是某物是惡物之所以然）。

評註：衝突與矛盾不同。比較起來，應分邏輯和本體。邏輯對立，是論說句的對立。論說句，全稱肯定與否定的對立是衝突。例如每甲是乙和無甲是乙。全稱肯定和特稱否定，是矛盾。全稱否定和特稱肯定，也是矛盾。例如每甲是乙，對某甲非乙，或無甲是乙，對存甲是乙，都是矛盾。衝突者，能同假不能同真。矛盾者，不能同假，也不能同真：必是一假一真。

本體對立，是事物在實有界生存或行動的對立。兩個積極事物，互相敵對，是衝突：例如水火不相共存：同處可以兩無，不能並有。同一積極事物之有無，不能有無相混，是矛盾。矛盾是有無對立：不是兩個積極事物，實有於目然界，而彼此相敵：卻是一物之有與無，兩相否定，不能同是一事。日常言談裡，往往說「善惡相敵」，也往往說：「兩惡相敵」，例如「嚴虐」，和「嬌縱」是兩個作風之相敵。「暴君」和「狂匪」之相敵，也是兩惡相敵。都彷彿把惡字說成了實有物的類名：指示衝突對立的關係。事實上，究竟，惡字指不指實有物？是哲學史上，本體論和《形上學》以及倫理、心理等學界，辯論不休的難題。理由種種，詳論於以下數章。

第九章 惡劣與性體（三）

然而，前章列舉的這些理由，不難解答。

答一、在道德生活的範圍裡，善惡誠是事物在類下分種所用的種別因素，和特徵；全如（對方）第一條理由提出的命題：因為道德類的事物，繫賴於意志。某某事物，屬於道德範圍，是由於它是意志自主願意的。然而，意志的對象卻是目的與善良。由於此，道德類事物，是由目的領取某種特有的性體：（以目的為劃分種界的根據）：猶如依相同比例，自然界的物體或事物，劃分種別，是以動力的性理為根據：例如：熱的事件，根據熱性，而屬於熱類。

如此說來，善惡兩類的互異，決定於是否遵守與良好目的相適合的規則或秩序。遵守者，是善。否則是惡。惡之所在，仍在於「秩序或規則的缺乏」。為此理由，道德事物總類中首先應有的最高種別，必須是善惡之辨。善惡兩種，共屬道德的總類。既屬一類，須有至高無上的惟一標準，作為全類的極則。道德類的標準極則是理智。故此善惡之辨，取決於理智的目的。這是必然的。（合理謂之善。不合理，謂之惡。「理」字兼指理智，及其所知應求的目的，和應守的理法，方法，和程式等等）。

從此可見：道德類的事物中，某某事如果是追求合乎理智的目的，由此領取了自己種有的特性，而屬於某種，它便根據自己本種固有的性體，堪稱是善良的。反之，它就叫作惡劣：由於它追尋了的目的和理智的目的相反，因而領取了某某種性，並屬於那某種事物之列。根據那某種事物特有的性體，它便是那種惡劣事物的一分子。它所追求的那個目的，雖然有違於理智的目的，本身仍是某某一個美善：泛指良好，或福利等等：例如器官知覺所能欣賞的某某福樂；或類此的某些事物。

由此可知：那些事物，在某些境況內，對於獸類是良好的；在合理限度以內，對於人類也是良好的。為此同一理由，有時同一某某事物，對於一個人是良好的，對於別的某一人卻是不好的：善惡因人而異，不可一概而論。（例如酒量大的人，飲酒一斤，仍不醉，而有助於健康，故是良好的；但酒量小的人，飲酒一斤，則酩酊大醉，喪失理智，有害於健康與工作，故是不好的）。

根據上述的分析和理由，足見「惡」字所指，固然是道德類的一個種別因素，兼含某些條件是本體惡劣的；但專就其事物的本身而論，將那惡劣的條件放在一傍，仍不失為一件良好的事物。（例如方才附註的「飲酒一斤」那件事，本身是一件好事），然而本身良好的事物，對於某某人，卻是不好的，以其違反理智的限度和秩序。遵守理智的秩序，是人類的至善：（不可為下級美善，而擯棄高級美善。道德事物之類的惡劣，本義所指，仍是「理智秩序的缺乏」：故非積極事物）。

答二、從此也可明見，說「善惡衝突」，是以道德範圍內的關係為限，不越出道德範圍以外，竟以絕對意義，轉指事物的本體。如此想來，惡劣之所在，仍在於「缺乏善良」，（不是什麼積極實有事物之本體）。足見對方第二條理由之不足為難。

答三、對方第三條理由的出發點，是（其大前提）：「善惡是兩類互相衝突的事物」。這句話，用在道德範圍的限制以內，也能同樣言之成理，和上段相同，無害於真理。（道德範圍內的積極衝突，不須要引起實有物本體的積極衝突。道德範圍和自然界實有物本體的範圍，是兩個不同的範圍，為語言意義之訓解，極關重要）。不越出道德範圍，說善惡事物，互相衝突，是有意義的。事實上，（在人間語言以內，如說某些道德類的事物，互相對立，（往往指示衝突，不只指示矛盾，或其他對立形勢：因為在道德類事物之間，不但善與惡，而惡與惡，也能有衝突的對立：例如「寬鴻大方」，對「不寬鴻大方」，是「仁善厚道」，對「不好寬厚待人」的對立。又例如，「浪費無度」，對於「不寬鴻大方」，是「縱慾揮霍」，對「待人不大方（吝嗇）」的對立。兩個形勢，都是衝突：一個是善惡衝突，一個是兩惡衝突。

如說道德範圍內的惡劣，也是類名，並是種別名，指示某類事物公有的惡性，或某種事物特有的亞性，因而將事物分成善惡兩類，或兩種；在這樣的言辭裡，應看清名辭抽象與具體的分別。抽象用法，用「惡」字，指示惡性。亞性所在，純限於「缺乏善良」。具體用法，用「惡」字，指示含有惡性的主體：都是自然界實有的具體事物。那麼，說「善惡兩類」，或「兩種」，具體意義，確是指示自然界積極實有某些事物，互有衝突的對立。（但具體意義，不指抽象的善性或惡性。純就善性或惡性而言，在自然界，有實體積極獨立的善性，例如天主，但沒有惡性而竟是獨立生存的實體之可能，因為惡性是善性的缺乏：消極而否定，不指積極的任何實有）。善惡兩類的具體事物，在自然界，是積極實有的事物：例如人物，動作，習慣，能力，等等。但只用抽象語法，專指的惡性，不是積極現有的事物，而是事物對於善良目的缺乏了應有的關係：關係的缺乏，不是積極的實有事物。例如說「盲」字，具體指盲人，這裡的盲人是積極實有的一個人；但抽象所指的「無目」，是眼睛視力的缺乏，不是實有某物，而是實無某物，又例如

「無理性」，是獸類的種別因素，徵驗入獸兩類的種別，具體指某些積極實有的動物：有實體及生存，而無理智；抽象卻指「理智的缺乏」，也是某物的實無，不是任何物的實有。

用另一番理由，也可解答同一疑難如下：（用歷史的訓詁方法）：

審讀哲史，可知對方援引的那幾句話：「善惡是兩類」……，不是大哲陳明自己的意見，而是追述古哲，皮達閣的意見。（參考大哲《範疇集》，章二；《形上學》，卷一，章五）。皮達閣（Pythagoras 詳名皮達閣拉斯），曾主張：善和惡是萬物的兩大類，萬物分類，首先分出善惡；並主張：善與惡是兩個至高元素。善惡兩類，互相衝突，雙方陣營中，各分十隊，每兩隊相敵：有限對無限，偶數對奇數，單一對眾多，右方對左方，雄對雌，靜對動，直對曲，明對暗，方對圓，善對惡。以上十對，各是兩隊相向，衝突對立，而相敵：每一對中，前隊屬於善類，後隊屬於惡類。前後總數，依次數之，各分十隊。

亞里斯多德，在所著邏輯諸書中，許多處也利用古哲例證，根據當時眾人的想法，沿襲古代眾位哲人的名論，取其大約近真之處，不是證為定論；故此後人不可視之為亞氏本人的學說或主張。（足見，對方提出大哲權威，也是不足為難）。

況且，那些話的本身，也有一些真理：因為（大哲）既說大約近真，便不能全無真理。據實觀察，凡雙方衝突對立都是一方完善純全，一方美善減低，仿彿是美善不足而有殘缺或劣點的攙雜：例如白對黑，熱對冷，衝突對立；白和熱，屬於美善之類；黑與冷，卻屬於不美善之類，仿彿有殘缺的含義。凡是減低，殘缺之類，都屬於惡劣本義所指的物類中：相對說去，凡是完善，充足之類，都屬於善良之類，並有善良的實理；為此理由，在衝突對立的事物中，常有一方，包含在善類之下，（善類的元首及標準的極則，是惟一的至善）；另一方，卻（分級）接近於惡劣二字實義所指的極點。（去善愈遠，入惡愈深。純善惟一，眾惡不齊）。照此看來，所有一切衝突事物，都分屬於善惡兩大總類，似乎不是沒有道理。

答四、由此可見，對方第四條理由的出發點，「惡劣反抗善良」，這樣話有什麼意義。動作的真實因素，是性理與目的，不是惡劣或殘缺。性理或目的，本身都有善良或完善的含義。惟因許多性理或目的，互相衝突，不能在一個主體，同時共存。一個的出現和對方的消失，是連結並生，不能相無的：彼此相害，是彼此相反抗。反抗的動作，生自性理與目的，為了有害於對方，而被對方視為惡劣。如此，以反抗善良，作惡劣的賓辭，不是作其本體賓辭，而僅是作其附性賓辭。

惡劣或殘缺之類的名辭，依其本身的定義，不指示任何動作的因素。為此，狄耀尼，（《天主諸名論》，章四），有句話，說得好：「惡劣攻擊善良，常用善良者的能力；惡的本體卻虛弱而無能」。猶言惡劣二字不指示任何動作的實力或因素。

至於說：「惡劣毀滅善良」，這樣的話有兩種含義：一指「惡劣用善良者的能力，發出毀滅的動作，而消滅善良」；一指「惡劣，依其名理所指的本體，乃是善良的毀滅」：例如「眼瞎是視力的毀滅」：在這句話裡，兩個名辭可以互作本體賓辭：共指一個事情的本體。同樣例如「白色染白牆壁」。那白色的本體是牆上的白色。

答五、比較惡劣程度，是以去善距離遠近為標準。虧缺的程度，也是如此分別深淺。相差和相異，也是一樣。相差是和平等的程度，有些距離。距離越遠，則相差越深。同樣，相異也是與近似的程度有距離。本此比較方法，惡劣是善良的缺乏，去善越遠，虧缺程度也越深。虧虛缺乏的程度加深，不是如同性理，性質或品性之類的增強或發展，由於它們實有積極的性體提高了美善的程度；而是由於虧虛的原因增加了一些：如同天氣暗淡的程度加深，是由於光明的障礙，多加了數層：於是距離光明的照耀，度數加長了一些。依同比例，惡劣程度的加深，也用不著如同對方第六條理由前提裡所說的，需要惡劣是什麼實有的性體或事物。

答六、對方第六條理由也是莫須有的：因為宇宙間實有惡劣事物，這樣的事實，不需要以惡劣具有什麼性體為條件，也不需要惡劣是一個實體而有生存或存在。人間的語言說「某些事物因有劣點而是惡劣事物」，猶如說「某某人因雙目失明而是盲者」，有比例相同的指義：都是指示「某某事物的實無」，不指示「任何事物的實有」。本此意義，宇宙間實有惡劣事物。但惡劣事物的實有，是生存缺乏之事件實有；不是這個生存缺乏事件，又有積極事物的生存。實有和生存不同。因此，事物二字的意義也有兩種，互不相同：猶如說某物是事物的「是」字，也有兩種不同的意義；按大哲《形上學》，卷四，（另版卷三），章七，事物之名，能指兩種意義，一指實有事物的性體或本性，本此指義，事物分歸十總類，（也叫作十範疇：一、實體。二、數量。三、品質。四、關係。五、施動。六、受動。七、時間。八、空間。九、姿勢。十、服具。參閱本書卷一、章十五）。事物或物大公名的第二種意義，指示「言之有物」的「物」；泛指肯定句所能肯定的實理，（不必兼指實有生存的物體，也不必只有積極的名辭作句內的賓辭或主辭）。根據這樣的指義，惡劣，虧缺，等等消極名辭，也能用來指示事物：形容事物；在肯定句內，給某某事物作賓辭；專為肯定某物因有缺點而是一有欠完善的事物。（例如說：「某某人是一個罪人，或病人，或盲人」，等等）。

評註：語意範圍，分道德事物之範圍，自然界實有事物之範圍，思想內名理之範圍，等等，為言辭之訓解，關係極為重要。範圍混亂或舛錯，是理論錯誤的一個原因。

第十章　惡劣生於善良

從以上提出的那些理由，轉進推論，可以推證出另一結論，就是惡劣只是由善良而生出的效果，除善良以外，別無其他足以是惡劣出生所由的原因。

理證：按（前章）已有的證明，如果惡劣是另某惡劣的原因，同時又知惡，除非用善良者的能力，則不動作，那麼，惡劣的首要原因，必是善良。

還證：沒有生存的事物，不得是任何事物的原因。凡是原因，都必須是某某有生存的物體。然而，按（章七）已有的證明，惡劣不是任何有生存的物體。足見惡劣不能是任何事物的原因。

又證：依名理的本體實義，凡是原因，都傾向於產生自己本性宜有的效果。今如假設惡劣本身真是某某事物的原因，它便應傾向於產生自己本性宜有的效果，即是產生出另一惡劣。然而這是錯誤的：因為前面（章三）證明了：凡是物體動作都是追求善良的對象。足見，惡劣不是因自己的本體而是另某事物的原因，但只得是因其本體以外的附性關係。惡劣如有動作，不是本體動作，而是附物而動作。然則，凡是附性原因，都在最後被動於本體原因。既然只有善良能是本體原因，惡劣卻不能是之；足證惡劣的效果只能生於良好的原因。

另證：（用歸納法，及消除法），凡是原因只得或是物質，或是性理，或是作者，（施動者），或是目的。（依大哲名論，除這四因以外，別無其他）。然則，惡劣不能是四者之中的任何一因。故此它不能是任何事物的原因。詳細逐點分證如下：

惡劣既不能是物質，又不能是性理：因為前在（章七）某段，證明了（物質是潛能物體，有生存的潛能。性理是現實物體，有實現生存潛能，充實其虧虛的盈極作用）；凡是潛能物體，或是現實物體，都是善良的。故此，非惡劣之所能是。

同樣，惡劣不能是動作的主體，不會動作，或施動：因為凡是動作的主體，都是根據它自己現有的生存之盈極，及性理之全備，而發出動作。惡劣卻在兩者之中，一無所有，故無力發出動作。

最後一點：惡劣也不能是目的：因為按（章四）已有的證明，惡劣是意外事物。目的卻不能是意外事物。

總結重申原論：惡劣無力作任何某物的原因。反回去說：如有某物，能是惡劣的原因，那某物必是善良原因的效果。

另證：善良和惡劣，是對立而相反的。然而，按大哲《物理學》卷八，章一的名論：兩物相反，則其一不能是其二出生的原因：例如寒冷不能生出熱暖來。從此，隨之而生的結論是：惡劣不能是善良事物的原因；善良也不能是惡劣事物的原因。（然而方才說了：惡劣只能是善良原因生出的效果；現又說善惡相反，不能互為因果，豈不前後相矛盾？附加詳解如下）：

附論：善良原因，非因本體，乃因附性，發出動作，而產生惡劣效果。（理由同上，詳說如下：先請注意數點：原因只有兩種，或本體原因，或附性原因。本體原因產生效果，是由自己的本體發出動作，直接產生自己本性宜有或能有的效果。附性原因，產生效果，是某物由自己本體以外偶有的附性因素，發出本體能力的動作，受附性因素的干涉，而產生自己本性自然宗旨以外的偶然效果。

善良原因，發出作用，但由自己的本體動作，不能產生出惡劣效果來：因為方才說了：善惡本體相反，不能互為本體的因果。既然又證明了只有善良原因，能生惡劣效果，足見它只得是惡劣效果的附性原因。歸納各類事物，分段考察如下）：

在自然界，附性原因所依憑的附性因素，能發生於作者方面，也能發生於效果方面：

它能發生於作者方面：例如作者的能力受害而有了缺點，由而生出了有缺點的動作，並生出有缺點的效果，甚至動作完全失敗。假設某人胃口有病，消化力薄弱，結果乃火化欠熟，津液膩滯，這都有害於自然，故是一些惡劣。然而，（胃口消化不良，不是因為它自然具有的消化力，而是由於它的消化力，偶然害了病，受了阻礙），作者偶然害病，動力消弱，是由於它有那動力：它因動力病弱而產生了違害自然的效果，確切言之，也是因為它有那動力，不是因為它沒有動力。假設作者全無某某動力，它（便不能害那動力能害的病，並且也就）完全不會動作了，（還怎能因動力病弱而產生有害於自然的效果呢）？

如此審察，足見惡劣效果生於作者，是由於作者有動力，而同時是由於那個動力偶然受到了消弱。本此情形，人間言談，常說惡劣事物沒有動力有效的原因，而有動力虛弱的原因。（簡言之，效果的惡劣生於原因效力的消弱；原因效力的消弱卻是生於偶然。故此，惡劣效果，乃是某某原因的偶然效果，不是生於原因效力自然的本體）。

從工具方面觀察，也能看出同樣的定理：工具或任何其他因素，作者需要利用，為能作出某動作，如果有缺點，則促成動作及效果的缺點：例如腿骨不直，步法拐蹶，（皮靴歪屈，也能引人走起路來，一步一蹶）。拐蹶是步法的缺點，故是惡劣；生於腿骨或皮靴偶然有的歪屈；故此是惡劣效果，生於工具偶然附有的缺點，由於效果是作者用自己的動力和工具，連合一起，發出動作，而產生出來的。（作者，他的動力和工具，以及動作，都是本體善良的，但因工具偶然而有的附性缺點，又因作者和工具的連合，而產生出了有缺點的效果。足見，善良的原因為了偶然的附性缺點和牽連，而產生惡劣效果）。

從效果方面看，惡劣效果生於善良原因，也是生於偶然，或由於物質缺點，或由於性理缺點。

如果物質條件，不適於承受作者的彫琢或調治，在效果裡，必有缺點隨之而生：例如物質化合失調，促成了怪胎的孕生。作者不能充分變化條件不適宜的質料，不可歸咎於作者，因為自然界的作者，依其本性的方式或品級，能力有固定的限度：無力超越，不算病弱。但如缺乏本性應有的強度，才算是能力病弱。

性理方面，衝突相剋，矛盾相攻，不能同處共存，促成自然界事物的變化生生：得此失彼是物理之必然：一物新生，必隨另一舊物之敗亡而出現。那另一舊物的敗亡，不是作者本旨所生新物的喪失：敗亡之惡，無害於新物，而有害於舊物。作者的本旨，不是害舊物，而是生新物，（以廢除舊物為附帶條件）。

諸如上述，足見在自然界裡，惡劣事物，別無來源，惟有來於善良事物。自然事物，本體善良，但為附帶或偶然環境所左右，而產生出惡劣效果。

人為的藝術界，情形和自然界相同：就是善良原因產生偶然的惡劣效果：因為（按大哲《物理學》卷二章七），藝術界的人士，效法自然。兩界以同樣的方式，能有惡劣現象發生。（惡劣泛指一切缺點）。

倫理界內，就是在與道德有關的事物範圍內，情形似有不同。（倫理或道德意義的善惡，專在於自由意願的合理與否，與自然事物本身的動作能力及成敗，不相同）。

事實上，動作能力的缺乏，不見得是倫理罪惡的原因：因為適得其反，能力缺乏，是免除罪惡，或減輕罪亞的原因。例如身體病弱，不能作或不能不作某事，不算是犯過，不但不應受犯過應受的責罰，反而應受到慈憫和寬赦；因為倫理或道德類的行為或習慣，除非是意志自由願意的，便不得算作罪惡。

仔細審察，可見兩界同異之點。倫理的過惡，依名辭的實義，專指行為，是行為的賓辭；不指行為以外的效果。倫理的能力或德性，是行為的因素；倫理行為是意志行為，屬於「內成動作」之類；不是自然物力，或藝術的生產工作。生產工作，屬於「外成動作」之類，在行動以外，產生某某物件或效果。為此理由，方才說了，工藝的行動和自然物力的行動相似；能在效果上，生出不良的缺點，都是由於偶然的附性作用，或在物質方面，或在效果的性理方面。倫理行為的惡劣，依其本質定義看去，不是生於物質方面，也不是生於效果的性理方面，而只是生於作者的（意志）。

考察倫理行為，按發生時遵守的次第，可以發現以下四個因素：

一是執行能力，即是運動能力，人的身體四肢，用運動能力，執行意志的決定。二是這個意志能力，決定以後，運用體力執行某某動作。但為決意作某事情，意志應受知識能力的指使，順從理智的判斷。三是理智的知識，判斷某某行為的善惡；給意志呈示善者宜作，惡者宜防。行善避惡，是意志行動的對象。四是知識所知的事物。順序說去：先有事物可知，次有智力的知識，後有意志的決定，最後有體力來執行理智的決定。

體力的行動，發生在倫理的善惡既分以後。體力的動作，是外部動作。倫理行為的善惡，卻是成於心內自由意志範圍裡。外部行動除非是意志自由願意的，則不屬於道德範圍，就是不屬於倫理範圍，沒有倫理的善惡之可分。外部行動的缺點，如不屬於意志（自由控制）的範圍以內，便完全不屬於倫理的罪惡範圍以內：例如腿蹶不是倫理界的罪惡，而是自然界的殘疾。體力的缺乏或疾病，是一個充足理由：或為完全釋免罪責，或減輕罪責。

知識，沾染不上倫理的罪惡。知識是自然的事件。可知的外物，引起智力的知識，根據自然的定則，屬於自然範圍，如同顏色可見的物體引起眼睛的視覺，沒有罪惡。任何對象或物件，引起任何感受能力的自然感應，都不是罪惡，（因為不是意志範圍內的行動）。

知識的現實動作，（知物，思物，觀察，研究，等等），但就事件的本體去看，也沒有倫理的過惡：知識的缺乏，也不是罪惡。因為，「不知不為過」：知識的缺乏，能是一個充足理由，或為釋免罪過，或為減輕罪過；和體力的病弱一樣。

論到最後，足見：倫理的罪惡，（或行為惡劣，或習慣不良），第一首要之所在，惟在於意志的行動。某某行動，所以然可以叫作「倫理行為」的真實理由，也是由於它是「意志自願的行動」。用以上這些理由，足證：「倫理罪惡」的來源和根柢，是在於「意志的行動」；尋察罪惡根由，應在這裡著眼。

難題：在意志的行動內，察尋罪惡的根源，能有以下這兩路不通的困難：因為行動的缺點，既應來於動力的缺點，倫理行為的缺點，故應先有意力內的缺點，作其來源：即應肯定在未犯罪以前，意力本身已有缺點。它的這個缺點（卻是不可能的），因為它若是可能的，它只得或是自然的，或是意力自生的。這兩條路卻都是不通的：理由如下：它不能是自然的。假設它是，它就常依附在意力以內：結果是意力一有行動，常是犯罪：這是錯誤的，明證於意力實有許多善良的德行。（結論既錯，其前提必錯。足證它不能是自然的）。然而它也不能是意力自願而生的。假設它是，它便已經是一樁罪惡。它必另須有的原因，尚待追究：如此進行，將追至無限，永無止境；（是乃陷於窮境：是邏輯（理性）的不可能：等於承認有果而無因，暗含著承認某某效果實有和實無同時是真理又是錯誤：這是違反矛盾律）。故此，必須說：意力以內，（在未有任何行動以前），事先已有的那個缺點，既不是自然的，又不是意力自願而生的。

那麼，它能不能是偶然的，或無因而至的呢？答案仍是不可能。因為，偶然的事，是理性知識和意力主宰範圍以外的事：不是明知故犯的，也就是出於意料和計劃以外的：便不會算作是吾人犯的罪惡。（無因而至的事，也是意外事，不會將責任歸罪於誰。何況，事是效果，不會無因）。

推論至此，（最後可能的答案），需要肯定：那個缺點是意力自願而生的。但它尚不是罪惡。這個答案怎樣是可能的，詳察如下：（意力自願而生的缺點，分兩種：一種是罪惡，一種不是罪惡：至少在事件發生的初期，尚不是罪惡）。任何一個動力，效能的美善，依賴上級動力：因為下級動力是仰賴上級動力而動作。如果下級行動，遵從上級調動，就作不出缺點，也不失敗；倘若乖離上級路線，行動乃陷於過錯。

然而前者說明過了：在倫理行為的範圍內，意力未動以前，預先尚有其他兩個因素：一是知識能力，二是所知的對象，就是目的。但因被動和施動，必須兩相對待，不是隨便什麼兩相對待，而有本性固定的種類和條件。故此，須有這某種知識力，和那某種意力，相對待：例如器官感覺的知識能力和器官感覺的情慾；依本性固有的條件，兩相對待，故能彼此相動。絕對說來，先有知識而後激發情慾。依同比例，理性的智力和理性的意志，也是本性兩相對待。智力同所知的對象，激動意志的愛慕。

談論至此，又有一點，尚請注意：理性的智力，能認識許多（本體）善良的對象和目的，惟因事物，各自有本性宜有的目的，理性意力的本有目的，和首先對象，或第一動因，也須是界限固定的某某善良事物，不是隨便什麼某一個就可以的。那麼，理性智力給意力，呈現它本性宜有的善良對象，激動它的追慕，隨之便發生出宜有的行動。這裡的行動，既是宜有的，便不是罪惡。

反之，理性的意力，愛情洶湧，方遇到器官感覺所知的對象，便興起追慕的行動，因而背棄理性智力所知的高級美善；或遇到許多美善，雖然都是理智之所呈現，但意力選擇失當，而追求與自己本性宜有的目的，互不相合的某福利或對象：（因愛小體，而傷大體）。這裡，意志的行動，便是犯了倫理的罪惡。（但請注意：以上這一系列的動作：知識，比較，評價，選擇：都是意志活動的節目和對象：受意志的調動：惟有最後一個動作：選擇，是意志自決的行動：也是罪惡發生的所在）……。

從此看來，足見，在意志以內，罪惡未成以前，意力對於理性，或對於固有目的，先有了關係失當的缺點。

意力行動，對於理性，關係失當，發生在突然之間：器官如有突然的感覺，意力便能有突然的感應，而追求覺性界的慾樂。意力行動，對於目的，關係失當，是傾向於不正當目的，例如理性推理，尋思某善，結果所得知的對象，本身善良，但或不合於現時，或不合於限度，意力卻傾向追求，視為宜有的美善。

以上兩種關係的失當，都是缺點，並且都是意志自願的行動，但（因先於意志的決擇），尚不是倫理的罪惡。那些缺點是意志自願的行動，（因為理智的現實注意，觀察，思索，比較，想這個或想那個，等等，都是意力自決自動的。更不待言，意力願意什麼，或不願意什麼，也是屬於意力自主範圍以內的：（雖然都發生在「目的選擇」以前）。它們是意志自願的行動，但尚不是倫理的罪惡。例如對於某某事物，理智現實，或思想，或不思想，或注意，或不注意，都還不是罪惡；但待至意力傾向於不正當目的之時，就開始有罪惡的成分。（意志的傾向，是意力的動作，也是意力自願的動作。意志自願的動作，是一類名，包括許多種，互不相同，例如理智的知識，意志的選擇，等等。再請注意：意志的選擇，是選定而決擇，它不但是意志自願的動作，而是意志的動作：即是意志自力自發的。反之，知識，固然也是意志自願的動作，但不是意志的動作；因為不是意力自發的：而是意力調動知識能力發出的。知識是知識能力的動作，雖然能是意力自願的動作，但在這裡，只是意力的對象，不是意力本身的行動。然而意力本身的許多行動，分選擇以前，選擇的現實，及選擇以後。選擇以前的突然初動，雖然對於理性及目的，關係失當，但尚無罪惡，只有缺點。選擇的現實，及選擇以後的傾向愛慕等等，如有缺點，便有罪惡。無論缺點，或罪惡，都是形成於「關係的失當」：是有關人物本體以外的附性，是本性自然以外的偶然。這是本問題內，極應看清的焦點）。

總結全盤議論，足以明見：不論在自然界，或在倫理界，事物的惡劣別無來源，只是善良原因，為了附性偶然的關係，而發生出來的效果。（猶言：效果有善有惡。原因有善無惡。效果之惡劣，是善因偶然而生的附性效果）。

第十一章 惡劣基於善良

從前面（數章裡）提出的那些理由，還能證出另一結論，就是：所有一切惡劣，個個都有某一善良事物，作基礎。

理證：按前面（章七）的證明，惡劣無性體，故不能自立存在。所以必須依附在某一主體以內而存在。然而，從前面（同章）的觀察，可以明見，凡是主體，都是某一（自立存在的）實體：故此是一個善良的事物。足證凡是惡劣都是存在於某一善良事物以內。

還證：從（章九）已有的觀察，可見：惡劣乃是善良的缺乏。然而，善良事物的缺乏，及所缺乏的那某某善良事物，共有相同的一個主體。（這是自然的定律）。同時須知，性理（是這裡所說的善良事物。生存是善良。敗亡是惡劣。善惡之極大，莫過於存亡。性理是生存必備的因素。性理的喪失，必招致物體的敗亡）。性理的主體，是一個有潛能容量的實有物：它有領受性理的能力和容量：足證它是善良的：因為潛能及容量的虧虛，和現實飽滿的盈極，盈虛相對，同屬一類。依此定律和比例，足見主體不能不是善良的。那麼，性理的缺乏，即是惡劣，乃是存在於某一善良物體內，以之為主體。

加證：「人間語言，由於某物有害，遂說那某物惡劣」。這句名言，見於聖奧斯定，《教義袖珍》，

（論信、望、愛三德），章十二。惡劣和危害，兩個名理，是互相包含的。然而，確義所指，惟應限於「危害善良」。因為（危害善良，固然是惡劣，但）危害惡劣，卻不是惡劣，而是善良的。惡劣（事物）的敗亡，乃是善良的。然則，依名理的確義而論，某物的傷害，不得不存在於那某物以內。例如眼目失明，是某人受到的傷害，依名理的全部含義，應現實存在於那某人以內。足見事物之惡劣，不得不存在於善良的事物以內。

又證：惡生於善，別無來源，並且只是為了附性的偶然而生於善。（詳見前章）。凡為了附性偶然而有的事物，都歸屬於某某本體自然而有的事物。（因為附性附屬於本體，偶然附屬於自然）。惡劣既是善良者附性而偶然的效果，足證必有某某事物是善良者本性而自然的效果；並且後者是前者的基礎：因為附性的偶然是在本性的自然上建立起來。

但因善惡相反，不能互為主體，但必互相排拒；觀者初次注目，即能看到：肯定善良是惡劣的主體，似乎是不適宜的。詳察真理，足見這樣肯定不是不適宜的。「善」和「物」，是兩個範圍相同的大公名。證於章七。無有之物，無妨以實有之物為主體：例如某物之缺乏，是一無有之物，可以說是「無」，但它以某實體，為依附所在的主體。實體卻是一個實有之物。然而這些話不是說：無有之物，以和自己相反的實有之物，作主體。這樣說是不可能的：因為例如盲目是一無有之物，但非大公名「物」字的全然否定。盲目只是否定了眼睛的視力：故不能以視力作自己依附所在的主體，也不能用視力在論句裡作自己的主辭。反之，它的主體或主辭，卻是某某動物，就是盲目的那某某動物。

依同樣的比例，說「惡以善為主體」，也不是說「善之缺乏，以所缺乏的善為主體」，因為這裡所缺乏的善，和自己的缺乏，不能相害，故此，那句話的意思是說：「某一善良事物之缺乏，是以另某一善良事物作主體：例如倫理的惡，是以自然的善為主體。（人是自然界的善。人的罪惡卻是倫理的惡，以人為主體）。自然界的惡，是性理的喪失，是以物質為依附所在的主體。物質，既是一潛能物體，故此也是本體善良的。（所謂潛能物體，乃是有領受性理之能力與容量的物體：虧虛而有容量）。

第十二章 善惡消長

從上述一切，轉進可見，惡劣增多，不拘增加到什麼數量，總不會滅消實善的全體。理證：惡長則善消，而主體常存。主體非惡，仍是實善，故說：實善常存。（而某惡所否定的某善，卻完全不存在了）。然而幾時有惡，其主體實善而長存，卻是必然的。

然而，善惡互相消長，惡既能增長無已，善則應隨之減消而無已：消長反進，各無盡頭：應有無限的「善」，方能受到無限的遞減無已。這卻是不可能的：因為無限的善，是天主實體純善，不會有惡，詳證見於本書卷一，（章三十九）。有限的善，不會減至無限而無盡頭。從此看去，善可減者，既然有限，似乎必將有全部消盡之時：從有限遞減無限次，必有窮盡之時。怎能又說：善消不盡呢？

有些人解答說：惡長善消，逐次遞減，常用相同比例，猶如長度平分，逐次分小，每次減去一半，半中減半，常餘一半，減至無限次，仍無止境，就是善消不盡了。

這樣的解答是不可能的：因為善因惡長而減消，不是量數減小，而是品質消弱，或能力衰落，每次減低的程度，不必是半中減半，或必減去幾分之幾，常用相同比例：因為能力既衰，第二次惡長，即可在比例上，減去比第一次更大的一部分。何況，惡之逐次增長，不必定常守相同的比例，善隨之而遞減，也就不必每次常守相同的比例。

故應舉出另一答案如下：

回觀前章提出的分析，即可顯然明見：惡劣全部消除相反的善良，例如目盲消除視力；然而主體仍存，乃是善良尚在。這是必然的。主體有能力領受善良的現實，充滿自己的容量：現雖因受傷害，而原善已失，但本體本身仍有善良之理。主體的能力越消弱，善良程度也隨之越加減低。。然而主體能力的減低，與其說是由於主體某部分的減少，或由於它的能力漸漸失去；勿寧說是它的能力受到了阻礙：因而不能進而領受某某性理：例如主體的熱度越高，便因而更減低領受寒冷的能力。寒熱二性，兩相衝突：一個的現實盈極，必阻礙另一個的輸入。足見，善的消滅，固然由於惡劣的增長，但其方式，與其說是善有所失，勿寧說是阻礙加重。（換言之，善的減消，不由於本體，而由於偶然或附性）。

上面的理論和前者（章四）論惡已提出的定論，也沒有不適合的。我們在那裡已有的幾條定論，是說：惡劣的發生是偶然襲入，出於作者意外。作者本意，常願追求善良：但善惡相反，既得一善，必須排拒與之相反的某某本體善良的另一事物。事物眾多，本體無不善良：但互不相同，相反者不能相容。作者本旨所求的善良，數目增多，（實現在某一主體），主體領受對方眾善的潛能和容量，就隨之更為減低：得此愈多則失彼愈眾。本此意義，吾人常說：善惡互為消長，惡長則善消。（善是事物各具的本體，惡卻是眾善互異而相反時，關係對待的稱謂。「善惡不容」，就事物本體而論，實是：「兩善本體，互異而相反，不能同處共存，故應分在於兩處：是謂「善惡不相容」。但自然界，和倫理界，情形互不相同）：

在自然界惡長則善消，反比遞進，不能進至無限。因為（在那裡，眾善相反，是眾物的性理相反），凡是性理和能力，都有固定界限，有最高和最低的極限，達到極限，便不能踰越：無一能增至無限，或減至無限。依此定理，可知善因惡長而消滅，也不得減至無限。

在倫理界，（行為或心術裡），善惡互為消長，卻能遞進無已，無限無窮，永無止境。因為，智力和意力，（是神靈性的，沒有形體器官，不受物質界限；能容眾理，也能容受無限的某些公理；足見，在對象方面，也不受種類或範疇的界限），在動作上，沒有界限。事實上，例如智力懂理，可以逐步前進，永無限止：請看數學的數理，種類無限繁夥，幾何學的圖形，也樣式無限眾多，增減無限，在智力理想中，不是不可能的。同樣在意力方面，意志行動（的次數），劇烈，和效果嚴重（的程度），可能逐漸增加，進步到無限而仍不止。例如某人願意犯盜竊的行為，可能犯了一次又犯一次，多至無限次。罪惡次數越多，意志傾向越深，越失掉意志的正當，並且越難改歸正路：明證於許多人罪習深固，積重難返。是故，本性自然的善良傾向，或德能，能因品行的惡習，逐漸減低，減到無限，永不窮盡而終止。性體固有傾向的善良，永不會全被滅除，但常和現存的性體，伴隨不離。（性體是物體的本性本體，生來的傾向，各有自然目的，都是有善而無惡的。不良的傾向，生於偶然或附性，不會將本性傾向固有的善良，完全滅除）。

評註：人之初，性本善，性相近，習相遠。人有自由意志，能擇善去惡，也能背正從邪，又能棄邪歸正。擇善歸正是性體自然固有的本善。從邪向惡，是習行偶然而有的附性：外在於本體，不屬於真心。本性固有的真心，對於明知故犯的罪惡，縱使甚難改除，仍有羞恥之情和悔憾之意。從此可見：人性本善，是一條公理，人人良心覺醒，自會印證不誤。「人之所貴於禽獸者智慧，智慮所將者，禮義」。禮義何在？惟在於覺羞惡、知是非的良心。心的良善，本於人生自然固有的本性本體。人的可貴，是人的本體可貴。自古修道，旨在還我性真。天主降生，勸人超性向善。本性之性，既是天生，超性之性，不離天心；天性本性超然妙合，生機相通；天心無限，本性的種類有固有的界限，人本性智力和意力，卻有無限的角度，展向無限的天心。願知無止境的知識，願愛無限純全的真理和至善：人之初性本善，人之終福無限：當中的兇惡災患：都是不幸遭遇的偶然。

第十三章 惡劣出生的原因

從上述轉進，即能證明，惡無本體原因，卻都有附性原因。這是必然而當然的。

理證：凡以某物為主體，依附於其中，而出生的事物，必須都有某一原因：因為它或生於那主體內在的因素，或生於外在的某某原因；出生是由潛能而現實：物體生存潛能無一會自動實現。然而惡是缺點：缺乏生來能有和應有的某物。惡字本義，常是如此。足見惡的出生，是依附某物以為主體而出生。它的主體卻是能有那某惡，也能有某善與之相反：乃是一潛能物體。為實現潛能，猶如為充滿虧虛，潛能或虧虛的主體，不會自動實現，或充滿。故此，惡之出生，必有某一原因。

又證：對於相反的兩端，潛能模稜兩可，除非仰賴原因的主使，不會自動實現一端：理由仍是，物體的潛能，無一能自動實現。餘論及結論同於前段。參考章十一證明了：惡以善為主體。主體潛能實現，失善而得惡，不能沒有某一原因。

還證：凡某物本性之所不固有，附加於那某物以內，都是來於另某原因。萬物除非受到阻礙，常有自己本性之所固有一切。例如石頭除非被投擲向上，常不自動升空；水不被燒則不自沸。然而，惡非其主體本性之所固有：因為它是缺乏某物本性生來之所能有和應有。足證惡之出生常有某一原因，既無本然原因，必有偶然原因。

加證：惡之到來，都是在某善既有以後，隨之而來，猶如物體之敗亡，是發生在那物既有以後，（萬無物體未有而先死之道理，回看章十）。然而除第一至善以外，其餘萬善都有原因。第一至善，（是天主本體，按卷一章三十九的證明）是純善而無惡的。（天主以下，萬物所有之善都有原因）。惡既隨善而至，以善為因：故此都有某一原因。惡之隨善而生，非生於善之本體，故生於其附性的偶然。乃非無因。

第十四章　惡劣的原因與物之附性

從同樣的那些理由，還可證明另一結論，就是：惡、雖然不是本體原因，卻是附性原因。（本體原因，是某物的本然原因，附性卻是偶然）。

理證：如有某物甲，是另某物乙的本體原因，這個本體原偶然而有的附性丙，產生那同一另某物乙，丙便是那另某物乙的附性原因。（這是顯名的事實和定義，可舉例說明如下）：例如「白色物體」，是某建築工程師偶然而有的附性賓辭，（說工程師建築房屋，是說他是房屋的本體原因，但如說「白色物體建築房屋」，確義是說）：白色物體是房屋的附性原因，就是偶然原因。（以上是大前提）。然而，（小前提），凡是惡，都是依附某某本體善良的主體。（回閱章十一）。凡是善良，卻又都在各自固有的方式下，是另某一物的原因；歸納實例可知，在某某方式之下，物質是性理的原因，（作主體承受性理，供給性理存在必須有的寄託）；在另某方式之下，性理也是物質的原因，（實現物質生存的潛能，充實物質容量的虧虛。作者和目的，也關係往反，用不同方式，彼此互為因。由於往反關係，方式不同，兩相互為因果，不是犯因果相混的滑輪病，也不陷於上溯下推，永無止底的困境。種類不同的原因，從不同的立足點，用方式不同的因果關係，互為因果，（是一個大公的事實，沒有不合理的地方）。如此看來，足見：

惡、是附性原因。(偶然依附某某主體，而產生偶然效果)。

還證：惡、是一個缺點，明證於(章七)已有的說明。然而在有變化的物類中，缺點是一附性因素，依相對的比例，物質和性理是本體因素。足證：惡、是一附性因素。(凡是因素，都是原因)。

另證：效果內的缺點，是隨原因的缺點而出生。然而原因內的缺點，乃是一件惡劣。但它卻不能是本體原因：因為它的本體是某物之無有，由於所無，不能是原因；物是原因，都是由於自己實有所有。自己如果完全無所實有，就不得是任何物的原因；除非偶然依附主體。足證：惡劣、不是任何物的本體原因，但是附性原因。(惡劣，不是由於本體，卻是於由依附他物，而是某某效果的原因)。

又證：偏察物類，在各種因果關係內，可以發現，惡劣是一附性原因。在動作而生效的因果關係內，動作和效果的缺點，生於動力的缺點：(火力不足，水煮不沸)；在物質因素方面，質料的條件不適宜，是成品欠佳的原因。在性理方面，互相衝突，有一得必有一失。在目的方面，也是互相衝突，邪正不能並存。不正當的目的，阻礙正當的目的。消極相反積極，惟因偶然依附他物，而生效。

總結可知：惡劣、作原因，是由於附性的偶然，不能是是由於自性的本然。(換言簡釋之：惡是附性原因，不是本體原因)。

第十五章　眾惡無原

從此著眼，足以明見：不能有某至惡，竟是眾惡之原。

理證：所謂「至惡」，依其必須有的實義，應是純惡無善，猶如依反比例，和至善相對，至善也是純善無惡。然而，按（章十一）已有的證明，惡以善為基礎，故此，（實有界，能有純善無惡的至善，純善無依而無偶，實有自立的生存；然而）不能有純惡無善的至惡，（崛然獨立）。足證：實無至惡。

還證：如有某物，純惡無善，（自立生存），它必須是惡之本體；猶如依反比例相對，至善無惡，也是善之本體。然而，惡是惡之本體，卻是不可能的：因為上面（章七）證明了：惡無本體。足證不可主張竟有至惡本體，獨立生存，而為萬惡之原。

又證：第一原因，不是由另一原因生出的效果。然而惡不自生，件件都有原因：並是以善為因，證於前面（章十）。足見，惡非第一原因。

加證：按前在（章九）提出的理由，足證：惡、無力自動；惟賴依附善良的動力。然而，第一原因，卻是自力動作。足見：惡，不能是第一原因。

另證：附性賓辭之所指，後於本體賓辭之所指。物先有本體之所必備，而後始有偶然之所附有。本體未有，而附性先附，是不可能的。然而按（章四）已有的證明，惡之為物，非由本體，惟因附性的偶然和意外，而生成。故此，惡不可能是第一原因。

還證：按（章十三）已有的定論，惡之出生，件件生於附性原因，無一是無因而自生的。然則，第一原因，既無本體原因，又無附性原因；（這是第一原因的定義）。可知：惡、不能是任何物類中的第一原因。

又證：本體原因，先於附性原因。（參考大哲《物理學》卷二章六；及前面一段）。然而惡之為物，僅能是附性原因。所以它不能是第一原因。

駁謬：用這樣的定理，定以破除摩尼教人的謬說。他們主張，（善惡二元論），肯定元惡至惡，（純惡無善，獨立生存，相反萬善），並為萬惡之第一原因。（參考聖奧斯定，《異端叢論》，四六）

第十六章　物性向善（一）

既按上面（章三）已證定理，作者都是為善而作，轉進隨之而生的另一結論則是：每物的善良對象，乃是目的。

理證：物體生存，各以動作，對於某某目的，維持秩序正當的關係：必須或以動作為目的，（例如各類「內成動作」，即是各級生物的生活），或以作者另有的目的為動作的目的。那就是它的善良對象。

加證：物體的目的，是物體傾向而追求的止點。這樣的止點，都是善。因為這正是哲學界公認的定義：「善是萬物之所欲」。（又說是：「物之所止」，或「止於善」；故此「知止」，即是「知善」）。所以凡是任何物體生存的目的，都是善。

又證：某物末得則追求，即得則安息而享有的對象，乃是它的目的。每一物體，有本性宜有的美善：缺乏之時，動以求之；既得以後，安而享之：竭盡己力。所以每一事物的目的，乃是它的美善。（它的美善，是它生存條件的美滿全備）。不拘是什麼事物，它的美善成全，乃是它的目的。足見、每一物體，無不向善，以善為目的。

另證：物體，不分對於目的有無知識，無不嚮往目的：固然，有知識者，自動活動，嚮往目的；無知識者，嚮往目的，卻如被另一原因的指引：例如箭手射箭，射向目的；箭無知，而箭手有知。認識而追求的目的，常有善良之理：因為意志，先知某目的，而後追求之，除非有善良可知的理，則不會是意志追求的對象。故此，沒有知識的物體，也嚮往善良，以善良（對象）為目的。所以，萬物的目的是良善。

第十七章　物性向善（二）

從此轉進，明顯可見所有萬物，依正當的秩序，有一個善良對象，作為嚮往的目的。

理證：非因對象實善，無物以之為目的而嚮往之；故此，對象實善，充其良善之全量，乃是目的。比較看法，可見，無上至善，極度是萬物的目的。然而無上至善，只有一個：就是天主。詳證於卷一章四十二。定證：萬物目的，嚮往一善，此即天主。

又證：每一物類中的至大元首，是全類萬物的原因：例如火性至熱，是熱類中的極至，故是全類物體熱度的原因。依此可知，天主、無上至善，是善類萬物堪為善良的原因；故此，祂也是每物目的所以然是一目的的原因。目的，所以是一目的，莫不因為它是一物而有實善。然而「每物自是之所因，更是已類之所是」可見：天主極度是萬物的目的。（參考大哲，《分析學後編》，卷二，章十五）

還證：在任何某類原因當中，第一原因，比第二原因，更是原因：因為，第二原因，除非依憑第一原因，則不是原因。依此比例，在目的之類的系統中，第一目的，比第二目的，更是目的。然而天主是至高無上的第一目的，因為祂是至高無上的至善。所以天主，比任何切近的第二目的，更是每一物體的目的。

加證：在所有一切目的，排成品級固定的系統中：最後一級的終極目的，是前排各級目的的目的：例如配製湯藥，目的是為供給病人。病人服藥，目的是為清洗腸胃。腸胃洗清，目的是為減輕體重。體重減輕，目的是為健康舒適。那麼，最後目的、健康舒適，對於配製湯藥，比前例各級目的，更是目的。

然而萬物善良，品級不齊，逐級排列在至善之下，奉至善為己善的原因。善良之理，都有目的之理。萬善分級，排列在天主下面，奉天主為各級目的的目的：猶如低級原因，依次排列在終極原因下面。足證、萬物之目的，必是天主。

另證：部分的私善，系屬於全體的公善，以公善為目的：因為部分的生存，是為了全體生存的安全。（參考大哲，《政治學》，卷一，章二）。本乎此，全民族的福利，比較一人的福利，更為神聖可貴」。（參考大哲《道德論》，卷一章二）。然而無上的至善，即是天主，是宇宙萬物各善，共同依仰的公善。每物善良，各具的善良，是部分的私善，範圍限於每物自身及以下所統屬的某些物。可見，實有界，萬般事物，共同系屬於一善，奉為共同嚮往的目的。此即天主。

又證：目的間的品級，遵照作者的品級，排組高下原因的統：猶如第一作者，主動其下各級作者的動作，依同比例，各級作者的行動目的，都仰奉至上作者的目的為依歸；這是必然的：因為至上作者，凡有所作為，都是為完成自己的目的。然而，至上作者，主動其下各級作者的動作，發起它們的行動，故此也推動它們完成它們每個自己的目的。由而隨之，各下級作者的一切目的，都仰奉第一作者的指導，歸向第一作者自己固有的目的。既然萬物的第一作者是天主，明證於（本書）卷二，（章十五）；並且，按（本書）卷一，（章七十四），已證的定理，天主意志的目的，別無所願，惟願自己的美善，此乃其自身本體；足證萬物萬事，都是天主所作，或本身直接，或間接運用各級中層的原因，都受天主指導，歸向天主本體，以之為目的。所謂的萬物萬事，包括實有界所有一切事物的總體及每個，都是如此，無一例外；因為，按（本書）卷二（章十五）的證明，所有物體之生存或存在，無一不是得自天主。故此，萬物萬事，都歸向天主，奉天主為目的。

還證：任何每一作者的最後目的，據實準確而言，是作者自身的本體：例如吾人運用所作一切，專為成全吾人本體；縱令有時作出某物是為吾人本體完成另某事物以外的，也是由於此另某事物對於吾人本體的美善（或幸福）有相當的關係：或有益，足資利用；或有趣，堪人欣賞與享受；或有理，合於道德及真理。然而根據前在（本書）卷二，（章十五），提出的那些理由，天主是作成萬物的原因：萬物都是天主所作成：或直接，或間接：直接是直由天主本體的全能；間接是經由其他許多原因：但無一物竟非天主所作。足見天主本體是萬物的終向。（終向就是最後的終極目的）。

另證：此較各類原因，位置崇高而重要者，首推目的。其他各類，現實是原因的所以然，都取決於目的。歸納觀察，可知：按（章二）已有的定論，作者一類的原因，非為目的，則不動作。物質一類的原因，既然仰賴作者而始能領取性理，實現潛能，充實虧虛；從此可見：物質為能現實是此某物的物質；同樣，相對的，性理為能（實現於物質內，而）成為此某現實事物的性理，都須仰賴作者的製作；為此理由，也就都賴於作者所有的目的。（足見：四類原因：一作者，二物質，三性理，四目的；比較起來，目的最為重要）。

討論至此，尚須注意：目的分先後遠近。後有目的是先有目的的目的：追求切近目的，是以達到最後目的為目的；不如此，則物體不動。所以，最後的終極目的是萬物的第一原因。然而給萬物作第一原因，適合於第一實有物的本性：這是必然的。既然、按上卷（章十五）已證的結論，第一實有物，至高無上，乃是天主。所以天主是萬物的最後目的。（這就是說：天主是萬物生存所歸依的終向）。

（《古經》），經證：本此理由，《箴言》、十六、會說：「天主動工，作成了萬物的總體，都是為了祂自己」。（《新經》）《啟示錄》，末章，十三節：「我兼是始和終；我是第一，又是第末」。

宇宙：生存的花園

第十八章　宇宙萬物的終向（一）

由前章提出的理由既已明知天主是萬物的終向，現應進一步，考察天主怎麼樣是萬物的終向。出發點同上。

理證一：天主怎麼樣在生存上，先於萬物；它便怎麼樣（在良善價值上），也是萬物共有的最後目的。（最後目的乃是終向）。目的分兩種：一是動作的成效，一是動作的歸宿。在動作的宗旨裡，目的是第一動因，但在實體生存上，有些目的，卻發生在動作結束之際：是動作所生的效果：例如醫生調治病人，用醫藥的功效，恢復某人的健康，以其健康為工作的目的。這裡的目的，是動作計劃中的第一項，卻是動作成效中的第末項。這是目的中的第一種。另有一些目的，是第二種：它們在動作計劃裡，和實際生存上，都先於動作，而佔第一位：例如火燄上升，以高空為目的；又如國王攻城，以城市為目的。這裡的目的，在目的效用，並在本體生存上，都先有於某物動作以前，不是作者動作的成效，而是作者投奔的歸宿。

如此分析起來，（既知天主不能是萬物動作的成效），足見祂作萬物的最後目的，乃是作它們投奔的歸宿；彷彿是一個實有物，擺在目前，供每物竭盡能力和容量，追尋取納。（照此，如說天主是萬物的目的，乃是專指目的之第二種意義而說的）。

還證：按已有的（前章）證明，天主兼是萬物的最後目的和第一作者。既然作者用動作建造起來的目的，不能是第一作者；寧須說它是作者的效果。所以如說天主是萬物的目的，這句話的意義，不能是說天主就是萬物用動作建造起來的某一物體；反而只能是說天主是先萬物而有生存的某一物體，自立面前，供萬物追尋取納。

加證：如有某甲，為某乙而動作，並用動作建造起另某一物，例如丙；那麼，方才說的某乙，必從某甲的動作，領取某某成果：猶如軍隊為將領而作戰，用戰役的工作，戰勝敵人；將領乃從而取得勝利。然而前在卷一（章三十七及以下數章）證明了：天主本體善良，萬善全備，不能從任何物體的動作，領取任何美善；從此推論下去，最後結論，只剩是：「天主是萬物的目的」，這類話的意義，不是說「天主是被萬物作成的效果」，也不是說「天主是被萬物建樹起來的某一事物」；也不是說「天主由萬物領取某物」；而只能是說：「天主是萬物追求而領取的對象」：只有在這樣的解釋之下，「天主是萬物之目的」，這句話才有真實的意義。

又證：效果追求目的，遵照作者為目的而動作所遵循的方式；這是必然的。依照其固有方式，天主是萬物的第一作者，動作的目的，不是領取某物以利己，卻是博施某物而利他：因為天主本體，不含潛能與虧虛，故此不能領受任何外物；但祂本體現實全善，盈極豐滿，故能施善於外。足證，萬物歸向天主，以天主為目的，不是呈獻任何事物，供給天主收納；而是從天主方面，萬物各按己有的能力和容量，攫取天主本體：因為天主本體是目的。

第十九章　宇宙萬物的終向（二）

由於領取天主神性的美善，受造的物體乃建立起自身和天主相近似的實體。如果萬物都以天主為目的，歸向天主，為能攫取天主的美善；結果必是：萬物的終極目的，是以仿效擬似的方式，同化於天主。

加證：說「作者是其效果的目的」，依語言的確切意義，專指效果亟力擬似作者，（實現作者理想的美善）。本此意義，「父體生育子體，父體的性理，傳授於子體，是生育的目的」。然而，（子體領受了父體的性理，乃因而同化於父體，屬於同類同種）；天主是萬物的目的，依其固有方式，乃由於祂同時兼是萬物的第一作者：用造物的能力，作成了萬物，足證萬物生存本旨所追求的最後目的，是以仿效模擬的方式，同化於天主。

又證：萬物各依本性自然的傾向，嗜愛本體的生存；遍察物類，事跡明顯。本此物性公律，物體本性，在自然條件下，無不貪生厭死；亟力抵抗敗亡的危迫，趨向於生存安全的處所，例如火性上騰，上性下墜，各求安全場所以自保。然則，萬物各有生存，都由於近似天主：因為天主是獨立生存的本體，萬物都好似僅是因秉賦而有生存的主體：各自領取了一部分生存的秉賦，作生存的收容所。足證萬物的生存慾，乃是亟求近似天主，以此為終極目的。

另證：受造的萬物是天主的一些肖像，因為天主是第一作者，凡是作者，都作出和自己相近似的作品。肖像完善，是逼真逼肖，呈現出樣本的真相。肖像的製成，以此為目的。可見，萬物生存的目的是攫取天主至善的似點：亟力肖似天主；並且這是萬物生存的終極目的。

還證：按上面（章十）已有的證明，凡是物體，都用自己的運動，變動，或動作，趨向於某某良善對象，以此對象為目的。較量計算，某物近似天主，程度越高；隨著分領天主的美善，也便越為深厚。天主是第一美善，（是萬善之上的至善）。足證萬物，用自己的運動，變動，或動作，共同追求的最後目的，乃是用仿效擬似的方式，同化於天主。

第二十章 宇宙模仿天主的神性

從上述一切看來，可以明見：同化於天主，是萬物的終極目的。依名理的本義，物有目的之實理，在乎它是善良的。準此而論，足見：萬物追求同化於天主，專在乎效法天主的善良。受造物模擬而得的善良，較量程度與方式，不得和天主本體固有的善良相比：雖然每一物體，各依本性自有的方式和限度，模仿天主神性的善良。詳證如下：

理證一：天主神性的善良是單純的：全體聚合於純一：全在於純一無雜的生存。天主神性的生存，是天主至純的本體，包合萬善的盈極。詳證於卷一，（章二十八）。由此可知：天主神性的生存，是天主純全盈極的善良：因為物體善良的程度，相等於它生存完善的程度。天主的生存，現實盈極，一善無缺。在天主以內，生存，生活，明智，真福，及其他任何任何因素，或事物，凡依合理意見，屬於完美和良善之類者，既有於天主以內，便都是天主的本體，彼此同是一事，同於生存：猶言天主良善的全體全量，別無所是，惟是天主的生存自身。「生存」之理，至為單一而精純。生存至純者，則善良至純。惟有天主如此，外物不足當之。足見：萬物秉賦而有的良善，和天主的本體純善，不能相比。

又證：天主的生存，就事體自身而言，乃是本體現實自立存在的天主實體。（回閱卷一，章二一諸章。那麼，善良，既是天主的生存，故此，也是天主的實體）。這樣的情況，只有於天主以內，不能發生在任何其他物體中。足證外物的善良，無以和天主的善良相比；因為卷二（章十五）證明了：在受造物以內，生存不是實體。故此，物體善良，既然是遵照其生存方式；受造物的生存，又不是它的實體，可見受造物的善良，也不是它的實體。它們現有的善良，不是善良性（純粹無雜、自立生存的）本體；而是善良性一部分的秉賦：猶如依同比例，它們的生存，不生存本體，而是一部分生存的秉賦。（本體之所純是，與主體秉賦之所握有；一無限，一有限，彼此相較，不成比例。回閱卷一，章三十八，及章四十四）。

又證：受造物體，種類萬殊，構造美善，品級不一。有些物體，（不含物質），它們的實體，純是性理與生存的現實盈極：就是說：它們根據本體之純全，足以現有生存和善良的盈極；例如各類天神的實體，純是性理與生存之合，不含物質）。

另有一些物體，（品級較低），它們的實體，不純是性理，而是性理與物質，結合而成：它們固然也足以現有生存和良善的盈極；但不是根據本體之純全，而是根據其本體的一部分：那是根據性理：（物質領受性理，因性理而得生存及其他善良）。

歸納起來，足見天主的實體，是自己的善良性，（純粹無雜的本體）；（各類天神，不含物質的）單純實體，根據本體而分領善良性的秉賦。（有形世界，性理與物質），合構而成的實體，卻根據本體以內的某一因素。

在這第三級以內，專就其生存方式著眼，還可發現許多實體間的分別。（由高而低，逐類略述如下）：

最高者，是天上諸形體。它們每個的實體，是由本類全部物質聚合結構而成。它們的實體，固然是性理與物質之合，但它們每個以內的性理，充滿了本類物質潛能虧虛的全量；在那物質以內，沒有其餘的任何潛能或虧虛，足以領受另某任何性理；依同理，任何其他物質也沒有潛能和虧虛的容量，足以領受那物質已經握有的性理。（意思是說：天上各形體，自成一體一類，不是同類多體。一體之中，性理與物質，是獨一性理和獨一物質，結合成獨一實體：一結永結，不會分離：恆長存在，運行不息。獨一性理的真全，實現了獨一物質的全部潛能，充滿了那物質虧虛的全部容量。古代希臘，亞里斯多德諸名家，對於天上形體的構造，有過這樣的推測和論斷）。

較低者，是物質原素，及原素化合而成的實體。它們的性理，不實現物質潛能的全部，也不充滿其虧虛而能領受的全量：因而物質內仍有餘剩潛能，足以領受另一性理，並由此性理而充滿虧虛的剩餘容量；並且自然界，尚有其他物質，有潛能以領受此某物質現有之性理。（性理在某物質內，或此與彼替，而促成實體變化；或先入為主，後入為副；副性更替，而促成附性變化。副性和附性，異名而實同）。

在物質變化之中，性理的消失，是性理的否定。性理能寓存在實體以內，（也能離開實體而消失）。合觀上述一切，可以明見，物質內，性理間，得此而失彼的必然現象，可發生在低級形體內，不能發生在高級形體內：因為方才提出了的理由：低級形體，是原素及原素化合而成的形體。高級形體是天上諸形體。低級性理，不足以實現物質的全部潛能：故其物質得此失彼或有此少彼：性理之得失，兼在於一體，聯合並至。性理的損失，或缺少，都有惡劣的含義。

說到這裡，尚須理會到：那裡沒有「由此及彼」的潛能，那裡便沒有變動的可能。這是顯明的，因為根據名理的定義：「變動是潛能物體，在潛能中存在的現實」：乃是由虧虛而盈極的過程，促成潛能的實現。（參考《物理學》，卷三，章一。是故，沒有物質的實體，不含物質潛能，不受物質變化。高級形體，依古人揣測，沒有實體變化的潛能，但有方位移動的潛能，例如日月有恆，似無生死而有運行。低級形體，有各種物質潛能，故能受各種物質的變化。那裡有變化，那裡便有性理的得失或有無。那裡有潛能，那裡就有虧虛或缺乏。性理是生存的積極因素。得之為善，缺之為惡。一個物體內，得此缺彼，故是善惡雜出，此乃有限物體界的常情）。

如此（依照物類生存的品級，可以釐定物類優劣的品級）。事實顯明：低級實體，善良變化無常，善性不純，善惡相敵，又互相混雜：凡類此情形，都非高級實體所能有。最低級的實體，生存品級，至極低下，依相稱的比例，其善良的品級，也是低下至極。

（在最高與最低之間，性理與物質結合而成的實體，種類萬殊，生存品級互異，善良程度，隨之互分高下）。專將一個實體內的因素，互相分辨比較，也發現善良高下不同的品級：根據名理的本義，物質是潛能而虧虛的物體；性理卻是其潛能實現或充實其虧虛的因素。兩相組合而成的實體，在物質容量內，領受性理，因性理而有生存的現實，並是一現實完善的物體。如此比較，純就名理的本義而論，性理善良，是根據自身的本然；合成的實體善良，卻是根據它現實具有性理的全備；物質也是善良的，但不是根據它自身的本然，卻是根據它有得到性理的潛能和容量。在每一物內，生存與善良，互成正比例；（在語言裡），能怎樣說某物善良，便能怎樣說某物生存；反說卻不可。（為什麼理由呢？略說如下）：

試舉物質而論：可以說「物質善良，故有生存，而是一物」，反轉過去說：「物質是一潛能而虧虛的物體，有生存的潛能和虧虛，故此也是一潛能而虧虛的善良，並有善良的潛能和虧虛」：這樣的話，卻是不可以說的。理由是因為，名辭的意義，分絕對與相對。「物體」，「生存」，「實有物」，或簡說「物」，這些大公名，在語言裡，有絕對意義，專指某物本身，不加限止，絕對而簡單，全根據某物的本體。（例如說：「馬是一物，馬有生存，等等」；根據它自身的本體，馬是一物……）。「善良」之類的名理，成立起來，不在於物自身的本體，而在於物自身和生存目的間的相對關係。生存目的之取得，是善良。「善良」二字的名理之所在，全在乎此。但在這裡，（「取得」二字的意義，寬廣，兼指可能取得，和現實取得而據有）。人間語言，如說「某物是善良的」，不但因為它是一生存目的，也不只因為它是某目的之現實取得；而是因為它，雖然尚未達到目的，但為達到目的，在相當限度內，有適宜的關保：只要它有這點關係，它便可以說是善良的。

句法分簡單與複雜。簡單的句法，乾脆而絕對。（複雜句法，卻說出或暗含許多條件的限制。簡單的句法，是無限句法，絕對說某物是什麼。複雜句法，是有限句法，說某物在某些限制或條件下，是什麼）。

按以上的說明，可知：說「物質是一物，或有生存」用簡單句法，不可以說「物質是一物，或有生存」，由於物質（不是現實物體，沒生存的盈極），卻只是一潛能物體，有得到生存的潛能和虧虛的容量；然而，卻可以簡單說「物質是善良的」，惟因物質對於生存有趨向的關係。這就是說：「物」，或「生存」之理，範圍狹窄，指絕對本體，只靠「相對關係」，成立不起來，「善良」等字的名理，卻只要依靠這點「相對關係」，匪能成立起來，並且（作具體名辭），給某物作賓辭，意義寬廣，能兼指全體本身。「物無不善」，但不必有生存或物體之現實。「物」字狹窄，「善」字寬廣。

為此理由，狄耀尼《天主諸名論》，章四曾說：「『善良』意義的範圍，擴展到現實存在和現實不存在的事物」。理由是因為：連那些現實不存在的事物，根據它現實缺乏存在的實義，也追求善良，就是趨向於生存。這就是「物質」二字的本義。從此看來，可以明見：物質也是善良的，凡有善良趨向者，都是善良的。（只由於生存之趨向，不可以簡說：「某物生存」；猶如只由於實現的可能，不可以絕對說：「某物是現實」；僅可以說：「某物可能成為現實」。然而，由於善良之趨向，或潛能，卻常可以簡單而絕對的說：「某物是善良的」。「善」字寬廣，「物」字，或「生存」之類的字，卻比較稍為狹窄。攏統說來，名理首重現實的字，範圍狹窄。名理首重趨向或潛能的字，範圍寬廣。字義範圍，定於語言的習慣，往往由於主觀成分的幹擾，廣狹的界限，不容易分辨出來。有些人習慣認為「物」分善惡，故此也認為「物」字寬廣，「善」字狹窄。認為「可能的事物」和「現實的事物」都可以說是事物的人，就認為「物」、「善」兩字，範圍廣狹相等。都同樣首重現實，泛指潛能：現實事物，現實良善。可能的事物，可能良善。然而仍須稱認：雖然事物生存的可能性，不是事物的生存；事物善良的可能性，卻是事物的善良，並是善良的。否定善良的可能性是善良的，不拘說到什麼一件事物上去，都說不出道理來：因為，在不拘什麼事物裡，善良的趨向，不能不是善良的）。

受造物的善良，品級低弱，比不上天主造物者的善良，還可用另一觀察方法，觀察出來：方才說了：天主在本體自身的生存以內，握有善良全備的極峰：生存純一。萬善咸備。受造的物體，擁有本性的美善，不是一體包盡，而是眾體分賦：在至上，萬言匯萃於純一；在下級，一善分散於萬物。本此理由，如說天主有道德，有上智，有動作，等等，實義所指，根據同一事實；指示同一意義；論到受造物，卻根據不同的事實，指示不同的意義。

距離第一至善越遠，某物的善良，越需要更繁多的分子，為能積累到完備的程度。如有某物，無力達到（本類的）至善，匪在少數據點上，（盡可能），保持一些不完備的美善。根據這樣的比例，實有界，第一至善，實體完全單純；其下較近的實體，美善相近，實體的單純也同樣相近。人類和獸類，實體分子複雜，需要用繁多的器官完成知識、靈智等等高級生物的活動。其餘更低的物類，不能達到高級生物生活行動優越的程度，（不需要更複雜的器官），於是品級越低下，實體設備，也就越簡單：最低的物體，簡單至極：例如物質原素，（依古代《物理學》，物質原素有四：火氣水土。它們的實體簡單，整體和每部分，有處處一致的性體。許多塊土，是土。合成一大堆土，仍是土。整體和諸部分間，性體的一致是原素實體的簡單性。它們的簡單，是簡陋；和第一至善實體的單純精粹而至一，不可相比；一是精純至一：一以含萬；一是粗糙簡陋，不堪承載上級美善）。

從上述看來，可以明見：天主，根據自己單純的生存，擁有自己善良完備的整體。其餘各類實體，受造於天主，只靠自己的生存，達不到自己（本類）善良完美的程度，但需要用許多（個體和能力，去承載一體一力不堪承載的本類美善）。因此，它們每個的實體，為了所擁有的生存，都是善良的，但如在生存以上缺少了本體善良所需要的其他某些因素，則不堪簡單稱為善良：例如某人，缺少道德，而染有許多惡習，但就其有人的生存，是一個人，並是一個實有物而論，他固然是善良的；然而不堪簡單被稱道說是「好人」，或「善良的人」；反之，簡單說去，判定他是「惡人」，更是合乎語言的意義。從此可見：在任何受造物以內，簡單的說，生存和善良，不是相同的；雖然，專就生存而言，每物的生存，確是一件（有價值的）善良：因有生存，而是一物：有則勝於無；（只限於生存的善良；不是善良的豐富完備）。

惟有天主，生存和善良，純粹相同。（在本體生存裡，兼備萬善的盈極）。

注意：每物以近似天主的善良為追求的目的。物體用擬似的方式，同化於天主的善良，應在分內所需一切上，相似天主。物體本性分內宜有善良，不只在於本體的生存，而且按方才的說明，尚應俱備完善所需一切因素與條件。顯然，物體本性歸向天主，以天主為歸宿，不但在於每物實體的生存，而且在於完善能有的一切附性條件；並且在於本性宜有的動作；因為現實動作，也屬於物體完善之所應有。

第二十一章 宇宙模仿天主的動作

從這些理由看來，可以明見，萬物生存的宗旨，也是作其他事物的原因，並在這個作用上，相似天主。

理證一：受造物用自己的動作，企求相似天主。然則，物體作另某事物的原因，是由於自己的動作。所以物體也在原因作用上，企求相似天主。

還證：按上面（前章）的說明，物體企求相似天主，專在近似天主的善良。既然，由於善良，天主將生存的恩惠，施散於外物：因為天主和每物都根據其現實生存美善的盈極，發出動作。足見，物體願望相似天主，也是企求作其他物體的原因。這是物類的一個公律。

加證：從已有的說明，可以明見，善良的趨向，有善良的實義。（善良的趨向，按適當的規則，向著善良的進步，故是善良的，回閱前章）。既然每個物體，由於作另某物的原因，都趨向於善良：因為按（章十）已有的證明，善良生於原因，是生於本然；惡劣卻只生於偶然。足見，作某些外物的原因，是善良的。然而，根據企求的任何美善，物體都趨向於相似天主：因為受造的萬物所有的任何美，都是從天主的美善分領而得的秉賦。如此說來，可以斷言：萬物生存的本旨，企求相似天主，在於給某些外物作原因。

又證：說「效果趨向於相似作者」，和說「作者產生和自己相似的效果」，兩句話正說反說，有同樣的實義：因為實義所指，不外是說「效果依照作者的指引，趨向於某某目的」。然而作者製作某物，本旨所求，不但是要自己的作品在生存上相似自己，而且是要它在原因作用上也相似作者自己：因為作品的製成是某某物質資料，承受作者的製作，而同化於作者，用擬似模仿的辦法，例如動物新生時，從父體領受營養的能力，同樣也領受傳生本類的生育能力；如此推廣說去：作者給作成的效果，授與自立生存的因素，同樣也授與動作的因素，使它也能作其他效果的原因：（猶如父生子，子生孫；火生火，火又生火）。從此可見，效果趨向同化於原因，不但同種的性體相同，而且原因的作用，也相同，或相近似。

本著上述的公律，宇宙萬物趨向於相似天主，按（章十九）已有的證明，正如同是效果趨向於相似作者一般。貫通全論，足證萬物本性自然的宗旨，企求相似天主，在於作其他某些效果的原因。

另證：每個物體，至極完善的時期，是它有能力作成另某物體和自己相似的時期。例如光明至極發亮的時候，有能力照明週圍的許多物體。然而每個物體是由於追求自己完善至極，而追求相似天主。可見，每個物體追求相似天主，乃是由於它生存的本旨，是要作其他物體的原因。

但因，原因之為物，高於效果；從此可以明見，由於作某些效果的原因，而企求相似天主，是各類中高級分子的特性。（高級分子的目的，是同類各級分子競求的目的）

又證：每個物體先有本體美善的完備，而後始能發生原因的作用去產生他物。方才已說明了這一點。作原因、產生他物，是物體發展到最後而完成的美善功績。既然、（根據前章），受造物，追求相似天主，需要用許多因素，經過許多努力，故此，作原因產生他物，由而相似天主，乃是受造物最後的成功；（即是它的最後目的）。

（史證）：本此理由，狄耀尼，《天上品級論》，章三，曾說：「贊助天主的工作，是萬物中最神聖、最近似天主的事」。

經證：（《新經》）大宗徒聖保祿《致格林德人書》，第一封，章三，節九說：「我們人，乃是天主的助手」。

評註：幽贊神明，參天化育，是人生的目的。萬物生生，人生人，馬生馬，豆生豆，火生火，藝術家產生工藝品；繼善成性，開務成物，推造科學技術，發展工業生產；文化進步，日新月異，宏揚天主造化：在人文的成績裡，欣賞造物主的全能和美善；因天主的能力，助長天主的妙工，作出自然界本性之所不能有：是宇宙造化、萬物生生的最後目的：以受造之物，妙合於造物之主。

第二十二章 動作和辦法

從以上（數章）提出的那些理由，轉進觀察，可以明見：每個物體，按秩序發展，為達到生存目的，運用的最後辦法，是它的動作。物體，（種類不同，本性能發出的）動作，互不相同，隨之而有不同目的，並有不同的辦法。

歸納各類，（回閱章二及章十六），動作（共分「外成和「內成」兩大種類。「外成動作」，常有施受的分別），施動是一個物體發出動作，變動外物，例如火燒，刀砍。受動是一個物體被動於外物而發生變動：例如被燒熱，被砍斷。（受動物體是生存於潛能境況中的物體，普通說來，乃是物質。動作的施受，同時並至，是兩個物體交互相動、產生一個變動事件的兩面觀）。

「內成動作」是某些物體、處在生存現實盈極的境況中，為成全自己本體生存的完善，而發出的動作；不趨向於變化外物。由於第一特點，它不同於「外成動作」的受動和變動。由於第二特點，它有異於「外成動作」變化外在物質而有的施動。（「內成動作」是生物的生活行動；典型的實例），有如感官的知覺，（內心的醒覺），智力的曉悟，意力的願欲。

從此可以明見：有些動作，趨向於相似天主，專在乎成全本體，例如某些物體有時只作出內成動作，或只被動於外物而不施動於任何外物，也不作出什麼外在的效果。另有一些動作，趨向於相似天主，卻在於產生某些外物，給它們作生存的原因，例如某些物體施動，變化外物，或作成外物。最後，有另一些動作，趨向於相似天主，兼在於兩方面的成全：就是既被動而變化自己，成全自己，又施動而變化物外，以成全外物：例如某些物體被動而發出動作，以變動外物，或生成外物，（猶如火生火，又如父生子，子生孫；回閱前章）。

根據以上各種不同的動作，徧察物類，各類有自己本性的動作和目的（萬類配合，交互變動，又有交互成全的目的和公益。逐類略加分說如下）：

下級物體，（是礦類，和無生物）。它們因物質界本性的自然變動，依吾人觀察之所見，只是被動而自動，不是被動而施動於外物：除非出於偶然：例如石頭，本性向下降落，途中衝動擋路的另某物體，地方的移動如此。同樣，其他各類變動，和品質的附性變化，也都是如此。從此可見，它們變動的目的，是達成相似天主的旨趣，專在於成全自身的本體，就是得到本性宜有的性理和方位。（水得水性而流下。火得火性而焰上）。

上級物體，最高者，是天上形體。它們（不但被動而自動運行，並且）被動而施動於外物。足見它們變動的目的是達成相似天主的優美，兼在於成己而成物：完成雙重任務。

天上形體運行，以成全自己，專在於實現方位移動的潛能，由現實所在的一方，運行到可能到的一方。既到另一方，又有潛能回到昔者現實在過的原處。它常在處所的現實內，包含著其他處所的潛能。它實現的境況並不因有潛能而美善減低。

為說明上面這一點，可取譬於第一物質。它在逐漸的變化中，現實獲得昔者可能得到的某某性理：由潛能而轉為現實，成全自己：既得此某性理，匣失掉昔者在現實盈極的境況中，原有的彼某性理：得此失彼，相繼領受它潛能虧虛的容量，所能領受的一切性理：性理眾多，不能一時兼收，故需前後相繼逐一領受：將自己全部潛能，逐步實現，達於極點而後止。（終而復始，循環變化）。

依相同比例，天上形體，有方位移動的潛能，猶如第一物質有領受性理的潛能。天上形體，為成全自己，將不能一時全都實現的潛能，逐步相繼實現：先在這一方，後移到另一方。（週而復始）。

天上諸形體，運行天際，變動他物，目的是相似天主，在於給外物作生存的原因：就是（四季循環），促成物類的舊體敗亡，新體出生；並完成下級物體各類的變動。這樣的自然工化，是天上形體固有的任務和目的。

既然目的優越，應高於向莊目的的物體；下級物類，和天上形體，高低異位，尊卑軒殊；以天體之尊高，竟以下級物類的生死變化，為自己生存運行的目的；似不相稱，但實無不適。理由可取父子生生作比例。父體生育子體，目的是給子體裝置本類同種的性理。子體的尊貴，不高於父體，既是同類同種，故尊卑相等：猶如種類同名同指的物質因素：同種相生，體異而種同：和異種相生，大有不同。然而給子體裝備性理，是生育的切近目的，不是高遠的終極目的。父體生子體，是子體生存的原因，給子體傳播本類同種的性理，終極目的，是藉此而相似天主的生存：在於同種生存的永遠傳流，並在於傳播父體自身的善良：給子體，作生存的原因。（生物的傳生是如此。無生物的變化生生，新舊更替，也有類似的比例：目的都是傳播美善。例如物質原素或同類相生以火生火，或異類相生以火燒木而烹煮藥料）。

依照類似的比例，天上諸形體，高貴程度，雖然勝於下界物類，但其運行的旨趣，仍是促成它們的變化新生，並將新生物體的性理，從潛能境況，提引到現實的境況：以此為切近的目的；然而尚有較為高遠的最後目的，就是，按方才說出的比例，在於作某些外物生存的第二原因，並因而得以相似天主。（天主是第一個原因）。

從另一個觀點去觀察，尚應理會：天主的善良，是天主意志願愛的對象；天主造生萬物：生養保存；是用自己的意志。故此，物體越進步，相似天主的善良，也就依正比例，同樣進步，相似天主造生萬物的意志。在這一點上，比較上下兩級，可發現繁簡的不同。上級物體，相似天主，分領天主的良好，用的方式簡單；對象延及的範圍寬廣。下級物體，卻用繁雜的方式，效用可達到的範圍較為狹窄。本此理由，上級對下級，因果關係的似點，不是種類相同，平等相對，而是廣狹相對；在比例上，猶如高廣的原因，用高廣的動作，對待低級的效果：以高貴降臨於卑下，以寬廣覆蓋狹小。例如下級各類物體，動作的宗旨，範圍收縮，僅限於產生此某或彼某種類範圍以內的效用；依照同樣的比例，天上形體，動作的宗旨和效用的範圍，擴展到有形實體的萬類；一切有形實體，變化生出，生養保存，發育增長，繁殖增多，都是仰賴天上形體。足見高級原因的效用，不是謀求一類或一種的小善，而是謀求眾類公有的大善。（生產，保存，增長，繁殖，或分多，是有形實體，萬類公有的福利）。

潛能物體，被動而動，謀求相似天主，為能成全自己本體的完善。物體完善，相當於潛能實現，虧虛充實，達到盈極程度。這數點，方才業已提及。為此理由，潛能物體，被動而動的宗旨，是謀求潛能的實現，和虧虛的盈極。從這個觀點看去，可以見到一條定理，就是：某某現實盈極（的境況），越後到，越完善，匪依正比例，越是物質慾望追慕的主要對象。這是必然的。本此定理可知：物質慾望，追求性理，是追求竭盡全力可能達到的最後，和最完善的現實盈極：以此為變化物質產生新實體的最後目的。這也是必然的。

然而，比較物類，可以發現，性理的現實盈極，品級不齊，高下排列起來，有一定的秩序。歸納比較：第一物質，為實現其潛能，第一步成功，在乎得到（最低的性理就是得到）物質原素的性理，（冷熱剛柔之類）；既有原素性理作根基，它匪有潛能和容量，上進一步，領取物質原素化合物體的性理；為此目的，物質原素是化合物的物質：（即是第二物質）。然後，再造一步，（第三步），用化合物的性理作根基，遂形成（第三級較高的）潛能形勢，廣展虧虛的容量，足以領受（初級生物，就是）植物類的性理。這類的形體，有生活，故有靈魂，專稱生魂，以生魂為自己潛能實現，和容量充滿的盈極因素。植物的生魂，是植物類性理的現實和盈極。

如此以同樣的步伐，逐步上進，潛能增高，容量加深，既有生魂，便有能力得到動物類的覺魂。既有覺魂，則有能力得到人類的靈魂。這是有形實體，變化生生，逐步上進的歷程。

為證明以上這樣的變化而上進的歷程，是自然界事實的規律，可以觀察人類胚胎生育的經過：第一步，幼胎初生，只有植物類的生活。然後，始有動物類的生活。最後才有人類的生活。（植物生活，依靠生魂。動物生活，賴有覺魂。人類生活，不得不有靈魂。三魂專稱有專名，三名互異；通稱有公名，一名相同，同稱靈魂。生物有靈魂，猶如無生物之有性理。性理合物質，結成實體。靈魂合肉身，結成人的活體）。物類各級性理，在變化生生的有形世界，惟有人靈為最高。變化生生，上進的歷程，達到人類的靈魂出現，匣達到了極峰：在人的靈魂以後和以上，生死變化的世界裡，沒有更後到或更尊高的物類性理。

如此比較觀察，足見有形世界的全體，變化生生，逐步上進的最後目的，乃是人類靈魂（的出現）。物質慾望，追求性理，是以人類的靈魂，為最後能得的至高性理。綜合全論，可以斷言：物質原素形成的目的，是為化合而成形體。化合物的目的，是為形成生物。在生物諸級當中，植物生活的目的，是為形成動物。動物生活的目的，是為形成人類。足證：人是有形宇宙全體、變化生生的目的。（那麼，不難明見，萬物有目的，並有得到目的的歷程和規律：因為變化生生，各類都有終止之點，萬類又有共同的止點：止於人類靈魂）。

物體的出生和保存，依賴同樣的因素。本此理由，依照上段的說明，回觀物體變化出生的歷程，匣可看到物體為保存自己，諸類相需的情形及規律。我們眾人，用眼觀察，即可見得：化合物維持自己的生存，賴有物質原素，品質適當的配合。植物卻從化合物中，採取營養的食料。動物從植物中，採取生活的食品和需品。高級動物，性分優越，能力強大，有時也從低級而弱小的動物中，採取生命保養所需要的物品。人類卻運用所有萬類物體，為增進生活的安全和福利：或用作飲食，或用作衣服及其他。從此看來，可知為什麼自然生人，是生出赤身露體的嬰兒：因為人有能力從他類物體中，謀取資料，製備衣服。同樣，自然生人，只給人配備了嬰兒最初需要的乳汁：因為人發育以後，有能力從各類物體中，攫取適宜的營養物資。論到交通工具，人類自己的身體，運動靈活，筋骨氣力，比不上許多獸類；為滿足行動和勞作的需要，需要役用獸類：彷彿自然生出獸類，某些專是設備出來，供給人類使喚調用。除衣食住行以外，為能增進智力生活的福美，人類也需要利用器官可以感覺的各類事物。凡器官可感覺的事物都有助於智力知識的領悟。（即物窮理，是就有形的事物，識別無形的性理）。徧察上述一切，足見有形的宇宙萬物，天主造生，都是供人享用。

經證：本此理由，（《古經》）《聖詠》，（第八章，第八節），仰對天主，發出讚頌說：「稱（天主）將所有萬類，都置放在他（人類原祖）的腳下」。

史證：大哲亞里斯多德、在《政治學》，卷一，（章二），也說：人管治萬類動物，有自然天賦的主宰能力。

總結全章，（貫通起來），可以斷言：如果天體運行，自然規律的目的，是完成物類的變化生生；同時，物類變化生生的目的，是為生養人類，以人類為有形萬類的目的；結論顯然是：天體運行，是以人類為目的；並以人類為有形世界，萬類物體，或實體變化，或附性變化，共有的最後目的。

本此意義，（《古經》），《申命紀》，章四，節九曾說：「天主造成了天上諸形體，是為服務萬國的人」。

第二十三章 天體運行的目的

從以上提出的理由，還可推證出另一結論，就是：天體運行的第一動因，是某一個有智力的實體。

理證一：物體動作，根據本種，宗旨無一是作出比自己性理更高貴的性理：因為凡是作者，動作的宗旨，是作出和自己相似的事物。然而天體運行，本有的宗旨，是產生終極性理。這個性理，是人類的智力，按前章的論證，它是形體萬類中，至高無上的性理。可見天體運行產生事物，不是根據本種；它的作用，也不是主動；而是作工具，服務另某高級的主動者，動作起來，根據主動者的種類。從所生的終極效果看去，按因果相似的定律，可知那個主動者是有智力的；屬於靈智實體的種類。天體發出動作，產生形體，是緣繫於被動而動的運行。故此、天體運行是被動於某一有智力的實體。

還證：按前在本書（卷一，章一）已有的證明，物體變動，不能自動，必須被動於他物。所以天體運行，既是方位的變動，不能自動，也是被動於他物某某。

那某某一物，作主動，或是和天體完全分離，各自獨立；或是和天體合成一體：在合體以內，一部分發動，一部分被動，動作起來，可以說是「體自動」。假設天體運行是這樣的合體自動，天體則是一個有靈魂的動物：因為凡是這樣自動的合體，都是有生活並有靈魂的動物。但是天體能有的靈魂，只得是有智力的靈魂，不能是任何其他：既不能是植物類的生魂，因為天體沒有實體變化，植物生活的營養消化以給出生和死亡，都是實體變化；但又不得是動物類的覺魂：因為天體沒有構造繁複的覺性器官。故此，只剩有智力的靈魂，足以作運行天體的靈魂。那麼，天體運行的動因，乃是有智力的。

另一方面，假設那某某動因，和天體是完全離開的：它是外在的發動者；那麼，它或是形體，或不是形體。假設它是形體，它則不得不是被動而動：因為凡是形體，沒有不被動而動的，本書（卷二，章廿）已有明證。它則必須又被動於另一動因。如此，在形體中，步步上推，不得推至無窮，故須終止於第一動因；並且這個動因，必須不是形體。然而，凡是和形體完全分離的實體，必然都是有智力的；上面在（卷一章四四）已有證明。足見：天體、至高無上的第一形體，運行天際，是被動於某某有智力的實體。

又證：按大哲《物理學》卷八（章四）的證明，形體、沉重下墜，和輕揚上升的移動，是被動而動，（不是自動……因為是）被動於生物者，和免除障礙者：因為在形體以內，性理發動而物質被動，是不可能的；（故不能像動物自動一樣，靈魂發動而形體被動）；依自然界的事實，本體被動而動的物體，只是（性理與物質合構而成的）形體，（不得是沒有物質的純性理，也不得是沒有性理的純物質。動物的身體內有靈魂有形體，靈魂作內在的動因，可以移動形體。無生命的形髏內有性理有物質，但性理不會作內在的動因而移動物質。木中有火，而火不自燃，卻被點燃於生火者和免除障礙者。各類無生物的形體，如此都不是本體自動的）。物質原素的形體，構造簡單，只有物質和性理的組合。天上諸形體的構造，也是構造簡單，比例相同。那麼，假設天體運行，猶如形體沉重和輕升的移動，依同比例，（不是自動），故應被動於生物者，和免除障礙者：生物者，是本體動因：促成物被動的本體；免除障礙者是附性動因，去掉物被動時在本體以外能有的阻擋。這對於天體說話，卻都是不可能的：因為天上諸形體，（按古代物理學），不包含性質相衝突的物質因素，所以不是由舊物實體變化而生出的新物，故沒有生物者作本體動因；並且天體運行，（空中自由），不能受到障礙；（至少無上至高的天體必是如此），故此也沒有免除障礙者作附性動因。如此說來，天體運行，被動而動，不是被動於沒有知識的形體：只得被動於某某有知識的實體。這個實體，不是形體，不能有器官感覺的知識：所以只有智力的知識。（如此貫通全論，足證：天體運行，是被動於某某有智力的實體）。

加證：假設天體運行的原因，只是本性的自然，而無任何知識；這個原因、必應是天體的性理：情形和物質原素比例相同：單純的性理，固然不是（外在）發動的原因，但仍然是物體移動或變動的（內在）原因：本性自然的變動，和其他各種本性自然而有的特性，同樣都是由內在性理之決定而獲致的效果。本性效果，依隨本性的性理。

然而天體運行，所能依隨的（內在或外在）動因，不得是天上形體的性理。理由是：說「本性自然的性理是方位移動的原因」，詳解起來，不外是說：「有某形體，根據本性具有的性理，應站在某某處所，由自身性理的效能，趨向於那某某處所。生物者，產生此某形體時，給它賦與了那某樣的性理，因此，叫作它移動的（外在）動因」。猶如火性焰上，以「生火者」為上升的（外在）動因。

但是天上形體，根據它本性具有的性理，沒有固定的這一處所，或那一處所，是其本性合宜的處所：（證自它循環運轉，常轉不息：永不靜止於一處）。足見大體運行的原因，不只是本性的自然，（全無任何知識）。依同理可知：天體運行的原因，必須是某一實體，用知識，發出動力，運轉天體。

還證：自然的本性，（專指沒有知識的物性），趨向有恆而專一。由此，本性自然而發的情況，除非在少數事件上偶然受到阻礙，常常依照同樣的方式，發生出來。方式一律，是本性自然的特性。可見：本質方式不一律的生存情況，不能是物性自然傾向的目的。然則，所謂「運行」或「變動」，根據名理的實義和事體的本質，指示「生存方式常不一律」：因為物體變動，或運行，依事體的本質，是某物體生存的情況，在時間的次第上，前後不相同：（反之，逐時變遷而改異）。可知：物體變動、本性自然的目的，不能是變動自身：故此，必是靜止。靜止對於變動，和專一對於繁多，有相同的比例：因為物體靜止乃是在先後不同的時間裡，保持自身相同的生存方式。（物性好自同，不好自異，好恆一，不好分歧：故此，物性好靜止，不好動蕩）。

今如假設，天體運行，倘若只是發於本性的自然，依照本性必然的規則，必也趨向於靜止。仰觀天象，事實卻顯似相反：天體運行，是常行不息的。足證：天體運行的原因，與其說是物性盲目的自然，毋寧說是某某有智力的實體。

又證：本性自然動力發出的變動，都有這個必然的特點：就是對於某某目的，如果接近它是合於本性，遠離它便是不合於本性，並是違反本性：例如重物本性自然動向下墜，因此可知動向上升是違反它的本性。依同比例，假設天體運行，本性自然動向，由東而西，是順性；那麼，它如由西而東運行起來，便是逆性。逆性的行動，對於天體說，是不可能的：因為在天體運行的事件裡，沒有任何違反本性，或強迫的事。（依古代天文學，和《物理學》，地上形體，重者順性下墜，被迫可逆性上升；天上形體，運行空際，常則不變，不會被迫而倒行逆馳）。

從此可見，天體運行的動因，不是本性（無知識的）自然；故其動因是一個有知識的能力，並且，按前數章已有的說明，是用智力發動，而運轉天體。足證：天上形體運行，是被動於有智力的實體

說到這裡，卻不應否定天體運行是物性自然的行動。事體的自然性，肯定某某行動是某物本性自然的，理由不只是為了發動的原因，而且也是為了受動的因素：例如形體原素的變化新生，是自然界物性自然的變動，不是為了發動的原因，而是為了（新生形體內的）受動因素：事實明顯：因為如果由於發動原因，而說某物行動是出於本性的自然，那個發動原因，就必須是一內在因素，在於那物本體以內：因為，本性物之是其所在物體以內的行動因素，（參考大哲《物理學》，卷二章一）。形體原素，或單純形體的變化新生，卻明明是生於外在（另某物的）發動原因。可見，單純形體之新生，是物性自然的變化，理由不在於發動原因，卻只在於（新生形體以內的）受動因素。這個因素，是物質：形體物質，具有本性傾向，自然傾向於領受本性宜有的性理。

如此分析起來，可見：從發動的原因方面看，天體的運行，與其說是本性（盲目）自然的，勿寧說是某某意力和智力的行動；但在另一方面，就是從天體被動的因素方面看，天體運行，卻是本性自然的：因為天上形體，（在其物質以內，本性生來，有這樣運行的適宜性：適於被動而動。

轉進觀察，這一點，可以明顯看到：天上形體，對於自己能有的處所，有適宜性的關係。須知任何每一物體，受動和被動，是根據生存的潛能；施動和發動，卻是根據生存的現實：（潛能兼有虧虛的容量；現實卻是相對潛能的實現：（虧虛的充實盈極；或某物絕對的生存現實和盈極）。今如觀察實體自身，可以見得：天上形體，對於任何處所，都有去就兩可的潛能，猶如，按前章所說，第一物質對於任何性理，

也是有漠然兩可的潛能。

論到本性分別輕重的形體，情況卻與前不同。因為分別輕重的形體，對於某某處所，不是漠然兩可的，而有固定的傾向，決定於本體固有的性理，（不是單由物質）。從此可見，形體分別輕重的本性，是此類形體移動的發動因素；正與天上形體相反：因為天體的本性是天體運行的受動因素。

本此情況的不同，觀察起來，雖然分別輕重的形體，如果被動於吾人的智力，有時可以說它們的動是被迫而動；但天上形體，被動於某某智力，卻不可被人誤認為是被迫而有了不自然的移動。（依同比例，逐一觀察各類形體）。形體分輕重，本性傾向於某某處所，適與吾人智力指莊的方向相反時，被動而動，乃是違反其本性自然的被迫而動。有靈魂的生物，被動於自己的靈魂，而發出的行動，從生物的本性方面看，不是違反本性自然的被迫而動，但從其形體輕重的墮性方面看，卻是一些違反輕重本性自然的被迫而動。

最後，把話說回到天上諸形體來，它們本性固有的適宜條件，不決定行動方向的順逆；而只是順從某某智性實體的推動，移向任何某一方面：由此看來：天體的運行，從發動原因方面看，是（外在某實體的）意志行動；同時、從（天體內在的）受動因素方面看，卻是本性自然的，（無識無知的）。

附請注意：天體運行，遵照發動者的意志，無礙於天體運行的專一和常則的不變。雖然意志和許多對象能發生關係，不自限定於專一對象某某；但和物本性之受限定，有比例相同的方法：猶如物本性傾向專一是受自己固有德能的限定；依同比例，意志也能受上智的限定，而趨向專一：遵從上智的指引，追求專一的某某目的，準備而有恆，永不越規或失效。（天體運行的常則，是發動者上智的規定和主宰，同時是發動者意志自由行動的效果）。

從此看來，還可明見一點，就是對於某某同一處所，天體運行時，或去，或就，都不違反本性的自然。（在這一點上，天體不同於輕重形體）。分別輕重的形體，對於某某處所，去就相反，兩個方向之中，常是一個順性，一個逆性；理由有二：一是輕重形體，受自然本性的限定，趨向一個處所；接近於它，是順；違離了它，則是逆。二因兩個動向，對於一個終點，去就互相衝突，是專對終點而說的，不指中間各點；對於任何中間某點，某物先達到而後離開，為能繼續向著終點前進，不是違反物本性自然的宗旨：反之，經過中間某點的實義，正是方到又離，不停留在那裡。進向終點的移動，依照物性的本旨，是連續不停的一個歷程：中間各點的逝去，不是許多移動，而合成一個移動：由始點漸達終點而後止。對於某點，動向的去就，是否違反物性自然，全視物性本旨而定；與某點自身，有時卻去就或兩可，或並不違犯自然。

如此，天體運行，循環旋轉，對於某點，先到後離，到時接近它，離時去開它：去就兩個說法，在這裡，不指示互相衝突的許多行動，而是一個行動前段後段繼續不斷的歷程。整個歷程，循軌旋轉，週而復始，依照本性的自然，常不限定於某一處所，停留下來。由此可見，圓週的旋轉，沒有始點和終點，常轉不息，週線各點，都是過路，和中點相似：沒有直線升降移動所有的終止點。

最後注意：本章議論的宗旨，只是證明天上諸形體的運行，是被動於有智力的某類實體；其餘有關諸問題，不拘答案是否如何，都與本章宗旨及其定論，沒有關係重要的分別：例如運轉天體的那某智性實體，是和天體連結，如同靈魂結合肉身呢？或是和它離開而分別獨立呢？是否每個天上形體的運行，都是直接被動於天主？或每個都是間接被動於天，中間經過其他受造實體，這些實體，或有智力，（例如天神，或無智力，而僅是天主造的某些因素）？或只是最高的第一天體，直接被動於天主；其餘諸天形體，卻間接被動於天主，直接被動於中間許多受造的實體？以上這些問題，不拘有什麼答案，對於本章定論，都無分別。惟一要點是：天體運行是被動於有智力的實體；（因為在地上，產生了有智力的生物：就是人類靈魂和肉身的合體：有智性的效果和目的，證明其主動的原因，必是有智力和意力的：不是天上形體的物質自身，故必另有原因）。

第二十四章 形體的變化新生及目的

轉進推論，既然按（前章）證明了的定理，天體運行是被動於智性實體；同時天體運行的正常效用，是完成下級形體的變化新生；那麼，這些下級形體的變動和新生，乃是出於智性實體的意旨。這是必然的（定理），理由如下。

理證一：主動者和工具的宗旨，趨向於同一工作和目的。然則天體運行是被動於智性實體而完成下級形體的變化；可見（智性實體是主動者），天體卻是它的工具。足證下級諸類形體的變化出生以及所領受的性理，（包括物性物理，形狀，紋理，條理，秩序，規律，才力，等等），都是智性實體作主動者，用天上形體作工具，而完成的效果，並是主副兩因，共同動作本有的宗旨。（專就工作最後本性自然的正常效果而言，工具的宗旨，符合主動者的宗旨。既知某某事物是工具的正常效果，便知那是主動者所願意達成的宗旨）。

從此再轉進一步看去，可見智性主動者意力所願作，及實效所完成的各種事物之實理，（以及代表實理的理想或智像），那豫先存在於它的智力（意識範圍）以內：如同藝術家的心智以內，事先已有所作工藝品的實理，然後才本著實理的理想，作出了藝術的作品。從此可知，這裡下級各類物體的實理，以及各類變化和行動，都是從某個，或某些個智性實體智力（意識範圍）內現有的實理泉源裡，分散出來的河流。實理泛指物類種名定義，及其所指物性本體，為成立起來，必須具備的因素，簡稱性理，包括理智可知的一切內在的優點：例如才力，規律，條理，秩序等等）。為此理由，大哲鮑也西，《聖三論》，章二，也曾說：物質以內的性理，是從沒有物質的性理那裡，發出來的。

專就這一點，大哲柏拉圖的名言，和真理的定論，有些相合；（按大哲亞里斯多德，《形上學》，卷一，章六的紀載），柏拉圖曾主張：和物質絕異而分離的性理，是物質以內現有各種性理的原因。（原因泛指來源，根由，和典型，或標準）。不過是柏拉圖主張這些離物可知的性理，是本體自立的（純神）實體；並且它們直接（用神力）產生形體界五官可知各種事物的性理。在這一點上，吾人現代（依照前數章的思路）卻應肯定：那些沒有物質的性理，（固然是不染塵埃的純理但不是獨立，飄飄然脫物生存的實體），乃是存在於某智性實體的智力以內，並且是（間接的）運用天體的旋轉，產生下級諸類性理。（這是吾人現代和古哲柏拉圖，見解互不相同的地方）。

談到「目的問題」，須知：凡非因偶然附性，而因本體，被動於某物，方能自動的物體，追求自己行動的目的，也是領受那某物主動的指引。為此理由，既然天體行動是被動於智性實體；並且用自己的行動，產生這些下級諸類的一切變動和行動；所以天體，為達到自己行動的目的，也是仰賴智性實體的指引。依同理，下級各類形體，便也隨著天體，都是承受那智性實體的指引，各自追求行動固有的目的。

照此看來，不難見得，各類形體，按本性的自然，沒有知識，動作起來，都是為了有某目的；並且都是被動而動的：因為，它們依從智性實體的指引，嚮往固定目的，如同箭頭射中矢的，是依從箭手的瞄準射往。依同比例，自然界，各類形體，從自然界的發動者，領受了自己所有的性理，能力，和行動；因而也領受了本性自然的傾向，追求本性自然的目的。

從此還可明見，物本性自然的任何功效，都是智性實體某某的功效：因為達到目的而有的功效，首先歸功於主動者的指引，次應歸功於工具的順從指引。為了這點理由，可知觀察物性自然行動，現能看到，都按秩序和規矩，向著某某目的前進；如同有聰明一般。

依照以上這些觀察，可以明白見得，許多物類，沒有知識，卻能有行動的目的；並能用本性自然的傾向，追求福利和美善；既追求相似天主的神性，又同時追求自己本性宜有的成全。以上這些話，在說法上，有彼此的不同，在實義上，卻互無分別。物體追求福利和美善，是由於它追求本體的成全：因為善福和成全，互成正比例，也是相等的。同時，物體追求相似天主的神性，正是由於它追求真福真善：得善愈多，似主愈近。物類中，此種或彼種的善良，因其相似天主的善良，而依照其近似的程度，實有美好可欲的理由。天主的善良，是萬善的元首：是萬類善良的最高標準；故此叫作「善良第一」。所以物體由於近似天主，而接近於本體善良；反說：（物體由於接近於本體善良，而近似天主），卻不可：（因為實善之理，在於接近至善，不在於接近小善）。從此看來，明白見得，萬物所求，在於相似天主：以此為終極目的。

善的分類，隨範圍廣狹而各有不同的意義。一屬個體，一屬種群，一屬類群，一屬超類的宇宙全體。眾善之理，皆匯聚於生存之理。（生存之理的範圍，越普及多類，則越深入於個體）。依此比例，逐類觀察；飲食可欲，是動物每一個體之所必需的福利，為能保存個體生存：故此是個體的福利和美善。動物生養兒女，或作任何其他動作，目的如果是為保存全種群體的生存，那些動作的可欲，便是「種群」的福利和美善：同時卻也是同種每個物體的福利和美善：利群而切己。（所以說：飲食男女是每人之大慾）。

「類群福利」，屬於同類不同種的每個物體：異種動作而相利，是因果同名而實異的因果關係：本此關係，物體追求某某動作的目的，視如切己的本身福利，例如天體（運行空中，而產生地上形體的變化生生；又例如燒木生火，煮飯養人，或燃燈光照工藝的工作：這不同的工作，都是「行」，或都是「燃燒」，或都是「生」；然而比較所在的主體，可知這些關係，都是同名而異實的：發於天體運行，普及萬類形體：類同而種異。

「超類福利」，是超類的真善。因果關係，是同名通指的，（既非同名同指，也非同名異指，又非同名喻指），而是超越萬類之外，徧在萬類之內的「同名通指」：通過異類，指出因相通，或比例相近似的關係，（回閱本書卷一，章三十至三十五）。本此意義，天主是超類的第一至善，為了自己的本體善良，給宇宙間所有一切物體，分施生存的恩惠。（這樣廣義的生存，廣於生活；深於浮淺靜止的「存在」，或「現前」；給神形萬類的物體，都可以作本體賓辭，指示每物本體固有的生存，但是一同名通指的賓辭，不是同名同指，也不是同名異指，或象徵法的喻指；對於各類之所指，既不全相同，又不全相異：都有比例的相近似。這個「近似」的廣大範圍，超越萬類；全體公有的福利，叫作「超類福利」：根據「愈廣則愈深」的原則，天主所造生的「生存」幸福，是萬類每物最深入本體的福利。每物本性都追求這個福利，顯然就是都追求相似天主。這是本章議論的核心）。

從以上的分析看法，得以明見：物體能力越精強，善良程度越崇高，它求善的願心，所延及的範圍，也就隨著越加寬廣而高深，並且越在離自己遙遠的許多物體內，發生動作的功效，謀求它們每個的福利。歸納觀察：不完善的物體，只貪求個體私自的福利：（不完善，是不成熟，例如嬰兒，只知道饑食渴飲）。完善的物體，卻謀求種群的公共福利，（例如發育成熟的動物，就會生育，以傳播本種的生存）。更完善的物體，（依古代哲人觀念，是天上諸形體），則謀求（形體類）、全類的福利。最完善的物體，是善良程度，至高無上的天主；祂意志所願愛慕的對象，則是「物」大公名所指最廣範圍內，全體每物的福利：（給每物授與生存：分施美善）。

本此理由，有些人嘗說：「善的本質，有分賦流行的特性」。（上善如水，其德好流。樂善，則好施。參考狄耀尼，《天主諸名論》，章四）。這樣的話，說得不是沒有道理：因為觀察事實，即可見得：實體越善良，則流澤越廣遠。（人類如此，物類皆然）。

又有一點：就是天主是萬善的表率。理由須知：物以類聚，類各有極。類中之極，全類之首，完善至極，是全類的表率，並是全類的標準極則。（參考大哲《形上學》，卷一，小甲，另版卷二，章五）。然則，天主是善類的元首，至極完善；恩善流佈，範圍至深且廣；是以堪為萬善的表率。萬物師法天主，都以行善為樂。由於施善於外，而為外物的原因；既願作外物的原因，便同樣是願意相似天主；同時仍然是追求自己本體的福利。（成己，成物，法天，三事一事：福善惟一）。

人生：智性的生存使命

第二十五章 智性動作的目的

既知一切受造物，連那些無智力的物類，也包括在內，都按自然規律，嚮往天主，以天主為最後目的；又知萬類達到此一目的，是各按己力在某某限量內，領取相似天主的某些特點；那麼，（不難想見），有智力的受造物，達相似天主的目的，是用其本類特有的一個方式：就是在於用智力本有的動作，認識天主。（詳證如下）：

理證一：按（章十七）已有的證明，任何物體的最後目的乃是天主。可見每個物體，都竭盡可能的密切程度，父接自己的最後目的天主。對於天主的實體，有智力所知的知識，乃是在某些限量內接觸了天主的實體：這樣交接天主，深密的程度，勝於無知識而只得到了近於天主的某些似點。足證有智力的實體，趨向於認識天主，以此為最後目的。

又證：任何物體的動作，既是本性之所宜有，便是它生存的目的：因為（生存是第一美善：是初步的成全）；動作是第二美善：（隨生存而繼起的第二步成全）。本此理由，對於本有動作，成績善良的人或物，叫作能力精強，品格善良的人或物，（例如說「好人」，「良馬」，等等）。然則，智力的知識，是智性實體本性宜有的動作；故此是它生存的目的。智力所能有最美善的知識，依同理，乃是其最後目的：

在於動作本身的卓越；不在於動作以外的成品：特別在所謂的「內成動作」裡，它們的本性，不是為作出任何某些外在的成品。例如智力和器官覺力的知識（是「內成動作」，回閱章二十三）。這樣的動作，種類的區分，是根據對象，並因對象而受到吾人的識別；所以由對象的優越，必可斷定其知識的優越。如此可知：認識優善至極的對象天主，是優美至極的知識。足證：用智力認識天主，是每個智性實體的終極目的。

問題：有人能說：至善對象，有絕對和相對的分別。智性實體的最後目的，可能只在於認識相對的至善，不在於認識絕對的至善。如此可能是：至高的智性實體，以絕對至善為自己的至善：於是它的真福，就是最後目的，在於認識天主；其餘各級較低的智性實體，以相對較低的某級對象，作自己能有的至高對象，並以認識這個對象，為自己（最後的目的和）真福。尤其是人類的智力，本性薄弱，似乎不足以認識絕對至善的對象：因為（按大哲《形上學》卷一，小甲，另版卷二，章二），人的智力仰對可知的至大對象，猶如夜梟的眼睛仰對太陽，（視而不見）。

答案：審察智力的本性，可以明明見得：任何智性實體的目的，連那最低的也算在內，都是用智力認識天主。（詳證如下）：

證一：上面（章十七）證明了：萬物所追求的最後目的，是天主。然則，人類的智力，在智性實體當中，雖然品級低下至極，但仍高於沒有智力的物類。既然高貴的實體，不得有卑陋的目的，人類智力的目的，也得是天主，（和萬物相同）。但因每個有智力的實體，按方有的證明人的智力，關於天主神性真理的知識，縱令所知微小，願望，愛慕，喜愛的心情，勝於所知下級事物的完善知識。足見人生存的目的是用智力在某些方式或限度內認識天主。

還證：每個物體以相似天主為自己追求的目的。所以每個物體至極同化於天主，所依憑的因素是它的最後目的。有智力的受造實體，極度同化於天主，所依憑的因素，是它本性具有的智力：它用這個同化的方法，相似天主，勝過其餘萬物：這樣同化的優點，包括其餘各種方式所能的一切優點。然而，在這一類的同化方法中，它同化於天主，與其依憑潛能的或儲備（以待用）的知識，勿寧依憑現實明察的知識：因為按卷一（章五六）的證明，天主的智力常有現實明察的知識。它根據認識天主，而極度同化於天主，也是在於智力有現實明察的知識：因為按卷一（章四十九）的證明，天主由於自己認識自己，而認識自己以外的一切事物。足見：用智力認識天主是各個智性實體的最後目的。

又證：自身只是為了他物而有可貴價值者，乃是為了某某只是為了自身而有可貴價值的事物。（換言簡譯之：有更高目的的目的，必有至高無上的最後目的。逐級上推），不能推至無窮：物性自然的願望，有這樣的定律：否則，無窮無盡，中間距離無限，始終無以貫徹，則陷物性自然願望於喪亡：（物體自然的本性將全等於虛設：物性自然不追求永不會達到的目的）。然則，所有一切科學，技術，和實踐的能力，都只是為了他物而有價值之可貴：因為它們本身的目的不是知識，而是實用。但是相對方面，靜觀的知識，卻只是為了自己（事體的本身）而有可貴的價值，因為靜觀一類的各科知識之目的，乃是知識，（在知識以外，別無其他目的）。

同時，在人事以內，除靜觀的明察以外，沒有任何別無目的的行動。連那些遊戲的動作，外表上看去，好似是沒有目的，實際上卻有一些相當的需要和目的：就是為在某些方式或程度內，振作起心智，為在（散心休息，精神振興）以後，更能專心殷勤工作；否則為游戲而遊戲，自身可欲，則應貪求不上並常應遊戲不停：這是不適宜的！

如此思量，可知實踐的技術是以助長靜觀的知識為目的；同樣，人的一切行動，也是以智力的觀賞為目的。

然則，人間所有一切學問和技術，分門別類，編組系統，有總部，有分科；有治本者，有治末者：都以總部治本的學術為目的：聽從它擬定的規律和方針：例如駕駛船隻的目的是為航海：造船術是治末的分科，以航海術為治本的總部，並遵從它擬定的規律。

同樣比例：對於一切靜觀純理的學術，第一哲學，位居總部，統領百科，頒授原理原則，指示方針，評定是非，排拒否認原理的謬說。

並且，第一哲學本身，按本性固有的定則，以認識天主純神為最後目的，因而（按大哲《形上學》卷一，章二），它也叫作「神類事物的知識」，也可以簡單叫作「神學」，達到自己最後目的，所用的方法，是用智力認識它。足證人的智力達到自己的目的天主，是用智力認識天主。

還證；猶如沒有智力的物體，圖謀達到自己的目的天主，是用模仿擬似的方法；依同比例，有智力的實體，按前面提出的證明，是用知識的方法。然而沒有智力的實體，雖然企求相似或同化於切近的原因，但本性自然的宗旨不止於此；卻按（章十九）已有的明證，以相似或同化於至善為目的：縱令能達到的程度極不完善。如此比較，可見智力如能對於天主，得到不拘多麼微小的一點知識，它便以那點知識作為自己的最後目的，勝於智力可知的一切較低對象的知識。

加證：每個物體，至極願慕自己的最後目的。然則，綜合一切，足證：認識天主，是人類一切知識相行動的最後目的。

還證：所有一切施動者，和發動者，按品級，排成以上動下的系統，最上第一施動者和發動者的目的，是下級一切動因的最後目的：例如軍長的目的，是所屬各級將領和士兵戰鬥的目的。然而，在人本體所有一切部分內，比較觀察，可以見得，最高的動力是智力：因為智力，給意力標明對象，促動意力起而追慕；智性的意力，就是人的神志，順從智力的指使，調動器官知覺的情慾，或積極的情慾，可歸於「喜愛」的總類；或消極的情慾，歸於「惱怒」的總類：因而吾人，除非有心內神志的命令，不順從情慾。既有了神志的同意，官感的情慾，乃進而運動身體。運動的發生，是由智力而到意力，由意力而到情慾，由情慾而通徹於百體四肢。如此說來，可以斷定，智力的目的是人類一切行動的目的。

然而，智力的福善和目的，乃是價值的真實，即是真理，（參考大哲《道德論》，卷六，章二）。故此，最後目的乃是第一真理。第一真理，是天主。足證：人的整體，以及他所有一切心思，意願，和行動，共同追求的最後目的，乃是認識天主。（天主是至高無上的第一真理，回閱卷一，章六十至六十二）。

加證：每人本性生來固有的願望，是認識所見一切事物的原因。於是，見到事物，而未知原因，乃因驚奇而追究，是眾人哲學思議的開始，發現了原因，思議方告停止。並且非達到第一原因，議程不得停止。知得第一原因，才算得到了完善的知識，（參考大哲《形上學》，卷一，章一）。如此看來，足見每人本性生來，願望認識第一原因，以此為終極目的。然而，萬物的第一原因，乃是天主。足證：人生的終極目的是認識天主。

足證：既知某物是效果，便願認識它的原因：這是每人本性生來固有的願望。然而人性智力，認識「物、大公名」所指的物，（包括萬事萬物共有的生存之理）。故此人本性願知物大公名理所指萬事萬物共有的生存之原因。按卷二（章十五）的證明，這樣的原因，是獨一無二的天主。

然則，本性生來固有的願望，如不滿足，人則尚未得到最後目的。可見，為達到最後目的，並享到人生的真福，智力所知的任何知識，都不充足，除非加有天主的知識：因為認識天主，是本性固有願望的極度滿足。這乃是最後目的之實現。足證：認識天主，這個知識的本身，是人生的最後目的。

加證：以本性自然傾向，動往自己某某處所的形體，距離目的越近，則依同比例，移動的強度和速度，也都一並提高，（這是物體衝撞時所表現的重力加速定律）。由此定律，亞里斯多德，在《天體及宇宙論》，卷一，章八，證明物體本性自然的直線移動，不能永動無止：因為假設它永無止點，它的移動則不能在先後不同的時間，而有強弱遲速的分別。故此，先弱後強，或先遲後速的移動，不是永動無止，而有固定的止點。地方的移動是如此。其他各類運動或變動，也是比例相同。觀察人的求知慾，也發現同樣情形，知識越增加，求知的願望和嗜好，也便更加強烈。可見，人本性固有的求知慾，也有固定的某一終點，作其終極的對象。這樣的對象不是別的，只能是尊高至極的真理，即是天主。足證：認識天主，是人生的終極目的。

換句話說：人和任何其他智性實體的最後目的，叫作幸福或真福：這是每個有智力的實體，追慕的最後目的，並且只是為了它本體可愛，而愛慕它。所以，任何智性實體的真福和幸福，乃是認識天主。經證：本此意義，瑪竇（福音），章五，節八，說：「心田潔淨的人，是有真福的：因為是他們，要得以享見天主」。《若望福音》，章十七，節三，也說：「這是永遠長生的意義和目的，就是認識禰，認識真天主」。

史證：亞里斯多德的學說，和本章定論，心意相合。他在《道德論》，末卷，章七，曾說：人生的最高幸福，是用靜觀的知識，欣賞至善的對象。

第二十六章（上）　真福與意力動作

智性實體，用自己的行動，上達天主，不但認識天主，而且也用意力的動作，向慕天主，親愛天主；並在這樣的動作裡，實享真樂。根據這樣的事實，有人能認為：人生的最後目的，和至高幸福，與其在乎認識天主，勿寧在於親愛天主，或在乎用另某意力動作，建立人仰對天主的交際。這樣的意見，能有以下這些理由：

一、首要的理由是：意力的對象，是善。善有目的之實理。智力的對象，卻是真。真惟在其本身善良的限度以內，始有目的之含義。由此看去，可見人得終極目的，與其說是用智力動作，勿寧說是用意力動作，更為合宜。

二、另證：動作的最後完善，是喜樂：按《道德論》，卷十，（章四），喜樂完成工作的美好，猶如美麗，補足青年的可愛。這是大哲的名言。既然終極目的在於動作的完善，可見終極目的之實得，與其說依憑意力動作，勿寧說依憑智力動作，更為合理。

三、其次：依常情看去，可見、喜樂之可愛，是為了它本體可愛，總不是為了外物多可愛：問某人為什麼願意喜樂，是一個胡塗問題。足見、與其說終極目的，在於智力動作，勿寧說它在於意力動作，更似妥善。基本的理由是：為本體之可愛而受追求，是終極目的必備的條件。

四、再者：終極目的，是眾人極願同心追求的：因為這樣的心願是本性自然的。既然追求福樂，比追求知識的人，數目更是眾多；足見福樂比知識，更是人心願望的目的。

五、加之：意力調動智力，以作出智力動作：因為當意力願意之時，智力便承行意旨，現實思想起在智慧裡儲藏的知識：並由而推求出新知識。如此看去，可見意力是一個比智力更崇高的能力。所以意力動作，也是一個比智力更尊貴的動作。如此比較，明似終極目的，就是真福，與其在於智力動作，勿寧在於意力動作。

第二十六章（中）　真福與智力動作

上面這樣的意見，是不可能的。用明顯的理由，證明如下：

一、生活的真福，是智性固有傾向，所追慕的至善；故應根據它本性固有的特點，而適合於它生活的需要。然而傾向不是智性固有的特點，而是萬物共有的共同點：雖然方式各物不同。不同的異點，來自物體對於知識所保持的關係，方式不同：歸納各類，約略分列於下：

完全沒有知識的物體，只有物本性自然的傾向。有器官覺識的動物，在本性自然傾向以上，加有器官感覺的情慾：分喜怒兩個總類。有智力知識的人類，在本性自然傾向，及感官情慾以上，加有與智性相稱的傾向，這就是意志。那麼，意志是智性固有的特點，不是根據它是一種傾向；而只是根據它繫屬於智力。智力是智性固有的特點，卻是根據自己的本體，（不是根據了和意力能有的什麼關係）。

從此可見：生活的真福，或幸福，依名理的實質，及首要意義，與其說在於意力動作，勿寧說在於智力動作，更是合理。

二、其次：在被固有對象引動而始行動的一切能力上，依照物理自然的次第，對象先於行動：猶如發動者先於被動者的行動。然則，意力正是這樣的一個能力。故此，依照物理自然的先後，意力的對象，先於意力的行動。意力的第一對象，先於意力的一切行動。所以意力的行動，不能是意力的第一對象。生活的終極目的，即是真福，卻是意力的第一對象。故此真福或幸福不能是意力的行動。

三、此外：凡有反射作用的能力，為能反射於自己的行動，先應對於外在對象，完成某行動，然後才得反射於自己的那個行動。例如智力，為能用反射作用，認識自己現實所有的某某知識，預先必備的條件是它已經認識某某事物；隨後始得，迴光自照，明覺自己現有那某某知識。（為知道自己現知某物，先應有那某物已被知道）。理由是：智力所迴知的知識，是某某對象的知識。在反省自知的步數上，逐步迴轉，或永無止境，或到最後，而終止於第一對象：它不是智力動作的本身，而是其動作的對象：就是它所知的某某事物。（永無止境的迴轉，是不可能的：例如說：「智力知自己知自己知自己……知……（而永無最後所知何物）」，重說無限次，說不出任何道理來：而且說不成一句話：辭理俱塞：故謂之「不可能」……）。

依同樣比例，意力的第一對象，也不能是意力動作自身，而必是善良可欲的另某一物。然則，智性意力的第一對像是本題所論的真福，或幸福。足證：人生幸福，依其本質，不能在於意力動作。

加證：每一物體，是根據構成它實體的（內在）因素，而有其本性的真實：例如真實的（活著的）人，不同於像上畫的人，是由於活人現有構成它實體的因素。然則，人生福樂的真假，互有的分別，不是根據意力的動作：因為意力的動作，或願慕，或愛慕，或醉享某某對象，只是由於智力將那對象，當作至善，呈示給它，供它愛慕：它自己卻無力分辨那個對像是真善，或假善。呈示給它的某某對象，是否真是至善，這個問題的答案，是來自智力方面。（分別真假，是智力的本職）。從此可見，人生真福，或幸福，依本質的實義，與其說它在於意力動作，毋寧說它在於智力動作，更為合理。

再證：假設某某意力動作是人生的幸福，或真福；這個動作只可能是三者之一：或願慕，或愛慕，或安享。然則這都是不可能的：願慕不能是最後的終極目的：因為願慕的實義，專指意力願望並追求現實尚不握有的對象：這樣的意義，和終極目的之定義，適相衝突。愛慕也不能是終極目的：因為愛情，不但愛某物於現有之時，而且也愛它於不有之時：因思慕而尋求現實無有的對象，也是由愛情裡發出來的。今如承認愛慕現實已有的對象，優於空空的願望，原因也是由於現實擁有善良可愛的對象。從此可見一是擁有對象，二是愛慕對象，兩者互不相同。擁有對像是目的。愛慕對象，卻不必是擁有對象，故不是目的。愛的動作分兩個階段，對象未到掌握而愛之，是初動；對象已到掌握之內而愛之，是動作的完成。初動而未完成的愛，是不完善的愛。條件俱全，動作完成，一無遺憾的愛，是完善的愛。愛既有完善與不完善的可能，故不是終極目的。終極目的，是完全擁有對象。

依同比例，安享福樂，也不是極終目的。因為擁有對象，是安享其樂的原因：擁有對象的方式，分三種，以時間階段為標準：每個階段裡，都有安享其樂的感覺：現實擁有對象，愛慕之而安享愛慕之樂；已往有過的對象，記憶之，而安享記憶之樂；將來要得的對象，希望之，而安享希望之樂。安享其樂的樂趣常常有，對象的擁有之現實，卻不常常有。足證：安享其樂，不是「現實擁有對象」：故此不是終極目的。

歸納上述一切，足見，專就本體或實體而論，本章所討論的這個人生幸福，既是終極目的，則不能是任何意力的動作。（意力動作，無一能是終極目的之本體）。

還證：假設享樂是最後目的，它便是因其本體而是值得追求的。這卻是錯誤的：因為什麼福樂值得追求，取決於對象與動作。福樂是對象在握，或動作完成而產生的效果。如果對象和動作有值得追求的善良價值，那麼，由它們生出的福樂，便也有可追求的價值。反之，對象和動作惡劣，由而生出的福樂，則也是惡劣的，不值追求，反應躲避。足見福樂的價值，不是來自福樂的本體，而是來自外物。足證，（本身沒有固定價值的）福樂，不是生存的最後目的。因為最後目的，是生存的真福，本身有無上至善的價值。（有福者必享樂。享樂者不必有真福）。

又證：事物間正常的秩序，符合於物性自然的秩序：因為自然界的事物，依本性自然的規律，嚮往本性固有的目的，準確而無錯誤。然而，在自然秩序裡，樂趣可享之引誘力，是以完成動作為目的；反說卻不可：（因為動作的完成，不是以嚐享樂趣為目的。為證實這一點，可用歸納法）：觀察物類，總結實例，歸納可知：自然的物性，給動物的某些動作，加賞（香甜適意的）樂趣：（目的是引誘動物完成那些動作；同時）、那些動作，依照物性自然的規律，顯然都有動物生存必需的目的：例如取用飲食，得享口福，目的是保養動物的個體生存。又例如運用生殖行為，得享生殖行為的樂趣，目的是助成本種生存的傳流不替。（加用反證法，更可證明本處的同一結論）：假設方才說的這類動作，不附帶著引誘性的樂趣；動物則自動戒絕，或罷休這些動作，並失掉必要的目的：（或喪命，或絕種）。從此可見：樂趣，（包括慾樂，及任何行動附有的快樂），不可能是生存的終極目的。

又證：樂趣的享受，依普通事實看去，似乎不是別的，惟乃意力既得某某適當善良的對象以後，所感到（的心滿意足，及慾望沸騰的）安甜；猶如，依反比例，慾望是意力的傾向撲降，為攫取某某善良可愛的對象。猶如人心，用意力，傾向於目的，並止於目的之既得；依同比例，自然物體，各按本性，傾向於固有目的：目的既得，各安其所：（儼然如有安樂可享）。形體，重者降落，自然目的，惟在止於本性宜有的某某固定處所，而解除降落的壓力。先願解除壓力，而後必願達到安止的處所。先後分明，不容倒置。如說重體降落的最後目的，不是達到安息的處所，而是解除壓力，這是「可笑的」，（因為是先後倒置）。何況、（用反證法），假設大自然的主要目的，是解除物體因本性傾向而感受的壓力，它就必不給物體的本性賦與那種傾向；然而事實上，它給物體的本性，賦與了某某傾向，（故其主要目的不是解除那個傾向的壓力），而明明是，用那個傾向的壓力，驅使物體追求某某固定處所；以得到那個處所，為最後目的；目的既達，傾向的壓力，隨之而解除：傾向的運動，遂告平息。如此觀察，可見壓力的解除，不是目的；而是目的既得時伴隨不離的情況。本此理由，可以斷定：樂趣的享受，也不是終極目的，而是目的之伴隨。依同理，生存的真福，更不得是意力的任何動作了：（而必須是終極目的之實得）。

添證：假設某物，以另某外物，作自己的目的；為實得那物而用的首先動作，也就可以說是它的最後目的：例如某些人，以錢財為目的，那麼，錢財的擁有，也就可以說是他們的目的；然而不得只是「愛慕錢財」，也不得是「貪愛錢財」。然則，智性實體的最後目的，是天主。故此為交接天主而用的首先動作，是智性實體的最後目的：就是生存的真福或幸福的實體。這樣的動作，是智力動作：乃是智性的認識：因為它是首先動作：（智性實體，都是如此；人類亦然）：吾人不能願意我們所不認識的對象。足證，人生終極的真福，依其實體而論，在乎用智力認識天主，不在於意力的動作。

第二十六章（下） 智力與意力

根據上述的諸項觀察，已經可以明見如何解破對方的疑難，（茲依照章二十六〔上〕列出的數目，逐條解答如下）：

解一：縱令真福，由於有至善之理，而是意力願愛的對象，並不能因此而必須肯定它的實體竟是意力的動作。反之，正由於它是意力的第一對象，按上述種種證明，可得出的結論卻是：它不得是意力動作。足見第一條疑難，論式無效。

解二：按第二條疑難的出發點，凡某物體，不拘怎樣，為成全自己所用的因素，都是那某物體的目的。這卻不是必然的。說「某物是某物的成全」，有兩種意義：

第一種意義，指示某事物成全某某已有本種性體（全備）的物體。第二種意義指示某事物成全某物應有的本種性體。例如房屋，建築完成了，已有本種性體，完備無缺；它的目的是供人居住。人來居住它，便是成全了房屋的目的。這是成全的第一種意義。

然而第二種意義的「成全」，對於房屋說，是成全房屋應有的性體：又分三種，一是實體因素，用來成全房屋，是建立它本種應有的性體；（給它構成應俱備的性質，條理；並充實它應有的物質需要：將它修造成一座有固定形式和質料的房屋）。

二是防護因素：用來支持房屋，例如護牆的支柱或圍垛等等；是保持房屋「性體」的安全。

三是適宜因素：用來增進房屋的適宜性，供人喜愛居住它：例如建築形式的美麗。

說到這裡，務須理會，以上這三種因素，固然有用於房屋之成全，但它們雖然成全物體，卻不是物體的目的；正相反，物體，被它們成全，乃是它們的目的：因為某物的性理與物質，（是其實體因素），以成全其本種性體為目的。（猶如某物之部份，是以成全其整體為目的；反說卻不然）。性理雖然是實體新生（過程）的目的，但不是已生實體、性體全備者的目的；正相反，尋求性理，是以成全本種性體為目的。（本種性體的全整，包含兩個必備的因素：就是性理與物質）。同樣，保全物體自己現有的性體，所用的種種防護因素，也不是物體的目的，而是物體為保全性體所用的需品或工具；例如身體的健康，和飲食的營養作用，是動物生活完善的條件，不是它生活的目的；反過去說：它們以動物生活的完善為目的，更是合理。依同理，一切適宜因素，用來裝備某物，助它完成本種固有的動作，引它提高效用，更適合於應達到的目的：明明自證也不是那某物的目的；反過說去，卻更合理：例如某人相貌美麗，身體健強，及類此的其他優點，不是他的生存是以養成這些優點為目的；卻是這些優點以完成他生存的美滿為目的。參照大哲，《道德論》，卷一，（章八），他在那裡，談論到這些因素，肯定它們是謀福於人，並給人服務的工具，（猶言它們是人身器官設備，應有的優點）。

回過頭去，和第一種意義的「成全」，相比較，可見那第一種意義的「成全」，既是成全某物性體全備以後的生存目的，故此、它乃是那某物的目的：猶如「供人居住」是房屋的目的。依同樣的理由，物體的動作，也是物體的目的，猶如在體用的分別裡，體以用為目的。

現在話歸本題：根據以上的分析，可以推論如下：須知、樂趣成全動作，是助使動作完成本種性體應達到的其他目的，不是作那動作應得的目的：例如飲食的樂趣，是以保養動物的個體生存為目的：故此、它不是第一種意義的成全；而是第二種意義的成全，目的是在某些相同的比例以內，完成事物應具備的本種性體，（在這裡，就是完成某某動作的本體）：因為，反省吾人自身，當作實例，可知對於感到有樂趣的動作，我們便專心致志的去作，更能聚精會神，更能作到盡善盡美。

本此理由，大哲在所著《道德論》，卷十，（章四）曾有名論說：「喜樂完成工作的美好，猶如美麗，補足青年的可愛」。青年的美麗，是以青年的人生為目的；反過去說：「青年的人生是以青年的美麗為目的」，卻不是道理。（因為，青年的人生，屬於人的本體；青年的美麗，卻是青年的附性。本體不以附性為目的。附性卻以本體為目的：為補足本體的可愛）。足證第二條疑難，也是論式無效。

解三：固然，眾人都為喜樂，而願享樂。但這樣的（心理現象或經驗），或類此的實例，仍不足以歸納出對方第三條論式內結論的必然：就是仍不可肯定：享樂是終極目的。理由正是：享樂，雖然不是最後目的，但它常伴隨最後目的：因為快樂的醉享，是從目的之實得，同時並至而興起的。（因其伴隨本體，而誤認之以為本體，是心理顛倒本末，慣有的迷惘現象：許多人捨本逐末，又有許多人，為逐末而追本。尚有少數人，追本而不逐末，末卻追隨而不遺：如影之隨形。對方第三條疑難，或生於心理的迷惘，或生於歸納法所得實例不充足：或兼生於兩者：總歸於論式無效）。

解四：求知識中的樂趣，勝於求知識的人，不是大多數；然而求器官嚐覺的慾樂，勝於求智力的知識及隨之而生的神趣者，卻是（現世塵界），人間的大多數：外間現有的事物，是大多數人更易知的，因為（所謂「外間」乃是人身外部知覺器官所能覺知的有形世界，和智力回心內省而領悟真理無形的世界，是對立的）；人的知識，（本性固有的歷程，是由外而內）：就是從器官知覺的事物開始，（而漸漸深入於無形真理的智見。用這些理由，足以解破第四條疑難）。

解五：對方第五條理由的前提，主張意力既能調動智力，故此高於智力。這顯然是錯誤的。（可用兩條理由證明如下）：

理由一：意力被動，依名理的真確意義，是被動於自己的目的；這個目的，卻是智力所知的善良對象。足見、智力以所知的善良，引動意力，是直接引動意力的本體，並以意力的本體被動，為其首先的第一效果。然而，意力引動智力，卻彷彿是由於（智力行動之本體以外，附有的）偶然；就是由於智力的行動，被智力認識出來，認得那個行動是一件善良的事物，並只是在此限度以內，值得受到意力的追慕。由此隨之，智力便承行意力的激動，而現實發出智力的行動。並且在這樣的事件裡，也是智力的知識先有於意力追慕的以前：因為意力總不願望智力作出那智力的行動，除非先有智力認得那個行動是值得願望的一件好事。（總結簡言譯之：意力調動智力，是先被動於智力，而且是觸及偶然。智力調動意力，卻不先被動於意力，並且直動意力的本體。在相動的方式和程度上作比較，智力高強，意力低弱，差別顯然）。

理由二：意力推動智力作出現實動作，兩者之間的因果關係，是施動和被動間的關係。然而智力引動意力，兩者互有的因果關係，卻是目的引誘施動者的關係：因為智力所知的善良對象，是意力起而追求的目的。在行動發生的次第上，施動者的動作，發生在目的已生效用以後：因為施動者，除非為誠愛目的而興起，則不施力動作。從此可見，簡單而絕對的說，智力高於意力；但為了附性的偶然，或專就某一觀點去看，在某些限度內，也可以說：意力高於智力。（既然意力高於智力，是限於某方式以內的；智力高於意力，卻是本體高越，不限於任何方式，或觀點。足見，絕對說來，仍是智力高於意力；意力不高於智力）。

第二十七章 體膚的快樂

從前面（數章裡）提出的諸項觀察，進一步，即可明見：人生的真福，在於安享體膚的快樂，是不可能的。這一類的快樂，主要在於飲食和生殖器官的運用。

理證：（前章）已經證明了，依照物性自然的秩序，快樂的目的，是為助成某某動作，反過去說：動作的目的，是為安享其樂，則不合理。本此定理，如果某些動作不是人生的最後目的，隨之而俱生的快樂，則也既不是最後目的，又不是和最後目的，伴隨不離的真樂。（按前章指出的事實），方才說的這些快樂，伴隨不離的那些動作，的確不是人生的最後目的：因為那些動作，依自然的秩序，趨向於顯明易知的其他目的：例如取用飲食，目的是為保養身體；男女器官的交媾，目的是為生育子女。可見、方才提出的這類快樂，不是人生的終極目的，也不是和那目的伴隨不離的至樂。足證，人生真福，不可主張，竟是在乎此。

還證：意力，（屬於智性），高於覺性的情慾：因為按上面（章二十五）已有的說明，意力調動情慾。然而，按前（前章）已有的證明，真福不在於意力動作。足證它更不在於覺性情慾之類的體膚之樂了。

加證：人生真福是人性特有的福分：除非強辭奪理，不可以說無理性的禽獸，也（依其本性）共用人生的真福。然則本題所論的體膚快樂，是人獸兩類共用的快樂。足證它們不是人生真福之所在。

另證：人生的至極美善，不能在於下交低級物類；反應在於上交高級物類：因為目的優越，高於嚮往它的主體，（或人或物）。本處所論的體膚快樂，在於用器官的感覺將人下降而交接某些低級對象，即是交接器官覺力可以感覺到的某些事物，（屬於覺性界，低於人類特有的智性界）。足證不應主張人生真福，見是在於這樣的快樂。

加證：無節無度，則不足以為善的事物，實有的善良，不是根據本體，而是取源於（本體以外的）節度者。然則，本處所論的體膚快樂，如果無節無度，（則謂之荒唐淫亂），非人類的善良享受。這些快樂，放縱無度，則異類互相妨礙，甚至同類自相阻止：自證本體非善。故依本體而論，它們不是人生的真福。何況所謂「至善」，是本體善良：因為依本體而是善良的事物，比較那依靠外物而是善良的事物，善良的程度，更是優越。（本體善良，高於附物善良）。足見、這樣的體膚快樂，不是人生的至善；故此也無以是人生的真福。

又證：本體賓辭間，不分雙方有無同樣加辭，彼此常有同樣的引隨關係。（本體賓辭，在論說句內，形容主辭所指事物的本體：例如說「燃料有燒熱作用」。「加辭」是「附加的名辭」，泛指附加於某某名辭以上的名辭。「名辭」，不只是「名詞」，而且泛指名詞、形容詞、動詞、狀詞，等等。「辭」與「詞」往往可以通用。「引隨關係」，是兩個名辭，或兩個論句，用「則」字之類的邏輯接詞，連合起來，前句引之於前，必有後句隨之而來的推演關係。例如說：「煤是燃料，則有燒熱作用」。這是本體賓辭間，沒有加辭，而互有的引隨關係。在本體賓辭以上，雙方添上同樣的加辭，必仍互有同樣的引隨關係：例如：

「煤是比炭更強烈的燃料，則有更強烈的燒熱作用」。「比炭更強烈」是一個「加辭」。雙方沒有加辭的引隨關係，如果是真的，則可以斷定，雙方添上同樣加辭的引隨關係，仍然是真的。這是一條用途至廣的邏輯定律。相當於數學裡「同量加等量，積量仍相等」的定理）。

本此定律，（稍稍變通一下），可知本體賓辭間，不分有無比級狀詞作加辭，仍有同樣真實的引隨關係。例如：既能說：「某物如果是熱物，則有溫暖作用」；故能說：「某物如果是更強烈的熱物，則有更強烈的熅暖作用」；並且也能說：「某物如果是強烈至極的熱物，則有強烈至極的熅暖作用」。對於本體賓辭，這是常真無誤的。

準此而論，如果善良二字是體膚快樂的本體賓辭，那麼，必應說：至極無限的體膚快樂，是至極無限的善良。這樣的論句，顯然是錯誤的：因為依照明智的估價，至極無限的體膚快樂：食色無度，放縱太過，不是善良，而是罪行，或惡習；並且有害於身體；甚至同類的慾樂，自相妨害。（過度則生厭。物極則反，道之自然）。

總結本段，足證依本體而論，體膚之樂，不是人生的至善。所以，也不是人生真福之所在。

另證：道德行為，值得稱讚，是由於它們，依正常的理則，引人得到真福。（參考大哲《道德論》，卷一，章十二）。今如假設人生真福，在於享受體膚的慾樂，道德行為的更值稱讚，則更應在於追逐情慾，而不應在於戒防情慾。這顯然是錯誤的。節德的實行，節制情慾，是一道德行為，極度值人讚揚，在於齋戒堤防，禁忌慾樂放縱：因此得名為「節德」：目的專指它的任務，是「以節制慾樂為美德」。足證人生真福，不在於體膚之樂。

加證：按前者（章十七）提出的理由，足以明知：任何物體的終極目的，乃是天主，（造物真主，無上至善）。故應肯定人為極度接近天主，所用的憑藉，乃是人生的終極目的。然則，人如果用體膚的慾樂以為憑藉，則不但不接近天主，反而遠離天主：因為人為極度接近天主，所應依賴的憑藉，是神智的妙悟。它的極大阻礙，正是本題所論的體膚之樂；因為它們極能引人沉淪於覺性界的塵世，故此拉人後退，不能助人上進而達於智力可以妙悟的天鄉。從此可見，不應誤將人生真福，厝置於體膚慾樂之中。

駁謬：用本處證明了的定理，可以破除以下諸派人的謬說：

伊壁鳩魯，（Epicurus，西元前三四二至二七〇年間，希臘哲士），他的學派，主張人生真福，在於食色慾樂。《古經》，《德訓篇》，章五，十七，智王撒羅滿，代表這派的人格，自首說：「故此，依我看，人生善事，在於自力更生，吃喝，享樂：這是人的性分」。《智慧篇》，章二，節九也說：「讓我們處處遺留下歡樂的紀念和丰采：因為這就是我們的性分和福分」。

柴林特，（Cerinthus，西元一一五年前後，敍利亞人，是當時新興的「深知派」領導人物之一）：主張眾人將來，肉身復活以後，在基督（重來人間，建立的）國政以內，享受腹腔肉情的慾樂，一千年；並用這樣無稽的神話，妄稱人生的真福，在於肉情的慾樂。由於他們主張「享樂千年」，故此也叫作「千年派」，希臘名辭，譯音，慣稱「奇歷牙祀派」。（他們引用由波斯，希臘和埃及演變而來的庸俗神學和哲學，附會教義和《聖經》，主張在《聖經》文字以內，寓存著更深的意義，人生目的在於領悟這些更深的知識，藉以識破宇宙和人生的奧秘：提倡「深知運動」，史稱「深知派」。希臘譯音稱之為「諾斯諦派」（Gnosticism）。「諾斯諦」，猶言超凡脫俗的知識，深知人生和宇宙的真諦。此派理想和聲勢，甚高大；

但其學術成績與價值，卻甚庸陋，不過是流行於民間的一種俗學或偽學而已）。

猶太人和撒拉森人當中，也流行著一些無稽的神話，揚言，有義德的人，領受天主的賞報，得以享受飲食酒色的慾樂。這些錯誤不難破除，因為人生真福，是德行的賞報，不得又是敗德的慾樂。（撒拉森人，是亞拉伯回教人的一支，從敍利亞和埃及一帶出動，侵入歐洲，和十字軍對立）。

第二十八章 光榮

從上述一切，還看得出來，人生的至善，就是真福，也不在於（受到）光榮。

理證一：按前者（章二十五）的證明，人的終極目的和真福，是人自己美善至極的動作，（乃是智力的動作，在人自己以內，不在以外）。然而，某人甲（所受到）的光榮，卻不在於甲自己的動作，而在於受到另某人乙為表示尊敬而向甲，作出的行動。（參考《道德論》，卷一，章五）。故此，不應將人的真福，寄放在（人能受到的）光榮上。（真福在內，光榮在外。故真福不能在於光榮）。

還證：善良和珍貴的理由，不在本身，而在外物的事物，不得是終極目的。光榮卻正是這樣的一個事物：因為人受光榮的正當理由，（不在光榮自身），而在於人自己另有某一優點，（值得受人光榮）。人願意受光榮的理由，也是因為人願意得到些外來的憑據，證明自己實有某某優點：本此理由，人寧願受到偉大和高明人物的光榮。可見人生的至善，不應寄賴於光榮，而應寄賴於（光榮所表彰的）實際優點。（既有實善，即有真福，與光榮之有無，無關）。

又證：值得受光榮的優點，只須實有於其主體內，不能在於其外。然而有時，實無優點的主體，卻受到了光榮。比較起來，建樹自己值受光榮的優點，是一件比受光榮更好的事。足證人生的至善，不是受光榮，（而是有優點）。惡人，為了自己沒有的優點，也往往受到光榮：（足證光榮的虛假，不足以是真福至善）。

另證：無上至善，是完美無缺的至善；並且不兼含絲毫惡劣。一有絲毫惡劣，已非至善。至善純全，不能是惡劣。然而惡人受到光榮，不是不可能的。故此，光榮能是惡劣的光榮。足證不是人生的至善。

第二十九章 名譽

從此也可見得，人的至善，也不在於名譽：就是不在於大名鼎鼎，譽滿天下。

理證：依照杜榴，（西賽勞），《修辭學》，卷二，章五十五的定義，名譽，是某人受眾人屢屢稱道和讚美。又按（米蘭主教）聖盎博的定義，（解釋杜榴定義說）：名譽是聲名顯赫而受人讚美。（參考聖奧斯定，駁馬西明，章二，節三）。人願聲顯赫名而受稱讚，是為了因見知於眾人而受光榮。求名譽的用意，是為得光榮。光榮既然尚非至善，何況名譽呢？

還證：名譽讚揚人的優點，是表彰某人因有某些優點，而適於達到某某目的。然則，適於達到目的，尚非業已達到目的。可見，受人稱讚的人，不是業已達到最後目的的人，（稱讚，誇獎，有表彰進步，並激勵上進的意思）；按大哲，《道德論》，卷一，章十二，業已達到目的的人，與其受人稱讚，勿寧受人光榮。（光榮以示尊敬。稱讚以示獎勵）。得名譽，主要在於受稱讚：故此，不足以是至善。

加證：知、貴於被知。惟有高貴的物類，具有知識能力。低級物類，沒有知識，卻是被知的對象。人得名譽在於被知；故不能是人生極貴的至善。（分析比較：知識是某某主體認識某某客體：主尊而客卑。主體有知，客體不必有知。有知者尊貴，無智者卑賤。被知有受辱的含義。得名譽，是被知，並接受批評和獎賞：也有卑者受上級垂視的含義。愛名譽，不是愛至善。其理也可見於此）。

又證：人願被知，只願被知有善，不願被知有惡；反願掩藏惡劣之點。可見：被知，不是一件可貪求的好事，除非為了某人有善良的優點，堪以示人。足證：實有優點，和被知，兩相比較，後者劣於前者。名譽卻在於後者，故劣於前者；乃非至善矣！

另證：至善不能有缺；因為它全滿心願。人得名譽，在於令德見知；而識別才德，是一個不完善的知識；因為包含極多不確實，或不正確的成分。（倫理或心理的知識，品評才德的優劣，是本質不會像數理或物理那樣真確的）。足證，名譽，既是這樣的，就不能又是無缺的至善。

又證：人的至善，在人的事物當中，應是堅定至極的：因為福樂恆久，是本性自然之所欲。名譽，在於聲聞，冷暖無常，極不堅定；人間情態易變者，莫過於眾人的意見和評論短長。足證，聲譽之為物如此，不得是人生的至善。

第三十章 財富

從此轉進，即可見得，財富也不是人生的至善。

理證：財富之價值，不在本體，惟在於有用，供人花費，製買貨資，經營事物：或為維持身體的生活，或為滿足類此的某些需要。至善，卻不然。它可愛的價值，是在本體，不在乎有用於其他目的。財物，只靠本身，全無好處，故不得是人生的至善。

還證：財物能給人供獻的最大利益，惟在散施於外：不在屯積而滯留。財物的至大用途，在於銷售，花費，向外傾流。（人生真福，卻屬於人本體的生存，在內，而不外馳）。足證財物的屯積，不能是人生的至善。

加證：道德行為，因其（助人）前進於真福，而值人稱讚。寬鴻、大方、兩個德行，處理錢財，值人稱讚，與其由於儲存，勿寧由於施捨。這兩個美德，乃是由於「施捨不吝」而得名。可見，人生真福，不在於擁有錢財。

又證：人生至善之所實得，理應優於人的本體。然而錢財不優於人的本體：因為是供人運用的一些工具。足證人生的至善，不在於財富。

另證：人生的至善，不得是倖運：因為倖運是無因而至的偶然，出於人理智的謀略以外。人達到本性宜有的目的，卻應依靠理智。錢財的得失，極多次，是倖運所致：（貧富如煙雲，變幻無常，不全由人理智作主）。故非人生真福之所在。

加證：錢財的波費，非人情願：花消於不得已。惡人必定喪失人生的至善，但能是富翁。並且貧福境況患得患失，不是穩定可靠的。還有這樣的許多實情，可從前數章例舉的理由裡，搜集出來，足以證得本章這個結論的明確。

第三十一章 權勢

依同樣理由，可知人生的至善，也不能是世界的權勢。（世界的權勢，是人為治理自身週圍的人地事物所需有的能力和權力：專在於創制或改變這些事物。它的本質有潛能的含義。潛能不是現實。潛能善惡兩可。故非至善。詳證如下）：

總論：權勢之得失，不由人意，極多次，由於僥倖或偶然；並且患得患失，本質易變而不穩定：許多次，落於惡人手中。凡此一切情況，非至善之所能有，（而為權勢之所常不免）。回閱前數章提出的理由，足資明證。（分論，尚能從許多方面觀察）：

理證一：人極因上達至善，而被稱為善良。然而，因有權勢，無善惡足述：因為權勢是能力，有潛能虧虛的含義，不是現實盈極。有能力行善的人，不都是（現實功德飽滿的）善人。有某人是惡人，也不由於他有能力作惡：卻應由於他有罪惡的現實。能力本身，無善惡現實之可言。足證至善之所在，不在乎有權勢。

加證：凡是權勢，既是作事能力，便是對外物發生關係。無上的至善，卻是絕對的，不是相關的：不是向外物發生關係：（而是內心滿足）。足證人生至善，不是權勢。

還證：人用來能行善，也能作惡的工具，不能是人生的至善；（何況，也不是至善的工具）：因為至善的工具，不應又助人作惡。然而，權勢卻是行善或作惡，人可兩用的工具：因為，（按大哲《形上學》，卷八，另版卷九，章二的名言），「理智的能力，是正反兩可的」。（至善，是目的，不是工具）。可見，人間的權勢，不是人生的至善。

另證：假設有某權能，是無上的至善，它便應是完善至極的權能，（即是天主至上的權能）。然而，人間的權勢，是極不完善的一個權能：因為人間的權勢，植根於眾人向背的意志和意見。人心的向背，如風轉移，極不恆一。並且，權勢越高大，越倚賴眾望之所歸，並倚賴多數因素之扶持：這反而是它的一個弱點：倚賴越多，越能從多方面受到敗亡。足見，人生的至善，不在於人間的權勢。

綜合以上數章，（從二十八章到本章），可以得一個總結論，就是人生的真福，不在於任何外物：因為凡是外物，都是倖運的偶然遭遇；（不外於所謂世俗的榮華富貴），都包括在前數章所提出的幾個總類以內。（總類公有的本質，既非至善；其餘支流別脈，就更不待言了）。

第三十二章 健美

轉進考察，顯明可見：人的至善，也不在於身體的健康，美麗，和強壯。理由相同。總因，凡此一切，善人惡人之所共有，變遷無常，不由人意作主。

此外，靈魂優於身體：因為身體，除非賴有靈魂，則沒有生活，也不得有上述的健美。如此比較，可見，靈福貴於體福。靈魂的福利，例如聰明道德，及其他類此種種，（尚不足以件件都是至善），何況體福之健美呢？

再者：體格的健美，乃人類獸類之所共有。真福卻是人性之所特有。足證人的真福不在於本章所說的健美。

加之，專論體格，許多獸類，勝於人類：或在於快速，或在強勁，或在於類此的其他優點。假設至善在於體格，人類反不足以優勝於群獸。這顯然是錯誤的。足見人生真福，不在於身體的福利。（人類優越，勝於萬獸，不在身體，必在其他）。

第三十三章　器官覺力的福樂

用同樣的根據，去比較觀察，也可明見：人生的至善也不在於器官覺力方面的福利。一因這一類的福利也是人獸共有的。

再者，智力優於覺力。故此，智力方面的福利，優於覺力方面的。可見，人的至善不在於覺力方面。

復次，覺力方面，至大的福樂，在於飲食和色慾。假設至善在於覺力方面，則應不外於此。然則，（前面在章二十七證明了），真福不在於此。足證，它也不在於覺力方面。

加之，覺力之可愛（價值），在於有用途，並有知識。然而，覺力各器官的一切用途，都在於增進身體的福利。同時，覺力的知識，附屬於智力的知識。因此，沒有智力的禽獸，在知覺裡，所感到的快樂，都是關於身體的福利，專在於運用覺力的知識，達到飲食和生殖的目的。可見人的至善，即是真福，不在於器官的覺力方面。

第三十四章　道德行動

轉進考察，乃可明見，人的終極福善，也不在於道德的行動。

理證一：人生的真福，既是終極的至善，不能附屬於更高的目的。然而，一切道德行動，都附屬於另某目的。歸納觀察，揆其首要，即可明見：勇德的行動，在於戰事的武功，附屬於行軍的目的：或戰勝敵人，或締造和平：否則，專為戰爭而戰爭，是愚狂的。（參考大哲《道德論》，卷十，章七）。同樣，義德的行動，附屬於社會公益，在於維持人間的和平：由於每人各安於所得。遍察其餘諸德，情形大同。足證：人生的終極真福，不在於實修諸德。

還證：倫理的道德行動，共有的目的，是助人維持內心情慾，和外間事物，程度的節制適中。然則，人生的終極目的，不能是情慾或外物的調節：因為那些情慾和事物都附屬於另某事物或目的。足證：人生終極的真福，不能在於道德的實行。

加證：人之所以是人，由於人有理智；從此可見，人性特有的福善，必須是在於人性特有的理智方面。然則，理智本身之所有，比較它在外物之所成就，更屬於理智之所特有。同時，倫理德行的善良（成績），不在於理智本身以內，卻在於調節外物：是理智在所處理的外間事物內，建立的功動：故不能是人生的至善：（因為人生的至善，就是真福，是在內，而不在外的。回閱章二十八）。

又證：上面（章十九）說明了，萬物的終極目的，是用仿效擬似的方式，同化於天主。可見，人極度同化於天主所依賴的憑藉，乃應是人生真福之所在。但是，這樣的憑藉，不是倫理道德的實行：因為這樣的實行，歸屬於天主。給天主作賓辭，不能有別的意義，僅能有同名喻指的象徵作用；因為這些實行，所調節的情慾或事物，依名理的本義，非天主所宜有，（回閱本書卷一，章九十三）。足證人生的終極真福，就是它的終極目的，不在於道德的行為。

另證：真福，是人特有的福分。將人和各類動物相比較，在人類一切福利以內，極度歸屬於人性之所特有的福，是人的終極真福，追尋可得的所在。這樣的真福之所在，卻不得是倫理道德的實行：因為這樣的實行，在某些限度內，也是某些獸類之所共有：例如某些禽獸，也彷彿有某些程度的仁厚美德：或寬鴻大方；或英勇壯烈；等等。從此可見，人的最上真福，不在於倫理的德行。

第三十五章 智德

從此看去，還可見得，人生至極的真福，也不在於智德的實行。

理證：智德的實行，專在於處理與倫理道德有關的事務。（它是倫理四樞德之一）。然而，（前章說明了），人的至福，不在於倫理道德的實行。足證也不在於（倫理類的）智德。

還證：人生終極的真福，在於人生的至善動作。人生的至善動作，根據人性固有的特點，釐定程度，是以至善對象為標準。然則，（倫理的）智德，在動作的範圍裡，不包括智力或理智的至善對象：因為智德，（是運用明智，執理法而行權變），在動作範圍內，只包括可能性的（偶然）事物，不包括（常真常善的）必然事物。（參考大哲《道德論》，卷六、章六）。故此，人生終極的真福，不在於實行智德。

加證：以他物為目的，而系屬於他物者，不是人生的至極真福。然而，（倫理）智德的動作，系屬於他物，並以他物為目的：一因智德（倫理的知識），屬於實踐的知識之總類，以實踐的行動，為（切近的目的），並系屬於這樣的行動；二因智德（倫理的效用），是給人締造適當的智巧，助人選擇適宜的工具和方法，為能達到某某適當的目的，可明見於亞裡斯多德，《道德論》，卷六，章十三。足證人生至福，不在智巧。

又證：按亞裡斯多德的證明《道德論》卷一章九，無理智的動物，沒有絲毫真福的福分；卻有某些禽獸，在某些限量以內，實有一些智巧；也可明證於亞氏《形上學》卷一章一。可見，真福，不在於智巧。

第三十六章 藝術

還可明見：真福不在於藝術的工作。

一因藝術的知識也屬於實踐的總類，如此也系屬於外在的目的，也就不是終極目的了。

此外，藝術工作的目的，是作出藝術的產品。這樣的產品，不能是人生的終極目的：因為，反過去說，我們人類是一切人工產品的目的，更是合理：人工產品，是供人運用的，（為能達到其他目的）。可見，藝術工作（的技巧），不能是人生至福之所在。

第三十七章 妙識天主

人生的至福，在於妙識天主。

理證：（用否定的歸納法，枚數眾福，否定不是至福的各類；所餘者，必是至福之所在）。綜合以前數章，可知：人生的至極真福，不在於所謂倖運遭遇的外物；也不在於身體的福樂；也不在於靈魂覺力方面，又不在於智力方面倫理道德的實行，並且還不在智力方面實踐的知識和能力，就是不在於智巧和技巧。

既然如此，最後只剩：妙識真理，是人生至福之所在。

一因只有這個動作是人性固有的特點，絲毫非他類任何動物之所共有。

又因它不以任何外物為目的，而系屬於它。妙識真理的目的，是妙識真理：（不是在妙識真理以外，另有任何其他目的）。

還因人用這個動作，近似上級物類，而交接上級：因為人性固有的各種動作當中，只有這個動作，是天主和眾位天神，（各按不同性分），所實有的。（依物類品級，天主高於眾位天神；而眾位天神，卻高於人類，故是比人類崇高的上級）。

再者，尚因用這個動作，在某些限度內，人能認識上級，而與之發生心靈的交接。

並且，也因為人為完成這個動作，不需要借助於繁重的外間事物；故此，更能主要依賴己力而自足。(所需外物絕無僅有)。

況且因為歸納觀察，可見人生的各類行動，都以這個動作，為(終極)目的，而系屬於它。妙識真理，為能達到完善的程度，需要身體健全。為維持身體健全，少不得工藝產品。並且，為維持身靈兩安，對內，需要平息情慾的騷動；為此，轉而需要倫理道德的實修，並需要智德的調節。對外，還需要鎮靜外間事物的動亂，應用智明，治理市民生活的秩序。民政軍政的目的全是為此：國泰民安，實享妙識真理的至福。

總結前論，果如正確觀察，不難見得：人生事務萬千，無一不是為了服務人類妙識真理。(妙識什麼真理呢？真理的妙識分許多種，簡略述之)：

至福妙境的洞識真理，不能在於觀賞智力可知的原理：因為原理廣泛至極，內容高遠含渾，包含各類事物的可能性，(沒有種類界限明確的知識之現實)，不是得自真理的研究，而是來於人性的自然秉賦，不是人間學識研究的目的或終點，而是始點和指南：故此，妙悟原理的知識，是知識的初步：是極不完善的淺近知識。不足以是人生終極目的之真福。

真福絕境的妙識，也不能在於下級物類的科學知識。凡是科學，都是(分門別類，分到最低最狹窄的專科，而有的知識，依物類門品，及知識的範圍)，卑陋低下而狹窄：不能是上達崇高至極的真理之妙識。足見人生至福，必不在於科學知識。

如此看來，可見最後，只剩一個結論：就是人生的至極真福，在於上智的妙識，專在於觀察和天主有關的神聖事理。

從此還可用歸納法，明證上面（章二十五，用演繹法），舉出許多理由，已經證明了的結論，就是：人生最後目的之真福，在於妙識天主。（然而妙識天主的知識，也分許多種，真福的妙識，是在於那一種呢？分論於以下數章）。

第三十八章 認識天主

轉進一步，現應考察，有智力的實體，生存的至福，在於認識天主，是在於那一種認識。一種認識，大公而含渾，彷彿是眾人共有的：或因為，按卷一（章十）所說，依照某些人的意見，天主存在，是自身顯明的公理；猶如明證法所用的其他公理，是不證自明，人人共知的；或因為，依照更真的見解，人用本性自然理智，不費時間，立刻就能得到一些天主的知識。

原來，眾人眼見自然界的事物，變化進展，遵守固定的秩序，既然不能沒有秩序的創制者和維持者，於是察覺到，有某一原因，給吾人眼見的事物，創制並維持秩序。大多數人，能察覺出這一點來。然而，這樣的觀察，攏統含渾，不足以答覆，「這樣的原因，為創制並維持物性自然的秩序，是一個？或是許多？有什麼性質？」一等等問題。

猶如，依同比例，吾人眼見人能運動，並能作出許多別的動作，於是察覺到人的本體以內，具有某某特點，是這些行動的原因，是人性所特有，非他類所共有；並且吾人給這個原因，命名為「靈魂」；尚不知靈魂是什麼？有無形體，或怎樣作出上述的那些行動。

用這樣的知識去認識天主，如此攏統含渾，不足以是人生至極的真福。

理證：真福的動作，應是完善無缺的。上述這樣攏統而含渾的知識，（乃是眾人共有的通俗見解），能有許多缺點和錯誤的混雜。事實上，曾有些人，認為世界的主宰，不是別的，乃是天上眾顆星體，或諸層圓穹天體：並且因此將天上諸形體，叫作神；猶言天上有許多神，每個神都是天主：故有許多天主。還有些人，更進一步，認為各物質原素，或由原素變化而生出的許多實體，都是天主：好似認為它們本性自然的行動，不是服從其他主宰；而是其他萬物，服從它們的主宰。

並且，尚有些人，認為人的行動，是由人自己作主，此外沒有其他主宰，命人服從。反之，人以外的萬物，都聽從人的處理和主宰；於是竟說：人是天主：人是萬物的神明主宰。

從此可見：用這樣的知識以認識天主，（極不完善），不足以成全人生的真福。

加證：真福，是人生一切行動的終極目的；（不得又是人生行動的開端）。上述的知識，含渾而淺近，不是人生的終極的目的；反之，好似人生初步開始，一切行動就應立時先有的一些基本常識。故此，不足以是真福之所在。

又證：缺乏真福，不見得是人的罪過，也不足以是責罰人的理由；知缺乏而亟力追求，反值得受人稱讚。然而，缺乏了上述那樣淺近的知識，極顯得昏愚可恥：眾人皆認為極欠責罰：猶如，依同比例，見人生活，而不懂人有生活的內在因素，即是靈魂，也被眾人公認，以為是愚頑至極。本此理由，（《古經》），《聖詠》，（拾貳、節一），也說：「愚妄無智的人，自己心裡想道：沒有天主」。（真福之缺乏，不可責。上述的知識缺乏，則可責）。足見，用上述的知識去認識天主，不足以成全人生的至極真福。

加證：公名含渾的知識，不是某物本性和特性明確的知識。含渾的知識，對於明確的知識，猶如類名的知識，對於種名的知識，互有潛能對於現實，或虧虛對於盈極的比例。例如只說「人是動物」，沒有說出「理性」的本質，只說出了類名的名理。公名的名理，包含本名的名理，是攏統含渾的包括在潛能而虧虛的黑暗裡：（既是動物，便可能是人，也可能不是人。其中的知識，是模稜兩可的，故是模糊而不明確的。簡言之：這樣的知識，是潛能而虧虛的知識）。

然而，人生的真福，在於完善無缺的動作；並且，既是至善，則應在於完善盈極的現實，不得只在於潛能而虧虛的任何事物。因為潛能實現；虧虛的容量受充實，而達於盈極，始有美善之理。如此比較，足見方才提出的知識，不足以成全吾人的真福。

第三十九章　明證的知識

轉回去觀察，尚有另一種知識，高於前章提出的知識。用明證法，推證與天主有關的真理；由而所得的知識，更接近（本名所指的）明確知識：因為用明證法的推論，（發出評訂和鑑別的作用），消除天主實體所不宜有的許多屬性或賓辭，藉以認識天主和外間萬物的迴異。

詳察（卷一，章十四以下）已有的討論，可知吾人用明證法，足以證明天主是不受變動的，是永遠的，是無形質的，是完全單純的，是獨一無二的，又是其他類此的許多賓辭之所能指。吾人因而對於天主有了一些明確的知識。

所謂「明確的知識」，（和公名含渾的知識是相對的）；專依本名所指的定義，認識某物本性所特有的實況。這樣的知識，不但用「肯定法」，（證出肯定的結論，積極指明某物，依其本名定義，確然是什麼）；而且也用「否定法」，（證出否定的結論，消極指明某物，依其本名定義，確然不是什麼。在某些完善的明確知識內，有積極和消極的兩方面，互相表裡，互相補充。另有某些明確的知識是不完善的，只是否定法所知的消極方面，沒有肯定法所應知的積極方面。分別舉例說明）：例如用完善的明確知識，吾人認識人的本性，不但依其本名定義，積極肯定「人是理性動物」；而且也同樣，消極指定「人不是沒有生命的，也不是沒有理性的，也不是沒有靈魂的」。

重申以上兩種知識方法的分別，現有一點，關係重要，就是肯定法，（用肯定論句，討論某物，依其本名指定的特殊範圍），得來的明確知識，既知那某物本體是什麼，又知它對於外物所有的分別；反之，否定法，（用否定論句，依某物本名指定的特殊範圍，討論某物），得來的知識，仍是明確的知識，但不完善；只知那某物，對於外物所有的分別；然而那某物本體，（積極的）確是什麼，就盲然無所知了。這樣明確而不完善的知識，是否定法的知識。

說到這裡，話歸本題，須知：關於天主，吾人用明證法，推證而得的知識，是「否定法的知識」：（是不完善的），由此轉進，可以斷言：這樣的知識，仍是不足以成全人生的至極真福。（詳加數條理由，證明如下）：

一證：（用明證法，討論天主，而得出否定法的知識，不但本質消極，內容不完善；而且實行研究起來，相當艱難，不是大多數人，所能作到的。為此，它和前章討論的普通知識不相同；異點正是在此）。請在這裡，（回憶起，目的論方面的一條定理），理會到：大多數物體，能實際達到本種（依本名定義）固有的生存目的：因為由物性自然而發的事情，是同種物體，常能作到，或至少是大多數能作到的；只是少數，因有阻礙或受了傷損，而偶然失敗。然則，人生的真福，是人性本種固有的目的：是一總人本性自然之所追慕。從此（心理自然的情實），可知人生的真福，是一個共公而可能的福，是一總人可能得到的，除非（少數的）某些人，不幸偶然受到阻礙，而喪失它。然則，用明證法，討論天主，而得知識，為了本書卷一首段數章提到的許多阻礙，不是大多數人有能力作到的。這樣合論起來，可以斷定：「用明證法認識天主」，這件事，就本質而論，不是人生的真福（之所在）。（換言之：人生的真福不在於用邏輯推論的哲學方法，研究用否定法建立起來的消極神學）。

再證：按前言（在章二十及二十二）提出的理由，顯然可見：物體在潛能和虧虛境況中存在的目的，是（變化發展而得到）生存的現實和盈極。（宇宙萬物，變化生生，共同的目的，都是為了生存）。由此可知，人生的真福，既是最後的終極目的，必是生存的完全現實和盈極；不兼含任何潛能或虧虛以追求更高的目的。（終極目的以上，沒有更高的目的）。然而，用明證法，討論天主，而得到的知識，是不完善的知識，本質以內，尚且常常包含某些程度或方面的潛能和虧虛，仍應進步，追究更高深的知識：或發現未知的新理，或用更卓越的方法，闡明已知的真理。回觀往代歷史，可知先代有所發明，傳授於後代；後代卻努力上進常增益先代之所不知。（明證法所得的知識，本質是進步不停的：自證永不會是完善的。「學無止境」，是學術知識之研究的特性，在於所用的明證法之本質）。從此可見，這樣（不完善的）知識，不是人生的終極福樂。

加證：真福不兼含絲毫的悲苦。真福的人，不會又同時是悲苦可憐的人。然而，人生的悲苦可憐，大部分在於知識錯誤，或受欺騙。這是人人本性自然之所願避免。並且，用明證法，討論天主，而得的知識以內，能包含許多錯誤。觀察往代的經驗，可以見得：許多人用明證法，討論天主，得到了一些真理的知識；明證法不敷應用時，他們隨從自己的估量和臆度，陷入歧途，犯了許多錯誤。另一方面，假設有些人用明證法，討論天主，發現了真理，見識精明；竟以致於（當明證法不敷應用時），他們估量和臆度而擬成的意見裡，也不夾雜著錯誤；（他們的論證精確，意見也純正：這是可能的；但不是多見的）；往代能作到的人，顯然極為稀少，這是明證法及其所得知識的特性，不合於真福的條件：因為人生真福是眾人公有的目的，（不得是極少數人的成功）。足證人生終極的真福，不在於用這樣的方法，認識天主。

另證：真福在於動作的完善。然則，動作的完善需有知識的確實：本乎此，依吾人言語內名理的定義，知識，不在其他，惟在認識「某物不能不有它所有的自身情況」：就是按大哲《分析學後編》卷一，章二的說明，知識的本務在於（推論而）得到必然的定理。然而，本章所說的知識，用明證法，討論天主，推證出來的結論，有些確實，有許多卻極不確實：往代用明證法效力於神學研究的許多人，關於天主的問題，證出了許多學說，異說紛紜，莫衷一是，足證明證法為知天主而得的知識，不完全確實：故非終極真福之所在。

又證：意志，既達到了最後目的，便平息追求它的願心。然而，人一切知識的最後目的，卻是所說的真福。故此，真福的本質，是某種知識，既用它認識了天主，求知的願心，便完全平息，再沒有任何對象的知識，尚待追求。然則，已往有許多哲學家，用明證法，研討天主的事理，竭盡了所能的一切；結果得到的知識，並不能如此，完全平息人求知的願心：因為，（按章首的說明，哲學理證的知識，有「學無止境」的特性，根於所用明證法的本質），既用它證得了那一個知識，便願更進一步，推證其他用同樣的這個知識方法，尚未知的許多知識。足見：用這樣的知識方法，認識天主，（既是窮追無已），不得是真福之所在。（理性明證的知識方法，是辯證前進，永無止境的）。

還證：任何事物存在於潛能虧虛中的當前目的，是受引導而達於現實盈極的境況：為滿足這個企圖，它則被動而動，順從引導，奔上進程，為能達到目的：必至潛能完全實現，虧虛全受充實，無可復加而後止：但以本性固有的容量為限。有些物體的潛能，可以全部實現，而有止境，它的本性自然如此；例如重物中懸，有下墜的潛能，降到本性宜有的處所，便靜止在那裡。另有一些物體的潛能，永不會全部實現：故此常變不息：例如所謂的第一物質：感受變化，逐漸實現潛能，相繼領受它無力同時兼收的異類性理，呈現出逐時變遷的千形萬狀：永無止息。

然而，按卷二（章四十七）已有的說明，我們人類的智力，用本性固有的潛能，和虧虛的容量，有能力領受可知的萬物和萬理；它的全部潛能，可同時全部實現，並將虧虛的容量，全部充實：因為，認識的現實或盈極有兩個：第一現實或盈極，是知識；第二現實或盈極，是亮察。知識能儲藏在智力（隱意識）以內。亮察，猶如注視，是現實明覺的觀察或思想。兩個對象，雖然不常能在智力的第二現實內，同時受到亮察，但不是不能在其第一現實內，同時儲藏在知識的寶庫內。從此看來，顯然見得，知識寶庫的全部容量，可以同時受到充實：達到盈滿至極，無可復加的程度：在那裡，包含智力可知的萬物和萬理：所能包含者，無不完全收入。這樣萬理鹹備，萬物盡知的知識寶庫，是人生最後目的缺之不可的條件。真福的要點在於將智力的潛能和虧虛，充其全量，同時完全實現，充實到盈極的頂點。這樣的知識，不是哲學理證用明證法，討論天主，推證而可得的！足見，理智用明證法認識天主，不足以成全人生至極的真福！

第四十章　信德的知識

轉進考察，尚有另一種知識，是信德的知識。人用信德，（信從天主的啟示），認識理智推證無力達到的一些崇高的真理；回閱卷一章五，足見信德的知識，在某些限度內，高於理智的知識。然而信德的知識，認識了天主，仍不能是人生至極真福之所在。（理由數條，分證如下）：

一證：按前者（章二十五）已有的說明，真福是智力的完善動作。然而，分析信德的知識，專從智力方面著眼，可以見得，信德知識是智力方面極不完善的一個動作：因為智力並不了解它用信德（的心理傾向，依信天主啟示）而接受的信條；雖然從對象方面看，信德知識是完善至極的。但對象的完善，不是動作的完善。故此，信德的知識，認識天主，仍非人生真福之所在。

又證：上面（章二十六）證明了：人生的至極真福，主要在於智力，不在於意力。信德知識卻主要在於意力，不在於智力：因為智力因信德而接受信條，不是迫於真理明確而承認定論必然；但是由於意力的自願。可見，信德的知識，主要在於意力的服從，不在於智力的灼見：故此不是人生至福之所在。

還證：信從，是同意接受外人給自己提出的報告，並肯定自己視而不見的事物是真實的。從此可見，信德知識以內包含的成分當中，服從多於真知；用擬似的語法來說，它的成分當中，耳聽多於眼見：因為，信是聽信，不是眼見。（信德之大者，不在見而始信，而在耳聽人言，乃信所不見）。根據這樣的分析，尚須理會，某甲聽信某乙，是某甲，依照自己的評定，認為某乙有更完善的知識。（假設乙的知識是知所眼見，甲信乙而知所未見；耳聽不如眼見；則乙的知識完善，勝於甲）。在知識的比較上，乙的評價，或是錯誤的；或者不是錯誤的；（承認錯誤時，則不肯聽信；堅持不錯誤時），則乙方必須實有更完善的知識。如此推論向前，假設乙本人的那個知識，也不是知所親見，而是聽信另某一人；如此由乙而丙，由丙而丁，逐一推往，不能推至絕無盡頭。（這是一個大原則，極為重要，並是必然常真，而不能否認的）。否認了這一點，信的同意，則無確信的真心，是虛妄的：因為等於承認推尋到最後，絕對找不到「第一個本體確實的知識」，供給確實的根據，奠定信者的信心，保證他的信從是一道德行為，足以真是信德，而非妄信。（信德發出的信徒，真是信仰：就是聽信而依仰至高無上的確實根據）。

認清了以上數點，話歸原題：按本書卷首，（第一卷，第七章），已有的討論，可知（人信從公教道理，對於天主，得到的）信德知識，不能是錯誤的，也不能是虛妄的。然而，倒退一步，假設它是錯誤的，並是虛妄的；當然它就不得是真福之所在。（從這一個假設的方面去看，可見本題結論的真確）。

反轉回去，從信德知識，真實無妄的觀點出發，仍得出同樣的結論：就是人為認識天主，在信德知識以上，尚有更高的知識；理由易見，（用雙路推論法）：

提示信條，召勸吾人信從的那某人，或是他親身直接看見了真理；（這是第一條路，可見人有比信德更高的知識）；或是他又從另某直見真理的人，領取了真理的知識；（這是第二條路，仍然可見：人直見真理的知識高於信德的知識。除去這兩條路以外，沒有別的路。足證結論惟一而必然）。

貫通本段全論，加添史例：吾人信從眾位宗徒和（《新經》以後的）眾位先知（和奉命傳教的人）。眾位宗徒信徒基督：（降生成人的真天主）。基督卻親身直接看見天主的真理。（基督是真天主，又是真人：可見仍是人類為認識天主有比信德知識，更為優越的知識）：最後結論乃是：人生的真福，既應在於用至高無上的知識，認識天主，故此不可能在於信德的知識。

加證：真福既是終極目的，故平息人類本性自然的願望。然則，信德知識，不平息那個願望，反而更點燃起那個願心的熱烈：因為每人都親見所聽信的至善。足證人生至極的真福，不在於信德的知識。

另證：吾人說「認識天主」是人生的目的，專指這個知識交接萬物共求的最後目的天主。然而，專憑信德的知識，所信的事物，不完全呈現在信者的智力以內；因為信德的本質，是想望面前不在的事物，不是親見現在面前的事物；以事物的不在面前為條件。（智力的智見，卻是將所見的真理，直視在面前，收容在意識範圍以內；沒有距離，而是交接。信德知識不足以交接天主，故非人生目的之真福。

經證：本此意義，大宗徒，（聖保祿），《致格林德人》，第二書，章五，節六—七），也說：「當我們用信德度日的期間，我們是距離上主，尚遠的旅行人，（羈旅在今生的天地間）」，（旅行人的目的，是親身到達所願望的歸宿）。

釋難：大宗徒也說：「基督（是真天主真人），藉我們的信德，居住在我們的心中」。原話見於《致厄弗所人書》，章三，節十七。（既然居住在心中，便沒有任何距離了，怎能上段說有距離呢？為答覆這個疑難），須知天主藉信德呈現在信者面前，入於信者心中，（都是象徵的語法），實有的本義，專指天主是意力願愛的對象，既受信仰，便入於信者愛情對象的範圍以內：因為信者信從天主（啟示的道理），是自願而發的一個意力行動。（如此，因信天主，而將天主（的遺教）懷念在信者愛情的懷抱中；愛情的深入心肺，絲毫不縮短天主和信者智力間的距離。愛情的深切，不是智力的親見。按章二十六，真福不在意力的動作）。

總結論：人生至極的真福，不可能在於信德的知識。

第四十一章 神鑑的知識

轉進觀察，有智力的實體，還有另一種知識，就是所謂的「神鑑知識」，也可用以認識天主。但這樣認識天主，也不是人生真福的所在。

神鑑知識，以某神體為明鏡，注視鏡中反映的景色，鑑別其中呈現天主的美善。本書卷二，(章九十六及以下數章)，說明了：神體，(就是神類的實體，它們是古哲所謂的「絕離實體」，因為它們是和物質絕異而分離的，有自立的生存，並有智力；《古經》往往叫它們為「天使」。歷代聖師尊稱之為「天神」)。凡是天神，認識自己的本體，便在這個知識內，認識自己以上和以下，高低各級的實有物，依照自己本體的方式和限度。(這樣，自照本體，反映周圍的知識，彷彿是潛水艇的潛望鏡，就是天神本性固有的「神鑑知識」：是神明內視，自照以照物，而萬物緘備於我的知識)。它的首要對象，是照知上級某「實體，是自己生存的原因，並認識它的美善。這是必然的：因為效果以內必定現有原因的近似之點。(效果相似原因)。

本此定理，可知眾位天神，內識本體，乃用一種明見的方式，認識天主：因為按卷二(章十五)的證明，天主是一總天神的原因。原因反映在效果以內，猶如人面反映在明鏡以內：雙方對照，全相印合：又如形體的景色，入於人的視覺，反映所見物體的相貌。依相同的比例，智力內視自己的本體，便用明見的方式，認識本體以內現有景像所反映的事物：如同吾人因知某物之像，而知其像所代替的某物。（天神的本體，近似天主的本體，勝於天上地下有形的萬物：故能反映天主的本體，精明真確，也遠勝萬物）。

依照這樣的比例，可知：不拘什麼樣的智力，既知天神的實體是什麼，便在那個知識內，看見天主；真確的方式優越，勝於以前數章討論過的各種知識。（人的智力，如果能也這樣，用天神的本體作明鏡，認識它反映的天主本體，也就有了崇高至極的知識。因此有人認為這樣的知識是人生的終極目的和真福）。

說到這裡，回觀往史，（可知問題有兩個，需要分開討論：第一個問題是我們人類在今生能不能認識天神們的實體。第二個問題，詳在下面章四十九及五十，討論解答，是我們人類在來生能不能認識天神實體。現在此處，先研究第一問題。從往代的古哲開始，略述如下）：

有些古代的人，主張人生至極的真福，是在今生，認識眾位天神的實體，（由而認識天主）。為此，現應考慮：人在今生，能不能認識天神的實體。這個問題，（意義重大，不但歷代名哲多有討論；而且事體本身，關係人類知識能力的本質；故此），實有討論的需要。（參考大註解家亞維羅，《靈魂論》註解，卷三，三六及以下數號，威尼斯版，頁一七四至一八七）。

我們人類的智力，按本書卷二，（章五十九及七十四），已有的討論，依照現世生存的境況，為得到任何知識，常以覺識意像為少之不可的要素。覺像對於明悟，猶如形色對於視覺，比例相同。假設人用從覺像得來的智見，能上達而認識純神實體，便能在今生認識天神們的實體；並且因而分享祂們本有的知識：就是由看見祂們的實體，而見到（祂們實體內所反映而呈現的）天主。反之，假設人用從覺像得來的知識，無法上達以認識純神實體，人就在今生的境況內，不能認識天神們的實體；也就不能用上述的「神鑑知識」以認識天主。

歷史記載，有些人主張：我們人類的智力，能由從覺像得來的知識，上達以認識天神們的實體。用什麼方法上達，不同的人，有不同的答案：

亞文跋契，（另名易本跋家，卒於一一三八年，是生於西班牙撒拉高撒城的亞拉伯人，博通醫算天文，著名於哲學）。他曾主張吾人如能實習理論的諸科學術，專務靜思，發展智力，則能由有形事物的覺識，上達於無形神體的智識。他舉出兩個理由，證明這是可能的：

第一個理由，取自抽象作用：吾人用智力的動作，有能力發生抽象作用，從任何事物以內，將它的性體，抽取出來，脫開它的主體，而觀察那性體自身。遇到任何主體和性體不同是一體的事物，吾人智力便能從主體中，抽取性體，離別而曉辨之。智力本性生來固有的任務，是認識事物性體的本然。智力本性固有的對象，是明知「事物之所是，確是什麼」。（性體，是事物所是的本性本體）。

智力初有知識，遇到某事物是主體與性體，合稱而成的具體事物，就從主體內，將性體抽取出來；假設這個性體，是另某性體的主體，智力則更進一步，將那另某性體也抽取出來：如此逐步推進，從一個性體，抽取更深的另一性體，不能進至無窮：故此，必須終止於最後某一性體：它純是自己的性體自身，不再包含任何另某更深的性體，作自己性體成立的所以然。這樣的純性體，便是和物質絕異而分離的純神實體。智力的抽象作用，分析性體，分析到最後，必定止於某一至純性體。足見，智力通過有形萬物的覺像知識，足以上達而識得無形無像的純神實體。

第二個理由，得自智像方面。（回閱卷一，章四十六；卷二，章五十九及七十四）。亞文跋契議論如下：眾人同時用智力認識一個某某事物之所知，是在事物方面，是一個；但分別存在於眾人智力（意識範圍）以內，是由於每人智力以內形成了代表它的智像，許多人因有許多智像，故能各用自己的智像，同時代表一個事物內智力之所知：例如你和我同時知道這一匹馬以內智力之所知。但如果有智力所知的某一事物，不用智像的扶持和代表，本體純淨，直接入於眾人智力（意識範圍）以內，那麼，眾人必定同時在智力以內，共有相同的一個事物（之本體）：例如你和我同時共知某物事的本體。然而，按方有的證明，吾人智力本性生來，用抽象作用，從所知事物內，抽出的最後性體是純淨的本體，沒有任何個體和神靈的智像可以承載它，範圍它，或作它的代表：因為智力在所知事物內抽象而曉悟的性體，不是形體界或神靈界某某個體的性體：智力之所知，專就其智力可知的特性而言，是普遍而大公的，（例如公理），不受拘限於個體以內。（這也正是抽象與具體，互不相同的異點）。可見，吾人智力本性生來，能認識眾人智力共同所知的事物之性體。這個眾心共照的性體，是天神實體之類的性體。足證，吾人智力本性生來是為認識和物質絕異而分離的純神實體。

答駁亞文跋契

審慎考察，可以見得，以上兩條理由，是輕薄而腐敗的。（論證如下）：

一證：固然，智力之所知，就其抽象可知之本然，確是普遍而大公的。正是因此，那所知的性體，必然是某類或某種物體，所公有的性體，（例如動物性，是一類公有的性體。人性，是一種動物所公有的性體。人是動物總類中的一種）。同時須知，現世有形萬物的類有公性或種有性體，凡是吾人智力通過覺像，可以抽象曉辨而領悟者，在其可知的實理以內，都包含物質和性理，（有形物體的性體，是物質與性理合構而成的。抽象作用，只能將具體化為抽象：就形物的個體，曉辨無形的公理；然而物質有物質的公理，性理有性理的公理。物質和性理的兩個公理，都是抽象而無形的，合稱而成某類或某種形界物體共有的大公性體。這樣的性體，不拘怎樣抽象而純淨，全無個體凝固的物質，但仍舊包含有形物質的公理。回閱卷一，章六十五：某類的個體是個體物質與性理。某類公有的性體，是某類公有的物質與性理之合。性體，不分公私，凡屬現世的形界，都包含物質，而是物質與性理之合）。這樣，性理與物質合構而成的性體，全不相似天神們的實體：因為祂們的實體，是單純的，沒有任何物質，（因此叫作和物質絕異而分離的「純神實體」，或「絕離實體」）。從此可見，智力的抽象作用，從感官覺識的事物形象內，抽取可曉辨的性體，純淨的程度，不拘多麼高，總不會上達而見到純神的性體來。

另證：在生存上和主體不能分離的性理，和在生存上脫離主體而自立的性理，是實質互不相同的；雖然兩種性理，在智力意識內，都可以脫離主體，而受到智力的領會。例如體積大小的條理，和天神實體某某的性理，都是性理，但兩種性理各有的本質定義，互不相同：體積大小的條理，沒有物質的主體，不能自立存在；天神的實體，卻是沒有物質主體，而有自立生存的性理。然則，官感可覺知的世界萬物，各類或各種事物的性體，脫開個別的物質主體，此某，或彼某，不能有自立的生存：所以，和完全不生存於物質以內的純神性體，全不相類。足證，由於吾人懂曉物質萬類的性體，純神實體不能因而見知於吾人之智力。

柏拉圖派的哲學家，曾主張，體積大小的條理，是離開物質主體，懸空獨存的性理，位置在種有性體和器官覺識所知事物的中間。他們也主張，物以類聚，類下分種，各有種名，（例如人、馬、犬、羊），凡稱名所指示的性體，依照柏拉圖派的意見，都是抽象的「純理」，並有脫開物質主體而飄然獨立的生存：猶言個個都是純神實體。（當然，如果他們這個意見是真實的，那些「數理」和「性體」，就都和「純神實體」沒有本質上的分別了）。然而大哲，亞里斯多德，在所著《形上學》，卷一，章九，證明了這樣的意見是錯誤的。

添證：上面排拒了柏拉圖派的意見，不得贊稱說有形世界各類的種有性體，都和純神實體，有同種的本質：就是說它們都是純神實體。惟有說它們都是性體，並且，依照假設，它們是脫物而獨立的神體。那麼，它們和眾位天神，共有的神性本質，不是同種，而是同類。（同類之下，分開的兩種，必有高低的品級。天神屬於高低，形界事物種名所指的性體，假設是一種神體，必定屬於低級）。吾人智力因知這些低級性體而上達足以窺見的神體之實理，僅限於神體高遠類名所指的實理。然則，類名所指實理的知識，僅能在虧虛而含渾的潛能意義中，包含種名能指的實理，全不能供獻出種名實理現實明確的知識來。足證，用有形事物性體之知識，不足以上達而認識無形質的純神實體。

加證：純神實體，和有形物體之間的差別，大於有形物體，彼此之間的差別。然則，認識一種有形事物的性體，不足以助人認識另某一種的性體：例如生來目盲的人，用知聲音之性體的知識，無法得到顏色之性體的知識。足見，用知有形事物性體的知識，更不足以上達純神性體的知識。（性體的知識是知種名的定義：在於知類名加種別名，合指的種名實理：例如說「人是理性的動物」。人是種名。動物是類名。理性的是種別名。「理性的動物」是人種名所指的性體及其含有的實理。依其本性本體之實理，人是理性動物）。

又證：縱令假設天神運行天上諸星球，（促成四時變化，和萬物生生的效果），產生感官所知萬物的性理和形狀；（和有形萬物，有因果關係）；用由果知因的方法，從感官所知的萬物，推究無形的天神，仍不足以認識祂們的性體。理由是：吾人由果知因，或由於因果相似，或由於表明能力。

由於因果相似，由果知因，不能知其性體，除非因果同種。然而天神和感官可知萬物之間，沒有同種的似點。（故此，由這些有形的萬物，不能知曉天神的性體）。

從能力之表現，由果知因，也不能知其性體，除非效果之表現，等於原因實力的全量。若果相等，知效果則知原因之全力；物體之全力，卻表明其實體。（實體在這裡指事物實有的本性本體。如此，知效果，則知其原因的性體）。然而，眾位天神，能力崇高，超越吾人（感官所知覺）和智力（在現世）所能領悟的一切效果：猶如依同比例，某類全體大公的原因，超越分類或分科的局部效果。（例如熱類的紅光和烏煙是兩個局部的效果，生於本類大公原因的火力）。

從以上各方面看來，可見：吾人智力由知感官所知覺的萬物，上達以知純神的實體，都是不可能的。

還證：凡研究或學習可知的事物，都分屬於理論類的某某專科。（研究或學習的本質，是由效果而知原因；必需分門別類，科目不亂）。假設吾人智力由知感官所知萬物的性體本然，上達以知眾神實體；那麼，吾人必定能夠用理論類的學術某某專科，發現眾神實體，並對於祂們有所懂曉。然而觀察可知，事實並不如此：因為理論類（的各科知識，限於觀察思辨），論到某類純神的實體，有某專科只知神體實有，不知神體本質（確是什麼）。從此可見：用有形性體的知識，上達以知無形純神的性體，竭盡了吾人的智力，仍是不可能的。

釋疑：如說現有專科之所不能，未來能發明新知識的專科，就無所不能了。這樣的臆說，全無任何意義：因為用吾人已知的原理，不能達到純神實體的知識。事實上，任何專科固有的原理，都系賴於至高原理。所謂至高原理，是本體自明，智者皆知，不待理證的；並且至高原理，是現有及能有的百科所共遵共由的。按大哲亞里斯多德，《分析學後編》，卷二，末尾（章十五）的證明：無公理，不能有知識。無知覺，無以知公理。吾人知公理，也是從感官所知覺的諸類事物中，（通過抽象作用），攫取而得來的（知識）。又按上面那些理由的證明，器官感覺所知的事物，不足以引領吾人，認識沒有物質的神類。足證不能有任何某科學術，能引領吾人（由物質界）上達以認識純神實體（的本質）。

第四十二章　亞歷山的明悟論

亞歷山，曾主張人類的明悟，能受實體變化而有生死；因為他認為明悟是人的性體，（為能領受靈明的光點而曉悟事理），由身體內物質原素配合適當，培養而成的準備：故此無力超越物質界的事物，（而有自立的生存）：所以他主張我們人的明悟總不能上達以認識純神實體，（就是總不能認識所謂的「絕離實體」。然而，他又同時主張我們人類，在今生的境況以內，有能力認識純神實體：他乃勉強論證如下：（回閱，本書，卷二，章六二；並參考亞維羅，《靈魂論》註解，卷三，註解五，章六）：

每個物體出生歷程結束，實體構造完善之時，便自然完成自己本性特有的動作，或施動，或受動。動作隨實體而生；依同比例，完善的動作，隨完善的實體而生。本此定律，全體發育成熟的動物，便能自力行動。

智力的培養不是別的，惟在智像的蓄藏：就是用靈明（施動的智力），形成的許多智像，儲存於明悟（含容的能力）以內。培養成熟的智力，有兩種動作：一在靈明（施動）方面，將事物可知的潛能和虧虛，改造成現已被知的（知識之）現實和盈極。二是（在於思想方面），人的智力知曉現實所知的事物。人用培養成熟的智力，能作出這兩種動作。足證人的智力，培養成熟，（精益求精），達到極度成熟的時候，必將完成那兩種動作：搜聚新（智像能啟發的新）知識，逐時積累增強，逐步進於完善，除非受到阻礙，必能達到至善的絕境；不是永無止境：因為實體變化新生及培養成熟的歷程，不能趨向於永無止境：（無止境的歷程，不會生出所期待的結果）。培養成熟的智力，完成極度完善的兩種動作，賴於靈明方面，完成第一種動作，達到極高程度：就是將一切可知的事物，都由潛能和虧虛，改造成現實和盈極；並且賴於明悟（受動智力方面），完成第二種動作，也達到極高程度：就是知曉現實所知的一切事物，神形兩界的事事物物，都現實全知。但因依照他的意見，方才說了，他主張人的明悟無力認識純神實體；他的本旨乃在這裡肯定：培養成熟的智力，能知明悟之所不知。（明悟是空虛而能領悟。培養成熟的智力，是知識飽滿的明悟）：這樣成熟的明悟，以「靈明」作充實自己的盈極盈素：猶如物質以性理作充實自己的盈極因素：明悟和靈明，互相結合完善，發生「物質與性理」之間相似的「盈虛合一」。「靈明」，依照他的主張，是一「絕離實體」，就是我們所說的「純神實體」。既然靈明的能力和任務，是將智力可知的一切事物，由被知的潛能，改造成被知的現實；故此在那「明悟和靈明」盈虛合一的境況中，我們每人必將現實知曉智力可知的一切事物：兼統神形兩界：全知無餘。

根據以上這個結論，（他認為），我們人的智力，用這從覺像得來的知識，上達而認識純神實體；他的用意不是說器官知覺的印像，及用這些印像所領悟的智見，竟是引領吾人認識神體的媒介或工具；反之，他只肯定（由覺像得來的那些）智像，是在吾人以內預先應有的準備，為能領受（高級）性理，（並和它發生盈虛合一的結合）；這樣的性理，（依照他的意見），是一個純神實體，就是（亞里斯多德所說的）「靈明」，或「神明」。在這一點上，亞歷山和前章提到的那些人，意見不相同：因為他們主張，覺像和由覺像所得的智見，是吾人認識純神的媒介或工具；（不止是心理條件的準備。在知識的事件裡，意像和知識能力的結合，和性理與物質的結合，有相彷的比例。意像是代表客體的媒介：人因意像而知外物。亞歷山不說吾人，能由覺像，抽選出智像，因以認識神類）。這是他和前章諸人意見，不同的第一點。（從覺像之中，用抽象工夫，能領悟得來的智像，不足以代表神體：故不是吾人認識神體可用的媒介或工具）。

本此意義，培養成熟的智力，具備靈明照顯的萬種智像；當此時期，靈明（神體）自身，按上段所說，遂成為吾人具備的性理，（成全吾人的靈性）。亞歷山，給吾人內裡承受的這個靈明（神體），定名為「實得的靈智」。他同派的人還說，這樣的靈智，就是亞里斯多德，（《靈魂論》，卷三，章五；《動物生成論》，卷二，章三），所談的「外來的神智」；並且如此，雖然人生的至善不在於理論的百科學術，然而人用理論的學術修養，可以準備自己上達而獲得至善。這是亞歷山和前章所述諸人，意見不同的第二點：（前章提到那些人主張人生的至善，在於理論類的學識：專務靜思的妙悟）。

還有一點，就是（前章那些人的）意見，主張吾人用智力認識「靈明（神體）」，是靈明（神體）和吾人交接的原因。第二個意見，（就是亞歷山派的），卻認為正是相反：靈明（神體）交接吾人，作吾人靈性成全所必備的性理，是吾人智力認識祂，並認識其他眾神體的原因。這是前後兩派意見不同的第三點。（一派說：先有知識，後乃因之而交接靈明。一派卻說：先交接靈明，後乃因之而有知識。交接是結合貫通，兩體猶如一體）。

駁亞歷山的結論

上述的這些結論，不合理性（邏輯）。分條證明如下：

一證：亞歷山，既說培養成熟的智力，和明悟一樣，是有生死變化的；又說它為成熟所必備的性理，是靈明（神體），卻是沒有生死變化，而是無始無終，永遠現實的。然而，他又說：永遠的現實事物，不能是生死變化的事物之性理。明顯他在這些理論裡，有自相否定的必然。但他堅持最後一點：永遠者不是有死者的性理。因為（性理是物性構成所必備的實理：是某物所是的真相和所以然。顯然某物有生有死的所以然，或真相，不得是「永遠現實」）；為此理由，亞歷山主張：我們人既然有生死的變化，故此我們本體必備的性理是明悟而不是靈明：明悟依他的主張是有生死變化的；靈明卻是沒有生死變化的純神實體。依照他堅持的原則，足證：靈明作培養成熟的智力之性理，也是不可能的，（就是自相矛盾的）。

另證：在智力知物的現實範圍裡，智力必備的性理，是智力可知的事物（智像）；猶如依同比例，器官覺物之現實，所必備的性理，是可覺的事物（覺像）：因為，依事物的本體而言，智力領受某物，不得不用智力可知的方式；猶如依同比例，器官覺力也不覺知某物，除非用覺力可覺的方式。然而，依照亞歷山派的主張，靈明（神體）不是培養成熟的那個智力，用其本力可知的方式，可以認識得來的：足證祂也不能是它的性理。（方式包括智像）。

又證：「智力用某因素認識事物」，這樣的話，依我們人間的語法，有三種意義：一指用能力：猶言「智力用本有的能力，發出知識的動作：現實知曉某某事物」：本此意義，吾人也說：「智力知物」。說「我們的智力知物」，也就等於說：「我們用智力知物」。我們智力的知識，也就是我們（整個人）的知識。

二指用智像：智像不是智力，不自發知識的動作，但是智力知物，所依靠的憑藉：藉以完成現實的動作；猶如依相同的比例，視官的覺力，用顏色的覺像，覺知有顏色的事物。

三指用中辭（所指的理由）：既知中辭所指的某一事物，便用它作根據，向前推進，而知得另某事物：（例如三段論法，用中辭所指的理由，從前提，推出結論：也叫作「用某理由，懂到了另某事物」。如說：「人是動物，故有知覺」：「人」是主辭，「有知覺」是賓辭：是兩端辭。中間的動物，就是中辭，指出「人有知覺的理由」：將賓主兩端，從中引介，而連合起來，構成結論）。

如說人有時用（所交接的）靈明（實體），認識眾神實體，這樣的話裡，必須有上面三者之中的某一意義。（否則，全無意義。現請逐一考察如下）：

它沒有第三意義：不是說人用靈明作中辭而進知眾神：因為亞歷山不承認人的明悟，或學力，先認識靈明，再由而上進以知他物。

它並且也沒有第二意義：因為「用智像知物」是某智力用智像為內在的成因或性理，而有知識的現實，認識那智像所代表的事物。如有某智力現有「靈明（實體）」的智像，則現實認識那靈明實體。亞歷山卻不認可人的明悟或培養成熟的智力有這樣知識的現實。故此他的用意，不是說吾人智力用「靈明（實體）」作智像而認識其他眾神實體。

最後，它也不能有第一種意義：假設靈明（實體）是人認識眾神實體時所用的知識能力，那麼，靈明實體的知識，必須也是人的知識。為此，靈明實體和人的實體，在生存上，合成本體純然自同的一個實體：因為兩個實體，如果各有各自獨立而不同的生存，一個的動作，便無法又是另一個的動作。故此靈明實體和人的實體，須是在生存上，合而為一的。

然而，兩物生存的合一，又分兩個方式：一個是附性生存的合一：某物和某另一物，發生附性和實體的結合。例如白色和某形體相結合，而成為一個白色物體。靈明實體，不是附性，故不能和人發生那樣的合一；必欲和人結合，只可用實體生存的合一：那麼，祂就須是人的靈魂，或至少是靈魂的一部分；也就不得依照亞歷山的主張，仍是他所說的「絕離實體」了：因為他認為靈明實體，是一個和物質絕異而分離的純神實體，不是人肉身以內的靈魂。

綜合上述，貫通理路，最後的結論是：依照亞歷山的意見，不能肯定亞歷山自己的主張說：人的智力認識純神實體。

加證：假設「靈魂（神體）」有時作此某人的靈魂或性理，就是給那人能有的知識，作內在的成因，依同樣的理由和方式，同時也能作另某人的靈魂或性理：結果必是兩個人同時用一個靈明作自己的性理，而完成各人自有的知識。這是不得不然的：因為按方才已有的說明，靈明的知識，便是人用靈明而得的知識。兩個智者用一個靈明，同時共有同樣的一個知識（的現實動作）。這是不可能的。（猶如兩個人的頭腦裡，共有一個思想的動作，這是不可能的）。

駁亞歷山的前提

況且他大前提根據的理由，也是輕薄而腐朽的。

一因類界乖亂：某類物體生成，固然必應完成自己的動作，但應率遵本類（物性固有的）方式，不可率遵異類或高級異類的方式：豈有清氣生成而火煙燒起的道理：清氣生成，則如風吹動；率性騰空，不會高於氣層，而升至火界的太空。（依照古代希臘《物理學》，宇宙有四界：火界是太空，有日月星辰及諸層天體。氣界是氣層，游蕩水上。水界是海洋川澤，浮潛地面。塵界是地球位置在宇宙包圍的中央：原素四種，各有定性，定界，定位；並有本位的行動：率性而守界：萬無倫類乖亂，越界違性而動的可能。既不能失位，又不得篡位而有安寧）。

依比例相同的理，培養而成熟的智力，既已成熟，即應照其本類方式而有動作，不可越出界限，而作出上級純神實體本性固有的動作，認識純神之類的實體。從此可見，用「智力培養生成」作大前提，不能推出「人類智力竟有時而認識神類實體」的結論來。

二因體用失序：根據體用相稱的定律，動作的完善，屬於動作能力之本體。今按前提的假設，智力培養成熟，動作進步，達於完善，竟竄入高級，認識純神實體；乃是作出了自己能力本體所不能有的動作：並且按亞歷山本人的主張，人類明悟，培養成熟，而成為他所說的「成熟智力」以後，仍無純神實體的知識；（但應先交接靈明神體，而後始能認識諸位純神）。否則必致於人類智力賴理論學術之修養，而發育成熟，乃能認識眾位純神實體：這不是亞歷山的主張。他不承認理論之類的學術，專靠靜思觀理，而竟能妙悟出神類實體來。他卻主張，專修理論之類的學術，是他所謂「成熟智力」本位的任務。（「成熟智力」，頗似是「造詣高深」的「學力」或「識見」：可以格物窮理，不足以超物而見鬼神：以格物窮理的智力，而見到超物的神靈，乃是能力之效用，超過了能力之本體。體用不相稱，是不合理的）。

三因不合心理經驗：在變化生生的歷程內，依物性的自然，開始變化的物體。至少大多數要變化成功，而生成完善的物體：因為物類變化出生，有固定的原因，則常常產生本位應有的效果，或件件成功，或大部分成功。既說生成之後，必隨之而有動作，故此動作的成功，也是件件必然，或至少大多數成功。這是物性自然的定律：事有必至，例外是少數的偶然。

今請考察心理經驗的實況，情形正是相反，專務學業，智力培養成熟的人，並未能認識純神實體；既非眾人常能，又非大多數人屢能。反之，自稱學識高深而見神鬼者，徧察學界，竟絕無一人！足證「認識純神實體」不是智力培養成熟後，動作完善的高峯。（認識純神實體，如果是可能的，應另有其他方法；亞歷山提出的方法，是行不通的）。

第四十三章 亞維羅的明悟論

亞歷山意見內的至大困難，來自他主張知識修養成熟的明悟，有死亡和腐壞的可能。因此，亞維羅主張明悟沒有死亡和腐壞的可能，卻有和吾人絕異而分離的自立生存；由此他想自己、為證明吾人智力認識神類實體，找到了一條更容易的途徑。（參考亞維羅《靈魂論》註解，卷三，註解第五，章六）。亞維羅主張明悟和靈明是兩個「絕離實體」：就是兩個純神實體。他對本問題的議論如下：

他第一證明必須肯定靈明對於吾人自然而知的原理，保持著兩種可能的關係：或如作者對於工具，或如性理對於物質：互有的相對關係。理由如下：

根據吾人心理經驗的事實，可知吾人知識修養成熟的智力是吾人現實知物時所用的能力：它發出的動作，不但是知識的現實，而且是作成「現實所知的事物」，就是智像，和由智像代表事物而形成的概念或思想。所謂「作成現實所知的事物」，用更允當的說法，乃是「給明悟作報告，報知某物」；尚且不是明悟知物的現實動作：因為，依照事件出生的次第，先有靈明來作成現實所知的事物，報告給明悟，或呈示給明悟，然後明悟方現實知曉某物。

吾人現實智力所知的事物，分兩種；一種是自然而知的，例如第一原理。這些原理，不待學習，不由人意，惟賴靈明的光照，乃自然而然的，現實見知於吾人：既然不待學習，故非明悟賴修養成熟而始得的知識。第一原理的知識，不是明悟修養的結果，而是明悟修養的開端：本此意義，亞里斯多德，在《道德論》，卷六，章六，也將這些原理知識之存蓄，叫做智力。（原理知識存蓄深厚而高強的人，也表現自己是智力靈慧的人：有高明的見識）。

第二種事物的現實被知，是由人加意用功，學習或研究而得來的現實知識：例如某些定理或結論，（或某科的知識），是從最高原理的知識，修養發展，推演證明，引伸而得來的。為得到這樣的知識，吾人不但需要依賴靈明以知最高原理，而且也需要明悟修養成熟，以知各級結論。

從此可見，一個現實知識，是兩個智力完成的動作。兩個能力，共成一舉，彼此相對而有的關係，僅有兩種可能，或如作者之對於工具；或如性理之對於物質。於是他進一步，詳解如下：

根據他的主張，明悟、是所謂的「受動靈智」，是一個「絕體實論」，有和物質絕異而分離的自立生存，是純神實體之一。祂認識其他眾位神體，和其中的「靈明」。（這個「靈明」，是所謂的「施動靈智」，祂的任務是施出動作，彷彿是發出光明，照耀明悟，使之懂明事理。回閱本書卷二，章五十九）。明悟，不但認識靈明，而且認識理論知識的最高對象，包括第一觀念和第一原理。（第一原理是人類一切知識，共遵共由的最高公理）。

明悟，（在知識以內），領受了靈明和公理，是兩者共同的主體。（主體、猶言收容所：收容可以收容的事物）。任何兩個事物，共有相同的一個主體，在此主體內，彼此互有的關係，是物質對性理的關係：例如：顏色和光明，共同有一個透明體，作存在的主體：光明是顏色可見的所以然：對於顏色，有性理對於物質，互有的關係。

這樣的關係，有時是必然的，有時是偶然的。必然關係內相關的兩端，互有關係本體生存的連繫和秩序。（例如糖的白沙似的物質，和糖甘甜的性理，合構而成糖的本體：因共有一個本體生存而存在：相合則共存，相分則相毀）。偶然（存在於同一主體）的關係內，相關的兩端，沒有涉及本體生存的相互關係。例如某某人是一個面色灰白的音樂家·灰白的顏色，和音樂的技能，偶然連合，共在同一主體，在本體生存上，不相繫屬。

靈明和公理，共在同一明悟內，互生性理與物質間的關係，是一個必然的關係，因為在本體生存問題上，兩者是相關的。照顯公理，是靈明的本體生存和任務·公理受到靈明的照耀，成為明悟現實懂曉的對象，也是公理本體生存之所繫。

由此關之，靈明對於公理，有如性理對於物質所發生的關係。

進一步推論，可知靈明也和吾人本體，隨真理之照顯，而連合一貫：因為公理，藉覺像，和吾人交接貫通；由於覺像是呈現公理的具體印像：也就是公理寓存所在的一種主體。覺像，是器官覺知事物而有的印像，屬於我們每人私有，既是公理的一種主體，公理便隨之而納入於我們每人心靈以內來。靈明就不得不隨著也進入每人的心靈。進入的歷程，是逐步漸進的，但有終點：依照盈虛定律，虧虛充實，盈長虛消，達於盈極而後止。

本此定律，可知：公理在吾人心靈以內，完全尚無照顯的現實，只有照顯的潛能，吾人公理的知識，尚在潛能的虧虛狀態；靈明，當這時，和我們每人便只有潛能的交接。然後，進一步，公理的一部分現實照顯，一部分尚在潛能虧虛的黑暗中；靈明便隨著和我們，一部分現實交接，一部分有交接的潛能，尚待實現。如此，父接深入，不停進步，公理照顯愈明，萬理曉悟愈眾，靈明交接人心則愈深。進步和運動的方法，為能加深交接，是在吾人方面專務理論之類的學識，藉以廣收眾理，明辨是非真假，珍存真理，排除謬說。人心和靈明交接的運動歷程上，真理是正大光明；謬說是黑暗迷途：猶如怪物出生，踰越物性的常則。為能進步於光明的正路，人類互相提攜；猶如學識研究，也是眾人互助。

及至萬理照顯，人心全體光明，現實盈極，全無潛能餘隙，靈明（智神）乃和吾人契結，妙合無間，完善通徹；作吾人靈慧之性理，吾人智力乃因而也有通徹萬理，完善至極的知識：猶如依比例之近似，吾人現時，專賴修養成熟的智力，也對於所知眾理，有完善至極的知識。

由此更進一步推論：既然認識眾位純神實體，屬於靈明本體之所必有，吾人心靈中，又充滿了靈明帶入的知識之光明，同明相照，澄澈無隱，靈明之所知，吾人乃無不知之。故在那時，吾人因靈明在心而知眾神，猶如現時因學識修明而知眾理，兩時的知識，對象雖不同，光明完善，卻高達極點，兩者比例相較，則無以異。

這樣完善的知識，上知眾神，下知眾理，依亞維羅的評價，乃是人生終極的真福，既得真福，人之為人，乃與天主（真神）相同矣。（參考亞維羅，《靈魂論》大註解卷三，註解五，章六，一六四一年，威尼斯珍版，頁一八六）。

駁亞維羅

回閱前者提出的那些理由，足以看到：反駁這個主張，應用的論法：因為它在前提裡，根據的許多命題，前者已經證明了是不可贊成的。

一駁：前在本書卷二，章五十九，證明了明悟、「受動靈智」，沒有和我們人的本體，絕異而分離的自立生存，不是神類的任何實體；因此不應說它是純神實體（知識）的主體：主要因為亞里斯多德，（《靈魂論》，卷三，章五），有一句名言說：明悟是萬物受變化而生成的所在：（猶言明悟是萬物知識由潛能轉為現實，所在的主體）。這裡所說的萬物常有可知的潛能，不常有可知的現實。從此可見，明悟僅是這樣的萬物知識的主體。

又駁：前在本書卷二，（章七十六），證明了：靈明、施動靈智，也不是一個所謂的「絕離實體」，而是吾人本體內靈魂的一部分。亞里斯多德，（《靈魂論》，卷三，章五），指定靈明的任務是「作成事物被知的現實」；（猶言作成智像，代表事物；將知識由潛能轉移到現實：這個工作是智力思考的努力），是由吾人自意作主的。不應因此而肯定吾人能知眾神實體；必欲如此肯定，吾人就應常知眾神實體；（因為吾人常有靈明）。

還駁：根據他的主張，靈明和明悟，同樣都是「絕離實體」：明悟對於智像，有如物質對於性理的關係；靈明對於智像，卻正相反，有如性理對於物質的關係。靈明和吾人發生交接，只得是依賴智像。智像被知的現實，父接吾人，卻是依靠覺像。覺像對於明悟，有如顏色對於視覺的關係。覺像對於靈明，卻有如顏色對於光明的關係：可明證於亞里斯多德，（《靈魂論》卷三，章五）的言論。

然而，視覺的行動，觀色，和陽光的行動，照耀，都不能歸屬於顏色所在的主體、石頭。以致於說得石頭觀色或發光。依相同的比例，可見明悟和靈明的動作，一是悟受智像，一是作成智橡，都不能歸屬於吾人；因為依照他的主張，它們是和吾人分離而存在的實體。（結論違反事實，足證前提的主張必錯。顏色代表智像和覺像，視覺代表明悟·陽光代表靈明，石頭代表人。三下裡，倆倆對比，既知石頭不因有顏色受光照而有視覺觀色，或發出光明；可知吾人也不因有智像或覺像受靈明照顯，而有明悟知理，或發出靈明的照耀。依照對方的主張，這是必然的）。

加駁：按照上述對方的主張，靈明交接吾人，作吾人（靈慧必備）之性理，不得不由於靈明是實理現實被知時必須依賴的性理（光照）。靈明所以然是如此，卻是因為靈明和實理（的知識），共同完成相同的一個工作：就是完成事物被智力懂曉的現實。從此可知，靈明能作吾人（靈慧必備）的性理，也只是根據了這一點：就是公理或實理，被吾人知曉以後，參與靈明的工作：給吾人完成「懂曉事物」之現實。這是極重要的一點。對方意見裡

然而這些公理或實理，在事實上，不參與靈明認識純神實體的動作。「認識純神」，這件事，不是公理或實理所能參與的：因為代表公理或實理的智像，是來自器官所覺知萬物的印像，代表形界事物公名的名理，不足以代表純神：（所謂的公理或實理，是人間理論之類的學術，觀察有形的萬物，靜思而妙悟得來的實理。這些實理的知識，不超越器官所能覺知的物類，故此無力參與純神的知識）；除非退回去，接受亞文跋契的意見，主張吾人智力用知形界的知識，足以認識純神實體的本質。這個主張是前面章四十一已經證明了是錯誤的。足見：用對方提出的途徑，無法證明人類智力能認識純神實體。

另駁：依照亞羅羅的主張，比較起來，靈明向下，對於實理，和向上，對於純神，發生的關係，兩向互不相同。靈明施動於下，照顯實理，供明悟曉視，是作成實理（被知的現實）。靈明認識純神，不是施

動，作成純神（可知的現實），而僅是（仰首瞻視，彷彿是受動於上，就是受純神的光照），認識純神。對下對上的關係，有施受不同的分別。

從此進步推論，既然靈明交接吾人，事件的本體，在於施動於下，成全實理的可知性，則不應因之而結論說：靈明、根據它受動於上而認識純神，也交接吾人，致使吾人也認識它所認識的純神。這樣的推論，顯然是「問本體而答附性」的一個詭辯：答非所問，是不邏輯的。

贅加詳釋如下：專就人類知識之完成而言，縱然假設靈明是一神體，它的本職是給吾人照顯可知的實理；至於此外，它也認識純神眾體，是它能作的許多行動之一，對於本職而言，都是偶然兼有的副業。由於靈明對人的本職，人得擁靈明之所施於下，盡歸已有；但由此前提出發，不可遽進而結論說：凡靈明一切行動，及其所受於上者，人也皆得擁據以為已有：將其副業之所得，也一概收攬。這就是「問本體答附性」，答非所問，不邏輯了。以本職為關係的本體，副業都是附性而偶然的外務。縱然再退一步，假設人能因靈明光照，而認識純神，其中的真正原因也不得是為了它給吾人心靈，作成智像，照顯智像所代表的實理：因為它在吾人心靈以內，作成的智像，只能代表形界萬理。如果吾人因靈明而知純神，靈明對於吾人，除作智像以顯物理以外，應滿盡其他任務；請閱下文。

還駁：如果吾人因靈明而認識純神，這不專是為了靈明給吾人照顯此某物或彼某物的實理；但應專是為了它是吾人（靈慧內備）的性理。它如果這樣，（提高了我們的本性和能力），我們當然就能因它而認識它所認識的純神及其他一切，（因為它就成了我們每人的靈魂一般了）。這卻不是事實：因為如果這真是事實，我們每人，從有生之初，就都能因有靈明而認識純神；猶如因有靈魂而常有知覺。

追駁：然而，依照亞維羅的定論，靈明，（雖然不在人有生之初，就是人的性理或靈魂），然而人在某某年齡，一知最基本的公理，（就受到了靈明的光照），足證靈明就因之而開始給那人充任性理或靈魂似的任務：（不但照顯公理，而且增強人的智力，彷彿給人長上純神的慧眼），人就能引神眼以識純神了。這仍不是事實：理由同上，（依照心理經驗，在既知公理，開了明悟以後），人並不常能認識任何純神；實際上，在現世，無時可能。

圍駁：（猶如圍攻堵擊）：對方如說：靈明給吾人充任性理之任務，增強吾人的智力，是漸進的，隨所照顯的實理增多而進步。當吾人所領會的實理尚少時，（知識不深，識見不高），故不能只靠所知的某些實理，便得以認識純神。待至萬理照顯，一無遺漏時，吾人知識乃和靈明的神智，完全相等：就能因之而認識純神了。

淺知少數物理，人不能因而認識純神，因為少數物理的知識，不足以竭盡靈明的全知。理由全是在於「少則不足」。然而罄盡萬物實理，全數皆知，仍是不足：因為吾人本性所知萬物實理，僅有可知的潛能，必待抽剔離辨，淨化以後，始被改造成現實被知的對象：它們的可知性，受潛能虧虛之黑暗蒙蔽，不是明朗無限的。純神實體，數目眾多，個個是本體明朗無限，現實可知，沒有潛能或虧虛的黑暗遮掩。神體光明完善，非形界萬理全數光明統聚一齊，可得比擬。聚眾不完善，永不會等於一個完善。從此可見，靈明，即便照顯了萬物實理的全數，仍不足以將吾人智力，增強到足以認識純神實體的程度：（因為形界的實理相純神的實理，互有光明不完善與光明完善之間的距離：是不會縮短而至於無有的。例如物質具點圓形的圓，不拘怎樣圓，總趕不上幾何學圓形純理所理想的那樣圓。純理的全體純圓，仍趕不上純神實理之完善於萬一：少數不足，全數仍是不足）。

對方不可避免的兩難問題是：少數實理的知識，是充足，或是不充足。如果少數不充足，故應有全數。然而全數也不充足。此路乃陷窮境。

對方如果倒退說，不需要全數，少數某些即足。（這些不足，那些足；不知全體，知一部，仍非不知；故是知）。這樣輾轉狡滑仍必陷於窮境：因為最後必須承認：我們每人，必因知任何某一事物的實理，便得以認識眾位純神的實體。（這樣的結論，既不合於心理經驗的事實，又不合於理論：依理而論，類界不容乖亂。用知此某類的知識方法，無以認識異類的實體：沒有因知石重而知花紅的道理。形界異類，尚不以同法相知，何況神形異界呢）。

第四十四章　認識神類實體（上）

依照上述各家哲學的主張，肯定人生真福，在用那樣的知識（方法），認識純神實體，（眾位天神），是不可能的。（人生真福不能是這樣的知識）。

物體，追求目的而不能得到，是空幻而虛枉的。人的目的是人本性自然願望的真福，吾人不可主張它竟是人不能達到的某某事物。由這樣的主張，必生出的結論應是：人的生存沒有目的，是空幻的；人本性自然的願望，（不能實現，沒有對象），是虛枉的。這樣的結論是不可能的。（因為，自然生人，或天主造人，不能沒有目的。物本性自然的願望，不能是虛枉的；回閱章二一—三，及十六—十七）。

然而，回觀前數章的討論，依照上述諸家意見，人以固有智力，顯然不能認識眾位純神，足證認識眾神，不是人生目的。

另證：吾人為能交接靈明，賴以成全靈性，而得以認識眾神，依照（章四十二所述）亞歷山的主張，需要吾人智力修養成熟；依照（前章所述）亞維羅的主張，需要吾人窮盡形界萬物的實理，有其知識完備的現實。兩家主張的需要，名異而實同：智力修養的成熟，全在於萬理皆備的現實。

然而，形界物類萬殊，種種實理，蘊藏於覺像，有智力可知的潛能，無盡知之現實。為能達到盈極現實而交接於靈明（神體），人必須精通百科，專務理論深思，洞曉形界萬物的一切性情，能力，和變化：知萬性，明萬理：至於理無不知而後可。這樣的條件是無人能滿足的：因為理論百科，系於公理；公理所出，非覺識莫有。器官覺識，範圍有限，本質如此，不能用一個知識的明朗現實，盡知萬物性理。以此為交接靈明的必需條件，顯非人類之所能。故非人生真福之所寄。

還證：退一步，縱令人能依照諸家指示，父接靈明（智神），顯然能達極峯者，為數極少：近於絕無：即連上述諸家，或其他任何人，深究百科，識見精明，仍未敢自稱理無不知。反之，無人不自認所知極少。徵之於往史，大哲亞里斯多德，《天體及宇宙論》，卷二，章五，明說天上諸形體，秩序玄妙；理難確知；（《範疇集》，章五），又說自己不懂「圓形四方」的道理。故此嘗說：關於類此難題，明證法證不出必然的定論；僅能用辯證法，證得一些或然的臆測；在《形上學》卷十一，章八，又說：天上形體運行，受什麼原因推動，及其他天文難體，有什麼必然的答案，尚待後輩研究。（大哲尚自認不知，何況餘者）。

然而，亞里斯多德，《道德論》，卷一，章九，有一條定論：人生真福，是一個全類的公福，除少數偶然不幸以外，大多數人能達到真福的目的。人類如此，物類皆然。各種物體，大多數能得到本性自然願望的目的。（這是自然律）。

貫通全論，足證：人生的至福，不在於交接靈明（的智神）。

亞里斯多德，上述諸家亟力推崇追隨的宗師，顯然不主張人生的真福在於交接靈明（智神）：他的想法要點如下：

他在所著《道德論》，卷一，（章十三），證明了：人生的真福是人根據完善的德能，完成現實的動作。德能有許多；分類比較，總歸兩類：一在意志，一在靈智。意志的德能叫做倫理美德，（主要有三：義德在操行正義。勇德在犯難不怯，忍苦不怨。節德在於節制食色諸慾，勿使放縱淫逸）。靈智美德，（主要有四：上智、知最高真理，欣賞至高的美善。明達、是百科學識，明察萬物，通達眾理。聰敏、靈慧銳敏，神思洞見。明智：智巧精明，措置適當，適合於目的）。

又在《道德論》，卷十，（章七），說明了：人生最後至極的真福，在於靜觀妙識。所謂的「靜觀妙識」，或「靜思妙悟」，顯然不是倫理類的德行；也不是靈智類的明智或技巧；故此只剩是最高的上智動作。

按亞里斯多德，在《道德論》卷六（章七）的證明，靈智美德，主要有三：上智居首，明達居中，聰敏居末。（明智卻兼屬於倫理之類）。本此評價，又在卷十，（章八），肯定真福在於上智。

因上智之德能，而知上智的知識。依照亞里斯多德的名論，上智的知識是理論之類百科知識中的第一科。理論的知識，專務靜觀妙識，窮究百科物理，第一科的統帥。在《道德論》卷六章七，上智的知識，是百科知識的元首。《形上學》卷首，聲明全書宗旨所傳授的專科知識，（專研究百科共遵的至上公理，和萬物共有的至上原因），定名為上智之學。

審察上述各條引據，可以明見：亞里斯多德本人的主張，認為人在今生能得到的至極真福，是運

第四十五章 認識神類實體（下）

吾人用上述的那些方法，在今生，不能認識純神實體。為此，現應考察是否有某方法，吾人智力用它來，可以在今生，認識純神實體。

戴米思，（西元三一七—三八七年），亟力證明：這是可能的，用「何況反推的辯證法」。（參考戴氏《靈魂論句解》，卷三，章五十一，威尼斯版，一五二年；亞維羅，《靈魂論註解》，卷三，註解三六，章六）。

理證：純神實體，（是無物質而生存的純淨性理），本體明朗，比物質事物，更易見知於智力：因為物質事物需要受靈明的照穿，始有見知於吾人之可能；純神實體，卻是本體可知的：吾人靈智既能知本體難知的物質事物，何況那本體易知的神類事物呢？

以上這個論式，有無效力，全視「明悟本性和物質有無必要連繫」而定。

假設明悟本性和物質沒有必要連繫，並且在生存上也是和身體分開而自立的：從此隨之而生的結果，應是：在知識或任何動作上，明悟對於物質的事物，也沒有任何必要的關係。從此再進一步，自應結論說：沒有物質，本體更易知的事物，必是明悟更易認識的。這是亞維羅派的意見能生出的結論。

但是從這個結論，又進一步，必生的另一結論，明似是：吾人既從有生之初就因明悟而有知識，用理論之類的百科知識，竭盡所能，研究天主及與天主有關的事物，俾能得到上智的知識。（至上真福是上智的真智）。

從此可見，上智的知識方法和途徑，是運用理論之類的知識，專務靜觀妙識；這是亞里斯多德本人原有的主張。後代的人，註解引伸，竟揑造了出那個後起的學說，認為「上智的知識方法」，不是理論的靜觀妙識，而是智性依照本性自然的規律，經過修養培育，而出生在吾人心靈之中：這樣的學說，是註解家的新創。故此也應從有生之初就認識純神之類的實體：這顯然是錯誤的。（結論既錯，前提必不全真。用反證法，反回去，足證明悟和物質不是沒有必要關係）。

亞維羅，為規避困難，辯護己見，提出的許多理由，依照（章四十三）已有的分析，明顯也都是錯誤的。

但如假設明悟，在生存上，不是和身體分離而自立的；反之是結合了某某身體的；因此，在知識上，也和物質有一些必要的關係和規律；因而不經過物質，則不能上進而得到物質界以外的事物。從此而生的結論，就不見得必應說：眾位純神實體，本體比物質事物更易受智力知曉，故此也更容易受到我們人類明悟的知曉。這樣的結論不是必然的，因為純神實體不是吾人經過物質事物的知識所能通達的。（回閱章四十三）。

亞里斯多德，在《形上學》，卷二，（另版卷一，副一，章一，頁九九三右欄），有一些話也證明以上這一點。他在那裡說：智力知物的困難，不發生於物方，而發生於我方：由於吾人智力，本質薄弱，仰對明顯至極的事物，視而不見；猶如蝙蝠矇瞍，（有目無珠），面對陽光，視而不見，（夜色朦朧，卻飛翔得意）。

本此理由，結論可知：吾人明悟，無法能認識純神之類的實體：因為用物質事物的知識，方法依照（章四十一）已有的證明，純神實體，不能受到吾人智力的知曉。

又證：從明悟對於靈明的關係，也可看到以上這相同的一點。依照亞里斯多德，《靈魂論》，卷三，（章五）的描寫：明悟，是受動智力」，潛能虧虛，而能容受眾理；在意識境界內，萬物變化生成，皆由於明悟的容納。靈明，是「施動智力」，現實光明盈極，而能照顯眾理：由器官覺像，作出智像，呈現事物的實理，供給明悟承受，完成知識的現實：猶如在意識境界內：萬物出生，皆由靈明作成。能力施受，對於相同對象，彼此對立而相稱。施者，不施他物，惟施受者之所能受。受者，也不受他物，惟受施者之所能施。能力施受，對象相同，是一定律。

在人本體以內，明悟和靈明，是人靈魂的能力，不是離開人的身體，而自立生存的純神；為了本性和身體必有的結合，在知識和行動上，也不越出物質事物的範圍。依照「施受相稱，對象相同」的定律，又根據明悟和靈明，本性和物質必有的關係，可以斷定，吾人明悟因受吾人靈明的光照，不能認識純神之類的實體。

補證：能力施受，對立相稱，是必然的。在自然界，每個受動能力，必有一個相稱的施動能力，與之相對。受動能力，不是虛設的：這也是一條自然律。本此定律，觀察事實，不難見得物性如此：例如眼睛的視覺能領受顏色；相對的就有太陽發光，給眼睛照顯顏色。依相同的比例，明悟是受動智力，也有施動智力與之相對，施動智力就是靈明。靈明給明悟照顯萬理，猶如陽光給眼睛照顯眾色。眼睛看不見陽光照不顯的顏色。人的明悟也領悟不到人的靈明所照不透澈的理。人的靈明只會從器官覺知的印像，用抽象的作用，照察可曉辨的性理；照不透覺識領域以外的純神實體。故此，吾人的明悟用靈明的光照，仍不能認識純神。吾人本有的靈明太薄弱。純神之界的靈明太強大。為此理由，亞里斯多德用的比喻，也正恰當：因為蝙蝠的眼睛總也看不見太陽的光明。

亞維羅，亟力曲解那個比喻。他在（《形上學註解》，卷二，註解一）竟否認吾人智力對於純神實體，有蝙蝠眼睛對於陽光，相同的比例；因為他說那個比喻的兩端，不是可能對不可能，而僅是困難對容易的差別而已。難知純神，不是不能知。他並進一步，強證說：假設不能知；純神的本體光明可知，勢將落歸虛設；猶如有顏色而不能受眼睛看見。（這是不合自然律的）。

他的理論，多麼輕薄，明顯易見：那些純神的實體，（本體可知的光明），雖然永非吾人現世所能認識，然而常能受到眾神自己的認識；故此不是虛設：猶如，依照亞里斯多德那個比喻，太陽的光明，不因蝙蝠視而不見，而可說是虛設的：因為它有人類和別的許多類動物的眼睛來看到它的光明。

總結全論，假設人的明悟，在生存上，和人的身體，是結合起來的；在這個假設之下，它沒有能力認識純神之類的實體。

問題：人的明悟有什麼樣的實體或本質？這個問題對於它的知識能力問題，關係重要。

假設它是一個有生死變化的物質能力，如同（章四十二所述）某些人主張的那樣；它就由其實質，註定了它的知識範圍，超不過物質界限。本此假設和主張，它必定無法認識（物質界以外的）純神：因為它不能脫離物質界而有生存或行動。

然而，假設人的明悟，雖然在生存上結合了身體，但是，按上面本書（卷二，章七十九諸章）已有的證明，（它結合身體而生存，只是生存於身體以內，將自己的生存授與身體），不是它依賴身體而生存，（而是身體依賴它而生存：它是身體依賴的靈魂）；它的本體不受生死變化而遭滅亡；在此假設和觀點之下，它知識的範圍，局限於物質界的事物，（不是由於它的本體必然如此，而是由於它附性的遭遇，偶然如此）；乃是它由於和身體的結合，而偶然遭受的約束；（彷彿小貓的眼睛，裝在皮囊裡，便看不見太陽的光明）。

那麼，當靈魂離開了身體，人的明悟，便能認識純神之類的實體；並認識一切本體光明可知的事物：認識的方法，是用靈魂自有的靈明：吾人靈魂生來自有的靈明，相似純神實體內具有的神智光明。

如此說來，吾人智力，認識純神之類的實體，不是在今生，而是在死後。我們離開了物質世界的人間，將能識認和人間離開而自立生存的諸品天神。這也是我們的信德道理。（信德道理是和天主啟示的《聖經》明訓直相脗合的定論）。

第四十六章　心靈本體的自我認識

聖奧斯定有些話，能有人援引過來，和前章定論為難。現應仔細審察。

聖師在《聖三論》，卷九章三說：「心智、用身體器官的知覺，收聚形體界萬物的知識，依同比例，用本體的自我認識，收聚神體界萬物的知識」。從這些話的字面看來，可見吾人心智、用自己的本體，認識自己，並由認識自己，而認識純神之類的實體；和前章證出的結論，正是相反。故此，現應考察，吾人的靈魂怎樣用本體的自我認識而認識自己。

不可能說：靈魂用本體的自我認識，竟得認識自己本體是什麼，就是認識本體內具的真性或實質。

理證：知識由潛能虧虛，變為現實盈極，是憑藉知識能力（意識範圍）以內現有所知的事物。某某事物，在某某知識能力以內，有三種存在的境界：或在潛能虧虛的境界，而形成知識的潛能而虧虛，等於愚昧；或在現實盈極的境界，而成全知識的盈極現實；或在以上兩界的中間：就是在於儲藏以待用的境界，彷彿是在記憶中，或在智能中：形成知識的盈極而非現實：相似隱意識中實有而不明知的知識。

然則，靈魂的本體，在於自己的本體內，不是在潛能虧虛的境界，也不是在隱藏儲存的境界，而是常在於盈極現實的境界。今如假設靈魂憑藉本體自我的認識而認識自己本體的真性和實質，究竟是什麼；

它就就常常應有這個知識內盈極和現實。這顯然不合於心理經驗的事實。

還證：假設靈魂因自己的本體而認識自己是什麼；凡是人都有靈魂；故此每個人都應認識靈魂是什麼。這顯然與事實不合。

加證：吾人因本性自然秉賦的因素而得到的知識，是本性自然而然的知識：既不待學習，又不費思索；例如不證自明的公理，是人人專靠自己生而具有的靈明，便能知曉的。如果吾人因靈魂本體而認識靈魂是什麼，這個知識必是本性自然而然的知識。

然則，在自然而然的知識裡，無人能犯錯誤：事如不證自明的公理，人人共知，無人錯誤。照此而論，如果靈魂因本體而知自己是什麼，便再無一人關於靈魂是什麼的問題，竟想出錯誤的答案。這顯然不合事實。

歷史上，有許多人想錯了：有人說靈魂是此某或彼某形體，（或水，或火，或其他物質原素）；有人說靈魂是敵對因素配合適中的調和；還有人說靈魂是「數目」；（回閱卷二，六三—六五）。足證靈魂不因自己的本體而認識自己是什麼。

加證：在任何有秩序的系統內，因本體而是所是者，先於因他物而是所是者；並且是後者的始因。（參考大哲《物理學》，卷八，章五）。本此原理，可知：（既然知識的系統，是一個有秩序的系統；故此）因本體而見知者，先於一切因他物而見知者；並是後者見知的始因：例如所謂的「第一論句」，就是最原始的前提，比一切結論，先見知於吾人，並是各層結論被知於吾人的基本原因。

準此而論，假設靈魂因本體而認識自己的本體是什麼，它自己本體之所是，乃應是因本體而見知的，因而也是先被知於其他一切事物以前，並且是他物被知的始因。這卻顯然是錯誤的：因為在知識的體系中，靈魂是什麼」不是預先應知的始點或前提，而是應追究的問題，需要從其他許多知識中，尋求它的答案：（答案供出的知識，是最後的結論，是其他許多前提知識的效果，不是一切知識的始因）。從此可見：靈魂認識自己的本體，不是「因本體而認識本體；必是另有所因。

從此轉回頭去觀察，顯然可見：聖奧斯定的那些話，也不曾有這樣的用意。他在同書卷十，章九說：靈魂尋求（方法，為能）認識自己（的本體），不是尋找自己，彷彿自己不在現前，而（找到以後，主客分立而對面晤見）；卻是把在自己現前實有的本體，留神明晰分辨，不是為認識一個彷彿尚未認識過的事物；卻是為將自己和自知所不是的他物，辨認出來。

審察以上這些話，能得出以下這些意義：（主要有兩點。第一點）：靈魂因自己的本體而認識自己，是認識自己現實生存於自己（意識以內、心目）的面前；（這是靈魂自己認識自己常有的知識。第二點）：靈魂用這樣「自覺生存」的知識，（在最初的長期），尚不認識自己和其他所知事物（在本體之所是上）互有的分別。本此意義，聖師奧斯定，針對著這一點，又說許多人意見的錯誤，在於未曾認識靈魂和他物互有的分別。（由這樣的分析，可以看到「本體自知」的知識分兩種：一是「本體生存的自覺」；二是「本體實質是什麼，和物我的明辨」）。

用最後這第二種知識，認識某物實質是什麼，乃是根據它和外物互有的分別，而認識它。因此，（在邏輯裡），本體定義，也叫作實質的界說，（用種別名，劃定類下分出的種界），指明（某某種名所代表的）事物是什麼；並於是指出它和其他各種事物，（在種名所指的性體構造上），互有的分別。（例如

「人是理性動物」，是人的本體定義，指明「人」種名所代表的性體，在實質的構造裡，包含「動物」類名，和「理性」種別名，所代表的兩個內在因素：一是「動物有器官知覺和行動的身體」，二是「理性有即物窮理的靈魂」：於是指出了人的本體和其他一切事物的本體，互有的分野）。

既然如此，聖奧斯定那些話中原有的用意，不是說靈魂用本體自知的知識，認識自己的本體，實質是什麼。轉過頭來，再看亞里斯多德，說過的一些話，也不曾有這樣的用意。

大哲在《靈魂論》卷三，章四，說：明悟認識自己，如同認識外物，用相同的辨法。這話的意思是說：明悟認識自己，是一個由潛能變為現實，由虧虛變為盈極的歷程；依憑的內在因素，是智象：明悟呈現在智象以內，始有可知的潛能虧虛，轉移而入於被知的現實盈極：成為自己現實所知範圍中的一分子。就其本體而觀察，明悟只有可知的潛能；無物因可知的潛能而被知。（上面方才說了：知識的潛能；乃是知識的虧虛：將來能有而現實尚無）。物之被知，惟因現實，不因潛能。（明悟是靈魂的一部分，由於和身體之結合，而無可知的現實）。依同理，從及面說：純神之類的實體，屬於現實可知事物的範圍；祂們於是能因自己的本體，而認識自己的實質是什麼：我們人的明悟，卻是依憑智像的呈現，而得到實質自知的現實。（智像來於動作的觀察：從具體的動作，用抽象的作用，形成智像，呈現動作的能力，及動作主體的本性）。

由乎此，按（本書卷二，五九諸章）許多理由的明證，為能確定明悟的本性，就是為證明它的本體，在實質的構造以內，沒有物質成分的混合，不受實體變化而遭死亡；大哲亞里斯多德，（《靈魂論》，卷三，章四），所引用的（智像，及智像所代表的實情或）理由，也是得自它智力的動作。

總結全段，可知、依照聖奧斯定原話的本旨，我們人的心智，因自己本體而認識自己，專在於認識自己有生存的現實，（並不認識自己本體內實質的構造和與他物之分別。並且，心智生存自覺的知識，也不是靜坐兀然，回光自照，直視本體；仍需取道於自己對於外物所發出的動作：知識，愛情，等等）。實際（的經驗）上，吾人心智，醒覺自己有生存的現實，是由於它醒覺到了自己（對於某某外物），有動作關係的現實。它的動作，當然是它由自己的本體，自力發出的。因察覺本體動作，而醒識自己有生存的現實。（我知我動作，故知我生存；乃是因觸外物而知自我；和不觸外物的獨自空想，全不相同；和「我思、故我在」，相近似而不必盡同：參考聖多瑪斯著，《問題辯論集》，論惡，問題第十六，節八；《神學大全》，上編，問題第八七，節四；《論真理》，問題第十，節九）。

所以，照此說來，關於純神之類的實體，靈魂因認識自己，而認識祂們，也是限於只認識到祂們實有生存，認識不到祂們的實質是什麼；就是不認識祂們實體內的本體和本性。

實際上，（分析知識的內容），當著吾人，或用理論的明證法，或用信德的聽從，研究純神之類的實體問題，認識到，實有界，確有某些實體，有生存，有智力，（而無物質）：當此之時，用以上兩個方法，我們所能得的全部知識，及其真義，針對「有智力的實體生存」，確切而言，完全是吾人靈魂，由於認識自己，而得來的。

由此可以斷言：為能認識我們關於純神之類的實體所認識的一切，我們的靈魂必須用的始因和基礎，也是它對於自己的智力所有的知識。（靈魂因自知，而知純神，在於知曉自己和純神，共有相同的智性。本性有所同，知識故能相通，雖然受局限於共同點的範圍和深度以內）。

為了上述必有的局限，吾人用理論的知識，能認識靈魂的實質是什麼；但由此出發，不見得也用同類的知識，竟能認識純神之類的實體，本質是什麼。（就是由靈魂本體的定義，推究不出純神本體定義來）：因為吾人為能認識靈魂是什麼，所依憑的根據：是我們智性的動作；和純神之類的智性動作，差別甚大，距離甚遠。（互有的共同點，是高遠類性的相同，不是切近的類性相同，更不是種有的本性相同）。由於認識靈魂的本性是什麼，吾人僅能認識到純神之類和靈魂共屬於某某高遠神類的類性：這仍不是認識純神之類各種實體的本質和本性。（高遠類名所代表的知識，迂遠而含渾，不足以指明神類種名的定義。假設靈魂的定義是「結合身體而生存的智性實體」；智性的知識之定義，卻是「不用器官，但需從覺識，用抽象作用抽取可以曉悟的事理」。然後，由此而推斷說：「純神的生存和知識，是既不用器官，又不用覺識的智性生存和知識」；這就是只用消極名辭，指出了神類高遠的類名形容詞：沒有種名所指本體定義的積極、明確、而切近）。

我們認識靈魂因本體而生存，是根據吾人察覺了它因本體而動作。依同比例，我們用理論之類的知識之原理及方法，研究靈魂的實體本質是什麼，也是由它的動作和對象出發；並且研究我們靈魂以內具有的一切因素，也是用同樣的方法：例如研究靈魂具有的能力和技能，也是既知其動作，便由而確知其生存；既知其動作的性質是什麼樣的，便由而發現其本性是什麼。（就是知曉其種名固有的定義。這是理論知識的基本任務。得定義以知實理，據實理以證結論。靜觀動靜的形跡，妙悟本體的根由和效用。淮南所謂「見本而知末，觀指而睹歸」：達到理智的開明。人的靈魂，因知物而自知，因自知而知神。自知，知本種；知神，知遠類。本種明確。遠類含渾）。

第四十七章　人認識天主的本體

轉進考察，吾人智力，既然為了磊要覺識，故在今生，不能認識純神之類的實體；可見、更不能在今生，用直視明見的方式，認識到天主的本體；（因為群神超越覺識），天主卻超越群神，（故更超越覺識）。

有心理的事實可以作為這個定理的符驗。請看吾人心智，越神志超拔，妙識神靈事理，凝神深思；則依正比例，更需要加強抽象工夫，抽離器官知覺的事物。神思妙悟，上達所能至的極巔，和終點，是天主的實體。直視天主實體之時，必須是心智和身體各器官的知覺，完全解脫淨盡之時，或因死亡而解脫，或因神遊而解脫：（神遊彷彿是神靈陶醉，失去器官知覺，常言所謂「魂不附體，神遊天鄉」一般）。因此，《聖經》裡，（《舊約》內），《出谷紀》，章八十三，節二〇：天主親自說：人將不得看見我而仍生活（於世間）。

至於《聖經》裡，也記載有些人看見了天主，不是說他們看見了天主的實體，卻在實義上，不過是說：他們看到或理會到了天主能力的發顯：或發顯在內心可以想見的形像，或發顯在身外可以目睹的形像，或發顯在某些神效：不可目睹而可理會，或可心知。由於這些效能的發顯，有些人可以自信而不疑天主、實在面前或心內；於是關於天主，他們體驗到了某些智性的知識。

聖奧斯定卻有些話，根據字面，好像是說吾人的智力在今生，能（直接）認識天主（的實體）；故與上又定理，有些困難。茲將原話主要數則，實錄於下，以供審察：

《聖三論》，卷九，（章七），說：「我們用心靈的眼睛，在永遠真理內，瞻視我們生存和內外正直行動所遵從的儀則。永遠的真理，是時間性的萬物被造化而出生的來源，並且我們對於萬物真理，現有的知識，也都是從那裡，領受到心懷裡。

《懺悔錄》，卷十二，章二十五，也說：「你說的真理，是我們二人所共見；同是我說的真理，也是我們二人所共見；那麼，請問：是在何處見之？確然，既不是我在你心內見之，也不是你在我心內見之：卻是我們二人，共在那常存不變，高居吾人心靈上方的真理以內，仰視而見之」。

《自語錄》，（卷一，章十五）又說：「先應知真理，後能因而知眾物」。這裡的真理，指示天主的真理。

《真教論》，（章三十一），又說：我們判斷一切事物，以天主的真理，為根據和標準。

從這些話的字面看來，明似吾人應看見天主本體所是的真理，並因之而知眾物。

《聖三論》，卷十二，（章二），也有一些話，屬於同類，原句說：「理智的任務，是根據永遠而無形的實理，評判斯也有形的萬物。這些實理，如果不高於吾人的心靈，便確然不是永長不變的」。永長而不變的實理，非在天主以內，別處不能有之：根據吾人信德的道理，惟獨天主是永長不變的。由此看來，結論似乎應是：吾人已在今生，即能看見天主，並且因而也看見天主以內含蘊的萬物實理；於是因之而評判萬物。

然而，不應誤想聖奧斯定那些話的意義，竟是認定吾人在今生能用智力直認天主的本體。至於吾人怎樣看見天主永長不變的真理，或怎樣看見萬種永遠的實理，又怎樣根據它們評判眾物，尚是現在應研究的問題。

真理固然是在靈魂以內。聖師奧斯定本人，在《自語錄》，卷二，（章十九），明認這一點，並且用這一點作理由，證明靈魂長生不死。（靈魂是真理生活的所在。真理既是永遠的；它生活所在的靈魂，也就偕同常存）。

然而，真理生存於靈魂內，不只是用天主以其本體偏在萬物以內的方式；也不是用天主以其似點偏在外物的方式；因為在這此方式內，靈魂無以優秀獨出，超越萬物。故此，真理生存在人的靈魂以內，應採用一個特殊的方式；專在於靈魂有知識：用知識的懷抱，擁有真理，將真理存養在心中。（比較天主偏在萬物的方式，回閱卷一，章二十六，及六十六）。靈魂有真理，是因為它認識真理。

眾人的靈魂，和其他萬物，吾人說它們的性體真實，根據它們肖似那個至上性體；所謂「至上性體」，乃是（天主的性體），由於它被知的現實，正是它的本體；故此它是真理的本體。依比例相同的理由，吾人用靈魂所知的事物，也可以說是真實的，根據它們對於天主所知的至上真理，有些肖似之點。

本此意義，《聖詠》，章十一，節二：「人類的子孫，真理減退」。本節的註解說：一個面貌，照在一面鏡子裡，照出了許多影像；同樣，一個至上真理，照在眾人心靈裡，也照映出許多真理（的肖像）。許多不同的事物，被知於許多不同的心靈，都被信以為真實。這固然是一件事實；然而有些真實的事物，是一總人共知而同意的：例如理論的，和實踐的最高公理，是眾心所同的，彷彿是天主真理的肖像，照映在眾人心靈的明鏡裡，徧在於每人心中。人心不同，如其面焉，但同心依仰公理的光照。凡有確實的知識，無人不注目於這些公理；評判萬物，用公理作標準和根據；分析理由，歸根結底，都歸宗於公理；在此限度內，吾人常說：每人的心靈，在天主真理（的光明）以內，或在「永遠實理」（的光明）以內，觀察萬物萬事，並根據那些實理，判斷萬物萬事。（然而這全不是說：人的心靈先見天主的本體，而因以認識並判斷他物。反之，僅不過是說：按公理觀看事物。公理的知識，肖似天主真理的知識。知公理的光明，不是知天主的本體）。

聖奧斯定，《自語錄》，卷一章八，有一些話，也佐證他確有這番用意。他在那裡說：「百科知識，觀察妙景，在永遠真理以內，猶如吾人眼睛，觀賞萬象，是在太陽光明之內」。詳察這話中的比喻，確然可知眼看萬象，不是在太陽本體以內，而是用下界的光明：這點閃爍在下界的光明，不是太陽明亮的本體，而是它的一些「肖像」，（是它的效果，和彷製品），流散在空氣裡，並傳佈在同類的透光體中，（層層透過，放射到萬象之上，照顯顏色形狀，供眼睛觀看欣賞。依同比例，足證聖師真意何在，不待言喻）。

綜合觀察，可見聖師奧斯定話中所有的真意，不是說吾人在今生看見天主的實體，卻只是如同在鏡中看花一般。大宗徒，聖保祿，《致格林德教眾》，第一書，章十三，節十二，論到今生的知識，也宣稱說：「我們如今觀望，用鏡面，探視於煙霧裡」。（這些話說得更深入）。

根據人心內靈智鏡面之所照映，考察所得的知識，高深和真切的程度，超不過人從器官覺識所得的智性知識總類的界限：因為靈魂認識自己的本體是什麼，按（四十五—四十六章）已有的說明，也是由於它認識了器官所知覺的事物之性體。本此界限，吾人以心靈為明鏡，而認識天主，高深真切的程度，仍不能高於「由果知因」而得的知識。雖然如此，但仍有知識的等級：因為人用自己的心靈，作鏡面，呈現天主的肖像，真確而切近的程度，勝於下級事物。（人靈和各級物性，都是天主造生的效果，各以不同程度，表現天主的似點。因而「由果知因」的知識，同類之下，仍有等級的差別）。

第四十八章 今生與來生

綜合（以上十數章）全部討論，可知：人在今生而得終極的真福，是不可能的；（故此是在來生。先說不能在今生）：

理證：（用逐一扣除法）：人終極真福，在於認識天主；然而不在眾人或大多數共有的含渾知識；也不在於理論證明的知識，也不在於信德的知識，又不能在今生，至少用所謂的「神鑑知識」，認識天主的本體；足見人在今生而認識天主，以得終極的真福，是不可能的。（回閱章三十八至四十七）。然而真福實有，必在於認識天主，不在今生故在（死後的）來生。

又證：人生的最後目的，終止人本性的願望，目的既達，則別不他求；如果仍向他運動，則是目的未達，願心尚未止息。最後目的，卻終止一切願望，是一切心意的滿足。這在今生是不可能的。人的智力，越有知識，越想增進知識，這是人的本性：除非一切全知，總不滿足。人只是人，便在今生，事實上無人全知一切；理論上，這是不可能的，因為按（章四十五）已有的證明，純神之類的許多實體，極度值人認識，人在今生卻不能認識得來生。足證人生的至福不能是在今生。

還證：物既動向目的，自願安享既得之目的：因此形體移動，自知所止，既止於其所，除非被迫，不肯退開。被迫而動，是違反本心。最後目的是本性願慕的終向。人的本性自然願望安享至福，寧定不移。有真福而無安寧，等於尚無真福；本性自然的願望則尚不滿足而平息。既得真福，安寧和休息，則隨之俱來。眾人公論，皆安寧之理不備，則真福無由成立；為此理由，大哲在《道德論》，卷一，章十，曾說：「吾人蓋不崇尚變色龍之變動不居而以之為真福也」。

然而，人在今生，永無安寧：真福見稱之人，仍能害病遭殃，因而動作停頓，真福失據。足見人生此世不能有終極的真福。

加證：物之出生，歷時長久，生存的壽命卻為時短暫；致使本性目的，長期不達，看來既不近情，又不合理。因此吾人觀察可知：壽命短暫者，生育期限也短。設如真福在乎據至善的德能，作至善的工作，或養智性，或修道德，非多歷年所，不能成功。人生真福，（章三十七）已證旨在理論知識的精修，但顯似極費歲月；勤修畢生，奈難造極。大多數，目的方達未達，年華殆盡，餘歲已無幾矣。足見，人生斯世而有真福，實非可能。

另證：真福乃至善，舉世所公認；否則不滿足人心。然而至善純全無惡，猶如純白不雜污染。然而人生現世，身體有飢渴寒暑，疾病災殃；靈魂也是心病叢生；罪惡苦患，在所難免。情慾動蕩，無時失度者；道德操守，永不失中者，（大哲《道德論》卷二章六有謂），世無一人；或失之太過，或失之不及；無人事事永無錯；或受欺，或缺智，或疑惑而無定見。足證居斯世而有真福，無人能之。

還證：人本性貪生而厭死。臨喪則悲。不但遇險知避，而且回首既往，仍覺戰慄。人生斯世，死不能免；故不能有真福。

加證：真福不在潛力，而在現實動作。能力才德全為動作而設。人生斯世，不能操作不停；故不能全享真福。

又證：人對某物，願之愈切，愛之愈深，則失之愈覺悲而且痛。然而真福、人願之極切，愛之極深，故失之必極感悲痛。然則人生斯世，真福難得而易失。至少死亡之時，必失無疑。死前真福，且難持久：或害百病而德行停頓；或神經失常而理智喪失。斯世幸福，未有不雜苦惱者，此亦世事之自然：故真福實無。

設難：有人能說，真福善良，屬於智性。靈智性體，分完善與不完善。完善者，得完善真福，在於群神；不完善者，得不完善的真福，屬於人類。人類分享真福，程度有限，性分即得滿足。事實例如，為知結論的真理，非經討論鑽究，不能通達透澈；並按（章四十五）已有證明，某些真理，本性易至知極，人卻智力微弱，畢竟視而不見。足證完善真福，實理純全，人依性分，不能實得；分享若干，其心已足。（完善真福，非人所能有，故非所實願）。

因此，大哲亞里斯多德，《道德論》，卷一，章十，討論災禍與真福是否相容；既證人生諸善，德行取為持久，人生真福，故在德行；於是結論乃說：人生斯世，德行完善，則有人性滿足的真福；猶言：依照人生限制，人得人的真福，得不到絕對完善的真福，（與人無傷）。

釋難：對方答辯，無傷前論。理由數條如下：

一則，人類性分，固然低於群神，但仍高於無靈；故其最後目的，高於有形萬物。無靈萬物，各安於本性目的，外無所求。重物下降，至底則止。禽獸，緣器官之知覺，逐樂尋歡，心滿意足，則慾願平息。

下級無靈，尚有所安；人類有靈，傑出群生，既達終極目的，則更宜安於所得；本性心願，故宜平息：然在今生，實不可能。故仍存前論：人在今生，各依性分，達不到人生目的：必須得之於來生，無疑。

次則本性願望，不能虛枉。本性自然，系於造化，絕不虛設，（哲界公論，見於大哲，《宇宙與天體與宇宙論》，卷二，章十一）。假設本性願望，永不滿足，勢必等於虛設。人的本性願望，既然絕非虛設，故此必得滿足：現按前論，既知不在今生，故知必在來世，無疑。故應保持原論：人得真福，是在來世。

加之：物體向善，方在運動期間，尚非已達目的。本此原理，可知人生目的，不在認識（理論而得的）真理：因為，認識真理，是智力之運動，追求至善，（精益求精：能人以後有能人）；前輩有所發明，後輩益增新奇；有如大哲名言，載於《形上學》，卷二，（另版卷一，副壹，章一）。然而又按大哲《道德論》，卷十，（章七），人生斯世，至極真福，極似在於靜觀，藉以妙識真理。貫通全論，不可能說：人得其終極目的，是在現世。

此外，物體方在於潛能，旨在入於現實。潛能未全實現，則目的尚未達到。然則，為認識萬物性理，吾人智力處於潛能境況：每知一理，則實現一部：非到全知萬理，不可謂全部實現而達最後目的：至少也要全知形界。按察事實，人在今生，研究理論思考，形界眾理，尚且不能盡知，何況萬理？足證應存原論：人生真福，不在此生。

為了這些和類此的許多理由，亞歷山，同亞維羅諸人，主張人生真福，不在理論妙悟，而在交接群神：並相信能有於今生，（回閱章四十二－四十三）。另一方面，亞里斯多德，鑑於人生斯世，除理論妙悟以外，別無其他知識，堪為人生真福；因而曾說：人得真福，今生有限；限於人性固有之方式。（既然有限，仍非真福）。

於此可見，眾哲聚訟，意見紛歧；聰明顯赫，各陷窮途，（如鑽牛角）。現今吾人，案據前論，將能脫免困窘，（別開洞天）：故應主持原議：承認人的靈魂，在肉身死後，長生不死；今生以後，尚有來生；按本書卷二，（章八十一），已有證明，人在來世，智力生活方式，和純神實體類同，故能實得真福。

總結全論：人生至極的真福，是在今生以後的來生：人的心靈，用純神的知識方法，認識天主。

經證：《瑪竇福音》，章二十二，節三〇：「眾位聖人，將來如同天神，在諸天之上，永遠享見天主」。章十八，節十，有同樣的話。章五，節十二，又說：「上主約定，預許在諸天之上，犒賞吾人」。（天上、地下、象徵來生和今生；境界軒殊，神形異類。天主聖三，真福純全；父子交歡，共發聖神。

第四十九章　由果知因而知天主

繼進討論，現應考察，人死以後，靈魂離開肉身，和那些與物質絕異而分離的純神實體，用自己的（神性）本體，（作反映天主美善的明鏡），認識天主，而得到的知識，是否能滿足祂們至極真福的需要。為給這個問題，探討出真理的答案，首應從許多方面，看清：祂們，用這樣的知識，認識不到天主的本體。

理證：由果知因，而得的知識，分許多種：

第一種是間接的理證知識，用效果作前提內中辭所指出的理由，既知理由，便根據它，證知它有什麼樣的原因：不但知它有原因，而且知那原因是什麼樣的。許多專科知識，用效果證明原因，是得到這一種知識。

第二種是直接的「果裡見因」。原因的似點，反映而呈現在效果以內：猶如人的像貌，反映而呈現在明鏡以內：在效果以內，人能看見原因：（猶如人在鏡中反映的花形月影內看見背後窗外的花月）。這第一種和第二種知識不同：在第一種知識以內，現實包含兩個知識：效果的知識，和原因的知識；（在生存的實際裡，效果的實有，生於原因的實有）；在知識的推證裡，（在由果知因的程式之中），原因的知識，生於效果的知識：因為在人的心智內，由效果的知識，推證出知原因的知識：效果的知識是原因的知識出生的原因。（這樣的知識是三方互生的關係：一智者，二原因，三效果。三方是分離的）。第二種知識以內，卻只包含一個現實動作：就是「果裡見因」的一見。一見而因果俱見於其中：沒有先見果而後見因的兩節動作。（這裡的知識仍是三方互生的關係：甲方智者，在乙方鏡中，見到了丙方；但是只用一見，見到了乙中呈現的丙。恰如電視在鏡頭裡看見太空裡月球上的景物：人見鏡中的景物，就是見窗外月球上的景物；並依假設，脫開鏡中的景物，人則見不到月球的景物：人用一見，見到兩景：一影一實：實形映在幻影中：形影不離，一見兩得）。

第三種「由果知因」，也是「果裡見因」，但是「效果自見本體，而見到自己的原因」：是一種「回心內視而有的體察」。原因的似點，是效果本體成立所具備的性理和真相。假設效果是一個有知識的實體，有反省自識的智力；它回光自照，內視自見，而知的性理與真相，既是原因的肖像；它乃是效果自知的知識內，認識到了自己的原因。舉例說明：假設衣箱是一個有智力的實體；它在構造內具備的性理，（形狀條理，品質，等等），是匠人理想的實現；它，用智力回心內視而見到本體性理，便是見到了匠人理想內的圖案：匠意心裁的圖案，是衣箱本體性理和真相的原因。（這樣的知識，不是三方互生的關係，而是只有因果兩方：效果自知本體，而知自己的原因：有賴於效果回心內視的智力；彷彿是鏡花有知，自知本體，而見窗外花）。效果用本體自識而得的智像，代表原因，藉以認識原因。（智像的任務是什麼：回閱本書，卷一，章四十六及五十三）。

效果表現原因的能力，表現的方式和程度，和原因實有的能力，或相等或不相等。如果不相等，則以上三種知識，由果知因，無一能和原因的本體是什麼。

根據以上的分析，現請理會：純神之類的實體，由自己的實體而認識天主，是「由果知因」的知識：不是第一種，因為神智的洞見，不是理智的推證；故是第二種或第三種，就是或眾神體因互相認識，而認天主：一個神體在所見的另一個神體內，用一個見的現實，見到天主：彷彿鏡中見物：眾神體互為神鏡：給彼此照映天主。或是一個神體在自己的實體內看見天主：（自用本體作神鏡，給自己照映天主）。這兩種「果裡見因」的知識，都是神鑑知識。但因群神實體，是天主造生的效果，無一能表現天主實有的全部德能，詳證於本書卷二，二二諸章。從此可見，祂們用「果裡見因」的「神鑑知識」，看不見天主的本體。（神體有神智，高於理智，不用理智的推證，而能知事物；詳證於本書卷二，九十六至一〇一數章）。

加證：智力為知某物的實體，所用的智像，必須表現出和那某物實體，種性相同的條理或狀貌；或更好是說：必須表現出那某物的種性：例如房屋的性理，（包括性質和條理），一在物質的建築裡，一在工程師的心智裡：兩方所有，是同種的；或更好是說：物質建築所表現的性理，是工程師所計劃的性理。反過去說：工程師所計劃的性理，是建築物應具備的性理，（為能是一所房屋：滿足種名房屋」，在名理定義內，指出的條件：為此，用工程師心智裡房屋的智像，可以知曉房屋實有的性理。條件正是，兩者是同種的）。為知某種物體的本質，用不得異種物體的智像：例如人的智像，代表人，依其種名的定義，所應有的本質；吾人可用人的智像，知曉人的本質：但不能知異種物體，驢或牛的本質。

然而純神的性體，（受造於天主），和天主的性體，不是同種的：甚且也不是同類的：因為，按卷二章二十五）的證明，天主是超越萬類的。從此可見，眾神實體，天主所造，因知自己固有的性體，認識不到天主的性體。(回閱本書卷一,二數章;卷二,章六十五)。

又證:凡是宇宙間的事物,都受到某類或某種的範圍和限制。然而,天主的性體,在本體以內,包含實有界全部所有的一切美善,不受任何範圍的限止:是無限的:詳證於卷一,(二十八章,及四十三章)。然而有限不能等於無限。故此,因知受造物的有限,不能看見天主造物者的無限。(受造物,包括宇宙萬物:等於世界,或世物。實有界,意思寬廣,大於世界;依其理想的範圍,是無限廣大的:竭盡「生存」二字,抽象名理,超類意義,所能指的一切實有物,連天主也包括在內。世界受造於天主,故此天主超越世界,不能是世界的一部分。任何受造的神體,卻是受造物:是宇宙或世界的一部分:不能表現天主無限的美善)。

另證:智力認識某某事物的性體或本質,所用的智像,在代表或呈現作用裡,包含並範圍那某某事物:因此為指示某物是什麼,而發出的言論,叫作「界說」,或「定義」:都有「指示類界或種界」「,確定意義的範圍,等等意思。然而不能有任何受造物的形象,竟以包含而範圍的界限,代表或呈現(全無界限的)天主。理由正是因為,任何受造物的形象,都有某某類界的限制;天主卻是無限的,詳證於卷一,(二十八及四十三章)。足證用受造物的形象,作鏡面,供人照察天主的實體,是不可能的。

加證:按卷一,(二十二章),已有的證明,天主的實體,是自己的生存。然而,眾神的生存卻不是各自的實體,詳說於卷二(章五十二)。足見:受造的神類實體,(既不能代表自己的生存),更不得充任明鏡,反映出天主的本體,以供自己觀看。

但就內容而論,神類實體,用自己本體之所呈現或反映,而認識天主,(卻也不是空虛無物的);因為祂們認識天主有現實的生存（和存在）；並知曉祂是一切實有物的原因；優越崇高，超越萬物，和萬物絕異而分離，不但超越現實生存的萬物，而且也超越受造物的心智所能設想的一切。

比較起來，吾人智力，在某些限度內，也能達到上述的那些知識：用「由果知因」的方法，我們關於天主，也認識祂現實有生存和存在；是外物的原因；超越萬物，和萬物絕異而分離。這些知識，雖甚有限而消極，但乃是吾人今生知識的無上極峯，和完善的至極圓滿。狄耀尼，《神祕神學論》，章一至二：「吾人和天主交接，（如同盲人說象），彷彿是（在冥冥中）捉摸不認識的對象」。這些話說中了我們心靈經驗的實況：人生在世，只知天主不是什麼；至於天主是什麼，卻盲然一生，全無所知。《出谷紀》，章二十，節二一，記載梅瑟的事蹟說：「他接近了雲霧的黑暗；天主生存的處所，隱在黑霧的內裡」。這些話的用意，是為證明（所謂親眼看見了天主的大聖先知），尚未認識到這個「崇高至極的知識」。（這就是說他親眼看見了的，是天主的能力和威嚴；未嘗是天主的本體）。

下級物性的高峯，接觸上級物性的底層，（是物類系統中的一個公律，回閱卷一，章五十七；卷二，章六十八，及九十一；卷三，章九十七）。從此可見，神類實體所有的這個知識，崇高卓越，遠勝吾人之所有。歸納各種事例，逐一觀察，即可明見。

一證：凡是效果，距離某某原因越切近，表現原因越清楚；智者由於認識這樣的效果，進而印證那個原因生存的現實及某些情況，也便能證得更為明確。（這是歸納法，徧察實例，可以證實的一條定律。然則，神類實體，距離天主切近，表現天主的模樣清楚，都勝過吾人及萬物；故此，祂們由於認識自己，進而印證天主生存的現實及某些情況，也便印得更為明確。足證：神類實體，認識天主生存的現實及某些情況，知識明確，非吾人所能相比。（眾位天神，是天主切近的知心：心心相印，光明相照，印合密切，勝於吾人）。

又證：凡是否定法的知識，按上面（章三十九）的說明，在於否定某物之所不是，因知其所不是，而知其所是；否定的越詳實而周全，知識就越加真切而明確。（這也是用歸納法，徧舉實例，逐一觀察，可以證實的一條定律）。例如：一個只知人不是沒有生命；另一個卻知人不但不是沒有生命，而且也不是沒有知覺：兩個知識，雖然都不知人是什麼，但比較起來，後者的知識，真切明確，勝於前者。

然則，神類實體，知識淵博，切近於天主，勝於吾人；為了這個緣故，祂們的神智，用否定法，認識天主，否定天主所不是，詳實而周全，也勝於吾人。從此比較看來，可知神類和吾們人類，由於認識自己而認識天主，雖然都見不到天主的實體，但神類，知識真切明確，勝於我們人類。

復證：任何某一智者，知得眾峯崇高不凡，又知某峯淩駕眾峯之上，眾峯越高；則依正比例，他對於最高峯的高度，見識越加明確，印像越加深刻而驚絕；勝於無此見識者。（以高比高愈顯其高，也是歸納各個實例，可以證實的一條定律）。例如國中二人，一是鄉村農夫，一是社會賢達。村夫因庶務而父接少數低級人員，對於國家政權，體驗所知，僅限於此。社會賢達，晉接高級人員，廣識全國各地首要。二人固然都知首都最高政權，高於全國各級，然而比較知識明確的程度，賢達遠勝於村夫。

今將我們人類和神類相較：在實有界，上級物類，眾多而崇高，群神皆知，而昧於吾人。人神二類，固然都知天主崇高，超越萬有，然而比較見識的明確，神類勝於人類，尤甚於賢達之勝過村夫。

再證：效果越眾多而偉大，則越能表現其原因的效用和能力。從此可以明見：神類實體，因本身之表現，而認識天主造物的效用和能力，知識明確，遠勝吾人：雖然吾人也知天主是萬物生存的原因。

第五十章 由果知因與真福

轉進討論，上述這樣的知識，認識了天主，不能滿足神類實體、本性自然的願望。

一證：在任何某種以內，凡是不完善的物體，都願望得到本種的完善。（依照種名定義指定的理想標準：例如嬰兒願望發育，長大成人。病人願望恢復健康）。依同理，知識，認識某物，先形成近真的意見，尚非真知，因而激發興趣，願望研究清楚，而終於得到真確的知識：這是由不完善而進於完善的自然趨向。

然則，神類實體認識天主，所用的上述知識方法，不能認識到天主的實體，故其知識是不完善的。不知某物的實體，則算不得真知某物。因此，欲知某物，首先應知那某物是什麼。神類實體關於天主所有的那點知識，不滿足祂們本性自然的願望，反而激發起祂們願意看見天主的渴望。

再證：效果的知識，激發起追求原因的好奇心。因此，追求事物的原因，是人類哲學思想的開端。（參考《形上學》卷一，章二）。故此、既知效果的實體，起而追究原因，非至到也知曉了原因的實體，凡是肓智力的實體，本性自然而有的求知願望，就不得滿足而平息。所以神類實體，用自己的智力洞見萬物的實體，又認識它們的原因是天主，因此，除非也洞見天主的實體，它們本性具有的自然願望，也不會平息。

還證：「本質是什麼」的問題，對於「物之盲無」問題；和「為什麼（原因）」問題，對於「有什麼（效果）」問題，有比例相同的關係。問「為什麼原因有某物」，是追問理由，用以證明「有什麼效果」：例如「為什麼原因而有月蝕」。同樣、問「某物本質是什麼」，是追究理由，用以證明「某物之有無」。以上諸問題間的關係，詳論於大哲《分析學後編》卷二，章一。

吾人觀察事實，發現：人既見盲某效果，自然要追究它的發生，是為了什麼原因。所以，根據比例相同的關係，人既知「實有某物」，自然要追問「它是什麼」：這就是願懂曉它的實體有什麼本質。從此可見：關於天主，只知「天主實有」，或只知某些事物是天主的效果，證明它們的原因是天主，尚不能滿足人類求知的自然願望。這是智力本性固有的理則（邏輯）。人類如此。神類亦然。

加證：任何有限的對象，無一能滿足而平息智力的求知慾。這個（心理的定律）可以明證於下面這樣的事實：智力，既知某一有限的對象，便切磋琢磨，進一步，設想更大的一個對象。因此，幾何學家，既知長度有限的線，便進一步設想出更長的線；數學家，研究數目，也是盲同樣情形。這是數目和線長，遞增無限的數理和邏輯。

然則，任何受造實體的崇高，和能力，都是有限的。是故，由於認識不拘多麼崇高的受造實體，神類的智力求知的願，不會滿足而平息；仍要迫於本性自然的傾向，求知無限崇高的實體。按卷一、章四十三的證明，這無限崇高的實體，是天主的實體。

另證：凡是有智力的實體，既然本性具有追求知識的自然願望；則依相同比例，也本性具有排拒愚昧或無知的自然願望。然而按前章已有的證明，神類實體，用上述「由果知因」的方法，知道在自己以上，並在萬有以上，尚有天主的實體：為此之故，也知道天主的實尚是自己所不知。故此，祂們本性自然的願望，不停追求認識天主的實體，得之而後已。

又證：越接近於目的，願心便越發緊張而急切。因此，吾人觀察事實，常見形體自然的運動、煞尾動力，強度激增。物理如此。心理亦然。神類實體，接近天主，甚於吾人智力，求知天主，願心急切，也甚於吾人。然則吾人認識天主實有，及上述其他種種情況，認識得不拘多麼明確，願心仍不平息；反倒願心增強，求知天主的本體。人類如此。可見神類更是尤其如此。祂們追求這樣的知識，願心更加熱烈，也是出於祂們本性的自然。足證祂們的願望，只用前章所說的知識，認識天主，不會滿足而平息。

總結全論，可以斷言：神類實體的真福，不在於用「果裡見因」的知識，由於認識自己的實體，而認識天主：因為祂們的本性尚有更高的願望，驅使祂們上進，達到天主的實體而後已。

看明了這一點，也就可以知曉：至極真福惟在於智力的動作，不應到任何別處去尋求：因為除開求知真理的願心以外，沒有任何其他願望，指向這樣崇高的絕境。

吾人所有一切其他願望，既得所求，則願心平息：或暢歡而慾解，或得福而意足。惟有求知的願望，不安於小得，必上達萬有之上的極高中樞，和造生萬有的至高天主，然後始得心滿而意足。

為此理由，天主的上智，垂訓聖言，適於本章定論相合：《德訓篇》，章二十四，節七說：「我居住在高遠至極的諸山之上；我的寶座，位置在雲柱的上方」。《箴言》，章二十六，節七也說：「上智召請自己親近眾位的婢女，上升城中的高塔」。這些話的象徵，意義明顯，極言真福至高，在於神交上智。某些人，竟捨至高，而輾轉於至低，以求真福，愚妄如此，何不知恥?!

第五十一章 由天主的本體而知天主

物性自然的願望，不能是虛枉的。為此理由，所有一切靈智，都能認識天主的實體，為滿足它們本性自然的願望。人類的靈魂，神類的實體，既有智力，則都能如此。這是必然的定論。

至於看見天主本體，應用什麼方法，前者業已討論。按（章四十九）已有的證明，智力用受造物的意象，不能看見天主的實體。由此可見，必須用天主的性體自身，看見天主的性體。這樣的視見之現實動作裡，天主的性體既是「所見的對象」，又同時是「所以被見的憑藉」。（這樣的憑藉，兼指靈智的意象，和靈智的光明）。

難題：智力不能現實認識任何某物的實體，除非根據能流行分賦於其他物體，它便能給另某物體作（其生存依憑的）性理：例如人的靈魂，按本書卷二，（章六十八）已有的證明，本身是一單純的性理，無物質而有自立的生存，但依其本性，仍須將自己的生存，流行分賦於肉身，給肉身作其生存所依憑的性理。

反之，如果某某單純性理，自己固有的生存，不能分賦於另某物體中，它就不能是任何另某物體的性理：因為它因自己的生存，而受局限於自己的本體，猶如依相同的比例和效果，物質的實體中，現有的性理，因現有的物質界限，而受約束在個體範圍以內。

以上分析而知的情形，屬於物性自然的，或物類實體的生存境界。然則，比例相同的情形，也發生在「智力可意象呈現那某物的真面目。然而天主的性體，非任何意象所能呈現，因為、按本書卷一（二十六諸章）的證明，天主不能是任何事物的性理；天主的性體，是一個本體自立的生存：無象可象。為此種種理由，有人能認為：受造的智力，用天主的性體作智力可知的意象，藉以看見天主的實體自身，是不可能的。請看這就是難題的焦點。

為給這個難題，找到真理的解釋和答案，首應注意：因本體而獨立生存的實體，分兩種：一是性理與物質合構而成的，二是單純的性理，全無物質而有生存。前者不能是另某一物的性理：因為它現有的性理受到了它現有物質的約束，不能又給另某物體作性理。

後者，既是單純的性理，獨立生存，只要它的生存，知的生存境界」：猶言在「心智的意識境界」。

這是需要的另一點：

在智力可知的意識範圍內，智力的成全是現知可知的真理。可知的真理，也分兩種：一是單純的真理：本體獨立而可知，全無任何主體作寄託，相當於意識境界中，可知事物中的「單純性理」。只有天主是這樣的單純真理：因為真理隨從生存。有什麼樣的生存，則肓什麼樣的真理。前引後隨，肓必然的關係：（參考《形上學》，卷二，另版卷一，副一，章一）。只有本體純是生存的物體，其本體則純是真理：按本書，卷二（章十五）已有的證明：這是惟獨天主所固有的特性。（在實體生存的境界，天主本體純是生存。故在智力的意識境界，天主本體純是真理）。

另一方面，第二種真理，就是智力可知的實體，在意識境界內，不是單純的性理，而是有主體作寄託的性理：它們是真理的主體：而不是真理的本體：它們的每一個，是「真的」，（足以受到智力的知曉和肯定），但不是「真理」：猶如依同比例，在實體生存的境界，它們是「實體」，但不是「生存」：就是說：它們是「有生存的物體」，然而它們的「本體不純是生存」。

依照相同的比例，多方比較觀察，顯然可見：天主的本體對於受造的靈智，能發生智像對於智力所發生的關係：受造的智力可用天主的本體作智像，藉以認識所能代表的一切知識，受造的群神之本體，對於受造的智力，卻不會發生這樣的關係和作用。（天主能用自己的本體光照人的心智，非其他受造神體之所能）。

惟需慎防，勿因而誤認，在物性自然的生存境界，天主的本體竟能作另某物體的性理。這是不可能的：因為天主的本體是性體全備，自身完善的實體，故此不會又如同性理結合物質一樣，給某實體，構成其內中具有的性體。這是「生存境界」和「意識境界」不相同的一點：在意識境界內：智力可知的意像，結合於智力，不合構而成某某具體事物的本性，但只是成全智力，（實現其潛能，充實其虧虛，光照其黑暗，呈現應知的真理），引它現實明白知曉。這樣的作用，不違反天主的本體。

《聖經》上，約許吾人將來享見天主，就是這樣的直接看見。《致格林德教友第一書》，章十三，節十二，大宗徒聖保祿說：「我們如今觀望，是用鏡面，探視雲霧裡：到將來，卻要以面對面，親眼相見」。

以上這些話，沒有肉眼相見的意義。我們不可幻想天主的實體有物質身體的面目：因為本書卷一（章二十七）證明了：天主沒有形體。也不可誤想我們用肉身的面目去晤見天主：因為肉眼的視覺，生在面上的眼睛裡，看不見有形世界以外的事物。那些話只有象徵的比喻作用：親眼面見天主的真義是說：直接洞見天主的實體，在比例上，就彷彿吾人面對面，親眼會見某人，那樣直接。（神智相見的直接，甚於肉眼對視的直接）。

由這樣的直接洞見，吾人極度用擬似的方式，同化於天主，分享天主的真福：因為天主的真福是天主自己因自己的本體，認識自己的實體：（自己和自己，回光自照，完成圓滿的神交）。

經證：本此意義，苦望第一書，章三，節二說：「當祂（如同太陽）昇起以後，我們受祂光照，發出肖似的光明，同化於祂，依照祂生存的現實，看見祂」。

《路加福音》，章二十二，節二九至三〇說：「我設備筵席接待你們，如同天主聖父設筵接待了我：約請你們在我的筵席上，同享我聖制安泰的歡慶」。這裡所說的筵享，不是取用肉身的飲食，而是天主上智的筵席上，取嚐神智的飲食。《古經》，《智慧篇》，《箴言》，章九，節五，論到同樣的筵饗，曾說：「請你們，取食我置備的食糧，傾飲我釀製的汁酒。足見：「飲食筵饗」等喻言的實義，是說：他們要和天主，共用同樣的真福。

第五十二章 本性知識

轉進研究，須知「任何受造的實體，專憑自己本有的能力，而能上達，用前章所說的方式，看見天主」，這樣的意見，是無理由成立的。

一證：下級物性，除非依靠上級物性本有動作（的提拔），不能得到那上級物性本有的任何事物。（平級物性，甲種得不到乙種本有的事物，除非借助於乙種本性固有的動作：只靠甲本種固有的動作，是作不到的）：例如水不自煮，必藉火燒。然而用天主的本體，看見天主，是天主本性固有的（動作）：因為依憑本盲性理而發出的動作，是作者本有的動作。足證：神類的實體，都不能用天主的本體自身，看見天主，除非依靠天主助成此事。

加證：（絕對說來，不分平級或上下級），任何此某物體，不受變化而領取彼某物體本有的性理，除非借助於彼某物體的動作：因為作者作出和自己相似的效果，專在於將自己的性理，流傳到效果所在的物體中。（自然界的實例同上，火烘烘燃燒，將自己的熱性，流傳到水中：將水燒熱。水不自熱，必賴火煮）。看見天主實體，是一個不可能的動作，除非見者所依憑的視力，和印像，都是天主的本體自身。（靈智，神見天主，必須用天主的本體，作智力和智像）。詳證於前章。可見：任何受造實體，達不到

「看見天主」的目的，除非依靠天主的現實動作（幫助）。

還證：如有兩個因素，應當用性理結合物質的方式，彼此結合起來，它們的結合成功，必須依賴性理因素方面、發出的動作；不得依賴物質方面發出的動作。根據動作施受而言，性理主施，物質主受。（事例同上：水是物質，熱性是性理。水質和熱性相結合，依賴熱性發出動作，將水煮熱）。

然則，受造的智力，為能看見天主的實體，必須（在意識的境界）和天主的本體，互相結合：按已有的證明，（智像與明悟之結合，用「性理與物質」相似的結合方式：在這裡），天主的本體，充任智像，作性理方面的因素。從此可見：任何受造的靈智，除非依賴天主發出動作（幫助），不能（和天主的本體相結合），看見天主的本體。

又證：因自己本體而有生存者，是因外物而生者的原因。（參考《物理學》卷八，章五：因本體而是某物者，是因外物而是某物者的原因。事例同上。火因火之本體，而是熱物。水因火燒而是熱物。火熱是水熱的原因）。

然而天主的智力，是因天主的本體，而看見天主的實體：因為天主的智力是天主的本體，並是天主實體被見之所因，詳證於卷一，（章四十五）。同時、受造的智力，卻是因外物，就是因天主的本體，而看見天主的實體。故此、受造的智力，除非仰賴天主的動作（幫助），不能看見天主的實體。

另證：物不超越本性界限，而得某物，除非依靠另某物的動作（幫助）：例如水不上騰，除非被動於他物：（或被火燒而沸騰，或被水機汲上）。然而看見天主本體，超越一切受造物的本性界限：因為每種受造的智力，完成本性固有的動作，各自依照自己實體生存的方式。（參考卷二，九五及九六數章）。它們依照那樣的方式，不能洞曉天主的實體，詳證於上面（章四十九）。從此可知：受造的任何智力，達不到「享見天主實體」的目的，除非仰賴天主的動作，超越本性的界限。天主崇高，超越宇宙。

經證：《致羅馬人書》，章六，節二十三，聖保祿說：「永遠的長生，是天主的恩寵」。我們（在章五十）已經證明了：人的真福，在於享見天主，（《聖經》裡），叫作「永遠的長生」。吾人為得「永生」，惟賴天主恩寵：因為「享見天主本體」，超越一切受造物的能力，非賴天主援助，沒有任何別的方法。宇宙萬物之所不能，而人幸見實有於宇宙間者，依人間之評定，謂之「天主恩寵」。《若望福音》章十四，節二一：「上主說：我要給他顯示我的本體」。（非賴天主顯示：開我神目，賜我神光，惠臨我前；我則單靠己力，無以享見天主本體）。

第五十三章 超性知識（一）

受造的靈智，為得到這樣高貴的知識，直接享見天主；必須仰賴天主灌注一些仁善的恩惠，提高靈明的視力。

一證：一個性理，既是甲某物本體固有的性理，又同時要作乙某物的性理，是不可能的，除非乙某物在自己本體以內，和甲某物，共同有某些相似的條件：猶如光明是燈光的性理，同時又作酒杯發光的性理：照明酒杯，完成其明亮的現實，是不可能的，除非酒杯在本體以內，和燈光，共同肓某些相似的條件：就是「導光體」的傳導作用：猶言透明能力。

然而，天主的本體，（在意識的境界），是天主靈智固有的性理：就是知識所依憑的智像；和祂有相稱適合的關係：因為這三個因素，在天主以內，共是一體：智力，智像，和對象：同是天主的本體：（智力是天主的本體，是知識的主體。智像和主體結合而成知識，猶如性理和物質結合而成形體。性理是物體生存之所依憑，智像是主體知物之所依憑：其任務猶如性理。對像是知識所知的客體。這一切因素，在天主以內，都是天主的本體。回閱卷一，四十三至五十數章）。

那麼，天主的本體，（在知識的事件中），既是天主智力固有的性理，就不能又作任何某一受造智力的性理，（充任智像）除非受造智力和天主有一部分共同相似的條件：故此、這些條件，是受造智力，為得享見天主實體，必需具備的；（但不是受造智力本性生來固有的；故應是天主特賞的超性恩惠）。

添證：下級物類，不能承受高級物類的性理，除非下級物體，設置上某些裝備，提高接納的容量。依照盈虛相稱的定理，每個潛能的虧虛有其對稱的盈極。依同理，每個能力有其對稱的動作，和動作所依憑的性理。知識之完成所依憑的性理，是智像。然而天主的本體，是一個性理，品級高於任何受造的靈智：互無對稱適合的關係；為能給受造智力，作其知識所依憑的性理，充任智像，滿足它享見天主實體的需要；它在自身以內，先應設置上某些超越自己本性的裝備，藉以升高，始克達到目的。（它既不能專靠己力，故應仰賴天主的慈恩）。

加證：假設兩物，先離而後合，必須是由雙方，或單方發生的變動所致。今試假設，有某受造的靈智，新開始享見天主的實體，按（章五十一）已有的定論，必須是天主本體，新開始結合於它，給它充任智像：並且雙方是先離而後合的。但因、按上面（卷一，章十三）已有的證明，天主的本體不能遭受變動；故此新成的結合，是由受造智力單方變動所致。它的變動，只能是由於它新得了某某條件的設備，而完成的。（足證：受造的靈智，必需加設新條件，越超本性，始能享見天主。非專賴己力，故應依靠主恩）。

同證：縱令假設，有某受造的靈智，從受造的最初常有享見天主的現實；既然這樣的享見，超越它的本性能力，（回閱詳論於章五十二）；可以設想：能有某某受造的靈智，在其全種公有的本性界限以內，盲實體完善的生存，但沒有「享見天主實體」的事情發生。如果必使其發生，不得不在本性以上，另加某些裝備。從此看來，受造靈智，為能享見天主，或始終常見，或先不見而後始見，常必須在自己本性以上，加添某一因素：（不是自造，故應得自天主賞賜。）

又證：低級物類不能升高，而作出高級動作，除非先應增強能力。能力增強的方式，有兩種可能。一是簡單的本力增強，二是外力補助。

簡單的本力增強，是某種能力，在本種界限以內，提高剛強的程度，俾能完成異常強烈的動作：例如火力加強溫度。外力補助，是在本種固有能力以上，加添由外在因素得來的新性理，藉以發出新能力；猶如透明體，本種固有的能力，只有導光作用，會傳播光明，不會發生光明；本身沒有光明；但既受外在發光體的照射，便將這些外來的光明，承受在自己本體以內，成為現實發光的物體：就是在導光力上，添加了外來的光明，藉以發出照耀他物的新能力和功效。物體、用外力的補助而增強本有的能力，需要依靠外在因素發出一些動作，變化自己，給自己裝備上「新能力」。

然而，受造的智力，按已有的證明，為能「享見天主實體」，自力不足，必須增強；只是簡單的強度提高，仍是不足：因為「看見天主實體」是一種特殊的「神見」，和受造智力懂曉真理的「智見」，有本質上的分別：可明見於對象之間的分別和距離。故此，（不但只應本力強度提高，而且）必須依賴外力補助，裝修上新設備。

解釋名辭：根據心理的事實，吾人智力，由器官知覺事物出發，前進而深入於智力可知的事物：懂透真理。因此，製訂名辭，我們也將器官知識的名辭，轉移過來，稱呼智力的識知：並且首先借用視覺範圍以內的名辭；因為在一切器官知覺之中，眼睛的視覺，高貴至極，靈明至極，因此，距離智力，也最相近似；也就是因此，智力的知識叫作「明見」，「灼見」，「智見」，「見解」，「洞見」等等。又因為，肉眼的視覺不能完成動作，看見景色，除非仰藉陽光或其他物質光明的照耀；是以智見成全所依憑的一切因素，也取名為「光明」。

因此，亞里斯多德，《靈魂論》，卷三，章五，將所說的「施動智力」比作光明，呼作「靈明」，或「智光」：因為依照他的學說，靈明照顯萬理，將智力可知的對象，由可知的潛能，作成可知的現實：猶如物質的光明照顯萬色，將眼睛可見的對象，由可見的潛能，作成可見的現實。

本此制名的心理原則，受造的智力，為直接享見天主實體，提高自己所依靠的「新設備」，既是為享天主榮福，而得自天主的恩寵，故此叫作「榮光」，或「寵光」，也正合情理。惟需分辨清楚：「榮光」或「寵光」的作用，不是像「靈明」或「智光」一樣，將可知的事物，由潛能作成現實：（因為天主實體，本體常是智力可知的現實，沒有可知的潛能或虧虛）：故此，「榮光」，或「龍光」的作用，只限於加強智力：助它能肓知識的現實：「享見天主」。

這樣的「榮光」或「寵光」，就是《古新聖經》裡，所說的「光明」，或「神光」；援引數條如下：《聖詠》，（三五，十）：「在爾的光明裡，我們將來要看見光明」：這就是說：在天主實體的神光裡，我們將來要看見天主的實體光明。

《啟示錄》，（二二，五）：「（真福的）城市，不需要太陽，也不需要月亮：因為天主的光明輝煌，照明了全城」。《先知依撒意亞》，（五十，一九），也有同類的話：「將來，給你照耀白晝的不是日頭；給你照耀黑夜的，也不是月亮；卻是天主的永光照耀你：你的天主的榮光照耀你」。

《若望福音》，章一，節九，並且還說：「（天主耶穌）在世一生，是照世的真光：照耀入世的每個人」。《若望第一書》，章一，節五，也說：「天主是光明」。《聖詠》，（一〇三，二）：「天主全身發光，彷佛是用光明當作衣裳」。這些話的意思深長而合理：因為天主的生存，是天主智力的知識和動作，同是天主的實體，又是各類實體，有智力的（施動）原因。故此、天主也叫作「光明」。

天主及所造的眾位天神，在《聖經》裡，受到象徵法的描寫，不但比作光明，而且發顯於許多火的形象。（《出谷紀》，貳肆、一七：荊榛冒火，是天主顯現給梅瑟。《宗徒大事錄》，貳，三：聖神降臨，藉火舌的形象。《聖詠》，一〇三，四：用火形容眾位天神。《聖詠》，拾柒、二九：天主照耀人的燈光（就是照耀人的靈魂）。這些話用火象徵天主、天神，和人靈，也是為了上述的理由，就是因為火的光華，（給眼睛的視覺，照顯天地萬象：猶如天主神光給神人的智力，照顯天堂萬妙的真福）。

第五十四章 超性知識（二）

有人卻抵抗前論。設難如下：

難一：（物質界），外來光明，無一能提高眼睛視力，助其看到其本性能力範圍以外的對象：眼睛的視界，不外於顏色形象之類。（依同比例，在神靈界），天主的實體，超越一切受造靈智的接受能力；距離遙遠，甚於智力之超越器官覺力。故此，受造的智力，不能因外來的光明，而提高神目的眼界，竟而致於看到天主的實體。

難二：受造智力領受的那個所謂的「光明」，（就是「神光，榮光、或寵光，或永光」），也是一個受造的事物。所以它和天主之間，距離遠遙無限。足證：這樣的光明不能提高受造的智力，上見天主實體。

難三：假設上述的這個光明，能以提高智力的理由，是因為它——光明自身——是天主實體的肖像；那麼，既然每個智性實體，由於是有智性的，都服戴著天主的肖像，故此，任何某一智性實體（連人包括在內），專靠本性，就都能看見天主的實體了。（這不是事實。故是錯誤的）。

難四：既然那個光明，是受造的事物；故此無妨是某一受造物本性兼具的一個因素。於是能有某一受造的智力，專靠本性兼具的光明，（不用超性的光明），就得以看見天主的實體。這卻是和（章五十二）

已有的證明，適相衝突。

難五：無限者，依照其名理的本然，是不可知的。（參考，《物理學》，卷一，章四）。然則，卷一（章四十三）證明了：天主是無限的。可見、天主的實體是不可見的：用了上述的光明，也不濟事。

難六：智者與其所智，有對稱適合的關係。受造智力與天主實體之間，縱令加上那光明的補助，仍然沒有對比相稱的關係：因為尚有無限距離，隔在中間。足見、受造靈智，用任何受造的光明，提高能力而見天主的實體，都是作不到的。

排 難

為了以上這些及類似的許多理由，有些人受了動搖，竟而主張：受造的智力，總不會看見天主的實體。這樣的主張是（哲學的）錯誤，又是（神學的）異端，故應排斥而拒絕：因為，（在哲學方面），它和理性實體的生存目的，完全不能相容。按（章五十）已有的（哲理）證明：理性實體的真福，不能不在於享見天主實體。又按上面（章五十一）舉出的（神學根據），《聖經》的權威名訓：可以明見：信德的道理和這些人的主張適相矛盾。

解 難

解一：天主的實體，超越受造靈智的能力，是如同強烈對象，超越器官覺力；不是如同沒有物質的純神實體，超越器官覺識；也不是如同耳朵可以聽見的聲音，超越眼睛的視覺；也不是如同兩個異類，完全不相接近：反之，（正是如同一類之中，對象的太強或太弱，不能受到中級能力的察覺）。因此，大哲《形上學》卷二，（另版卷一，副一，章二），也說：吾人智力，本質薄弱；猶如蝙蝠矇瞍，（有目無珠），面對陽光，視而不見；仰對顯明至極的事物，卻視若無睹」。（本質薄弱，不是本質異類，雖然也不是同類，但有些上下因果相關的，智性生存，大公範圍的近似）：因為天主的實體，是智性可知的第一實體，和第一可知的對象；並且是一切智性知識的始元。祂的光明可見，但因強烈奪目，凡因眩暈而有目不見。故此，受造智力只需要受到某些天主神光的助佑，增強神目的視力，便能看見天主的實體。用這點理由，足以釋破第一困難。

解二：這樣的神光，提高受造的智力，助它看見天主，不是去掉實體間生存的距離，而是增強受造智力的銳敏和容量，使它足以產生自力原來不能產生的效果。動作關係上的密切結合，仍不縮短實體生存間的無限距離。天主神光的扶助，將受造的靈智，和天主的實體，交接而合一，不是實體生存合一，而是神智相知的知識，現實動作的合一。（彷彿兩個知心，心心相印的合一，不是實體的溶化合一）。如此想來，難二則可冰釋。

解三：用完善的方式，認識自己的實體，是天主本體固有的知識。上述的天主神光，是天主的肖像：呈現的特殊似點，專在於相似「全識實體」這（特性：引智力上進，達到「看見天主實體」的目的。在這樣的知識上，沒有任何智性實體相似天主：因為，沒有任何智性實體和天主的實體，有同等的單純：故此，受造的實體，連自己本體固有的全部美善（現有的各點），都無任何一個，能在一點中，包含全備：按卷一，（章二十八），已證明了的定論：以一涵萬的涵蘊方式，是天主獨有的特性，非他物所能共有，根據本體純一自同之所是，天主的本體，同時是自己的生存，是自己的知識，又是自己的真福。三者合於純一。如此比較，在一個靈智實體內，必須有兩個互不相同的光明：一個是本性固有的光明，藉以成全本種固有的性體，並用和性體對稱適合的方式，認識可知的對象：（就有形的事物，曉悟無形的性理）；另一個光明，（卻是超越本性的），靈智仰藉它，享見天主，而得真福。看清了這兩個光明的分別和必需，第三疑難，便迎刃而解。

解四：享見天主實體，超越本性的全部能力；前已證明；為此理由，成全受造智力的光明，助人享見天主的實體，必須也是一個超性的光明。以此足以解除難四。

解五：「受造智力、享見天主實體」，並不妨礙「天主無限」。天主的實體，不是如同體積、邊線缺乏之無限。缺邊界的無限，依（邏輯）理性而論，是智力所不知的：因為那是如同物質缺乏性理；（或石像的質料缺乏石像的形狀條理）。性理，條理，或理；是知識的基本因素。缺乏性理，或條理，或「無理」的事物；如同是「不著邊際的言論」，是智力所不懂的。

然而，說「天主無限」，（不是說祂缺乏應有的性理或界限），而是說祂的本體純是性理，有自立的生存，沒有物質和主體的容納與局限。（天主無限，是積極的全善無限，不是消極的缺乏條理）。本此意義，天主無限，是純理無限，本體極度可知：（乃是真理無限光明而純全的本體）。觀此足見第五疑難，也是不足為難，（因為它的前提失據：誤解了「無限」：竟將「純善無限」，想作「乏善無限」了）。

解六：兩個事物間，對比相稱，分兩種：一是同量相稱，二是關係相稱。（同量相稱：是同類同種，度量適合的相稱：例如衣服的尺寸，相稱於身體時裝的身量）。關係相稱，是因果關係的相稱，或物質與性理，或作者與作品，（或動作的施受），或任何其他同類或異類事物間能發生的關係。根據「關係相稱」的條件，無妨受造物對於天主造物者，發生條件適稱的關係：例如本題所討論的、智者對於被知者；

猶如，依相同比例，效果對於原因；或作品對於作者；（或意志對於目的），等等關係。由此觀之，第六疑難，也雲消霧散了。

第五十五章 超性知識（三）

惟因動作方式，隨從動力效能，例如熱力效能越高，則生熱愈強。故此知識方式，也是隨從智力的效能。這是必然的。

一證：受造智力，提高自己，而享見天主實體，所依憑的，（前章及五十三章）所說的那個光明，是一種知識的能力。享見天主而認識天主的方式，故此必須和那光明的效能，度量相同。然而，那個光明的效能，強度低弱，遠差於天主神智的光明。所以用那個光明看見天主實體，識見完善，也遠不及天主智力之所自見。

然則，天主智力，洞見天主實體，竭盡完全可見的本體，一無缺漏：天主實體的真理可知性，及天主神智的光明照察力，是相等的；甚且是一個自同的本體。足見，受造智力，用那個光明，看見天主實體，透澈其可見的一切，也完善至極，一無遺漏，全如天主自見一般，是不可能的。

但是，智者徹底明了某物，是竭盡其凡所能知，無不全知無餘：例如某人耳聞智者談論，三角形有內三角等於兩直角，乃信以為真；他的知識，只是根據人言可靠而成立的意見，尚非徹底明了；當他進一步，認識了真正理由，證明了三角形的所以然，他的知識，只在這時，才算是徹底明了（真正的理由是本體內在的理由。徹底明了，是全知本體內在的一切理由：例如幾何學家徹底明了三角形，內三角等於兩直角的內在理由）。

如此比較，可知受造靈智，不能徹底明了天主的實體：（天主實體內在的萬般美善，是受造智力享見不能窮盡的）。

添證：有限的能力，現實動作，不能窮盡無限的對象：（猶如杯水車薪而尤過之）。然而，天主的實體，對於受造智力，有無限對象對有限能力之比例。受造智力都有本種固有的某些界限。可見，受造智力，享見天主實體，而窮盡可見的一切，是不可能的。故此是不能徹底明了。

加證：作者動作完善的程度，相當於它秉賦的性理完善的程度。性理是動作能力的根源。然而天主實體，現被看見所因的性理，乃是天主的本體：祂雖然給受造智力，充任智像，但受造智力不能把握祂全部的效能（含蘊）。所以不完全看見祂所能見的一切：故此不是徹底明了祂。

又證：全被掌握的物體，超不過掌握的界限。假設受造的智力，完全掌握天主的實體，全被掌握於受造的智力，祂便超不過受造智力的界限。這個話，是說不成道理的。可見：受造的智力，全部掌握天主的實體，是不可能的。（用智力全部掌握某物，是徹底明了某物）。

惟須注意：說「天主的實體，能被受造智力看見，但不能全被掌握」，真義不是說「只是一部分被看見，另一部分卻隱藏不見」：因為天主實體單純，沒有許多部分。但因被見於受造智力，不是完善的真知，如其本體自明之自見：用此方式，智者認識所知結論可靠，但不全知其所以然：沒有明證法的知識。這樣的知識，不是「全部掌握對象」，因為不是完全了解它：就是達不到明證法（前提和結論，透澈貫通）的知識程度：雖然知識的各部分，無一不知，但非明證透澈的真知。（明證法，證明透澈的知識，是科學知識：窮盡至理：例如《形上學》及數學。受造智力，認識天主實體，達不到「透澈窮盡」的程度：享見天主是享無窮無盡的真福：譬如光明美麗的大海，四望無際）。

第五十六章 超性知識（四）

從此轉進，可見：受造的靈智，（或神或人），雖然看見天主實體，但不全知因天主實體能被知的一切。

一證：為全知能因天主實體而被知的一切，需要全知天主實體以內所可知的一切。既然受造智力能知天主實體，但不是掌握一切而透澈全知，故不必定因見天主實體而全見能因而被知的一切。知某因素，因之而知其一切效果，必須透澈知盡因素的本體，掌握其全部效能及含蘊。因知天主實體而知外物，正是「由因知果」。今既不能全知其本體，故無以因知其本體而盡知其效果。

又證：智力越高，所知越多：或所知事物眾多，或對同樣事物，所知的理論眾多。然而，天主神智，超越一切受造的智力。故其所知眾多，勝過任何某一受造的智力。天主知物，按卷一（章四十九）的證明，是因見本體而見萬物。足見：因天主本體而能被知的事物眾多，非受造智力因見天王本體而所能盡知。

添證：能力的強大，視其所能延及的範圍而定。知盡某能力所能延及的全部範圍，等於透澈全知其能力的強大。然而，按（前章）已有的定理，天主能力，強大無限，非任何受造智力所能窮盡，猶如其本體亦然。所以天主能力所能作到的萬物，也非受造智力因知天主本體而能窮盡兼知。然則，天主能力所能作到的一切，都是能因天主本體而被知的：因為天主全知一切，無非因其本體。足證：受造智力，明見天主本體，（以天主本體為明鏡），看不見在天主實體以內所能被看見的一切。（神鑑知識：以神體為明鏡，就鏡中的反映呈現，而見他物。天主的實體，呈現無限全能所可作的無限事物。受造智力，引天主實體為明鏡，仍不能一見而照盡萬物：因為它掌握不住鏡面全部及其所能呈現）。

加證：任何知識能力，認識任何某一事物，總不離開本性固有對象的性理之範圍及觀點：例如眼睛見物，只是從景像可知的觀點，看見它的顏色和形狀。形色是眼睛視力本性固有的對象。

然則，靈智，（依其類名兼統神人的定義），本性固有的對像是「事物是什麼的所是者」：就是「事物是什麼」的真實答案：也就是「事物的實體」。詳論見於大哲《靈魂論》卷三（章四）。為此，智力對於任何某物能有的任何知識，都是因其實體而認識出來的。本此定理，吾人用明證法，推證出某物本性固有的屬性，按《分析學後編》，卷一，（章一）所有的名論，是採取那某物的實體（定義）作前提的出發點。（「由本體而知屬性」，是明證法的本然程式：即是演繹法的本質及典型）。

但是，按《靈魂論》，卷一，（章一）的說明，各類附性事物，貢獻事物實體知識的一大部分：假設如此由附性而知本體，這是明證法的偶然程式：其全部範圍，限於智性知識的起源：發端於器官的覺識：照此心理的定律，智力知識的發展，是經過器官所知的各種附性，上進深入，而曉悟到事物的實體。（這樣的知識方法，是由附性事件的個例，歸納出抽象的公名實理：包含抽象和歸納，種種動作：主要形式：是歸納法的論證）。為此理由，這樣的知識方法，只可運用在自然科學的研究期間；（不可運用在研究以後，定理已經得到，根據定理，推證其他，或技術實踐的階段；更是）不可用於數理之類的各科學術：

（因為這些學術，用演繹法，由公理和定義，或預定的命題，一步一步的推證出含蘊的定理和結論：不得用歸納法）。

那麼，根據明證法的本然程式，及智性知識的典型本質，（既是演繹性的），受造智力，（兼統神人）必以「事物之實體（是什麼）」，作本性固有的對象：由此對象的角度或觀點，而領悟他物。凡在一物體中，從它實體的知識裡，所認識不到的一切，也件件是智力所不知，這是必然的。（舉例說明：在演繹法的推證系統內，本系有數目充足的公理和定義，以及推演規則，是某人所皆知，但他識見淺薄，不透澈它們的含蘊；故此推演不出某些可知的結論。這些結論就是其智力所不知。依同比例，稍加修正，受造智力，雖然直視天主本體，全見無餘，但因不透澈其效能無限的含蘊，故不知某些天主能作或能知的事物）。

轉進考察，尚可見到：（根據人間的心理經驗），某人意志（自由決定）之所願，非吾人只因認識他的實體本身而可認識出來：因為意志追求或傾向於它所願受的對象，不完全遵守性體（天性）自然的定則和常情。為此，眾論公認：意志和性體，是兩個不同的行動因素。所以任何某一智力，不能知道某某願者的心意，除非用以上這些方法：或「由果知因」：由某某些效果，察知其有某心願：猶如吾人見某人有某自願的動作，則斷定他有某志向；或用（超然的）「由因知果」：猶如天主是吾人意志能力的原因，並是其他許多效果的原因，於是因自知本體而知吾人的意願及其他效果。（假設某人用藥品或其他方法能控制另某人的意志，便能預知他的意願和某些行動）；或聽取願者的表達：例如某人發言陳明自己的意願。

不拘用上述的那一個方法，受造靈智，雖因神光照耀，明見天主實體；仍不因而全知天主自見本體之所見。這是顯明而必然的：因為萬物依賴天主的意志，是無限眾多的效果，依賴無限單純的原因：詳細證明，一部分見於上面（卷一，章八十一）；另一部分，更加明顯，見於下面（章六十四）多添的許多理證。

疑難

能有某人抵抗前論，設難如下：天主實體，偉大無限，超越祂在本體以外，所能作，能願，能知，或能設想的一切。因此，既然受造的智力享見天主本體，是全見無餘，則更能全知祂本體以外的：祂所能作，能知，或能設想的一切：應尤過之，而無不及。（豈能知大而不知小乎）。

解難

精審考察，可知「認識某物」，有兩種本質不同的知識方法：一是「直知其本體」，一是「因中見果」：在原因中，見到效果：直知它的原因，照知它的本體。有些事物，本體現前，則易知易明；專靠原因的探照，（或投射展望，或演繹推測），則不易知曉。固然，認識天主實體，這個知識，偉大高貴，勝於用天主實體，作明鏡，照顯祂本體以外任何某一事物，而照見的知識：因為前者直知本體，後者卻是「因中見果」，猶如鏡中見影。

然而，針對天主實體而言：一個知識，既然直知其本體，又同時在其本體中兼知其萬效；另一個知識，卻只知其本體，而見不到其中兼含的萬效：前後兩個知識，比較完善的程度，顯然是前者優於後者。受造的智力，享見天主實體，而有的知識，是這後一種：直見實體，而不透澈：就是不在其實體內，用「因中見果」的方式，看透祂所能含蘊的一切對象：因為，按上述許多理由的證明，既知其實體，又知其含蘊的知識，不能不是掌握全體，透澈盡知。（例如數理的推演系統中，保含兩個部分：一是原理，包括公理，定義，和推演規則；二是定理：從原理中推演出來的常真而必然的結論。數學家的知識有兩種可能：一是全知原理，而不全知各條定理；二是既全知原理，又全知各條定理。後者優於前者，雖然原理的知識，優於任何某一定理的知識。知原理者，不見得全知定理或結論。以此比例，想去，疑難可解：受造智力，因神光助佑，能力仍非無限，雖然全見天主實體，仍不全見無限全能所含蘊的萬效）。

第五十七章　超性知識（五）

然則，按（章五十三）討論已得的結果，既知受造的智力，依憑超性光明的提拔，得以直見天主實體；則依同理可知：任何受造智力，不拘本性品級如何低下，絕不致於不能受到提拔，而享見天主實體。

一證：前在（章五十三）業已證妥：那個超性光明，不能是受造物本性兼備的，而是效能高強，超越本性界限的。超性德能之所為，不因本性品級高下之軒殊而受阻：因為天主全能無限，沒有勝不過的阻礙：沒有跨越不過去的距離。本此理由，病人不分輕重，聖蹟同能治療。足見靈智本性的品級，高低軒殊，並不阻礙最低者也受到那個神光的提攜，上見天主實體。

添證：根據本性的品級，在美善良好的程度上，作比較，最高級的受造靈智，和天主相去，有無限的距離；和任何低級相去，卻是距離有限的。有限對有限，相差必有限。從此可見：受造靈智最高和最低之間的距離，和最高受造靈者與天主之間的無限距離，比較起來，顯得微小至極，幾等於零。近於零的距離，構不成顯著的距離；不易受到察覺：猶如（在天文學裡），吾人眼睛和地中心之間的距離，和吾人眼睛與第八層天之間的距離，比較起來，幾乎等於全無距離。地球全體，和第八層天相比較，渺小至極，相當於小至不可分的尖點。為了這樣的比例，天文學家，將我們的眼睛用作地球的中心點，在天象的測量裡，察覺不出任何分別來。依此比例，可以想見：凡是受造的靈智，不分上中下本性各等品級，都能受到上述光明的提拔，升見天主實體。

又證：上面（章五十）證明了：凡是靈智，本性都願望享見天主實體。然而本性願望不能是虛枉的。那麼；任某一受造的靈智，都能達到享見天主的目的：祂的本性品級低下，沒有妨礙。

經證：《瑪竇福音》，二十二章，三〇節記載：上主約許人類將得眾品天神的榮福：原話形容人類說：「他們將來（的生存情況），如同天主在天上所有的眾位天神」。

《啟示錄》，章二十，節一七，（章二十一）也說：將來人和天神，有同樣的尺寸。為此理由，《聖經》上描寫天神，常有人的像貌：或完全有人的像貌：例如《創世紀》，章十八，節二，天神借成年壯丁的形像，顯現給亞伯郎；或一部分有人的像貌：例如《厄則介先知》，章一，節八：紀載天神顯現，一部分像獸，一部分像人；或人面、人手，而鳥翼；或獅面，鳥翼而人手；還有其他。

駁謬：用這個定理，可以破除某些人的謬見：他們曾主張，人的靈魂，不拘被提高到什麼程度，總達不到上級諸靈智的高度。

第五十八章　超性知識（六）

惟因動作方式，依隨性理，蓋性理乃動作之因素；同時，受造智力，直見天主實體，按（章五十三）討論證明的定理，用上述的光明，作其視見所依憑的因素；由此可見神見的方式，依隨神光的方式，這是必然的。然而，神光的分賦，有許多等級，高低不齊，這是可能的；依此，領受光明者，比較美善的程度也就彼此互有高下的差別。從此可見：兩個智力，同見天主實體，視見的完善程度，卻能有高下的不同。

添證：任何物類之中，既有至高某物，超越群倫，就也有高下品級，釐定於去至高標準之遠近。例如熱類中，溫度高下的釐訂，以火性純熱的至高焦點，為標準。然而天主自見本體，程度完善至極；按上面（章五十五）已證明的定論，獨有天主，全知本體，透澈無餘。故依同樣比例，在天主以上，眾靈智，享見天主，美善程度，也照其和天主相去之遠近，而分別高下。

加證：按（章五十三）已有的討論，榮福之光，是天主神智的一個肖像，由此乃提拔低級智力，上見天主。然則，肖像，肖似天主本體，程度能有高下的不齊，故此各級靈智看見天主實體，也分別美善程度的高低。

又證：目的對於主體，有對比相稱的關係。為此理由，主體方面設備的條件，方式不同，取得目的之若干部分，也方式不同；這是必然的。然而，按（章五十）已有的證明，看見天主實體，是任何智性實體的終極目的。同時，各級智性實體，設備的條件，不都相同；祂們的德能有強弱高低的分別。德能又是上達真福的門路。故此，祂們享見天主實體，互分完善高低不同的程度。這是必然的。

經證：本此理由，為指明真福的分別，上主說：「在我大父的家宅以內，有許多住所」，原話見於《古經》，《若伯傳》，章十四，節二。

駁謬：用此定理，可以破除某些人的謬論。他們主張天主的犒賞，都是平等的。

對方抗辯：《瑪竇福音》，章二十，節一〇紀載，眾人在主園勞作，工時長短不同，所得犒費，就是工資，卻都是平等的：因為眾人所得的賞報，共是一個：就是天主的實體：由眾人共同享見。根據這樣的經訓，對方誤想足以抗拒原論。

答駁：如同見的方式不同，則榮福品級不同；依同比例，見的對象相同，則所享樂福相同。（順序倒置譯出之，更合邏輯公式：見同樣對象，則享同樣榮福，故對於同樣對象和榮福，見的方式不同，則享的品級不同）：因為按已有的證明：在真福的境界，真福的來源是相同的，來自天主的實體。榮福實享的品級，系於主體方面，就是眾位靈智方面，各有不同的德能，和其他準備。故此：從同一天主，得同樣的真福，而程度或品級，眾智不齊：各有深淺。

附識：在這裡，尚應理會：神形兩界，動向不同，主體也不同。形界，萬體萬動，共有一個第一王體：即是物質；分有許多不同目的：動作不同，則目的不同。神界，情況適得其反：萬體萬動，就是知識，思想，和情意；共有最後的一個目的：就是享見天主；卻分屬於許多不同的第一主體：每個智性實體，是自己分別獨立的第一主體。

第五十九章 超性知識（七）

按前章，受造智力，直見天主全體，雖不透徹無限；但仍得全知宇宙間的萬物及其秩序的總體。

一證：按（章五十）已有的論證，明見天主實體，是每個智性實體（生存的）終極目的。每物終極目的，既已達到；本性自然的願望，遂因滿足而平息。智性實體，既得見天主實體，依同理，也就滿足本性自然的願望而謀慮平息。然則，智力本性自然的願望，在於全知宇宙間萬物的種類和效能，及其總體間的關係和秩序。這是智力本性願知的事物之範圍：可明證於人間各科學術之所研究：包括以上各項：既分知萬類，又合知總體。足證，不拘什麼智力，既全見天主實體，便得因而全知上述各項。

加證：按《靈魂論》卷三（章四）的證明，智力和覺力的分別，在於覺力遇到過度強烈的對象，則受傷殘，或受削弱，然後再遇強度弱小的對象，竟也不能察覺，（例如光線太強照瞎了的眼睛，不再能看見光度溫柔的顏色）；智力卻適得其反：不受對象光明的傷殘或妨害，反而只因對象高明而心智越加開朗既能知高深的真理，然後再遇淺近的真理，不但不覺難知，而且覺得更易知曉。

然而，智力可知的對象總類中，天主的實體，是至高無上，本體光明至極的一個。所以任何智力既受神光提拔，見到了天主實體；依照方才舉出的比例，憑藉同樣光明的照耀與成全，就更得曉悟自然界現有的萬物了。（自然界，就是宇宙間：等於天主在本體以外造生的萬物總體）。

添證：（「生存」二字廣於生物類的生命或生活；深於浮淺而靜止的存在。萬物都有性體，性者生也：物有本性，則有生存。生存是一絕對自我肯定的一個因素：從實體內部，建立實體：例如人有人的生存，遂因之而成為人的實體：既有生存，然後始能存在於宇宙間：存在是一個物體向外的關係：物因有生存而向宇宙發生關係：佔領它的一部分時間和空間：存在指示「空間現前」，「時間現前」，及時空合一的持續。生存卻建立實體，充盈實體，佔領時空合一而延長的一個段落。智力超越時空而有生存，既有生存，乃有行動。既能因物質對象而佔領時空，主宰時空；又能因神智的知識而超越時空；或脫離時空界限，而逍遙於真理永生的境界。本著這些定義，不難明了）：

智性的生存範圍，和智力可知的生存範圍，不小於自然界物性生存的範圍；反而可能更大一些：因為智力本性生來，不但能知自然界現有的萬物，而且也知自然界沒有生存的一些名理：例如各種否定名辭或論句，所指的否定意義；以及各種殘缺名辭或論句，所指的缺乏之意義：（都是一些名理：意義可懂，而在自然界實無生存之可言。名理的現實被懂曉，叫作「名理生存於智性生存的範圍內」：猶言「生存於意識範圍內」）。

從此可見：智性生存為成全自己，充實其範圍的容量，需要兼有自然界物性生存，為成全自己而充實容量，所需要的一切：並在此外，還需要其他更多的事物。然則智性生存的成全，乃是靈智達到其生存的終極目的：猶如自然界、物性生存的成全，在於建立事物的本體：構成某某種類中完善的單位：終止於建造起宇宙間萬類齊備的總體；（實現物性自然的潛能，表彰天主造物的美善。靈智生存的終極目的，既是全見天主的本體，雖不透澈，仍得因而看到外部顯露的自然造化）。從此可見：給享見天主本體的每個靈智，天主顯示祂為成全宇宙萬善，而造生了的一切。

又證：雖然，按（前章）已有的證明，享見天主，眾智完善，程度不齊；但每智所見，仍是全體無缺，充滿本性容量的全部：並且盈極而洋溢：按（章五十二）提出的證明，超越本性自然原有容量的一切界限：（受到了超性的擴充）。如此估計，每個靈智，既得享見天主實體，便在天主實體以內，認識到本性明悟所能收攬的一切，（這是最低限度）。任何「個靈智，本性知識的範圍，擴展廣大，都普及到宇宙間的萬類，萬種，及萬物間的秩序。（萬物的「萬」指宇宙間一切事物的總體。秩序指萬物間的品級，系統，交互動作的規律，及宇宙整體構造之條理，兼指萬物對於天主的關係）。本性智力，既享見實體天主，必因神光擴充，在天主實體以內，看到這一切的一切：（完全實現本性潛能，達到盈極無缺的程度。在這以上，還加添超性知識。超性高大，本性低小。既知高大，則不能不全知低小）。

本此意義，《古經》，《出谷紀》，章三三，節十九，記載古聖先知梅瑟，求見天主本體，天主答應，卻約許說：「我將來賞你明見一切美善良好的總體」。

大聖額我略，（《對話集》，卷四，章三三），論到這一點，也說：「既知全知者，何復有不知？」（註二）

「全知一切」的界說

合觀上述一切，仔細審察，可以明見，「全知一切」，有兩個不同的意義：一是「全知宇宙萬物的一切」，二是「全知天主所知的一切」。受造靈智，既見天主，便在天主以內，全見一切，但問：全見那一個意義之下的一切呢？

如用「全知一切」，專指「全知宇宙萬物的一切」，根據前面舉出的那些理證，顯然可知：眾靈智，既見天主實體，便見宇宙萬物的一切。申述詳證如下：

（按大哲《靈魂論》卷三章五）：「智力在某些方式下，是萬物之一切」：意思是說：凡萬物本性完善之所俱備，都屬於智性生存完善之所宜有。智性生存的完善，包括智性可知的生存境界全體：（超越萬物本性生存的自然界：兼含在自然界沒有生存的許多事理）。為此理由，根據聖奧斯定，《創世紀》字解，（卷二，章八）：凡是不拘什麼事物，既仰賴天主聖言，實受造生，俱備固有的本性，領受現實的生存，而立足於自然界，（宇宙間），便也都（仰賴同一天主的聖言），出生於眾品天神的智性（生存範圍）以內，因而受到眾品天神的認識。

然而，（說到這裡，須知）：自然界，萬物本性生存的完善，必需鹹備萬類和萬種的本性，以及各種物性應有的特性，和能力：自然界萬物生生的本旨，是成全各種物體的本性，維持本種生存的傳流。種群以內，個體生存的目的，是為成全種群生存。並為增進種群生存的公益。（種群的性體，是本種個體單位的物性。例如人的性體，是人性，乃是每個人的本性。人的性體之構造，包含物質方面的肉身，和性理方面的靈魂：此即靈肉合成的人性本體。因此「人是理性動物」：這是人的性體之定義。個體脫離種群不能生存。個體生存的目的是為謀福於種群。類群無種群，則只有生存的潛能，而無生存的現實。潛能是虧虛，現實則是盈極。物性自然生存的目的是追求生存完善的盈極。從此可見：萬物生生，物性自然的本旨，是建立本種，而維持本種的生存。種群公有的本性，及其生存，是宇宙全善之所宜肓）。

根據上述一切，可知：有智力的實體，為成全自已的完善，必須認識宇宙間，一切物體和事體間，每個種群的本性，並且也認識它們的特性和能力。（專對人類靈智而言，這樣完善的知識，雖然是本性的，不是超性的，但仍非任何人現世一生之所能全知。為滿足這個願望，也需要超性的補助）。足證，靈智，既得最後目的之真福，乃因明見天主本體，而得到這個「全知宇宙一切」的知識：仰賴寵光開啟心目。

另一方面，如用「全知一切」，按第二種意義，指示「全知天主本體所能知的一切」，按上面（章五十六）已有的證明，這不是任何受造的靈智，在天主實體以內，可以察視而得見的。原來，在真福的境界，「因見天主而全見一切」的知識，（既按已有證明，是「全而不透」），尚有若干界限：可從三方面觀察：凡透澈不到的事物，便非真福境界之所能知：

第一方面：有些事物是「純可能性的事物」，它們是天主能作而永不實作的事物：它們可能出生，但現在，已往，和將來，都不實際出生。（它們有無限多，因為天主的全能是無限的：卻是天主所都明知的，回閱卷一，章六十六）。全知這些事物，需要透澈天主無限全能的本體。這是任何受造智力，即使在真福之境，也是作不來的。章五十五已有詳證。因此，《古經》，《若伯傳》，卷十一，（章七），曾有些詰責如下：「你竟想洞曉天主的事跡嗎？你豈要發現全能真主，以至無所不知嗎？祂比天還高，你還要作什麼？祂比地獄還更深，你又從那裡去測量？祂的長度，長於地面；寬度，寬於海洋」！這些象徵語法，喻指的實義：不是說天主偉大，有物質界長寬高深的體積廣大；而是說祂的能力偉大無限，在我們所見的偉大物體以上，還能造生更偉大的來。

第二方面：有些事物是天主已經造生了的事物，就是宇宙間實有的事物。對於受造的智力，（按方才的證明，這些事物的萬類萬種，是可以全知的），它們所含蘊的萬理，卻不是可以全知的：因為現實事物的理，取源於它們的作者心意中所有的目的。然而天主造生萬物，心意中所有的且的，是天主本體的仁善。宇宙間，萬物生生，所有的千條萬緒的理，都是天主的仁善，在萬物間的，分佈流行。為能全知宇宙萬物所含蘊的萬理，必需的條件是全知宇宙萬物以內，遵照天主上智（安排）的秩序，可能源源到來的一切美善。這些可能的美善，又是不可限量的。全知它們可能有的萬善，等於透澈天主無限的上智和仁善。非任何受造靈智之所能。

因此，（《古經》），《德訓篇》，章八，節十七說：「我明白了：人不能發現天主所作萬事萬物的理由」。（因為天主的上智，高明無限，是不能捉摸的；天主的仁善，情深意長，也是難測難量的。一物能作萬事，一事能生萬效，一效能含萬善：善在天主的心內：天主的心願，仁愛無限，非受造神人之所能透澈。一物一事之價值，大矣哉）！

第三方面：有些事物，是完全只賴天主自由意志所決定的事物：例如人物生存目的之超然預定，（彷佛是命運的先天註定：天主用超然的主宰作用，預先決定了，在不傷害人理智自主的條件下，某人行善一生而終於墮落，另某人卻一生作惡而善終得救），又例如：人才的任選，人義德的成全，還有其他類此的事物：與聖化宇宙萬物，成全人類聖德，有關：全系於天主自由決定。（按上面五六章的證明。這樣的事物，不是受造智力，在真福境界，所能知盡的）。

本此意義，聖保祿，《致格林德人第一書》，章二，節十一說：「人的生存行動，只是人本身以內的神明所獨知，不是任何他人所能知。同樣，天主的生存行動，也是天主的聖神所獨知，非任何其他所能知」。

註一：大聖額我略，五四〇—六〇四年，羅馬生人，先作羅馬市長，然後棄俗，作修院院長，最後被選為羅馬教皇，文治與政績，歷史著稱，人或譽之為「歐洲新興國家的公父」；建立教廷政權；創始公教文化的中世形態；形同全歐政治和經濟實力的中心。聖德著卓，著述豐富，傳教世業，普及全歐：英國入教，始於聖奧斯定，有賴於額我略之派遣。政史尊之為大。教史敬之為聖。

第六十章　超性知識（八）

但因如前章所證，受造智力，既見天主實體，就在天主實體以內，洞見各種事物；又因凡由一個意像呈現的一切事物，必同時全被見於一見；故此，智力，由於享見天主實體，而欣賞萬物，也是同時一見全見，而不是逐一分見。

又證：靈智本性的真福，至高無上，全善無缺，按前（章五十）所證明，在於享見天主。既然真福，是終極目的和至極完善，則應在於現實動作，而不可在於能力或技能的儲存。故此吾人凡在真福境界享見天主，因而見到的萬物，都是現實全見。故非先見一物，而後見另一物。

添證：每個物體，既達到自己的最後目的，便靜止安享：因為一切動作都是追求目的。然則，按上面（章五十）的證明，靈智的終極目的是享見天主實體；故此，既見天主實體，則應靜止安享，不復應追逐對象，得了這個，又求那個。足證，用此神見，凡所能知一切，同時一知全見。

加證：按（前章）所有的論證，可以明見：靈智在天主實體，全知萬種事物。然而有些事物，類下分出萬萬種，數目可以多至無限。所以在天主實體以內，智力所見也是眾多無限。但是眾多無限的事物，不得不同時一見全見；因為無限多個事物，逐一分見，始末距離，不能跨越或貫通。足證，靈智注視天主實體以內，全知一切萬物，乃是同時全見。

本此道理，聖奧斯定，《聖三論》，卷十五，章十六，有以下這幾句話說：「到那時，我們的思想萬千，不是遊思馳騁，先想這些，後想那些；縈廻反復：而是知識的全體，一目了然，同時俱見」。

第六十一章 真福永享（一）

從此轉進，可見受造的智力因見天主實體，乃得分享長生：永不死亡。一證：永遠和時間不同。分別如下：時間的生存，有段落前後相繼的連續。永遠的生存，卻是全體所有一切，匯聚合一。（回閱卷一，章十五及六十六。參考鮑也西，《哲學之慰》，卷五，文六：永遠，是生活無止境的全體完整，美善無缺，合聚鹹備）。然而前章已證：神見之中，沒有段落的相繼：但有所見一切，匯聚合一，一眼全見。那樣的神見，完成於分享永生。它的本質，原來就是一種生活。智力的動作，都是一種生活。靈智實體的生存，便是智性的生活。（參考《道德論》卷九，章九）。從此可見，因見天主實體，受造的靈智乃成為永遠生活的主體，分享天主的永生。

添證：一個動作，有時間的期限，或是因為作者方面有時間的期限：例如自然界，萬物變化生生的動作，都有時間的期限：因為有物質變化的物體，生存的現實：都是有始有終的。或是因為動作的終止點方面，有時間的限期：例如神靈的實體，本身超越時間，生存的現實，沒有時間的期限，祂們操行的某些動作，卻終止於時間性的物事上去：以壽命不常的事物，為動作所及的終點：故動作不能永遠常動。所動的事物不在了：動作不得不停頓。

然而：享見天主實體，這個動作，各方面都不能有時間的期限：對象方面，所見的天主實體是永遠的；依憑的因素方面：神光和智像，都是天主的本體，也是永遠的；主體方面：受造的靈智，不屬於時間的範圍：因為不會受物質變化而遭死亡：上面卷二，（章五十五及七十九），已有證明。從此可見：那樣的動作，享見天主，完全超越時間，屬於永遠動作之類。

又證：動作類下分種，以對象為種別因素。「享見天主」，這個動作的對象，乃是天主的實體自身。上面章五十已證此點。天主實體的生存，是永遠的，或更好是說：是永遠現實。或永遠性自身。足證：有什麼對象，便有什動作。既有對象永遠，故有動作永遠。由此可以斷定說：享見天主，乃是享見永遠：其動作是永遠的：其事件是永遠事物之類中的一件：分享天主自身的永遠。

加證：人的靈魂，依天主造生的本性，位置在永遠和時間的交界，串通神形兩間。回閱前論，（卷二，章六十八），參證於（泡克路，Proclus 所著）原因論，命題第二之所言，就能看明此點：因為它在靈智實體的神類，品級最低，但仍高於形體的物質，不依賴物質，有自立的生存和行動。然而在現世的行動上，交接低級，處於時間以內的有形事物。這些行動是有時間性的。依反比例，可知：它的另某一些行動，交接超越時間的高級事物，則實有某些永遠性的特徵。此類行動之中，永遠性特徵，極突出的一個，正是（在來世）享見天主實體。足證它享見天主而有的生活和幸福，是永遠的。依同理，人的靈魂以外，不拘那一種靈智，如果享見天主，便有永生的現實。

本此意義，上主說：「（天主父）！是惟一的真天主，我求爾賞賜他們（人類子孫）認識爾：這便是（他們的）永遠長生」。原話見於《若望福音》，章十七、節三。

第六十二章　真福永享（二）

從此可見：既見天主而得真福，則永享不失。

一證：按《物理學》卷四，（章十二），有一條顯明的定理：「時有時無的事物，都有時間的期限」。受造的智性實體，在真福境界，享見天主，卻是永遠的，沒有時間的限期；故必一得永存，總不失落。

添證：受造的智性實體，非到本性自然願望滿足而平息，不算達到生存的最後目的。既以本性自然的願望，求享真福，則依同比例，也以本性自然的願望，願享永遠的真福，因為在它實體以內，有永遠生存的能力：它享真福是為了成全自己，不是為作工具受利用而成全他物：故此本性願得，既得以後，也願永有而不失。足見：真福，如非永遠，不足以是真福，也就不是生存的終極目的了。

加證：得所欣愛，知其將失，則心生憂苦。享見天主，既是真福，可欣可愛，極無可加：果知其將失，則不能不極感憂苦。果非永遠，享者必知：蓋前已證明，（回閱章五十九），既見天主實體，乃見依物性自然而有的萬物：因而更知「享見天主」是否永遠不失。果知將失，不能不覺極大憂苦。永見是至樂；知其不常，是至苦：故非真福。按上面（章四十八）：真福果真，則應全無苦惱。

又證：自然的運動，有某目的以為止點。既得復失，必非自然，乃受外力所迫：例如重物上擲。前已證實：凡是智性實體，自然願見天主；（回閱章五十）。既得復失，故非自然，必為外力所迫。外力必更強於己力。己力全靠天主。天主是受造智力享見天主的原因，證於上面（章五十三）。沒有外力更強於天主。既得享見天主，真福主佑，非外力所能強奪。故此：真福攸攸，長享不失。

添證：先見某物，而後不見，或因視力傷殘，或因阻礙隔閡；或因意力轉移；或因對象失蹤。這是一條公律。或對肉眼，或神目，俱皆真實。然則，智性實體，享見天主，按上面卷二，章五十五的證明，神目視力，乃是靈明和明悟，神性生力，不會傷亡；享見天主，仰賴神光：適合受授條件，雙方永生，故神光永不熄滅；既得享見天主，則知乃是真福，不能願失福而得苦，故此：意力不回轉移；享見天主，對象既是天主，主客相見，關係維持不變，距離疏密，不逐時弛張：除非吾人遠離天主，天主不遠離吾人。（人縱無常，天主不變。真福境界，人既不移），可見對象不會失蹤。如此歸納一切，真福境界，享見天主，美滿盈極，永不衰落。

另證：意向趨避，決於善惡輕重：善惡對立，近善十寸，則遠惡一尺。依此比例，既得某善而實享，竟願退卻，非以為善中有惡，則以為妨害大善。估價不同，取捨乃定。然則，享見天主，事乃純善無惡：智性盡力之所能得，此為至善。享者估價，自知內無小惡，外無大善：至上真理，精誠無欺。足證：實體有智，享見天主，有時竟願失去，必非可能。

又證：人得某物，欣然樂享，既而生厭；能因物變所致：或因物力變更，強弱過度；或因物力動人，強弱過度。（微弱過度，不足動人；強烈過度），則傷人神力。譬之於器官知覺，對象強烈過度，傷害器官：人則先樂而後厭。人的智思亦然：強烈久思，傷害神經，思想不得繼續。然而，天主實體，（永不變更，真光雖強），卻不傷害見者的神力，反而增加神力，達於完善。並且，為享見天主，不需要任何器官的勞動。足證：凡有智力，既見天主，則欣然至樂，常享而不厭。

加證：物值欣賞驚歎之時，不會生厭。既能引人驚奇，則向能動人欣慕。然則，天主實體，交接受造靈智，常引見者驚奇，而不能有停：因為妙景無限，非有限智力所能透澈窮盡。故此，永見永奇，不會生厭。依同理，也不會自願停見。

還證：兩物先合而後離，必因一物有變。相關各方不變，則關係維持如故：新關係不生，舊關係也不斷。但按已有證明，智力享見天主，乃是在某某一定方式下，結合於天主。假設後來離開天主，而神見停止，必定是或因天主有變，或因智力有變。兩者都不可能，卷一，（章十三及十五），已經證明了：天主不受變動。受造實體的智力，既見天主，乃已受到提拔，超越一切變化。足證任何智力，既見天主，乃享真福，永不失落。

又證：天主是不動變的。物離天主越近，則越不易變動，而更能恆久如一：因此，某些形體，因為距離天主遙遠，乃不能永存不變：如大哲《變化論》，卷二，章十所說。然而物體近於天主，莫過於實體相見。故此，親見天主實體，則極度不受變動。所以不能既開始而停見。

本此意義，《聖詠》，（捌三、五），有句話說：「真福居主堂，讚頌主，至於萬世之世」。他處又說：「安居和平的聖京，永不播遷」。《依撒意亞先知》，（章三十三，節二〇至二一），也說：「禰的雙目，垂視和平的聖京，重城富庶，帳棚紮營，永不播遷，鎖鑰永不失，繩樞不斷，吾主天主，偉大光榮，惟住此處」。《啟示錄》，章三，節十二：「勝者，在我天主的堂內，我用他作棟梁，他將不再外出」

駁謬：用此定理，足以破除柏拉圖派的錯誤。他們主張，靈魂離開肉身，既得至極真福以後，仍能回心轉意，返歸肉身；並且，享完了彼生的真福，重新捲入此生的苦海。這也是（教父）、奧理真（神父）的錯誤，（《因素論》卷二，章三）：他曾說：眾位天神，和人的靈魂，在得到真福以後，仍能重回苦世。

第六十三章　真福永享（三）

合觀前論，尚可明知，既見天主而享真福，人心願望，完全滿足。一如《聖詠》（一〇二，五）所說：「主賞萬善，滿你心願」：人心平息，萬慮消解。歸納各類，實例明顯：知識方面，人心靈智，有求知慾，因而專務智修，省察妙悟，願知真理。既見天主，乃知至高無上第一真理，因而全知本性自然所願知：一如上面（章五十九）的證明。求知慾，遂得因而滿足。

道德方面，人有理智，能以治理下級事物；有行動慾，因而專務德修，（齊家治國），治理民政，謀福社會。其主要目的，在使人的整個生活，秩序佈置，遵循理智。人能遵循理智而生活，乃是遵循道德而生活。道德行動的目的，是成全諸德各自固有的善功：例如實行勇德，在於作事剛強而英勇。修德之志，在於立功。根本尚在「遵理」。既見天主，理智能力，受神光照耀，強勇振作，達於極點，思言行動，全依理智，固守正道而不失離。治己治人的行動慾，乃可全部滿足。（理想的道德至善，是在天上，不是在人間）。

社會行動，需要社會福利。主要形式，在於市政國政。（社會福利，猶如政治工具，助人服務社會。人是社會動物，故有社會慾），願有光榮富貴：求名求利。許多人私慾無度，驕傲自負，野心高大：但愛人間的虛假光榮，不如上達光榮富貴的極峯：那裡是主宰萬物的天主：因神見而與之實體結合：一如前者（章五十一）所證明。足證享見天主，人的求榮心，得以滿足。為此聖保祿，（《致第茂德第一書》，章一，節十七，說：「天主是萬世的主宰」。凡得真福而與天主連合，《聖經》上都稱作：「治世的主宰」，或「群宰」。《啟示錄》，章二十，節六也說：「他們（得了真福），陪同基利斯督，主宰治理（宇宙萬物）」

為造福於市民生活，（從事於市政國政），人尚需要名譽的顯赫，貪求過度，謂之迷戀虛榮。真福享見天主，真實名譽，真實光榮：根據天主和眾真福的天神聖人：相互有真實至極的認識和敬愛：不似人間榮譽，自欺欺人，人心無恆，世態易變。真光榮，不在人評，而在神鑒。《聖經》上，極多處，稱「真福」為「真榮」，例如《聖詠》，（一四九，節五）說：眾神舞蹈，踴躍光榮」。

市民生活，需要財富：貪愛無度，多犯公義，並失大方。真福之境，萬善充足：享有天主至善，則兼含眾善之極至。《智慧篇》，（章七，節十一），因而說：「我既得真福（上智），萬善乃隨之俱來」。《聖詠》，（一一一，三）說：「光榮，俱滿其宅」。

人有第三願望：人獸種異而類同：食色，人之大慾。無節無度，謂之荒唐淫亂。真福至樂，遠勝食色。比較差別，可用複比例：人心智力，高於器官覺力；以此可知：人心智力之樂，高於器官覺力之樂。覺力，人獸類同。智力，人種獨異。智力之樂，獨人能享；其善愈大，其享愈深，其樂愈久：全勝於覺力所得一切。依同比例，其樂愈純：全無憂苦之攙雜，並無焦慮之困擾。《聖詠》，（三五，九）論真福說：「在爾豐富的家宅，他們要盛酌歡醉，爾要給他們暢飲爾福樂的激流」。

還有一個本性自然的願望，（不分有無生命）是萬物所共有，都要「本體安全」：竭力保存。人或貪安無度，而懦弱畏怯。畏難而苟安。畏勞而偷懶。真福萬安而永逸，全無危難足懼。故此，依散意亞先知，（四九，十），《啟示錄》，章二十一，（參考章七，節十六），兩處都說：「他們將來，再無飲食之憂，也無烈日嚴熱之患」。

綜合上述一切，可見有智力的各種實體，因見天主，而得真福，乃將本性願望，完全滿足而平息：萬善全備，萬福豐足，凡亞里斯多德，（《道德論》，卷十，章七），學說主張真福所需要一切，也無不應有盡有，（而尤過之）。是以鮑也西，（《哲學之慰》，卷三，文二），也說：「真福，絕境，萬善匯聚」。

但在現世，和此終極至善的真福，實相近似者，莫過於智修生活。靜觀深思，研究理論，修養心智，妙悟真理；人生幸福，現世所能者，以此為最高。因此，世間哲士，未能全知真福何在者，乃曾主張，人生的終極真福，在於竭盡今生之所能，專務智修生活：妙悟真理，欣賞真善。

為此，人生方式眾多，惟有智修生活，最受《聖經》推崇。路加福音，章十，節四二，記載吾主說：「瑪利亞選擇的那一分，聖善至極，切莫讓她失掉」。她選擇的那一分，（「是靜坐吾主腳邊，傾聽他的言談」：吾主是降生成人的天主真理。靜坐傾聽真理的言談，心中欣賞至善的神愛。真理如光。神愛如焚）。這就是智修生活的典型：（妙悟真理，欣賞神愛，與造物者為友）。

據實評價：智修生活，欣愛真理，胚芽於今生，成熟於來生；德修生活，專務行動；市民生活，專務政治：（兩者大同小異：同於兩者均與今生為終始：其生活範圍），超不過現世的界限。惟有智修生活，貫通今生和來生。（智修生活，也叫靜思生活：主靜，尚思，以求妙悟欣賞。回閱卷一，章九十四）。

主宰：上智生存的扶導

第六十四章　天主上智的照顧

總括以上共六十二章的討論，可謂充足證明了：天主是一切事物的目的。（「一切事物」，兼指宇宙內外的一切事物。「宇由以內」，有天主實際造生的事物之總體，泛指神形兩界，古往今來，四方上下、所有的一切。宇宙以外」，有天主心際所知的，無限多的純可能性的一切）。

從這已證的定理出發，更進一步，還能得到另一定理，就是：天主，用自己的上智（照顧），統領，治理宇宙萬物。

理證：不拘在什麼時候，如有某些因素，組成有秩序的行動，追求某一目的，這某些因素，就都遵從同道主要因素的佈置。試取軍隊為例，即可明見：軍隊的各部分，組成有秩序的系統，作出有秩序的行動，追求主帥所追求的最後目的，就是行軍的勝利：為此都遵從主帥的佈置。主帥是行軍勝利的主要因素。勝利，這一目的，主要屬於主帥。因此，統領全軍隊、這個任務，也屬於主帥。

科學技術裡，也有同樣現象。總科是主科，研究目的。分科是副科，研究工具。主科指導副科，給副科指示原理和法則。例如市政科，研究市民的治理，以市民的安全和福利為目的。軍事科，研究兵法，以行軍勝利為本科目的：遵從市政科的指導。依同理，逐科相從：騎兵科服從軍事科。軍事科服從市政科。

都是以分科服從總科，以副科服從主科：以工具和方法，服務目的。

依照以上各例標明的原理，既由（章七）證明，已知宇宙萬物，是許多因素，組成有秩序的系統和行動，追求天主的美善，以此為共有的最後目的；又知天主的美善，主要屬於天主，是祂本體、實有的、真知的，至愛的目的；則知必然的定理（結論），須是：天主是宇宙萬物的總指導。

還證：凡有誰，為得目的而作成某物，他就用此物，作為達到目的的工具。既由（卷二，章十五）前論，已知：宇宙間凡在任何方式下，實有生存的一切物體，都是天主作成的效果；又知天主作成萬物，都有目的，並且這個目的是祂的本體，（回閱卷一，章七十五）：從此可知：天主必運用萬物，指導它們，奔向目的。這卻正是統領宇宙萬物。足證：天主，用自己的上智，（照顧、指引），統領萬物。

加證：（卷一，章十三），已經證明了：天主是（至高無上，至先無前的），不被動的發動者。同時須知：上級發者，（在最低被動者以內），發生動作的實效，不小於（中間各級、所謂的）次級發動者；因為上級如不動，其下各級則無以被動而動。但按（章二）已證：凡萬物之動，都是為目的而動。可見：天主推動萬物，各向其目的。並且，天主推動，是用智力推動：上面（卷一，章八十一；卷二，章二十三數章），已經證明了天主動作，不用物性必然的迫力，而用神靈的智力和意力。這卻正是統領或治理的本質。所謂「用上智，（照顧指引），統領或治理」，不是別的，乃只是：「用智力，推動某些因素，追求目的」。從此可知：宇宙間，萬物被動而動，追求固有目的，或形體運動，或精神運動，都是由天主用智力統領和治理。（形體運動是用物質力量，根據物性的必然，發出動作，促成地方的移動，和各種物質的變化：例如火燒水流之類）。精神運動，是有意識的運動：意識裡，被所知對象的吸引，起而追慕：便是被動於精神力量，而發出的精神運動。（宇宙間，這各種運動，在最後，都是被動於第一發動者：天主；並受天主的統領和治理）。

又證：本性互不相同的許多單位，不合組秩序統一的體系，除非由某惟一的組織者，來將它們集合，而編組起來，並維繫它們團結的統一。宇宙間，萬物的本性，不但互不相同，而且各單位互相衝突；同時卻聯合組成了秩序統一的體系：萬物交相動作，有的以先啟後，有的以下承上，有的相需互助，有的服從督導。足證，必有一個組織者和統治者，締結宇宙的統一，維繫萬物間的秩序。這就是天主。（回閱卷一，章十三，及章四十二；並詳見下文）：

還證：自然界，物質的形體，雖然不認識目的，仍為達到目的而受變動，並發出動作：由於它們行動或變化的結果，每種物體，都有擇優去劣的現象：或常常如此，或大多數次，是如此：它們變化的方式和成果，無異於技術聰明的智巧。任何某些物類中的許多單位元，不認識目的，卻為固定目的而動作，並且依照固定的規律和秩序，達到目的；而說它們不是被動於某一認識目的之發動者；這是不可能的：例如飛箭，射中目的，不能不是被箭手瞄準射出的。

從此可見，自然界，萬物本性的一切動作，所呈現的秩序和規律，都是由某某發動者，用知識的聰明，計劃規定出來的。這樣的規定，或直接，或間接，最後必須歸根於天主：因為低級的技術和知識，是從高級，領取自己應遵守的原理和原則：試觀人間理論的，和實踐的各科知識，高下諸級，互有比例相同的情形：足以說明這個定理。

本此定理，推究到最後，結論必是：天主，用自己的上智，（照顧指引），統治全宇宙。

加證：依吾人仰觀之所見，天上諸形體的運行裡，許多現象，吾人只根據物性的必然，指點不出它們的理由來：因為它們有同類的本性，卻有互不相同的行動：不但數目不相同，而且形式，（條理，度量，效果），也不一律。可見，它們行動的秩序，不是出自它們的本性，而是受某某上智的規定和維持：因而，下級萬物的一切行動，既受它們的調動和節制，必定也受同一上智的調節。

又證：某物接近某原因，距離越小，則依反比例，受效越大。本此定律，如有某些物，依不同程度，距離某物越近，則受到更大的某某效能（之影響）；這就可以證明那某物是那某效能的原因。（這是《物理學》，測驗方法的一條定律）：例如某些物，按與火遠近，而有不同溫度，就足以徵驗：火是溫度的原因。

然則，觀察宇宙間，發現實有某些物類，距離天主越近，則其秩序更為完善：更相似天主：受到天更大的神效。分析實例：下級的形體，物質重濁，距離天主（神智）最遠：本性極少相似天主：因此有時不遵守其本性行動的常規，犯一些過失：例如生物界孕生的怪胎，及其他物類偶然發生的出規現象。這樣的情形，在某些高級的，天上形體裡，是總不發生的。但是天上形體，（雖然不生怪像），但仍能受到某些方式的變動：是神類實體所絕對沒有的：（因為神類實體：距離天主最近：常有生存和知識的光明現實：沒有時暗時明的變動）。從此看來，顯然可見：天主是萬物間一切秩序的原因。

添證：按上面方有的證明，天主給萬物，創造了生存，不由物性的必然，但因智力和意力（的決擇）。又按（卷一，章七十五）還有的證明，天主智力和意力的終極目的，不能是別的，而僅是天主本體的善良，就是將其善良美好的許多特點，在不同方式下，分施給萬物。然則，萬物分領天主的美善，是用仿效擬似的方式，根據它們本體是美善良好的。

同時須知：按大哲（《形上學》，卷十一，章十）的定論，受造萬物間的至大美善，是萬物總體，秩序的美善。《聖經》裡也有些話，聲氣相同：《創世紀》，章一，（節三一）說：「天主看見了祂所作成的一切；都是美好至極的」。在同章，數行以前，天主分論各類事物，只簡單說「它們是美好的」；這裡論到萬物總體，卻加重說：「美好至極」。可見，萬物總體秩序的美好，是天主智力和意力造生萬物時，所有的首要功作。然則「治理某些事物」，本質全在於「給那某些事物，規定秩序，督促其實行」。足證：天主是用自己的智力和意力治理萬物。

加證：每一作者，追求某某目的，對於和最後目的更接近的事物，便更加留神照管：因為它們是其他的目的，然則，天主意力的最後目的，是愛慕自己的本體美善。和祂的本體美善，距離較近的其他美善，莫過於萬物總體間、秩序的美善：因為總體以內各部分的美善，都附屬於它，並以它為目的：依照小善大善的比例。本此同樣理由，部分是為成全整體。可見：在其所造的萬物間，天主最關懷照管的事，是萬物總體間的秩序。所以祂是它的統治者。

又證：每個受造的物體，得到自己的終極目的，是用自己本有的動作：因為終極目的乃是終極的美善，它的本質或是動作，或是動作而生的效果。這是必然的。物體生存所依憑的（內在）性理，卻是所謂的「第一美善」，猶言「美善的根基」。動作是「第二美善」：是第一美善的效果和目的：「美善根基生出的美善果實」。「美善」是生存潛能的實現，達到盈極無缺的程度。「性理」，因此，也叫作「第一現實，或第一盈極」。動作卻是「第二現實，和第二盈極」。參考大哲《靈魂論》，卷二，（章一）。

然則，受造萬物，本性分類分種，並分生存品級，所呈現的秩序，按卷二，（章四十五）已有的證明，發源於天主的上智。（動作的秩序或規則，卻發源於物性）。故此，萬物動作的秩序，也是發源於天主；萬物遵守秩序，發出動作，實現，或進向終極目的。用規矩或秩序，引導某些事物的動作達到目的，這乃是治理那些事物。足證：天主用自己上智的照顧指引，給萬物充任統領和治理的事務。

本此理由，《聖經》宣稱天主為主宰和君主；專為指示引導治理，或照顧的意義，（不指示與物為敵的強權）。《聖詠》，（九九，二）：「天主本體，乃是主宰」。（四六，八），也說：「天主是整個地球（世界）及各方的君王」。君王和主宰的任務，是統治並治理自己職權有責任照顧的各級人員。

本著相同的理由，《聖經》記載，也說萬物的行動，遵循天主命令的軌道。《若伯傳》，章九，節七：「祂命令日沒，日就聽命不出。祂封鎖星星的（帳門）；它們就緊閉不開」。《聖詠》，（一四八，六），也說：「祂出了命令，不得不行」。

駁謬：用這樣的定理，可以破出古代《物理學》家的錯誤：他們曾主張，一切事物，都是生於物質的必然。這樣的主張必生出不適宜的結論：就是一切事物，乃是生於偶然，而不是生於某某上智規定的秩序。（統治，或治理，有維繫統一，轄制各部，使各得其所，而不分散或零亂的意思。物體能維持統一和秩序，便可保持本體生存的安全。

第六十五章　天主上智的助佑

由上面已證的「天主用自己的上智，治理萬物」，這一條定理，進一步，就可推出另一結論，就是：「天主保存萬物」：確義是說：「天主助佑萬物，各自保持自己的生存」。——（換言釋之：萬物，各以貪生厭死的本性，保持自己的生存；其成功，卻不能不賴天主的扶助。萬物生存的開始及持續，不是依賴己力，而應仰賴天主的全能。為認清這個結論的實義，尚須留神「萬物」和「生存」的名理。「萬物」指「宇宙間有生命和無生命的，及有形和無形的各類物體」：其中不包括天主。天主造生宇宙萬物，故此高於宇宙萬物：不是宇宙萬物間的一分子。「物自己造生自己」，等於說「物在未出生以前，已有能力發出動作，創作自己」：是「因果相混」，並是「有無相混」，故是不可能的。物是效果，則不能沒有原因。物是最高原因，則不能是效果。宇由萬物，都是效果。天主不是效果：故此，天主不是宇宙以內，萬物中的一物。說到這裡，就須理會，「天主造生宇宙萬物」是給萬物分施「生」字所指的「生存」。在這樣的意義之下，「生存」，「生活」，和「存在」，三個名辭，意義的範圍，互不相同。「生存」，廣於「生活」：神形兩界。有生活，和無生活的萬物都有生存。同時「生存」的意義，深於浮淺而靜止的「存在」。物因有天主賞賜的生存，而存在於宇宙間。「生存」建立物之本體。存在卻是物本體因有生存而向宇宙或其他境界發生的關係，及此關係的維持。可見，依純粹的名理，生存是本體內在的絕對現實。存在是本體對外在境界關係的現實：兩個名辭，都指物本體之現實：分別在於一指內在的絕對現實，一指向外的相對關係。一個物的本體生存，能存在於不同的境界：如此想來，依理而論，物先有生存，能存在於不同的境界：如此想來，依理而論，物先有生存，而後有存在。天主造生萬物，給每物授與生存，從每物內部的根柢，建立其本體。天主是萬物的第一個原因：不但創造其生存，引導其行動，維持其秩序；而且也維持其生存。萬物生存的開始，是受天主造生。萬物每個的生存之持續，也是受天主的維繫。為證明這個結論是一條定理，除請回憶卷一，章一，註五；章十三；卷二，章六至三十八以外；尚有一些特殊的理由，列在下面，也供明白察辨）：

理證：治理某些物體，既是引導它們達到生存的目的，則其任務是供應它們為達到目的所需要的一切。然則，萬物受天主引導，追求天主意旨所指向的目的，即是追求天主本體的美善；為達到這樣的目的，它們必需依憑的條件：不但是有動作，而且（更是）有生存：因為，按上面（章十九）的證明，萬物在自身以內，承載著自己的目的、天主美善的肖像，全是根據它們本體實有的生存。足見、天主上智照顧萬物，其任務及實效之一，乃是維持萬物的生存。

又證：物體之生存，和物體之保存，兩事共有相同的一個原因：這是必然的：因為物體之保存，無非是物體生存的持續。然則，上面（卷二，章二十三及以下數章）證明了：是天主用自己的智力和意力，造生了萬物，故是萬物生存的原因。足見：用智力和意力，保持萬物生存，也是天主。

又證：用同名同指的單純語法，（不加任何限制），絕對的說：「此某人是人生存的原因」：（等於說：「此某人是人類全體生存的原因」）：這是不可能的：因為從那句話必生出的結論是：「此某人也是他自己生存的原因」：（也就是說：「他既是每個人的父，故此，他也是他自己的父：他自己生育了自己」。這是「因果相混」，也是「有無相混」：故是邏輯的荒謬）。

反之，針對本體的實況，加上條件的限制，指定說：「此某人是彼某人生存的原因」，（等於說：「此某人是彼某人的父親」）：當然就沒有荒謬的成分了：（例如：此某人——秦始皇，確實是彼某人——阿斗的父親）。

然請理會：此某人所以然是此某一人的理由，是由於「人性」所指的「人類公有的性體」，現實生存於在這一塊（骨肉的）物質裡：塊然具體指定的物質，是事物個體化的因素。如此看來，足見，此某人是彼某人生存的原因，（作他的父親），無非由於他是「人的性理出生於此某一塊物質內」的原因。他作到了這一點，便是他作了此某人出生的原因。

從以上的分析，可以得出一條顯明的公律：凡在同名同指的種名範圍以內，此某個體，只能作彼某個體生存的原因。人種如此。萬類各種，凡自然界之所有，也無不如此。（反過去說：在名理單純的絕對意義下，任何種名所指的種，其全體共有的本性及生存，不能不有的原因，不得是本種以內的任何某一個體）。

然則，任何物類的一種，（既然是「類中的一種」，便自證是一效果，故不能沒有原因。例如）：人是動物類中的一種，故此是一效果：這是必然的：可明證於其本體成分的組合，及其各部分間的秩序：在一切實例上，除非偶然受到外間的阻礙，常守一律的方式。（本體成分有兩個：一是類名所指的類公性：

「動物性」；一是種別名所指的「種別因素」：「理智」：兩者合構種名所指的本體：人是理智動物。這個定義說出了人，種名所指的本體。既有這樣的組合，必是某原因作成的效果，回閱卷一，十三及十八數章：物有物質及性理之組合，便自證都是效果。本體內中的各部分：器官，能力，等等。各自的組織，及互有的關係；加上全種群體內，各單位的構造，才能，和交互的關係；都呈現本性一致的常則：便也自證都是效果。既是效果，則不能沒有原因。其原因，不在其本種以內，故必在本種以外）。這是必然的定理；也是萬類各種物體，共守的一條公律：不只限於動物之類中的人這一種。然則，自然界、各類各種的外在原因，或直接，或間接，乃是天主：因為（卷一，章十三；卷二，章十五）已經證明了：天主是宇宙萬物的第一原因，（祂用自己的全能，造生了各類各種實有物的本體）。

如此比較觀察，又可見到：在深觸本體生存的因果關係上，萬類公有的原因，對於每類以內的各種；和各種以內的此某個體（原因）對於彼某個體（效果）；上下兩對，互有平行相同的比例。這也是一個必然的定理。（換言解釋之：「這某人生那某人，是那某人本體生存的原因」：依同比例，「天主生人，（絕對說普遍、大公、不限於任何某一個體的人），也是人本體生存的原因」：猶言：此一人，生彼一人；天主生（公）人；又例如：此火生彼火，天主生（公）火：一至私，一至公，但比例相同：私原因是私效果本體生存的原因。公原因是公效果本體生存的原因。相同之點，在於深觸本體生存。又例如：此暖生彼暖，太陽生公暖：都是範圍有公私之別，程度卻與本體之生存有比例相同的深）。

同時，尚須注意：（在深觸本體生存的因果關係上），原因一停止生效，效果也隨著停止生效。原因的動作，完全停止，則效果停止生存。（猶如火煮水熱，火熄則水變涼）。

依同樣的比例，貫通全論，可知：假設天主（發出動作，造生萬物）一旦停止動作；宇宙間，萬類各種，必隨著停止生存。事實上，萬物尚未銷盡；足證：天主（造生萬物而發出）的動作，尚未停息：這就是說：「天主尚在保存萬物」；即是維持萬物（種名所指的）本體生存。（「用智力和意力維持某某物體之生存」，叫作「用上智照顧那某某物體」。然而，公私原因的實效，比例相同，實質互異，尚須明辨，仍證原論。詳見下段）：

還證：某某物體，既因本體生存而存在，便能發出行動：然而它的行動，不是它的本體生存：乃是添加在生存以外的一個附性之現實。物質界的形體，除非發出行動，不會產生任何效果，而作其原因：按亞里斯多德，（《物理學》，卷七，章二），形體不用行動，則無一能生產工作的實效。（用上面方才用了的「因果關係，平行比例」論證法），足見：形體原因，既然因行動而生效，其效果就也是因受效而生行動：前進而得到新生存：這就是因受變動而成為某一新物。這樣精確說來：形體產生效果，不是產生新物的本體生存，而僅是產生物質或主體的變動，給主體打開生存的門路：不是給它創造本體絕對的生存。

任何（受種類限制的）某一物體之生存，都是某某主體領受了一部分生存的秉賦：不是自己的本體：按上面（卷一，章二十二，卷二，章十五）已證的定理，只有天主的本體是生存。天主以外，沒有任何物之本體，純是生存：反之，都是「生存與主體之合」。

那麼，（依照相同的比例，用「因果相稱」的論證法），足見：天主的本體，既是本體生存，（祂造生萬物），用本體產生的第一實效，就是給每物，造成其本體生存：猶如依同比例，物質形體的變動，是產生物質形體的變動。用形體在變動上互有的因果關係，作比例，可以推證出「天主對萬物、在本體生存上，所發生的因果關係」：（效果的實質，雖然有「生存」與「變動」之相異；因果關係，卻有方式的相同）。既知：形體變動裡，發動者停動，則被動者不能不停動：則知：在本體生存上，分施生存者停止分施生存，則領受生存者，不能不停止領受生存。生存的源流斷絕，物體則不能維持生存的命脈。萬物現實的生存，所以，不能不是依賴天主「造生不息」的動作。

加證：人工的產品，以自然界的產品，為先備的基礎：依同樣的比例，自然界的產品，以天主造生的產品，為先備的基礎：因為人工產品所用的物質（資料），是生於自然界。自然界萬物的本體，卻是生於天主的造成。既然人工產品的保存，依賴自然物質的實力：例如房屋的保存，有賴於石料的堅固。足證，自然界萬物本體生存的持續，也是依賴天主的實力。（證明力在於「以下例上」的比較法）。

又證：作者動作停止，它的實效如不變成效果的本性，則不在效果中久留。新生物體的性理，和（由性理生出的）特性，在物體既生成以後，終身常留，因為它們變成了物體本性之所固有。同樣，修練培養而成的習性或才能，也不易更改，因為變成了本性的固定部分：有些由作者動作在有生物或無生物的實體內，產生的新情況，或新變動，在變化生成的中途上，方在進展，尚未變成固定性情，故此暫留即消，不長久停留。上級某類本性之所固有，因上級動作，而出現於下級，在上級動作停止以後，便隨著立時消盡：完全不會久留：例如導光體因受太陽光照而發的光，在太陽光明停止光照時，便完全消失。

然而，「生存」不是任何受造物的本性或本體；但只是天主的本體；詳證於卷一（章二十二）。足證，天主停止動作，受造物的生存，（便如燈熄光滅），又留片刻。

添證：關於萬物的出生，有兩個主張：一是信德道理，（根據《聖經》），主張萬物，（在時間內，先無而後有），是由天主，在某時，新開始造生出來的；二是某些人，根據哲學的理論，主張萬物生生的長流，從無始之始，發源於天主，沒有新開始的那最初一刻。（參考卷二，章三十一）。然而這兩個主張，一致肯定：天主保存萬物：

因為，假設，依第一主張，萬物，原先沒有生存，然後受天主造生，而開始生存，萬物生存的有無，必然遵從天主的意旨：就是：天主願意時，就允許萬物不生存；又既然願意了，就造生它們。它們生存的時期，所以也就是天主願意它們生存的時期。足證：天主用自己的意志，保持萬物的生存。

反之，假設依某些哲學家的主張，萬物發源於天主，生生不息的長流是永遠的，各類物體，傳流本種的生存，無者永無，有者永有。各類永有的生存，仍是仰賴天主動作的維持。

本此定理，聖保祿，《致希伯來人書》，章一，節三曾說：「天主用自己全能的聖言，承載萬物，（扶持它們）」。聖奧斯定，《創世紀》字解，卷四，章十二，也說：「造物者的能力，也就是造生萬物，和保持萬物的能力，是受造萬物，實際存在的原因。萬物都仰賴天主的管束和轄制，而維持本體的（統一和）生存。天主如果一旦停止扶持，萬物各種的生存，便同時停止傳流：自然界各種物類的性體，全歸殂落。工程師建築樓台，在工程師或遠定他鄉或與世長辭，或竣工而休息，樓台尚能自立；然而宇宙卻不能和人造的樓台相比。假設天主撤手，停止管轄，宇宙將不得稍存於眼睛一閃之久」。

用這個定理，可以破除「毛祿（回教）經典論證派」某些人的錯誤。（按馬義孟，Maïmonides，《指迷解惑》，卷一，章七十三，記載）：他們為證明宇宙需要天主來保存，曾主張，萬物各式各樣的性理，都是附性，（不是自立的實體），附性方生即逝，無力留於兩閃之間：附性的現實是萬象永常的生成；彷佛是萬物只是在附性變化歷程的長流上，需要天主不停維持：不是依賴天主維持「實體生存」，或「附性變化長流」以外的任何現實。

還有些人，主張萬類實體是不可分的極小形體，合構而成的。惟有這些極小的形體，有堅強的實力，脫離了天主的掌管，能自立存在若干時期。這是古代「原子論」的錯誤。

又有些人主張，物體（被造生以後），自立生存，除非天主使它們遭受滅亡的不幸，它們自己不停止生存；（也不需要天主維持）。

這些人的意見，顯然都是荒謬的。

第六十六章　萬物動作的憑藉

從此看來，乃可明見：下級萬物，發出動作，施給生存，無非仰藉天主的實力。

理證：無物施給生存，除非自己現實有充足的生存。然則，按前章方有的證明，萬物現實生存的保持，是仰賴天主上智的照顧和維繫。足證：任何物體，施給生存，無不仰藉天主的實力。

加證：每遇某些因素，聯合動作，共同遵從一個首領的引導；它們共同產生一個實效，必定是由於它們團結如一體，各自在某些部分，領取首領配給的實力，參加首領發出的行動：因為許多因素，不共作一件事情，除非在相當限度內，配合起來，組成一個行動的單位。例如眾多的人馬，組成一個軍隊，打一個勝仗；這個勝利，是全體合力完成的一個實效，由於大眾共同遵從主將的領導。全軍隊的勝利，是主將領導，自己本有英明的功績。每個士卒，都仰賴主將領導的實力，而作出了勝利的貢獻。

然則，卷一，（章十三），證明了：天主是第一動作者：（猶言是宇宙萬動的至高首領）。

那麼，既然「生存」、是萬物動作，共有的效果：因為每物的動作，是作成（萬物共有的）生存之現實和盈極（完善）：故此、它們共同產生這一個效果，必須是由於它們遵從至高首領（天主）的引導，並用天主配給的實力，執行（分位內的）動作。

添證：在許多因素、發出動作，組織有秩序的系統以內，上級領導下級，配合動作起來，計劃中的第一項，（指定目標和方針），和演變生成的第末項，（工作結束，計劃完成的成品），合是一物），乃是至高首領本有的效果：例如房屋的建築完成，具備應有的「性理」，是工程師本有的效果，先由他計劃好，然後因下級工匠，配製土木磚石等建築資料，把房屋建築起來。建築的完成，實現理性，是在最後。然而，（絕對說來），在任何物的每一動作內，計劃的第一項，和演變生成的第末項，乃是（萬物共有的）生存的現實盈極：這是動作的最後目的：因為，得到了它，施動者的一切施為，和受動者的一切領受，各方的一切行動，便告停止。

從此可見：生存的現實盈極，是第一作者，天主本有的效果：並且萬物動作，施給生存，所有成功，都是在相當限度內，仰藉天主的實力。

加證：第二作者所能作成的一切實效當中，美好和善良的極峰，是它發揮第一作者（配合）的實力而完成的：因為第二作者，實力作到的成功，是來自第一作者。在宇宙萬物動作，所能作出的一切實效當中，完善至極的那一個乃是「生存」：因為任何物體，本性或性理，發展到完善齊全的程度，都是賴有生存的現實；並且本性或性理，對於生存的現實，有潛能虧虛對於現實盈極，所有的那樣關係。足證：生存是各級第二作者仰藉第一作者的實力而作出的實效。

又證：在有秩序的系統裡，各類品級的高下，是因果相對的，第一效果屬於第一作者。然而宇宙間，萬類效果中的第一個，是生存，因為其下一切效果，都是一些生存的限定。足見，生存是第一作者本有的效果；其他一切卻是第二作者的效果：各類各種的第二作者，都是各按分位，仰賴第一作者的實力，執行某些動作，彷彿是分類第一作者的動作，將它輸送到某一角落，在那裡，完成界限固定的任務，並且它們本有的效果，也是生存的限定。

另證：在任何物類中，因本體而是其物者，是因秉賦而是其物者的原因。例如在熱類中，火，因其本體，而是熱的：故是其他一切物體發熱的原因。其他一切物體，因受火燒而發熱，乃是從火的本體，領取了熱度的一部分。然而在生存之類中，惟有天主，因其本體，而是生存。其他一切物體，都是因秉賦而有生存：因為，惟獨在天主以內，生存是祂自己的本體。任何宇宙間現有每物之生存，都是天主本有的效果：因此，每物如產生另某物，給它分施生存，都是在相當限度內，仰藉天主的實力，發出動作而完成的。

經證：本此定理，（《古經》），《智慧篇》，章一，節十四說：「天主造生了萬物」：造生的效果，是給萬物分施生存。《聖經》裡許多處說：天主作成了萬物。（以「作成」訓釋「造生」，明示「生」字所指的「生存」，有「成就」的意思：廣於生活，深於存在）。

（泡克路著），原因論，（命題第二二），也說：連有神智的實體，（例如各級天神），也不施給生存（的恩惠），除非在適當限度內，仰藉天主的神力，發出實際的動作。

第六十七章 萬物動作的原因

從此可見：天主也是萬物動作的原因

理證：每個物體動作，都在某某方式下，是生存的原因：或作成實體生存，或作成附性生存。然則，按(前)方有的證明，物作生存的原因，無一不是在某些限度內，仰藉天主的實力，發出某某動作。足證：每物動作，是仰藉天主實力。

添證：任何某一能力，發出的一切動作，所收到的成效，都歸功於那個能力的賦給者：以賦給者為原因。例如自然界，物體因輕重而移動，是發於它們本體具有的性理，因有輕重的性理而有輕升重沉的移動。因此，它們的生成者，給它們賦給了那樣的性理，也就被人肯定是它們移動的原因。然則，任何一個物體，現有的一切動作能力，都是來自天主，以天主為第一原因。天主是一切美善的第一原因。既然，凡是動作，都是能力的功效，足證也都是以天主為原因。

加證：顯然，凡因某物動作停止生效，而不能自力久存的一切動作，都是來自那某物的動作實效：例如太陽停止光照，則顏色不顯。又例如被外力強迫而動者，必隨外力停止強迫，而停止。然而，天主不但在萬物始生之時，給每物施給生存，而且在每物生存期間，也是每物生存的原因：就是保持每物的生存：

詳證如前（章六十五）：故此，依同比例，天主也不但在初造萬物之時，給它們賦與動作的能力，而且常常是它們有能力動作的原因。由於此，天主一停止給某物灌輸實力，它的一切動作，便也停止。足證，每個物體的一切動作，歸根結柢，都是以天王為最高最深的）原因。

又證：不拘那一個物體，運用動作能力，作出某某動作，它便被人肯定是那某某動作的原因。例如藝術家，運用自然界物體的能力，作出某某動作，他便被肯定是那個動作的原因：廚師烹飪，運用火力。然而自然力的運用，常以天主為主要原因。因為，運用動作能力，需要有形體或靈魂的運動或變化。神形兩界的運動或變化，都是以天主為首要原因。按卷一（章十三）證明的定理，天主是完全不被動的第一發動者。同樣，意力的一切行動，追尋原因，也發現天主（本體至善），是第一可欲的對象，並是意力的第一主體：是一切受造意力，及其行動的原因。足證，天主是發動一切動作的首要原因。

添證：在動作的許多因素，排成有秩序的系統裡，後因的動作，常跟隨前因的動作：這是必然的：例如：自然界，下級形體動作，跟隨天上諸形體的動作，仰藉天上諸形體散佈的能力；又例如藝術界，用意力的自由，創造藝術品，下級各部門的藝術家，遵行總技師的調動，展開工作。在萬物各級動作的系統裡，按（卷一，章十三）已有的證明，天主是最高的第一原因。故此，一切下級原因，發出動作，都是因祂的能力。動作的原因，與其說是動作的執行者，毋寧說是動作能力的供給者，更合道理。所以為完成任何物體之任何某一動作，首先而重要的原因，是天主。其下各級原因，不如天主重要，它們叫作第二原因，都跟隨在第一原因的後面，非因第一原因發給實力，不會完成動作。

又證：每個物體因執行動作，乃受上級指導，向著最後目的進步：那最後目的，或是那個動作自身，或是那個動作的成品：就是動作的效果。然而，改上面（章六十四）已證的定理，領導萬物，追求目的，是天主自己的工作。故此、必須說：每個物體，都是因天主的能力，而發出所發的動作。所以，宇宙萬物動作的原因，是天主。

經證：本此定理，《依撒意亞先知》，章二十六，節十二，說：「天主，我們的一切功作。都是你在我們以內，所作成的」。《若望福音》，章十五，節五：記載（吾主說）：「沒有我，你們什麼也做不成」。聖保祿，至裴俚伯人書，章二，節十三，也說：「我們中間，行動的意願和成功，都是天主為了意志的仁善而行成的」。

《聖經》上，並且為此理由，屢次將自然界，萬物本性動作的效果，歸功於天主自己的動作：就是因為天主是在每個物體以內，實作每物或因本性的自然，或因意志的採擇，所作的動作：例如《若伯傳》，章十，節十至十一：「我如同乳汁滴流，豈不是受了禰的揉擠，我如同乳餅凝固，豈不也是受了禰的凝結，禰裝備給我了皮膚和肌肉，禰給我締造了骨骸筋與脈絡」。《聖詠》、（拾柒，十四）也說：「上主從天上震起轟轟的雷響；至上（的天主），發出了高大聲音：狂烈的風雹，火炭的爆炸」。（都是把自然界的現象，說成了天主自己的動作：因為天主是自然界物體動作的原因）。

第六十八章　天主無所不在

從此轉進，可見：天主無所不在：既在各處，又在每物。

理證：按大哲《物理學》，卷七，（章二），證實的定理，發動者和被動者，必須同時並在，（為能作出動的現實）。然而，按（前章）方證的定理，天主是萬物動作的主動者。足證：祂是在萬物以內。（猶如火在所燒的物體以內）。

又證：凡是一物，或是某處，或在任何某物以內，都在某一方式下，和所在範圍發生實體的接觸：因為，有物質的形體是用體積的四周，接觸所在的空間；無形質的事物，沒有體積，故說是用動作的效力，接觸所在的某某範圍，如此比較，可知：無形能力在於所接觸的某範圍，和有形體積在於所接觸的範圍，在廣狹的度量上，有相同的比例：大能力佔領大範圍，猶如依相同比例，大體積也佔領大範圍。假設某某形體，有無限大的體積，必定要佔領無限大的範圍：就是徧在各處。依同理，如果某一無形質的事物，有無限大的能力，也必定要佔領無限空間所能有的各處。然則卷一（章四十三），天主的能力是無限大的。足證：天主無所不在：處處都在。

添證：如同特殊原因對於特殊效果，有什麼關係，如此，普遍原因對於普遍效果，也有比例相同的關係。然則特殊原因對於特殊效果的關係，是因果同在一處：例如火因本體在某物以內而燒熱某物；又例如靈魂也是以自己的本體寓存於某身體以內，給那身體供給生命。既然天主是生存界全個範圍的普遍原因，詳證於卷二，（章十五），故此，又拘在什麼以內，有生存的發現，那裡必定就有天主同在現前。——（「生存」界的全個範圍，不加限制，絕對來說，等於「實有物的全個範圍」，連天主也包括在內：大於「宇宙萬物」的範圍；但如加以限制，單說「天主所造的生存界之範圍」，不包括天主，便等於宇宙萬物的範圍。說天主無所不在，是說天主徧在無限制的生存界之全個範圍：充滿宇宙內外的實有界。在這個無限的意義之下：「生存」的名理，深於「實有」：實有界、實有某物，是由於那某物有生存的現實。「實有」是「實際存在」。某物本體以內，先有生存，始能成為一個物體，而「實際存在於實有界」。顯然「生存」二字，意義廣於「有生物的「生活」」）。

加證：假設任何一個動作的因素，不是徧在多處，而現實只存在於許多效果中的一個，它動作的實效，如不經過那一個效果的媒介，便流傳不到其餘的那許多效果中去：因為主體施動和客體受動之時，兩體必須同在一處：為能發生動作施受的關係：例如動物如不經過心臟的媒介，則不能施展動力，運動四肢。

依同理，今如假設，天主只現實存在於許多效果中的一個，假設這一個效果，是第一被動的（最高天界）；它直接被動於天主；從此隨之而生的結果則是：祂動作的實效，如不經過那第一被動者的媒介，就不能流佈到其他任何物體。這卻是不適宜的。因為，在那個條件之下，媒介的能力，應當符合作者全部能力的需要，將它的實效，傳達到它所能作出的一切效果：否則，不敷合作者的使用：例如試觀動物全身各部分的運動，可見它們都是用心臟可以滿盡的任務。

然則，沒有任何一個受造的物體，作媒介，能夠滿盡天主的能力所能作到的一切任務：因為按卷一（章四十三）的證明，天主的能力，超越受造物，無限倍。從此可見，說天主動作的實效普及到一切效果，必須經過第一個效果的媒介和轉達，是不適宜的。理由就主要是在這裡。（用反證法，反回去，即得結論）：故此，天主現實不但存在於一個效果中，而是存在於一切效果中。

用相同的理由，足以證明，也不可說，天主現實只存在於數個效果中，然後用這數個作媒介，將動作的效用，轉達於其餘的效果，因為不拘採用多少受造的效果作媒介，仍不是以完全執行天主能力無限的動作。

另證：動作的因素，和自己切近而直接的效果，必須同在一起。然則，任何（受造的）物體，在本體以內，都有某某成分，是天主切近而直接的效果：因為，卷二（章二十一）已證明了，惟獨天主有造生的能力。同時須知：任何物體，出生在宇宙間，就在本體以內，有某某成分是天主造生而始能實有的：例如形體界有「第一物質」；神體界，有單純的性體。（神體是單純性理，無物質而有自立生存的實體。在物質界，性體是性理與物質之合；而實體卻是性體與自立生存之合。在神界，性體是無物質的單純性理；其實體，仍是性體與自立生存之合：這卻等於說是性理與自立生存之合：因為在神界，性體只是單純的性理，例如「智性」是智神；「勇性」是「力神」或「戰神」等等。回閱卷二，九十一—九十七諸章）。

從卷二，十五及以下數章，已證實了的那些定理，可以明見，第一物質和純神的各種實體，是天王直接造生的。如此，貫通全論，可以斷定：天主同時徧在於一切物體之內：最突出的理由，也是因為，按（章六十五）方有的證明，天主常常保持祂從無中造生的宇宙萬物，無一時間斷。

經證：本此定理，《依耶肋米亞先知》，章二十三，節四，（天主自己）說：「我充塞天地」。《聖詠》，章一三八，節八：（達味詠唱）說：「縱使我升到天上，也有爾在那裡。縱使我降入地下，爾也在那裡」。（極言天上地下，天主處處都在）。

駁證：根據這個定理，可以破除某些人的錯誤。他們主張：天主居住在宇宙間某某疆界固定的一個角落；例如設想祂住在（至高的）第一層天上，（天堂的物質意義，依照希臘神話，指示「奧林山」頂上的「萬神天宮」：漸漸由民俗傳訛，轉指「光明至極的最上層天」：就變成了「天堂」的別名：「奧林柏斯」。「奧林比亞」這一名辭，是從同一字源，轉變而來，往往指示「世界運動（競賽）會」。古代有些哲學家，也曾主張天主是在最亮的那層天上居住，作宇宙萬物的主宰）；或例如設想天主住在「東方」：天體運行開始的起點，（依古人的想像），是天主的宮殿；（彷彿太陽是從東方的「洞房」中，出來，週行天際；夜晚又回到那裡去。參考《聖詠》，章十八，節六）。

以上那些人的論調是人間慣用的「說法」，只要加以正確的解釋，仍能保留；用那樣的話，象徵天主發動，運動宇宙萬物；依照物理自然的秩序，形體界一切運動和變化的總體，是以宇宙間某一疆界固定的部分，作起點和元始：（猶如靈魂運動身體百肢，是以心臟為起點和元始。元始相似元首，盡主持和領導的職務）。為此、《聖經》上也用特別明確的言語，說天主是住在天上：例如《依撒意亞先知》，章六十六，節一，記載（天主自己）說：「天是我的寶座」。《聖詠》，一一三，也說：「天上的（最高）天，屬於天主，云云」。但為避免錯誤，吾人不可用那些話，指示天主住在宇宙間疆界封鎖起來的某某角落或宮殿裡。

實際上，天主的存在，不只限於天上形體，而且也直接普及到低下而微小至極的各類物體中；這一點，可明顯證實：由於在低微行體裡，也發生一些事件，出乎本性自然的規律以外，（既非下級形體自力所能作到），也非任何天上形體，所能完成的：只得是天主直接作出的。那裡既有天主直接的動作，明證那裡就也有天主存在。

注意一：不可認為天主處處都在，是天主實體鋪展到各地各處的空間；像體積一般，用本體的一部分佔領空間的一部分。反之，天主實體的全整，無所不在，處處都在；不但是以全體偏在實有界的全體，而且也是以全體，現實存在於實有界的每一部分：因為天主的本體，是完全單純的，沒有物質的體積，也沒有任何可以劃分的許多部分。

注意二：天主本體的單純不可分，也不是像似（幾何學裡所談的）線長終止處，細微不可分的「點」：因為這樣的「點」，（依其抽象名理，沒有長寬高厚，只是數理的純理之假設，不會實際獨立存在於宇宙間；如果把它僅作具體實有的點，它則），仍是物質的極微小點，在體積可佔的長線上，佔領一個固定的位置：因此，一個點，只能佔在空間微小至極而不可再分小的某某固定的一個處所，不復能偏在各處。天主、純神本體的單純不可分，是完全超越物質界體積可分之總類以外的：因此，祂的本體生存，全不必需，像物質體積一樣，佔領疆界固定，大小適體的某某地方或空間：理由也是因為在宇宙未造以前，沒有空間或地方，天主從無始之始，永遠卻已有生存。祂的生存，依其本體，不需要站在任何空間或時間以內。（回閱卷一，章六十六；卷二，章五十六）。

避免了上述的誤解，便須理會到，如說：天主的全體偏在各處，這句話的意思只是說：天主單純的能力，普及到宇宙萬物的每一個以內：因為按上面（本章：「添證：如同……」），方有的說明，天主是整個生存界，每物生存的大公原因：能力無限，至一至公，直接達到各處實有的每個物體。

注意三：且莫想，天主徧在萬物，是和每物，發生實體混合：（或像物質因素的化合，或像麥黍混亂的攙雜；更不像物質與性理的結合）：因為天主本體生存獨立，不是任何物體的一部分：既不是物質部分，又不是性理部分。

歸結到最後，只可以說：天主徧在萬物的方式，是施動因素徧在其萬效的方式：（猶如一個火的熱力，徧在燒熱了的許多物體以內：又如一個月亮，徧印萬川的月影：映照在萬萬處的水光中：以全體照映在每一處的水中：萬處水中有萬個全整的明月：共是天上的一個明月，光臨現前。參考卷一，章二十七；本卷，章五十七：天主在於萬物，猶如一因在於萬效。依因果關係而論：有果必有因，因果同相在。果中必可見因。由因可以推果。因果關係，直接密切：原因品級越高，能力越大，則密切愈深。天主能力無限，故和所造每物，上下各級，密切無限。由於果關係出發，便能推斷出天主無所不在的真義：免陷錯誤）。

第六十九章　物體動作與天主

從以上這個定理出發，有些人轉向下坡，陷入了岐途：誤想自然界，受造的物體，現前產生許多效果，不是它們有了什麼動作，卻全是天主在它們面前，發出了應有的動作：例如火將某物燒熱，不是火發出燒熱的動作，而是火現臨面前，天主乃將那裡的物體燒熱。同樣，自然界一切動力的效用，是天主的直接動作。這是他們錯誤的想法。（參考亞維羅，《形上學》註解，卷九，註解七；卷十二，註解一八）。

對方的理論

為亟力確證自己的主張，對方提出了許多理由，企圖證明，自然界，或實體變化，或附性變化，都無非是天主直接的造化。

理證：實體變化的效果，是在某物質以內，產生實體新成應具備的性理。附性變化，依同比例，是在某主體以內，產生附性情況應具備的性理。然而凡是性理，不分實體的，或附性的，都不能從物質中生產出來：因為它們在自己的構造中，沒有物質成分；（物質不是性理，也不含性理的根苗，故此不會是性理的來源）。從此可見，它們現實的出生，必是從純虛無之中被引提而生出的：從無中被提引到實有界：正是「實有物某某被造生」的定義。又因卷二（章二十一）證明了：惟獨天主有造生的動作。由此看來，結論顯似應是：惟獨天主造生自然界實體和附性的一切變化，及因變化而生成的一切性理。（性理是性體生成時必需具備的理：決定性體的種別，能力，性情，形狀，和行動。在物質界，性理，可以說等於「性情和條理」的簡稱：性理合物質，而構成性體。俗話說：性體天生，或天性，天理等等，就容易引人誤想，凡是性理，都是天主直接造生的）。

又證：凡某物有某性，非因本體，必因秉賦。某物因秉賦而有的某性，是從另某物分取流傳而來。（如此上推，最後的某物必因本體而有此某性，並且因之而是其他眾物秉賦此性的原因）。然則，觀察事實，在物質以內現有的各種性理，不是性理的本體，故應來於本體自立的性理；這些性理是性理的本體，沒有物質，作它們的收容所。如此看來，真好像：物質以內現有的性理，都是從那些沒有物質而自立生存的性理中，分佈流行出來的一些秉賦。（「秉賦」是「領取某物分佈流行的一部分」。自然界，物體中現有的性理，都是「秉賦」：直接來自超物質而自立的性理之本體：故非生於自然界物體本身的動作）。

史證：為了上面的理由，柏拉圖，曾主張：器官可知的萬類事物，種名所指的性理，都是一些和物質絕異而分離的性理。它們是器官可知的這些事物生存的原因：每個物體因有性理之秉賦，始能有生存。（參考《形上學》，卷一，章九。猶言，性者，生也。物，性全則生；性失則亡）。

又一史證：亞維新曾主張，自然界，萬類以內，各種實體的性理，如同河水出泉，從「靈明（神體）」，噴放湧流而來的。至於各種附性情況的性理，他卻主張它們是下級物體動作，變化物質，而製作出來的物質之規模：猶如物質調和而構成的品性和形態：不是從什麼神體湧流出來的神妙。在這一點上，他避免了前段諸人意見的糊塗。（參考亞維新著，《形上學》，卷九，章五）。

符驗：（歸納現象，可得一些特徵，數目雖不充足，但彷彿符號，在某些觀點下，可以供上方所述諸人用來，作為自己意見的實驗）：依照事實的觀察，他們發現，一切有物質的形體以內，所具有的動作能力，沒有一個不是附性的：例如寒熱燥濕之類、或施動，或受動，而呈現的物質才能：都屬於（附性九個總類中），「品質」那一個總類。（物、大公名所指的「實有物」，依照亞里斯多德《範疇集》，共分十範疇，每個範疇是一個總類：一個是「實體」，九個是「附性」；就是：數量、品質、關係、施動、受動、時間、空間、姿勢、服具（服裝）。「附性」指附性事物的各類，必依附某某實體而生存）。

物質的動力，既是附性，依照上方諸人的看法，好像就是不足以產生實體的性理：只足以用附性產生附性而已。（實體性理，既非物質動力所能產生，他們遂認為：當然是生於物質以外的神體了）

符驗二：他們觀察自然現象，又發現有某些下級形體，不是同類生同類，而是異類生異類：例如某些下級動物沒有父母，生於死物的發酵和腐爛；（又例如強硬而沉重的磁石，發出無硬又無重的吸引力和排拒力；還有些礦類的藥品，能產生精神的效果：振作起服用者的聰明或情意，並且能保救人心身的性命。人類的孕生，也彷彿是由無生命的物質經過脗脗生生的變化，發育成了有智力的人）。從這些跡象看來，他們就想：這些物類的各種性理，既不是來自下級，必須是來自上級。依相同的看法和根據，可以推想而知：自然界，萬類的各種性理，（都是應來自上級：因為，以少例多，以下比上；同是性理，少數來自上級，足證全數也是來自上級）；低級卑賤，尚是來自上級；何況高級尊貴呢？更應是來自上級了。

符驗三：有些人為推證同一結論，採取「形體呆笨」，作前提的出發點；論式如下：自然界，每個形體的性理，（結合了物質），都和數量發生聯繫。數量的龐大而沉重，卻阻礙動作和運行，以及變遷的靈活：可採取以下這樣的事實，作為這個道理的符驗：任何某一形體，體積的度數越增大，則其重量越加沉重，它的行動或變化，也就隨之而越發緩慢。請看這就是「形體本性呆笨」的徵驗。從此推想引伸，乃結論說：凡是形體，依其本性，無一能施動；每個都是只會被動而動：（既非被動於同類，當然就只得被動於上級「神類」了。足證，凡是性理，既是動力的根源，都是來自神類）。

理證的又一條：他們大費腦筋，還想出了以下這條理由：凡是被動的物體，都是負受體：負載並承受發動者動作的功效。並且，凡是發動者，除去第一發動者，造物者以外，為能完成動作，都需要有某比自己更低下的物體，作自己功效的負受體。（例如藝術家用石料造像，石料的物質，是石像成功的負受體：依物性品級而論，低於藝術家。第一物質，是物質萬效的第一負受體：也叫作主體：猶言功效的擁有者）。然而，在形體以下，沒有任何實體存在。足證形體（既沒有必需的負受體，必定就）不會動作，也沒有任何動力。（現象內所見的動力，出現在形體中，來源卻應是在於形界以外）

再添理證一條：形界實體，距離第一發動者、天主，遙遠至極。他們（上方那些人）從此看去，乃想是看到了：動力的普及，達不到形體：反之，（用反比例推論：實體品級越高，則施動性加強，而受動性減弱；品級越低，則適得其反：施動性減少，而受動性加多。品級相差無限，則最高者，施動性無限多，受動性無限少：故此只施動而不受動；從此依反比例可知：最低者，施動性無限少，受動性無限多：故此只受動不施動）。

然則，事實上，最高的實體是天主；最低者，是形體：兩者相差無限；並且天主是第一施動者，只施動而不受動；故此可以斷定，和天主衝突對立的極端：物質的形體，全無施動能力：而只有受動的可能性。（形體既無動力，便不能產生任何實體或附性的性理。從此可見：宇宙間現有的動力都是神力；現有的各種變化，及因變化而生的各種性理，都是神力的功效：最後歸功於天主）。

史證：為了上述的這些理由，亞維朋，在所著生活之泉，（卷二，章九；卷三，章四十四—四十五），曾主張：凡是物質的形體，沒有一個是有動力的。形體表現的一切動作，都是神體動力，流行宇宙間，貫通萬物，而作出來的，（亞維朋，Avicebron，又名亞維拆伯龍，或亞文拆伯勞肋，或蓋比勞肋，一〇二〇—一〇七〇年間，生於西班牙，瑪拉加城，擅長哲學及詩詞；祖籍亞拉伯）。

又一史證：毛祿人（回教）經典論證派，也有些人，據說，曾主張：附性不是生於形體的動作的施受：凡是附性，現有者，都是天主所造生的。他們卻提出了另一條理由證明自己的意見：因為「附性不串門」：意思是說：附性不從一個主體，遷移到另一主體。本此定理，他們乃認為，例如一個顏色，不會從一個形體，遷移到另一形體；又例如一個熱力，也不會從一個形體，過渡到另一個形體：（因為兩個形體，不是一個；附性沒有主體不會存在：故此不會離開主體，失去存在，而後又出現於另一主體內）。為此，他們說顏色或熱力在形體間的流傳，（不是一個形體將自己的顏色，傳染給另一形體；也不是一個物體將自己的熱力傳播給另一物體：例如不是腥血染紅氈，也不是煤火燒熱水：而氈紅或水熱）：以及各種附性，都是直接由天主造生的。（參考馬義孟，名著《指迷解惑》，卷一，章七十三）。

答駁

隨從上述那些人的主張，必生出許多不適宜的結論

一者：依對方假設，一切下級原因，尤其物質形體，無一有任何動力，一切形體間動作的發生，都是

天主獨自一個之所為。然而，天主本體不因產生萬類互異的動作，而自受變異：那麼，功效在萬類間的互異，既不生於萬類互異的形體；（因為它們沒有動力）：又不能生於天主的動作：（因為天主的動作是天主的本體：詳證於卷二，章九，然後依照因果相似的定理，由本體純一而自同的原因，生不出萬類效果的互異：所以宇宙間萬象的互異將無由而生）：這顯然違反吾人器官知覺所明知的事實。請看，加熱於某物，則生執熱而不生涼：繁殖人類精血的種籽，隨之而孕育的只生人，而不生其他。這樣的「惟火生火，惟人生人」的明顯事實，足證：宇宙萬象，變化生生，低級效果，固然歸功於天主的造化：然而天主造化的功效，並不抹殺低級原因自力動作的功效。（上述諸人的意見，欲推崇天主造化，而抹殺受造效能：這是結論不適之一。說受造物都無用，等於說造物者無用；因為是說祂所造的物無一有用，祂必是無用之物的創造者。這話是不適宜的）。

次者：智者作事，物不虛設。徒加贅瘤，有違於上智。今如假設，宇由萬物，天主所造，全無任何動作能力和實效；自然界大小工作，全由天主直接作成：用不著所造的萬物：造生萬物，全成贅瘤：枉費虛設：和天主的上智極不相合。

再者：物有體用，相隨而生：猶如主從。故成物之體者，必亦全其用。例如物質原素，既有沉重之本體，必有壓墜之實用。任何原因，製作某物，都守此公律。然而，動作生效：作成某某事物是物之實用。生存現實的盈極，卻是物之本體：有體用之間主從相隨的關係：可明見於天主：祂的本體，是現實盈極的生存：故此，祂的效用，乃是造成萬物的生存。既願成全其本體，必不願扣削其效用。何況因果相似，是一定律。天主是原因，既然是體用不分；則萬物是效果，相似天主，也必是體用相隨而不離。天主既賞賜萬物在本體上，相似自己，而有生存；必因之也賞賜萬物在效用上，也相似自己，而有各自本體應有的動作：用動作產生某物：（例如「火生火，人生人」。回閱卷一，章三十七；卷二，章六；本卷，章二十一）。

加之：效果的美善證明原因的美善：因優越的能力產生優越的效果。然而天主是優越至極的原因。故此，祂造生的萬物，必定從祂那裡，領取一些相稱的美善。所以，貶低萬物的美善，乃是貶低造物者的美善。但是，依對方的想法，假設受造物都無任何動作，足以產生任何效果，這就是大大貶低了受造物的美善：因為某物能將自己現有的美善，流傳給另一某物，是由於自己的美善充足而有富裕。可見：貶低受造物的效能，乃是貶低了天主的效能。

次者：善良的作者，作出善良的作品。依同比例：善良至極的作者，也將自己的作品作得至極善良。然而，卷一（章四十一）證明了：天主是無上的至善。但是兩善相較，公善大於私善：公善是眾物所共有。私善是一物所獨有。公善神聖，勝於私善。（參考大哲《道德論》，卷一，章二）。一物的美善，成為眾物的公善，如能將那美善，由一物流傳於眾物，流傳美善不能不是竭盡所有，發出有效的行動。將美善的恩澤，散施，給外物。否則，美善淤積，無力向外傾注流傳，則其美善私存，不足為公善，則不堪為至善。如此看來，可見，天主給所造生的萬物，分施祂的美善；在於使每一物體，有能力將自己所有的美善，向外傾注，而流傳於另某一物體。扣削萬物各自宜有的動作，乃是貶損天主的善良。（天主至仁，仁者好施，施者好生，法天至仁。仁善之德，惟在實行。至仁善的天主，不造不仁善的萬物。物體施仁，惟在施動，天下無不動之物。既說天主至仁，則不可說萬物無用）。

再者，撤削萬物的秩序，乃是撤削萬物的至善：因為萬物分立，物各一善；萬物聚合，萬善全備，乃成至善：惟在於總體內的秩序。整體優於部分。部分的美善，以整體之美善為目的。然則，取消萬物之動作，就無法維持萬物間的秩序：因為本性互異的萬物，聯合組成秩序的統一，無非是依賴著彼此間動作的施受。（施動者發出動作。受動者承受動作。施受合一，成全動作的實效）。從此可見，對方的主張，否認物體，各有自己的動作，是不適宜的。

加之：依照對方，假設宇宙萬物的效果，不是生於萬物的動作，而只是生於天主的動作，宇由間、物體的能力就不能用效果表現出來：因為（依照因果律），效果表現原因，只是某某終效表現某某能力，由於那個原因用自己的動作，產生了那某某終效。（按吾人知識的步驟）：由某物之效果，而知其動作；由其動作，而知其能力；由其能力，而知其性體：因為能力是隨著性體而出生的。

那麼，依照對方的主張，宇宙間的萬物，為產生萬事的功效，沒有自己的動作；隨此而生的結果則是：吾人永不能因某物之效果而認識其性體。於是人間自然科學的一切知識，遂被鈎削：因為自然科學的求知方法，首要是用效果證明原因（的能力和性體：這、對於人類的知識，是不適宜的）。

次之：用歸納法，觀察物類，可以明見：同類產生同類；作品相似作者，因果相似，是一條公律。然則，下級物體，有物質的形體，所產生的效果，不只是有性理而無物質，（也不只是有物質而無性理），而是物質與性理，兩者全備，合組而成的：因為，凡是「變化產生」，都是由某某因素，轉移到某某因素的出現：就是由某某物質，生出某某性理：（例如水蒸熱而成暖氣：是由水質中，生出了暖氣的性理）。故此，（依照因果相似的公律），效果既是物質與性理之合，則其原因，（在同類生同類的範圍內），必須也是物質與性理之合：足證不是任何「種名」所指的「純理」，（例如「暖氣」種名所指的「暖氣」之定義：只有純理，而無物質）；也不是「靈明（智神）」；而是物質與性理，合構而成的此某物體：（例如此塊煤火，在此壺水中，蒸出了這團暖氣。氣暖相似火暖。氣暖是效果：是物質與性理之合。火暖是其原因，也是物質與性理之合）。從此可見：柏拉圖派，和亞維新派的主張，都不適宜：前派主張宇宙萬效，生於純理；後派卻主張，宇宙萬效生於「靈明」（神智）。兩派都主張「純理」和「靈明」是和物質絕異而分離的「純神實體」：（將宇宙萬象都說成是鬼神之所為了：這是極不適宜的）。

復次：動作依隨生存的現實盈極。物體生存的盈極程度越高，則其動作越強：否則，本體生存的盈極程度越高，動作反隨之而削除，便不合情理。然而，在盈極程度上作比較：實體性理，高於附性。（實體性理，建立實體。附性依附實體）。今如對方假設：形體的附性有自己固有的動作，那麼，實體性理就更須有其固有的動作。它的固有動作，不是變化物質條件，而是產生新物實體：因為物質條件的變化，是附性的變化，故是附性足以作成的功效，（其目的是籌備，迎接實體性理出生，而構成新實體）。足證：新物實體的產生，是舊物的實體某某，用自己實體性理，固有的能力，發出動作，將自己（同類而同種）的實體性理，導引輸入於新物實體（的物質）以內：（不是像對方那樣主張：物體動作，只是現象，全無實效；現象背後的實效，竟都是鬼神的工化）。

解難

對方諸派所提出的理由，都不難解破。

解一：新實體因變化而出生，現有實體之生存者，不是性理，而是性理與物質合成的實體。性理在實體以外，既無自立生存之可言，故依同理，也就無出生之可言。性理之所謂出生，確實意義，只是說：某某實體，由物質潛能的虧虛，被轉移到生存的現實盈極：領到了新生存盈極的因素：此即性理。故此確切的說：不是性理出生，而是實體出生：因性理具備於物質內，而生成了新物。新物實體出生了，性理乃在其中，隨而可謂之俱生。（故此也不動作。動作屬於實體）。

解二：物因秉賦而有性理，非必直接得之於純理（神性自立）的本體，而是得之於有同樣性理之秉賦的某物。此某物在最後，固然是依賴「純理本體」的效能，假設宇宙間有這樣「純理本體」存在。動作的因素，的確是這樣，完成和自己相似的作品。（例如煤火，由「純火本體」領到了熱力的一部分；乃用這一部分「秉賦」，轉而蒸熱壺中的水。然而，縱使「純火本體」實有，仍不得取消煤火本身固有的熱力。因為「秉賦」是物體領取而實歸己有的一部分性理或能力）。

解三：下級形體，一切動作，所用的施受能力，雖然都是附性，但它們所產生的效果，卻不必須都是附性；而且有時也能是實體。因為那些附性，生於實體性理：在實體以內，性理結合於物質，是（實體性體的因素），也是它一切附性的因素。如此，它們的一動作，也是根據實體性理的能力。凡根據他物之能力而產生的效果，不但相似自己，而且更相似那某他物：猶如工具產生藝術品，是根據藝術家的技巧和心裁，依照藝術家的理想模型。本此比例和理由，附性動作的效果，能是實體性理的形成：因為它們的動作，是實現實體性理的能力：給實體性理作工具。（附性變化的極端效果，必招致實體的變化）。

解四：有些低級動物，生於物質的腐化：它們新生實體的性理，全是天上形體動作的效果。天上形體，（以其運行），是物質條件變化的最高原因：下界各級形體的行動，都是根據它的能力，給它作工具。為此理由，天上形體的能力，足以產生某些低級生物的性理和形式，不需要兼用這些生物本種以內的物體：作新生某物的父母。這些生物，不是同種相生，是由於它們品級低下所致：品級低下，故可生於物質之腐化：直接仰賴太陽的蒸熱發酵，就能生出。

然而，高級動物，性理和生存，品級高於物質，故不直接生於物質的腐化；而必須生於同種的父母：同種、在同名同指的範圍內，舊體產生新體：是從種籽以內，依賴天上形體的動力，將新體產出來。這類的高級動物，不得不生於種籽，只靠天上形體運行而變化物質，是不夠的。為此理由，（猶如低級動物，生於太陽蒸熟最低物質，發酵腐化而生；依同比例，高級動物，生於太陽保暖高級物質：就是煦養同種動物的種籽，胚胎孕育或卵化而生）：大哲，亞里斯多德，《物理學》卷二，章一，曾有名言說：「惟人生人，是人同太陽，連合而生人」，（只有父母的精血，而沒有太陽的保暖和煦養，兒女不會生育）。

解五：物質的體重，阻礙性理的動作，不是物性的本然，而是外遇的偶然：凡是邊界廣展而統一的體量，非在物質以內不能有。在物質以內存在的性理，生存的盈極程度較低，因而動作的效能，隨著也酌量減小。因此，本性物質少而性理多的物體，動力則更為強大而靈活：例如火：（強烈而烘烘多動）。

然而，根據性理存在於某某物質內所能有的動作方式，在此既有的條件以內，而去比較：體積的增加，不但不減低動作，而且更能將動作加強。例如熱體，在相同執熱度內，體積越增加，熱力越隨著增加：（熱度相同的火，燒一根細木，熱力小；燒起數根細木，或一根較粗大的木料，熱力卻增強）：又例如，在密度相同的條件下，重物某某，塊小，則壓力小，降落緩慢；塊大，則壓力大，降落迅速而強猛：這是物性的自然。在違反物性自然的運動上，體積越大，運動越緩慢；這樣的事實，適足以證明，體積增加，沒有減低物體本性自然的動力，反而將它加強了，（抵抗違反其自然的外來迫力。動物，龐大則行動笨重而緩慢：證明體量增加，則增強了體重的自然壓力：不易受動物心情或意力的調遣）。

解六：有形實體，在有形之類中，品級最低：但不因此而全無動作。因為有形實體，總類之下，猶有分類：互相比較，仍有品級高下的差別：品級高，性理高，動力則強大。是以變化下級：例如火能將水燒熱：或燒熱其他下級物體，最低的形體，仍不可說是全無動作。顯然、形體是物質與性理之合：物質是潛能而虧虛的：性理卻是一現實而盈極的因素。物體發出的動作，是根據其生存的現實和盈極：故此是根據它自己現有的性理：它的動作是變化對於它那性理有領受潛能的某某物質。同級而異種的物質原素，有互相變化的能力：（例如水火相剋）。另一方面，假設某物只施動而不受動：例如天上形體：對於另某一物，例如物質原素，只有施動作用，沒有受動的可能性。（在這個場合內，物質原素，對於那樣的天上形體，沒有施動作用。但對其他平級原素，卻仍有其施動作用。它的動作，仍是以其現有的性理為根據）。綜合本段，可知凡是形體，都有動作，不是根據其全體，而是根據其性理。性理是生存和行動的憑藉。

解七：說「形體距離天主最遠」，也是不合於事實。因為天主是純現實，純盈極，（詳證於卷，章十六）。萬物都是現實與潛能，盈極與虧虛之合：根據盈虛消長的反比例，而與天主有距離遠近之可言。根據這樣的比例，和天主距離最遠的，不是形體，而是純潛能、純虧虛的第一物質。故此第一物質毫無施動作用，只有受動潛能。形體卻是物質與性理之合：充其所有的性理，而接近於天主的盈極現實：並以此而相似天主。亞里斯多德，《物理學》卷一（章九），曾給性理定名為「一個神性的因素」。為此理由，凡是形體，都根據所有的性理而有施動作用，並且根據所有的物質，而有受動的潛能。施動而變化。受動以自化。

解八：因附性不遷，而說形體無動作，這是可矣的。形體交互動作而相變，不是由於附性逐體而遷移。惟由施動者的能力之生效，受動者以內，乃有種同而數異的另一性理或能力，由潛能變為現實，由虧虛變為盈極。例如火熱，將水燒熱，不是數目單一而自同的一股熱力，是由火體遷移到水體以內，而是水體以內，同種的另一股熱力，受火體的燒熱，而自己新生出來：就是由先有的潛能狀態，轉變成現實的盈極：水內的熱力，是感於火體之熱力，相應而自生的。自然界，動作因素的實效，不是將自己本有的性理，移交於外物：而是將外物受動的潛能，引導於現實：促動它潛能的實現：由虧虛而發展到盈極。（彷彿是將它潛能虧虛中含蘊的性理，提引出來，由隱晦而達於明顯：同時既不是由純無而化為實有，又不是由現實的微小而發達為現實的顯著：卻是由生存的潛能和虧虛，引入於生存的現實和盈極：將生存作「實有」看，範圍廣於生活而深於存在或現臨面前）。

總結前論，吾人將受造萬物的實效，歸功於天主，是因為天主在萬物以內有現實的動作，然而卻不因此便取消受造萬物各自本有的動作。（如何一個實效，是兩個原因的成功，詳論於下章）。

第七十章 天主動作與物體動作

將宇宙間，物性自然的效果，同時歸功於天主，又歸功於物性自然的動力，許多人的意見，認為這是一條難懂的道理。原因有以下數項：

一因他們認為一個動作，不能發自兩個原因。物性自然的動作，既是發自形體本性固有的能力，就不是發於天主。

又因，自然定理，寧儉勿費。為完成某事，一因如果充足，則不贅設許多原因。觀察事實，物性自然，不用兩個工具，去作它用一個工具能作到的工作。自然界，萬象表現的功效，或只由天主的能力，或只由物體本性自然的能力，就足以完成，不需要既由一方，又贅加另一方的能力。

另因天主既產生自然界萬物效果的全部，則無餘事尚待外物來作。故此他們的意見，認為不可同時肯定天主和萬物共同產生同樣的那些效果。

解難

審察前章的討論，可知以上這些理由，不足為難。

一因：在每個動作因素以內，需要注意到兩點：一是動作的物體，二是動作的能力：物體用能力發出動作：例如火用熱力，燒熱某物。同時須知：下級能力，依賴上級能力：由於下級能力全部是仰給於上級，依賴上級保存；並且受到上級任用，才能作出工作：猶如工具受到藝術家的任用，才能作出某某藝術的產品；雖然工具所仰給於藝術家者，不是工具本身具有的性理和能力，也不仰賴藝術家的保存，而只是受到了藝術家的運用。從此可見，下級物體，為能完成某某動作，不但只用自己本有的能力，而且需要仰賴較高各級原因的能力：因為它的動作，是根據各級原因的能力。

並且，實際的某功效，是直接由上級第一原因作成的，其直接深入的程度，不減於下級最低的，和最切近的那某某原因：理由就是為了：下級原因的動力，產生此某效果，不是根據了自己，而是根據了上級：逐級上溯，最後是根據至高無上的第一原因：這第一原因的能力，通過中間各級，直接達到最低的效果：猶如依相同的比例，在明證法的論式內，由最高的公理，推證出各級定理，及最低的結論。那最高的公理，是直接的，不證自明的論句。它的證明力，直接證實結論：以最低結論，為其直接的效果：不經過中間的轉達。猶如一個動作同時發生於某某原因，又生於這個原因的能力，這並沒有不適宜的地方；依同比例，也無妨說：同樣的某一效果，同時生於天主和某低級的自然原因：並且是直接生於兩者：就是兩者，各以不同方式，直接產生那個效果。

還有一個明顯的理由；就是：雖然有某自然界的物體產生自己本性能作到的功效，仍然有天主同時來產生那個功效，不是天主來枉費神力：因為自然界的物體，如不依憑天主的能力，則不產生那個功效。

翻過去說：許多別的原因，用自己的能力和動作，來產生天主只靠自己就能產生的宇宙萬效，也不是它們來枉費氣力。天主願意萬物各用自己的能力，來參加天主自己能作的工作，不是由於天主自己的能力不足，而是由於萬物不如此，則不能完全相似天主：天主善良無限，願意將自己的善良，分施於萬物，賞賜萬物相似天主自己的善良：不但分領生存的恩惠，在本體生存上，相似天主；而且也分領動作的能力，在效果的產生方面，也相似天主：用動作的能力，作某某效果出生的原因。宇宙間各類物體，受造於天主，用以上兩個方式相似天主：按上面（章二十一二十二）已證的定理，這是萬物共遵共由的一條公律：萬物都是以生存，並以行動，竭力相似天主。

為了這個公律的實行，宇宙萬物內，呈現出秩序的精明和美妙。

最後尚可明見：同一效果，歸功於天主與自然：不彷彿是一部分歸功於天主，另一部分歸功於自然：卻是全部功效，既完全歸功於天主，同時又完全歸功於自然：兩方各自產生功效的全部，但所用的方式，各自不同：舉例說明這一點：猶如一個藝術品的製造成功，完全歸功於藝術家，不得不同時也完全歸功於祂非用不可的某某工具：依同比例，宇宙間自然物體產生了的同一功效，完全歸功於天主，以天主為首要原因；同時也完全歸功於某某自然界的物體：以此物體為天主所選用的工具。

第七十一章　物間萬惡與天主

由此尚可明見：天主上智，照顧指引，統馭萬物，並不取消萬物以內，萬惡發生的可能：萬惡包括，敗亡，傷殘，缺點，罪惡，和災禍，等等。

理證：按前數章已證的定理，天主作出萬物內的動作，管理萬事的進行，並不取消各級「第二原因」本有的動作。然則，第二原因，能有缺點，因而作出的效果，也能有缺點；但不是第一原因有任何缺點。這是可能的：例如技術完善的藝術家，能作出有缺點的作品，因為他用的工具能有某些缺點；又例如健全而強壯的人，步伐拐蹶，不是本身殘疾，而是皮靴不直；或兩腿健強而不齊，或不直。依同理，天主是第一原因，萬物是第二原因，如同是天主的工具。天主統治萬物，在萬物以內，完成它們的工作：它們的缺點，能作出有缺點的工作：雖然天主本身卻沒有任何缺點。（然而，天主全能全善為什麼造生有缺點的萬物呢？詳見於下文）。

加證：宇宙萬物，天主所造，美善不得全備，除非有品級和秩序：物體美善，程度不齊，為能各級鹹備，不得不分優劣；既分優劣，優越者，美善卓絕，始能表現自己相似天主至善。取消品級的差別，和種類的區別，秩序陷於紊亂；宇宙景象，必失美觀，美麗之最高標準，在於秩序明朗而完整。猶有甚者，宇宙美善，在於物體眾多：取消優劣的差別，則不能保全物類的眾多：因為物體分多，是在類下分種，必有各級種別：高下不齊：例如有生物，高於無生物；有理智，高於無理智。今如物類完全平等，共成一類，依同理，一類之中：個體無分，只有一體：天主造物，只造一物：顯然，減低了造物工程的完善。（這是不合情理的）。

然則，品級的差別，自然應是：上級美善，必得無缺；下級美善，能有缺失。宇宙全善，需要諸級全備。天主上智，照顧統理，職在保全宇宙美善，不可減損：故此，也不取消萬物間發生缺點的可能。這樣的可能性，是宇宙間萬惡的根源：因為：可能有缺點者，有時就實有缺點。按上面（章七）已有的說明，惡的本質，正是缺乏善良。足證：天主上智，統理萬物，所生實效，不完全禁絕物中有惡。

添證：治理事物，至善成績，莫過於照顧指引，使萬物各得所需，各盡其用。治權的公義，別無所在，惟在於此，例如人間的市政，治理得當，在使市民，各按分位，滿盡職位－除非異常變故，不許紀綱稍有鬆懈——依同理，假設天主不許萬物，各按本性方式，滿盡自然職務，這也必是違反了「治理萬物」的正理。然而，由於萬物率性而動，乃有敗亡和惡劣之事，隨之而生：原因在於物性衝突，敵我矛盾，不能生存；兩物相攻，必有一傷。天主治理萬物，既是順性引導，則其實效，不在杜絕萬惡：（但在容許矛盾共存，各順其性，而互有傷亡。然則，天主萬善，何樂於觀戰以為治耶？答案如下）：

又證：前在本卷（章三－四）業已證明，物體動作，偶然作惡，無非為了宗旨本然向善。天主治理萬物，不在將萬物本然向善的宗旨，完全禁絕：因為天主上智，治理萬物，是萬善的真原：禁物向善，則萬物可存者，稀少至極矣。例如禁火傷物，則禁火生火；火性本旨，生發同類：本然善良：今遭禁絕，則火類絕種。物類，舊者不繼，新者不生：生存的流脈斷絕：違反天主造生治理萬物的正理。足證天主上智，治理萬物，不在於將物中惡事，完全杜絕。（善不禁，則惡不絕，故也。命物向善，則必容物生惡。助之成善於左，則其見惡於右也，惜而不禁）。

還證：假設惡事無有，則萬物內現有的許多善事，也要找不到存在的餘地。例如在倫理界，正義者的堅忍和寬容，不得存在，除非先有迫害者的奸邪。人間因有兇犯，乃有懲罰的公義。又例如在自然界，實體因變化而新生。新物的出生，乃是舊物的敗亡。假設宇宙間，惡事完全無有，則眾多善良，也隨而損失。這是不應當的：因為上面（章十一—十二）證明了：善良在善性上表現的德能強大；勝於惡劣在惡性上，所能造成的禍害。（故應容許惡性的小害，為能成全善性的大德）。足證天主上智，治理萬物，不應將惡事，完全禁絕。

加證：整體善良，高出於部分善良之上。統治者，照顧周到，為增進整體的善良，有時應置部分之缺點（或損失）於不顧。（而加以容許）；猶如工程師將房屋的根基掩埋在地下，為穩定房屋整體的安全。依同比例，假設撤削宇宙某些部分的惡劣，則宇宙整體的美善，必受到重大損失：因為一者：宇宙整體的美好，是由許多惡劣事物和許多善良事物，按著品級和秩序，聯合組織，而成全起來的；又因二者：惡劣事物的出生，是生於善良的缺乏：然而由於某些善良事物的缺乏，另某一些善良的事物，能隨之而生：仰賴治理者的上智安排，而成全其善良：例如歌曲的溫柔悅耳，需要歌聲，按著節拍，減弱並且減到完全靜默。（歌曲的優美，成於歌聲的抑揚和靜默。宇宙的美善也是成於善良的消長和全無：但賴治理得當）。足證：宇宙萬物間的惡劣，不應為了天主上智的照顧治理，而受剷除：（因為治道的精明，在於因物之無，而成其有；並在於因物之惡，而成其善。造物的本義，是作成「有生於無」的奇工妙化。天主造物，既是因無生有，則依同比例，天主治物，也是因惡濟善。治物而成其善，不在除惡，而在於因惡而用之）。

添證：依照宇宙間物體的品級，萬物，主要是低級萬物，是以成全人類的美善，為其生存的目的。然則，假設宇宙萬物間，惡劣全無，則人類的美善（和福利）必將大受減少：不但在知識方面，而且在情操方面。請看，（在知識方面），善惡互相比較，人則知善愈明。受到了兇惡災害，人在情操方面，求善的心志，便大增熱烈。猶如病人極知健康之美好可愛；（知深而愛切），遠勝於無病的健全人。從此可見，天主上智，治理萬物，（為成全人類的美善，達到萬物的目的），不應將惡劣事物，從宇宙間，完全剷去。

經證：為了這個，《依撒意亞先知》，章四十五，節七，形容天主自己說：「（我形成光明，也造生黑暗）；我締造和平，也創造凶禍：這一切是我主宰造作」。亞毛斯先知，章三，節六也說：「國中所有凶惡，莫非天主所作」。（這些經訓的章義，不是說天主造罪作惡，自己違犯自己的仁善：而是說天主能賞人享福，也能罰人受苦：既引人向善，又容許歹人偶而苟且一時，作罪招罰；或允許義人蒙冤受困，而潛修至德。造物，則容惡。惡事出生，其現實的近因是萬物；但其可能性的最後根由，仍是天主造物之容許：故此說：萬物萬事，不分善惡，全逃不脫造物主的造生和安排。詳實究察，為證明宇宙萬物決非自造，而必須受造而生；並轉而證明造物者實有，不但實有，而且照管萬物；為證明這一切，「宇宙間有惡劣事物」，是一個有效的前提，下段稍加申說）：

駁謬：用上面這樣的定理，可以破除某些人的謬說：按大儒鮑也西，（《哲學之慰》，卷一，文四），提出某些哲學家發問說：「如果有天主，惡從何處來」？有些人，為了眼見宇宙內惡事發生，乃以此為根據，而主張「天主無有」，殊不知，他們的論式，（是不邏輯的，因為他們顛倒了結論，和前提），翻過去，才有道理：「惡既實有，故有天主」。因為惡劣是缺乏了善良，並是違反了善良的秩序，如果不先有善良的秩序，則惡劣無由而生。然而如果沒有天主（造物），則善良的秩序無由而生。（換言順序譯出之：惡劣之實有，足證善良及善良秩序之實有。然而，善良及善良秩序之實有，足證天主之實有：一言而盡之：惡劣實有，故天主實有：簡而又簡之：「有惡，故有主」；由於「無主，則無惡」。善良的秩序，不但包括宇宙間，物類品級的秩序，及生存，行動，關係的常則；而且也兼指「善惡相對立」的關係之定則。本此關係的定則，比較先後，先有善，而後有惡。在生存和名理兩方面，惡之成立，是由於缺乏善良。先無善良之實有，惡劣則無由而生。善良之理不先立，則惡劣之理，無由明。本此，「善惡先後」不易的定則，足以確證：「有惡，則必有善」：猶如「有果必有因」。這個「善惡相關」而不易的定則，也是「善良秩序」的一個主要部分：也是天主規定的：足證「有惡，則有主」，這個論式，有絕然無疑的確實性）。

駁謬二：用上面提出的那些理由，也可除掉另某些人錯誤的機緣：他們鑑於下界物類，變化無常，萬惡充斥，事實明顯；因而主張，天主上智，只照顧上界，不顧及下界。上界物類，沒有生死變化。全善無缺，全無任何惡劣：（古代《物理學》和天文學，認為天上形體，日月星辰之屬，是沒有生死變化，而是全善無缺的。此外，神類實體，合於至高理想，也都是純善無惡的）。

駁謬三：用以上同樣的這些道理，還可免除摩尼教人誤入歧途的機會：他們主張善惡二元論：認為善惡二元，是兩個獨立行動的原因：彷彿是在天主善良的上智照管之下，沒有惡劣事物能出生的餘地。

釋疑：某些人的疑團，也可因此而消釋。他們的疑問是：惡劣的行動，是否以天主為禍始？

分析清楚，惡劣的行動，包含積極和消極的兩個成分：積極的成分，是「行動的現實，及其實有而非虛無之理」；這些積極成分，是以天主為最後的原因：因為凡是物體動作，都是因天主首動的能力而發出動作：前者（章六十六）已有證明；故此，天主是宇宙萬物一切行動和實效的原因。

然而惡劣行動的消極成分，是「缺乏某某善良的優點」，或「違反了善良的秩序，離失了善良的標準」：這些消極的成分，不是生於天主，而是生於萬物偶然遭遇的不利條件。本章首段說明了：惡劣的行動，其所有的行動，及所生的成效，歸功於天主，同時歸功於作者某物；但其所有的惡劣，及缺點，禍害等等，不歸罪於天主，而歸罪於作者某物：（不是歸罪於它動力的本身，也不是歸罪於它動作的現實和宗旨的本然；卻只是歸罪於它附性偶然的遭遇，就是所用的工具或所遇的機會，偶然遭受了不幸的傷損或阻礙）：恰如前面提出過的實例：行路者步法拐蹶，其步法的行動，歸功於行路的動力。（近在行路者的本身，根源在於天主）；但其拐蹶的病象，只應歸罪於腿腳的彎曲，（或其他阻礙：都是偶然遭遇的附性條件不利）。

第七十二章　偶然事物的可能

前章既已證明了：天主上智，治理萬物，不完全取消宇宙間的萬惡；依相同的理由，可知：天主也同樣不取消宇宙間，萬事萬物的偶然性；就是也不將必然性強加於萬物。（宇宙間，萬事萬物大都是偶然的：依這三字在這裡所指的狹義，「偶然的」，就是「能有能無；能是這樣，也能是那樣的」：和「必然的」，適相矛盾。天主治理萬物，不完全取消其間的惡劣事物；依同理，也不完全取消其間的偶然事物。回閱卷一，章六十五—六十八）。詳證如下：

理證：（六十六諸章）已經證明了：天主，用自己上智的工作，發動萬物以內的工作，不取消萬物的工作，但運用萬物以完成自己上智的工作：因為萬物動作，是依憑天主的能力而動作：在這樣的限度內，它們是動作的「第二原因」；（天主是第一原因）。

然則，任何某些效果之所謂必然或偶然，取決於近因，不取決於遠因：例如草木結出菓實，是一偶然性的效果，因為它的近因是草木根芽的生發能力，可能受到阻礙，也可能力量缺乏；雖然它的遠因所成行的動作，卻是成於必然：例如它的遠因之一是太陽，有必然的許多動作。（依照天文學和《物理學》的古代學說：天上諸形體，本體有必然的恆性，動作有必然的常則；物質不滅，有必然的常存。所以它們的本

體和行動，都有若干程度的必然性

既然，近因當中，許多能不成功；足證：在天主上智管理之下，而發生的效果，不都是必然的；但有極多是偶然的。

添證：天主上智，照管萬物，其目的之一，按（前章）方有的說明，是竭盡可能，顧全物類各級的完整。物體分類，卻有偶然和必然兩大類別。並且這兩大類的分別，是以物之本體為根據：（是最基本的分類：為宇宙全體的完整，也是極重大的）。那麼，假設偶然事物，全因天主照管而被取消，物類品級，必不得全受保存。（這正是違反天主照管的目的）。

加證：物體分領天主美善的厚薄，因而肖似天主的程度深淺，和物體生存品級距離天主遠近，成正比例。然則，距離天主最近的物體，是完全不受（物質）變動的：它們就是所謂的「絕離實體」：是和物質絕異而分離的純神實體。祂們極肖似天主的本體，完全不受變動。在祂們以下，更低一級，有天上諸形體；一方面直接被上級的運動，另一方面，保持某一種類，不變的恆性：在於運動的方式，有不變的常則。更下一級，和天主完全不變的恆性，相差更遠：它們的實體沒有不敗亡的生存；它們的行動也不常常遵守完全不變的規則：不常是一律的：這就是形界有生死變化的各類物體。宇宙全體的美麗，是在以上這些物類品級全備，秩序統一上，表現出來：（不在形式一律，而在異態萬千）。從此可見，天主上智，照管萬物，目的既是給萬物規定秩序，並且是維持保存，則不能取消偶然的事物。理由正是：凡是必然的事物，在其必然性的限度以內，常有千萬一律的生存或行動方式：（沒有異態萬千的變化：宇宙不但要因而大失全整，而且要全失其美觀）。這和照管的目的，適相乖違。

另證：凡物，必然有，則常有。能敗亡的事物，卻都不常有。假設天主上智照管的效果，是萬物都成了必然的；結果必無一物能敗亡：因之也就無一物能新生。必致全個生死變化之界，全被削除。大有損於宇宙的全美。（物因變化而新生，是舊物敗亡乃是新物的生成。舊的不敗亡，新的無由生）。

還證：在各樣的變動裡，都有某些（方式的）生死：因為在變動的主體內，常有新舊交替的現象。取消萬物的偶然性而取消萬物的生死，結果必致於取消萬物間的各種變動：也就取消了一切有變動的萬物。（如此，照管萬物，見無異於取消極需照。照管的那些萬物了）。

又證：任何某一實體，或能力消弱，或受外物衝突阻礙，都是由於它本身遭受了某些變化。既然萬物的行動，不因天主照管而受阻礙，萬物彼此則不停互相變化，隨之而萬物能力也不停互相消弱，或互相抵抗，互相阻礙。遂因而行動失常，或工作失敗：本性自然應生的效果，就不必然出生。足證：強迫萬物以必然，不是天主照管萬物的目的。（否則，照管就是阻礙了）。

加證：治理得當，則物不虛設，不枉費。某些效果能被阻而不生。這樣的事實，明證某些原因沒有必然的效力。它們的本性，是一些偶然的原因。可見，強使萬物生於必然，不合於天主照管的正理。（取消了偶然的效果，本性偶然的原因，就等於虛設了）。足證天主上智，照管萬物，不是強迫萬物以必然，而取消其間的偶然。

第七十三章 人的意志自由與天主

從此也可看到：上智照管，和意志自由，不是兩不相容的。

理證：任何統治者，上智照管的目的是成全所管諸物的美善：需有者，謀求之；既有者，增進之，或保全之。兩物相較，一屬於完善方面，一屬於不完善的方面，前者優於後者；上智照管，選擇保存，寧存前者。今將意志自由的偶然和物性自然的偶然，兩相比較，前者屬於完善方面，生於本體之完善；後者屬於不完善的方面，生於動作能受阻礙而失敗。申說如下：

後者，物性自然的偶然，生於物本體不完善或有缺點。沒有意志的無靈物體受本性的限度：趨向一種動作的成效和目的。它們如不偶而受到阻礙，常達到自己的目的，而不能自止。它們偶而能受的阻礙，或來自能力的微弱，或來自外物的衝突，或來自客體方面物質條件不適當。為此理由，自然物性，趨向專一，而無兩端對立的趨向：而大多數次，常用同樣的方式，產生自己的同一效果，失敗的次數，卻不太多。（足見：物性自然的偶然性，在於物性少數次失敗的可能性：有不完善的含義）。

反之，意志自由的本性，不受趨向專一的限止，有能力自決或產生這一效果，或不產生這一個，而產生別的一個：為此，在對立的兩端，有任取其一端的可能性。可見，這樣的可能性，根於本體的完善，不受專一的限止，故有完善的含意。

那麼，依照上面的標準，可見天主上智，照管萬物，既以保存物性自然的偶然性為自己的任務，則更以保存意志的自由為己務了。

加證：天主上智，照管萬物，其任務之一，是依照物體的本性，任用物體。然而，物體本性固有的行動方式，遵隨本性具有的性理：因為性理是動作的根原。（動作的能力和規律，都決定於性理：以性理為依憑）。有靈物體，自由意志動作，所依憑的性理，（不但在本體內部是有理智的靈魂或靈性；而且對於向外所追求的客體對象），乃是智力所領悟的性理：這樣的性理，不受昧於專一的限止：因為智力所領悟的善良，以其善良之公理，而是意志願愛的對象。智力所能掌握的理，對象善良之理，或效果可愛之理，不是界限固定的一個理；反之，智力本性的特點，是有能力徹悟或懂曉許多理：將許多異類事物的理，都收容在心裡。為此理由，意志也有能力決定產生許多性理不同，樣式不同的效果。這樣不受限定的選擇能力，正是意志自由的本義。足證上智照管的本務之一，應是保全（受造物內）意志的自由，而不應將它取消。（取消則傷損物之本性）。

又證：任何統治者，用上智照顧的方法，治理萬物，是引導所治理的事物，達到適宜的目的。（適宜的目的是天主給事物本性賦與的自然目的）。因此，（尼柴主教），聖師額我略，論天主上智的照顧，曾說：「萬物生存所依賴的憑藉，及萬物行動所領受的適當引導，乃是天主的聖意」。（參考奈默思主教，《人性論》，四三，希拉教父文庫，卷四〇，欄七九二）。

然則，按上面（章十九）證明了的定理，任何某一物體的終極目的，是（竭盡可能，分領天主的美善，藉以）相似天主。從此可見，取消任何某物，為得以相似天主，必不可少的因素，和上智的照顧，是兩不相容的。有自由的物體，為得以相似天主，必不可少的因素，正是它意志的自由：因之而有自由的行動，和天主相似：按卷一（章八十八）證明了的定理，天主有意志決擇的自由。

添證：上智的照顧，是在所顧及的事物內，加倍增進豐富的美善。取消眾善的來路，不是上智照顧的本務。然而取消意志的自由，乃是取消眾善的來路：因為（道德方面）取消了美德的可嘉：人無自由，則善不可嘉；（法律方面）取消了賞法的正義：人無自由，則行為的善惡，無分，賞罰失據；善惡無分，則功罪無別；猶有甚者，人間的公私會議，契約合同，以及忠言勸戒，都失去了意義，因為關於意志無力轉移的必然事項，謹慎考慮，詳細磋商，是白費心計的。從此可見：取消意志的自由，則有違於上智照顧的本質定義。

經證：《德訓篇》，章十五，節十四：「天主最初一造生了人，便將人棄置於人自己的智謀掌握中」。節十八又說：「在人的面前，有生活和死亡，也有善惡：（天主）隨人自擇，而配給之」。這些經訓便是根據了本章說明了的定理。

駁謬：用這些理由，足以破除長廊派，（斯多亞派）的意見；他們根據希臘人所謂的「緣分」，主張萬物萬事，都是生於必然：「緣分」就是許多緣因註定的禍福，非意志所能轉移，抗拒，或逃脫：（和「命運」相似）。

第七十四章 倖運

從此看來，尚可明見，天主上智，宰治萬物，並不取消事故的僥倖和遭遇。

理證：偶爾碰到少有的事物，謂之有倖運和際遇。假設萬物間不發生任何偶爾少有的事物，那就是萬物都生於必然因為多有的偶然和常有的必然，互有的分別，惟獨在於偶然性的慣常事物，能在少數次失常。（必有者，常有。偶有者，不常有。多有者，慣有。少有者，稀有。倖運和遭遇都是偶有的稀罕事物）。

然而，按（章七十二）已有的證明，事物都生於必然，不合於天主上智宰物的正理。故此，萬物間全無任何僥倖和遭遇，也是不合於天主上智宰物的正理。

加證：假設萬物遵守天主上智的宰治，而不按目的行動，這就是相反上智宰治的正理。又按上面（章七十一）的證明，宇宙間，無一物體敗亡，也無一能力衰敗，則不合於全體的美善。然而，某些際遇，正是生於某物按目的而動作，沒有達到本旨所追求的目的：（這樣意外的偶然，便是際遇，也叫作遭遇：有不幸失敗的含義）。足證，宇宙間如果全無任何偶然的不幸遭遇，則不合於上智宰治的正理，也不合於萬物總體的完善。

添證：原因的眾多與互異，來源於天主上智宰治萬物，和佈署萬物而規定的秩序。原因，既然互異，不免有時同路相逢，或相阻，或相助：那麼，當邂逅相逢，幸而得到了某某意外的結果之時，這便是在兩個或許多原因本旨的效果以上，發生了偶然的遭遇：例如債主和欠債人，本旨上市去買貨，意外卻在市上相遇，於是在買貨之外，還清結了債務。足見，宇宙萬物間，有些僥倖和遭遇，偶然發生在意料之外，不是相反天主宰治萬物的上智。

又證：物不生存，則不能是任何效果的原因。由此可見：每一物體的生存情況，和其原因效力，在方式上，有相同的比例：（故此有相同的形容詞，或附加詞：必然生存的物體，是必然的原因，有必然的效力；偶然生存的物體，則是偶然的原因，有偶然的效力）。生存和效力，互成正比例：是這一條必然的定律。本此定律，物類生存品級互異，則物類效力品級，也隨而互異：這也是必然的。

然則，為完成宇宙萬物的總體全善，物類品級裡，不但需要有因本體而必然生存的物體，而且也需要兼備一些因附性而偶然生存的物體。有些物體，只在本體，沒有終極的完善，必須用許多附性因素，補足自己的虧缺：所需要的附性要素，越多，則生存情況複雜，隨之和天主本體生存的單純，相差越遠。

凡是物體，既是許多附性因素的主體，便由此自證是一個「因附性而偶然生存的物體」：簡言之：它是一個偶然物體：因為主體與附性的結合，以及兩個附性彼此的結合，都是「因附性而偶然的結合」：結合而成的物體，有偶然的統一，和生存：乃是宇宙間，「偶然性的事物和單位」：例如：某某是人而面色潔白；又如某某是面色潔白的人而又是音樂家：（都是人的主體和潔白及音樂技能等等附性，偶然而有的結合。凡是這樣有附性的事物，都是偶然的事物）。足證：為成全物類總體的美善，宇宙間必須有某些偶然的原因。

然而，（偶然的原因，產生偶然的效果），凡是從某些原因，偶然而生出的效果，都叫作「由倖運，或由偶然遭遇」而發生的事件。從此可見：保全萬物的美善，而容許發生某些倖運或偶然遭遇的事件，不是違反上智的治理。

另證：天主上智，安排宇宙的秩序，其本然要務之一，是設備原因間的品級和系統。原因品級越高，則能力越大：效力也因而普及到更多的效果。然而自然界，任何原因的意旨，都不擴展到自己能力範圍以外去，因為那是妄想，（並且是枉費心機）。故此，局部的原因，不謀慮全局的一切事務。故此，有某事件發生在某些原因謀慮之外，某些事生於偶然的遭遇或倖運，正是生於此。足證：天主上智，治理萬物的秩序，需要萬物間，有偶然的僥倖和遭遇：（就是有偶然的禍福）。

經證：因此，《訓道篇》，章九，節十一，說：「我看見了，太陽之下，速者不馳，識者不富，巧者不美，強者不武，智人無祿；然而萬物各有其時，各逢其會而生」。這裡所謂的「萬物」，專指天下的「下級事物」：（有生死變化的形界事物：特別指世俗事物）。

第七十五章　天主照顧周詳

從上面已證明了的這些定理，顯然可見，天主上智的治理，管轄到有生死變化的每個事物。

理證：有人如果認為這些事物，不屬於天主上智的管轄，他們根據的理由，無非是為了它們的偶然性；並且也因為在它們中間，許多事情，是生於偶然的倖運和遭遇：（彷彿是事出無因，或事出無心的）：他們主張天主上智治理的範圍，只達到無生死變化的事物：這些事物分兩種，一是生死變化之界以外的神類和天上形體，二是生死變化之界以內，事物變化所遵守的定理：事物萬變，而變中有常，就是事物的普遍名理，和常性常則。有常和無常，兩類事物的分別，惟獨在後者有偶然性，前者有必然性，必然性是偶然性的否定。他們根據的這惟一理由，不足以證實他們的意見：因為，按（七十二諸章）已證的定理，事物的偶然性，以及意志的自由，倖運和遭遇的意外等等都不違反上智的治理。故此，它們也受天主上智的管轄，毫無（理論上的）阻礙：它們和沒有生死變化的各類事物，都用比例相同的方式，受到天主上智的照管。

添證：如說天主照管不到這些個體事物，理由只能有三個，或因為天主不認識它們，或因為天主無能力，或因為天主不願意。然而，不能說天主不認識它們，因為上面（卷一，章六十五），證明了：天主有個體事物的知識。也不能說天主無能力照管它們，因為上面（卷二，章二十二）證明了：天主的能力是無限的。也不能說，它們本身無能力承受上智的治理：因為吾人眼見它們，實受理智技能的管治；例如人用理智技能，管治許多個體事物；吾人還見它們，也受物性自然傾向的管治，例如蜂群，和許多無理智的動物，每個單位，以及全體生存和行動的規律，都是受某某本性傾向的管束和領導，（彷彿人類有政府一樣）。也不能說天主不願意管理它們，因為天主意志的對象，是善類總體及其中的每個單位。（詳證於卷一，七十五數章）。事物因受治理而得的美善，最大者在於秩序的建立和維持。故此，不能說天主不照管這些個體事物。

加證：一切「第二原因」，實得肖似天主，其特點在於滿盡原因的本位任務。詳證於上面（章二十一）。然而，觀察各種原因，可以發現一條公律，就是「原因既產生某物，便盡力保全某物」，就等於「管理」：例如各類動物，因本性的傾向，保養自己懷孕的胎兒。依同樣的理由和比例，足證天主也管理祂所造生的一切事物。然而，按上面（卷二，章十五）的說明，天主也是這些個體事物出生的原因。故此天主照管它們。

又證：上面（卷二，二十三數章）證明了：天主在所造的萬物以內，發出動作，不是發於本性的必然，而是運用意力和智力。任何原因，用意力和智力，作出一些事物，便也將它們放在心上，加以上智的照料。觀察事實，可見上智的照料，在於智力按理分配某些需品，供給某物應用。足證天主用智力作出的一切事物，都被天主放在心上，受天主上智的照料。（說到這裡，請想）上面（章六十七）證明了：在一切第二原因內發生的動作，都是天主完成的；它們的一切成效，都歸根於天主，以天主為（第一）原因：

如此說來，在這些個體中，所發生的動作，也同樣必定都是天主自己的動作。足證，這些單位的個體，它們的生存，變化，和行動，都屬於天主上智照料。（物體的動作都是天主的動作，故受天主照料）。

另證：照料某些事物，而不照料它們缺之不可的事物，是愚妄的。然則，眾人無不確知：個體事物一旦全歸敗亡，普遍的事物，就是它們的名理和常則等等，便不能實際保存。假設天主只照料普遍的事物，並將這些個體事物，完全拋棄於背後而不顧，天主的照料，就是愚妄的，不完善的；稱不起是上智而周詳的照顧。（這是不可能的。用反證法，反同去，足證原題）。

插題一：如果有人說，天主照管這些個體事物，只限於保全它們的生存，而不顧及其他：這完全足不可能的。在個體事物週圍發生的一切，都和它們本體的存亡，有因果關係。為此理由，如果天主照料它們，是為保全它們本體的生存，就不能不照管在它們週圍可能發生的一切事情。

插題二：有人能說：只照管了普遍的事物，就足以保全特殊事物的生存。理由是：任何每種物體，都由天主上智配給了維持生存所需要的辦法：例如動物生來。有天主賞給的許多器官，為攫取並消化食物，並有牴角，足以自衛。這些生存的需品，各種物體，全不缺乏，例外是少數。自然而有的因素，常能產生自己本位的效果；實際上，或常常產生，或屢屢產生。如此，各種的一切個體，不會全數滅亡，縱令有某個例外，可能缺乏所需而遭敗亡。

然而，根據以上的理由，凡與個體有關的週身事物，都屬於天主上智的照管，如同它們生存的維持一樣：因為它們週身發生的事物，和它們建立的關係，追求原因，無不在某某方式下，歸根於其本種共有的實體因素：（附性發源於本體因素）。故此，單立的個體事物，為兼備週身所需一切，受天主上智的關懷，和周詳的照顧，不減於為維持其本體生存。

另證：以目的為標準，比較事物間的因果關係和秩序，可以明見：各種附性事物，依附實體，其目的是為成全實體的美善；在各類實體以內，物質承受性理，其目的是為實得性理的全備，實現性理的至善，藉以分領天主善良的秉賦：按上面（章十七）已證的定理，宇宙自然造化，萬物生成，都是受造於造物者天主，其目的都是為各按性分，領取天主的仁善。

從此得以明見：每種以內，許多個體的出生，惟一目的，是為保全本種公有的性體。（不但生物如此，天上地下，萬物皆然）：有些自然事跡，足以徵驗此點：凡是本種公有性體，由惟一個體，能夠保全者，這些種界以內，便沒有許多個體出生：請看日月就是明例：（宇宙間，依照古代天文學，只有一個日頭，和一個月亮。各自是一體一種，不是多體同種。在同種的許多個體中，美善優越者，超群出眾，為數稀少。美善平凡者眾多。選擇時，如果不能全收，則寧捨平凡，而不棄優越。自然律：擇優而去劣。回閱卷二，章九十三；本卷，章三。

既然上智照管某些事物，是引導它們，按秩序進行，以達到某某目的，故此它的主要任務，不但是顧全事物各有的目的，而且也顧慮到和目的有關的一切（大小事情）。足證：個體（細小）的事物，也都受天主上智的照顧，不但只是公眾的（重大）事物。（公眾事物，包括每種事物全種共有大公名理，及名理所指的公有性體，理則，等等；特別指示公有的性體因素：例如有形實體以內的物質和性理。公眾事物，也叫作「普遍事物」。沒有公眾事物，個體事物的本性和本體，無法成立起來。個體的目的，是為保全公性：故和公性，同受天主上智的照料）。

添證：比較理論的和實踐的知識，它們彼此有以下這個分別：理論的知識，以知真理為目的。真理的本體，首先在於沒有物質的事物以內，也在於普遍的事物以內：故此，理論的知識，及其體系所包含的一切，發展到至善的境地，乃止於普遍（而大公的真知）。實踐的知識，卻適得其反，它以作事情為目的：動作的範圍卻專在於個體事物。故此，實踐的知識，及其體系所包含的一切，達到至善的成功，乃止於特殊（而具體的實行）。本此分別，驗之於實例，可知醫生，醫治病人，不是治普遍的人，而是治「此某人」：醫學知識的全部體系，都是以此為目的。（普遍的人，是人公名的抽象名理。「此某人」是人類以內此時此地，具體存在的某某個人。治病，不是「治人的病」，而是治「此某人的此某病」。實踐的知識，專在於顧慮到具體的單立事物：此某或彼某）。

然而，上智的照顧，屬於實踐的知識之類。這是確然無疑的定理：因為上智的照顧，依其名理的本義，是引導事物，按秩序進行，達到某某目的。（它是以指導行動為本位的任務）。假設天主的上智，照顧萬物，只顧到攏統的普遍事物，而顧不到切實的個體事物，那便是極不完善的照顧。（它也就是一種極不精明的實踐之知識。對於天主說話，這是不可能的。用反證法，反回去，足證原題：天主照顧細小的個體事物）。

又證：理論知識，高明者知普遍（的原理），淺近者知特殊（的結論）：普遍（原理）的可知性及證明力，高於特殊（的定理或結論）：也就是為此理由，普遍至極的公理之知識，是眾人和百科所共遵共由的知識。

但就人而論，仍在理論知識上作比較，高明者，不但知普遍（的公理），而且兼知某種特殊事物的本性及特點：因為關於某某現實的事物，只知其公理，則知識攏統含渾，僅是知識的初步，尚非知識的極峯：故此只是科學知識的潛能和虧虛，尚非其現實和盈極。為此，在學術研究時期，學生依靠師長教導，從原理的普遍知識，漸漸進步，深入結論的特殊知識：對於某某專科的材料，得到本科應有的明確知識：師長高明，卻兼知普遍與特殊。學生受師長教導而得知識，猶如物體受變化生成而得生存：都是由潛能虧虛，被提拔到現實盈極：依賴生存現實盈極者某物的提拔。

如此比較，得知：在實踐的知識上，高明者，更應當兼知普遍與特殊：就是透徹本末：不但知公理之大本，而且詳知事物行動的細目：巨細不遺，佈置周密，始能成功。依同理，足證：天主上智，既是高明至極，照顧萬物則備極周到，不疏略微細的個體事物。

加證：天主由於是萬物的原因，而竭盡全力照顧萬物。但按上面（卷二，章十五）證明了的定理，天主由於物體賴有生存而成立，乃竭盡其生存之需要，而作物體之原因：即是給物體創造生存。故此，凡有任何方式或限度的生存者，都是一物，（便都是天主的效果；因而）也都承蒙天主的照顧。然則，個體（單立）的事物，都有某些方式或限度的生存，都是一物：並且甚於普遍的事物：因為所謂「普遍的事物」，（都是些抽象的理：或公理，或定理，或名理，或數理，或任何思想可知的理），在實際的自然界，沒有本體自立的生存：為有實際生存，惟有實現於具體的單立事物中。（在生存之理上，作比較，個體事物更有生存之理，勝於普遍事物：故此更是天主造生的效果；依同理，更受天主的照顧）。如此說來，結論乃得：天主上智，也照顧個體事物。

又證：說萬物受造於天主，乃受天主的照顧，依名理的實義，等於說萬物受天主引導，，按秩序進行，以達到自己的目的：在於分領天主的仁善。故此，萬物受造以後，是仰賴天主的照顧，而得以分領天主的美善。然而，偶然性的個體事物，（按上面屢見的證明），也分領天主美善的若干部分，足證：天主照顧的範圍，也擴展到它們身上。

經證：本此道理，《瑪竇福音》，章六，（章十，節二九；章六，二十六），記載吾主耶穌說：「兩隻小麻雀，不賣一文錢，（一個飛翔空際），一個落到地上，不是沒有我父天主的安排」。《智慧篇》，章八，節一，也稱揚天主的上智說：「祂（的上智），能力深長，從頭至尾，觸及宇宙萬物」：就是從最高的第一級受造物，通達於最低的下級，一無遺漏：（猶如天網恢恢）。《厄則克爾先知》，章九，節九，也斥絕某些人的錯誤意見。記載他們聲張：「上主遺棄了下土。上主無目，（看不見人民的疾苦）」。若伯，章二十二，節十四，也記載同樣錯誤的人說：「祂盤環在天上的四極，不顧惜我們人間」。

駁謬：用這些理也，得以破出某些人的意見。往代有些人曾說天主上智，照顧不到下界這些個體事物。現代還有些人，居然託言這是亞里斯多德的意見，殊不知從他的言論裡，找不到什麼根據來。

第七十六章 直接照顧

已往有些人，承認天主上智，照顧到下界這些個體事物，但主張經過某些原因，居間轉達，不是親自直達。

按尼柴主教，聖師額我略，（奈默思主教著，《人性論》，章四十四），紀載：柏拉圖曾主張，天主上智的照顧，分三級：第一級是至上的：天主至上，首先照顧本級：就是神類和智類的一切事物；隨著依次，卻也照顧全宇宙以內的各類，和各種，以種類的公共生存為限；並且也照顧到，萬類大公的那些原因：就是天上諸形體。

第二級是中級：天主用中級的照顧，管理動物植物以及各類有生死變化的個體事物：只限於主宰它們的生死和變化。

第三級是下級：天主用下級的照顧，管理人類生活範圍以內的事物。

同時，柏拉圖卻主張，天主委任「週行天際的眾神」，照顧第二級。委任某些護守神，分駐地面各處，監管人的行動：就是照顧第三級。從此可見：依照柏拉圖的見解，第二級和第三級的照顧，依賴第一級至上天主的照顧。

亞里斯多德，卻主張：負責照顧第二級者，不是天上眾神，而是「軌道橢圓」的那一層天體：因為他認為（四季變化，萬類榮枯，及其他生死禍福，萬變常有的秩序，等等），所謂的「第二級照顧」，乃是天體運行的效果。（依橢圓的軌道，太陽運行，離地時近時遠，近則成春夏，萬物欣欣向榮；遠則成秋冬，萬物凋零枯萎；各種物質變化，為人生有利或有害，無不應運而生）。這些現象，以天體依橢圓軌道運行，為其出生的原因；（固然，各層天體，或橢圓，或正圓的旋轉，都是受天主至善的吸引力所激動的：以天主為「不動的發動者」，回閱卷一，章十三；參考亞里斯多德，《變化論》，詳名《變化生成和敗亡論》，卷十，章六；《形上學》，卷十二，《聖多瑪斯註解》課七）。

分析以上這樣的意見，可知它在某點上，和公教信仰的真理相合，在另某一點上，卻不相合。相合的那一點是共同承認：管理萬物的至高主宰，是天主。不相合的那一點，在於上面那些人的意見，依照他們言論的字面看來，顯似主張：特殊的個體事物，不都直接受天主上智的照管。

回頭審量前數章提出的那些理由，卻能證明：天主照管萬類的個體事物，是親自直接照管。詳證如下：

理證：本書卷一，（六十五數章），證明了：天主認識個體事物，是在它們的本體，直接認識它們；不是在它們的原因內，間接認識它們。認識個體事物而不願愛它們的秩序，顯似是不適宜的。它們的秩序是它們首要美善之所在。天主的意志，是一切美善的元始。既直接親知之，必直接親愛之：故此也必直接親之自規定：這就是直接親自照管之。

加證：用上智，規定秩序，治理事物，是根據上智心靈內，設制的條理；猶如物質工藝品形狀的條理，是根據藝術家的匠意心裁。那裡有許多治理者，下級服務於上級，則上級必須授意於下級：猶如下級工藝的部門，從上級的總部，領取工作的方針和規則。假設，至上天主，是第一級，其下有中下各級，它們必須從天主領取它們應給事物規定的秩序。

然而，這個秩序，既在天主心內，又在它們心內，兩處完善的程度，前者不能劣於後者；反之，按上面，（卷一，章三十八及以下數章），已有的證明，後者應劣於前者，因為一切美善，來自天主，分賦於萬物，由上而下，逐級遞減。

既然，後者，就是下級治者，心內所知的事物之秩序，不僅有普遍原理的大綱，而且兼備個體成分的細目：並且是不能不這樣巨細兼備：否則不能用上智的標準，給所管的個體事物，規定秩序。那麼。依照同樣的比例方法，可知，個體事物的秩序，在天主上智的佈置中，更是那樣顧慮周詳，巨細不遺。

添證：人用智慮，治理事物，上級只管大綱和總目，不管小節和細目；人這樣作的理由，是人力薄弱所致，或因知識缺乏，不明詳情；或因繁重艱難，或因費時常久，上級力量不足，不得不委任下級。這樣的缺乏，遠非天主所能有：因為，按上面（卷一，章四十六）已證的定理，天主全知一切大小個體事物；祂的智力動作，既不費力，又不費時，既知自己的本體，便兼知萬物一切。故此，祂從自己心內，得以計劃出一切個體事物的詳細規則。足證祂的上智，親自直接顧慮到大小個體事物的每一個：（直接主宰管理）。

又證：管理人生事物，下級負責人，用自己的智慧，出謀劃策，規定章程，治理上級主席委任的事物。下級所有的智慧，和智慧的運用，是自己固有的，不是得自上級的授給。假設是得自上級，一切計劃和秩序的規定，就也是仰賴上級作主：在這局勢之中，下級不是治理上級委任的事物，而是執行上級的指使：治理者，和執行者，互不相同之點，正是在於此。

現請轉過頭來，將下級和至上天主相比較，可知一切下級，都是執行者，不是治理者。因為各級的上智，和聰明，都是天主造生的；任何智力的活動，沒有不仰賴天主能力之賜與的；猶任何物體動作，也無一不是全賴天主賞給的那點能力。這是上面（章六十七；卷二，章十五）已經證實了的定理。足證天主治理萬物，是親自用自己的上智，直接照顧一切，直接分配，直接安排。天主以下，所有各級，吾人所謂的治理者，對同類諸級，是治理者，對天主至上，不是治理者，而是執行者：執行天主的安排。

另證：治理事物，用上智照顧指引，上級給下級，制定規則：猶如人間，主持市政者，給軍隊的將領，制定法律和規則。軍隊的將領，元帥給各位百夫長和大隊長，制定法律和秩序。本此原則，天主以下各級，必須由天主制定每級治務應守的規律。天主給它們制定法律和規則，或制定大綱，或制定細則。不拘怎樣，都脫不開直接照管一切大小事物：因為只有以下兩個假設可能：

第一假設，中下各級，從至高上級，領受詳細的法律和規則，顯然乃是天主用自己的上智，直接照顧這些大小一切的個體事物，給它們相互的關係，規定周詳的秩序。

第二假設：天主給中下各級，只規定治體的大綱領。但是大綱領，是一些普遍的大原則，不常能實行到特殊情況裡去：治理變化無常的事物，極度不能不隨機應變；故此大綱領往往有例外。那麼，中下各級，執法需要行權，有時就不得不，在上級原定的大綱領以外，因事制宜，自作臨時的規定：以滿足屬下的需要。為此，它們對於上級的大綱領，所謂的基本大法，要有判斷和裁奪的能力，決定大法何時必須施行，何時卻必應擱置而不行。

然而，它們沒有這個能力：因為判斷和裁奪，屬於上級；（不屬於下級：下級無力判斷自己所不會制定的上級法律）：解釋法律，和特免法律的實施，是屬於立法者的處裁。故此，應取決於至上的立法者：以上智照管事物的天主。祂為作出這樣的處裁，不能不親自直接參加這些個體事物的治理。結果，在此限度內，祂必須直接管理它們。親自顧慮到它們的大小一切事情。

加證：判斷治理優劣，常是上級判斷下級。依照對方假設，既有中下各級的成績，必定由至上天主評定；為此，天主不能不考察它們給這些個體事物規定的大小條理。可見，天主親自顧慮到大小每個事物的情況。

添證：假設天主不由親自，直接管理這些低級個體的事務，無非是或因為「尊者不視下事」，或因為「下事褻瀆尊嚴」。（參考大註解家，亞維羅，《形上學》，卷十二，註解三七，五二）。這卻是不合理的：因為管理是用上智設計，規劃條理，引領事物安秩序行動；這樣的事體尊貴，勝於在事物以內，成行它們的動作：簡言之：親自管理，勝于親自成行：（因為後者，更深入下級）。然而，按上面（六十七數章）已證的定理，天主在萬物以內，完成其動作；（每物現實的動作，都是天主在那物以內，親自直接作出的動作：猶如工具的動作，是工人用工具作出的動作）；並且這也不貶低天主的尊嚴；反而是天主至大全能的固有特性：既非至上所卑視而不屑為，也非褻瀆至上尊嚴而不應為。既應親作，便更應親理。足證：天主上智，直接親自管理這些個體事物。

又證：凡才智高明者，用周密的計劃，運用能力，調節行動，瞄準目的，斟酌輕重緩急：顧慮深遠，無微不至；非如此，（不足為高明：高而不精，則非明智）：逞力行動，縱有所得，（亦莫非冒險而僥倖)，不堪謂上智。然則，天主的能力，在現實動作上，徹底通達，充盈萬類，從上到下，無微不入。從此可見，天主上智，隨能力親行之所至，親自直接照顧，自出心裁，制定計劃，和規律；親自維持萬物大小事情的秩序。(如工匠之運用工具，而尤過之)。

經證：本此理由，聖保祿，《致羅馬教眾書》，章十三，節一，說：「萬事萬物，凡生於天主者，都秩然有序」。《猶弟德》，章九，節四，讚頌天主說：「禰作成了先頭的那些事，也想到了相繼而生的後來事。現今這件事的成全，也是禰原先本有的心願」。

第七十七章　管理

現請注意，上智的照顧，就是管理，有兩個要務。一是規定秩序，一是執行規定。滿盡第一要務，用知識能力。規劃秩序的條理，是治理的本義：因此，（大哲，《形上學》，卷一，章二，曾有名言說）：「智慧的任務是治理」：就是出謀劃策，制定行動的方針和規則。智能高強者，治理低弱者。（治理者，在市政裡，主持市政：執行立法）。

滿盡第二要務，用工作能力：（在具體場合或物質資料中，將規條，付諸實行）。兩個要務，施行的方式，正是相反：秩序的規定，智慧越完善，則越下降，顧慮到細微的條款。規定的執行，作法越高明，則越將細微的節目，委任能力適當的下級去操作：（不大才小用，也不小才大用）。

任天主方面，祂的兩個能力，都是至極完善：智慧能規定極完善的秩序；工作能執行規定，也有極完善的作法。故此，規定秩序，精確周密，甚連極微小的細節，也是用自己的上智，親自佈置；但執行起來，卻依反比例，自己能力大，作大事；將各級小事，卻分配給低小的各級因素，各按己力，擔任適當的工作：猶如高級的總部能力，任用下級的支部和分科，各效己力，執行一部分工作。從此可見，有低小的各級因素，執行天主上智規定的計劃，是合宜的。

又證：上面（六十九數章）證明了：天主的動作，不取消各級第二原因的動作。所有第二原因工作的成效，卻受天主上智的照管，因為按（前章）方證的定理，它們的大小一切事情，每件直受天主的治理。足證，各級第二原因，在實效上，都是第一原因，至上天主，上智計劃的執行者。

添證：比較物力，動力越強，效力延及的範圍，便越加廣遠：例如火力越強，則能燒熱更遙遠的物體。然而這樣的情形，非任何因素直接動作之所能有：因為直接動作，不經過任何物體，居間轉達；凡所觸動的物體，都是本體相接，故是同樣切近：一有遠近的差別，便有中間的物體，介於兩端之間。天主上智的工作能力，強大至極，不但延及切近的，而且通達遙遠的；故此，必需經過某些中級物體的轉達，才能從上級貫徹到最低的下級。（既是由近及遠，則必經過中間：用中間因素，作傳送動力的工具，執行主動者的動作）。

加證：崇高而強大的統治，需要許多輔佐，和許多不同的部門執行任務：因為統治的領域，越高大而廣遠，附屬的部門和品級，則依正比例，益形繁多而分異。然而天主的統治，強大高廣，至極無比。所以，天主用繁多而分異的許多中級因素，執行自己上智的計劃，是合宜的。

另證：秩序佈置適當，是上智精明的表現：因為規定秩序，是上智本有的效用。秩序適當者，則不容留任何部分沒有秩序。故此，天主上智，治道完善，必需將某些事物的長短過度，加以適當的整理：就是引長補短，命富濟貧。按上面，（卷二，章四十五），已證的結論，宇宙的完善，需要許多物類，各按品級的高低，領取天主的美善，故此天主上智，治道的完善，也需要高級物類，領受更豐富的美善，因而任用它們執行一些任務，滿足天主統治萬物的條件。

還證：原因優於效果。依同比例，原因各級間的秩序，優於效果各級間的秩序。上智的治理，在原因的秩序上，更表現出自己的精明。然而，（按卷一，章十三及三十四已證的定理），宇宙間的萬物，都是效果，並且物類分種，品級秩然有序。今如假設有中間各級原因，執行天主上智管理萬物的計劃，宇宙間則只有「效果各級之間的秩序」，而沒有「原因各級之間的秩序」：（這是：效果低劣而有秩序；原因優越，反無秩序：輕優而重劣，不堪為上智。極不適宜）。故此，（用反證法，反回去），天主的上智，既然是完善的，就必需有各級中間的原因，執行祂的意旨。

經證：本此意義，《聖詠》，（一〇二，二一），詠讚說：「請你們大眾，讚頌天主，你們是祂的能力，又是祂的輔佐，你們承行祂的意旨」；別處，（一四八，八），又說：「火，雹，雪，疾雨，急風都承行祂的言語」。

第七十八章　以上治下（一）

惟因天主上智，照顧萬物，以維持秩序為要務，既然適稱的秩序，副合物類品級，從至上到至下，逐級下降，經過中間各級；故此，天主上智，分配治力，通達至下級的事物，必須依照某某高低相稱的比例。這個比例的局勢，（擬成公式），是上級管理下級：（複比例公式如下）：猶如至上受造物，位置在天主以下，受天主管理，如此每兩級物類，下級位置在上級以下，受上級管理；（管理，在這裡，專指執行天主上智規定了的秩序：例如用工人將條理佈置在物質裡，將某塊物質資料，作成條理明確的一件工藝品）。然則，按（卷二，章四十六）已證的定理，在一切受造的物類中，品級至高者，是智類：（它們是有智力的實體）。故此，天主上智，照管萬物，依秩序適稱的原理，需要任用有理智的受造物，管理沒有理智的受造物。（「理智」在這裡，用二字合指的廣義，指示天主以下，無理智的物類以上，各級有理性和智性的實體。依名辭的狹義：人的靈性，有理智而無神智；諸品天神，有神智而無理智；理智，不常知一切真理，但因推論辯證，尋求而知理：漸得本性可知的知識。神智，直觀洞見，常知本性可知一切真理，不費理智的推證或尋求。回閱卷二，九十六—一〇一章。但依名辭的廣義，人的靈性，有某些限度的神智；天神的神智，雖然不費推理的功夫，但也有知前提和結論的理智。名辭，何時指廣義，何時指狹義，取決於言者的本旨，比較發言的場合及上下文，往往能察辨出來）。

加證：任何受造物執行天主上智的秩序（和計劃），無非是由於自己領到了天主上智宰治萬物的一部分治力：猶如工具不動，除非被動，而領受主動者的一部分動力。依此比例，可知，物類分級，各得天主上智治力的秉賦，程度分強弱和大小。治力強大者，治理弱小者；在弱小者的身上，執行天主上智的規定。

然則，受造的物類中，分有智和無智。有智者，治力強大，勝於無智者。因為：上智的治力有兩個任務，同樣重要：一是規定秩序（的條理，和施行的計劃）；二是執行規定：將計劃實現。前者的完成，賴有知識能力。後者，賴有動作能力。有智力的物類實體，兩個能力都有。無理智的實體，卻只有動作能力，而全無理智的知識。足見一切沒有理智的物體，奉天主上智的照顧，受有理智的實體，執行主旨，加以治理。（從上智照管萬物的觀點看去，智力有治力的作用；動力也有治力的作用。人的治力，兼有智力和動力，但是動植礦各類，卻只有動力，而無智力：故此，人的治力，治理動植礦各類。萬物的能力，都是天主上智治力的流行：執行天主上智的計劃）。

添證：力不虛授，常為生效。治道之至善，在於引導萬物，各遂其性，各盡其能，而生成萬效，以收萬美。智力本體，既有治理作用，（規定秩序計劃），又有管治作用，（實行規定的計劃）。因此，吾人觀察自然，有時發現，兩個作用，兼備於一體，則其行動能力，隨從智力的主宰：例如一個人，用自己的意志能力，運動百肢；明見百肢，服從意志的管束。（意志是一個智性的能力）。同樣情況，也發現在眾體之間：例如許多人，能力互異，共同行動起來，行動力強大者，執行巨重的任務，必須服從智力高明者的指導。從此可見，依照上智治物的理則，天主必需，任用有智力的受造物，管治無理智的受造物。

又證：局部的能力，依其生來的本性，服從總部能力的調動。考察人工和自然，情況顯然同是如此。然而，智力的範圍寬廣，大於任何其他動作能力：這是確然無疑的定理：因為智力的（知識範圍），包括萬類事物，各種公有的性理，每個性理都是普遍而大公的；反之，行動的能力，卻個個僅僅是根據作者本性固有的某某一個性理，發出本有的動作。可見，動力之與智力，有分部與總部之比。可見，無理智的萬物，都是天主任用智性實體的能力，來調動和管治。

另證：凡有許多能力，依品級高下，組成有秩序的系統，知理越高明者，指導知理不明者；其品級則越崇高。本此定理，觀察百科技術，吾人眼見的事實，是總科治本，決定目的，規定全部工程的條理，指導分科，遵照計劃，執行命令，完成各項任務：例如航海術，是總科，指導造船術，依照航海目的之需要，製造船隻。造船術是分科，製造航海目的需要的工具。工具的條理，決定於目的。在造船術的分科以內，又有分科，技師製造藍圖，指定應用資料的形式，條理，性情，等等，命令以下諸科，製備資料，分工製造。各科各級的工匠，都是依照所知理則，執行上級委任，完成本級任務，治理下級工作。至於物質的工具，全無任何知識，則只受治理和使用，不治理他物。既然宇宙間，只是有智力的各類實體，（神類和人類），有能力認識萬類物體間秩序的條理；足證：統領和管治無理智的各類物體，是它們的任務。

添證：因本體而有某類生存者，是那因他物而有同類生存者的原因。生存如此，動作亦然。物因有生存，而有性體現實，並有動作。然則惟獨有智性的實體，運用意志自由的決擇，自己作自己行動的主宰：在此限度下，惟有它們可以說是因本體而動作：是自動者。其餘萬物，卻只根據物性的必然而動作，乃如同是被動於外物。凡是被動者，都在某些方式下，被動於自動者。足證：有智力的實體，用自己的動作，調動並管理其他無智力的各類物體。（人為萬物之靈，故為萬物之主，只就有形世界而言，確是如此。但人生一切行動，不分有意無意，都是執行天主上智的計劃，參與天主造生保存萬物的工化：以達成化世淑人的目的）。

第七十九章 以上治下（二）

按上面（卷二，章九十一－九十五）的說明，天主造生的智類實體間，也分高低不齊的品級；就這方面看去，可見依（前數章）已指出的理由，它們當中，下級也必須受天主任用上級的治理。

還證：按前章說明的原理，總科範圍高廣的能力，調動分科局部狹小的能力。然而，按上面（卷二，章九十八）證明了的定理，智性實體當中，上級能力寬廣高大，具有範圍普遍的大公性理許多，勝於下級。故此，上級管理下級。

又證：由至上元始出發，比較距離的遠近，常發現近者力強，管治遠者；遠者力弱。萬類能力，如此。智類亦然。同一公律，可明徵於百科學術：理論者，實踐者，莫不同然：理論者，推證定理和結論，由原理出發。研究原理者是主科。主科以下，都是分科，副科，由主科領取應遵守的原理和原則。實踐的學術，以工作目的為基本和元始。按離目的之遠近而言，近者是總部，遠者是分科。總部治理分科。

本此公律，既按卷二（章九十五）已證定理，智類實體以天主為至上元首；足證距離天主近者，受天主任用，治理較遠者。

添證：智性實體，類級越高，在本體以內，領受天主灌輸的上智，便越完善：每物領受某物，依照自己的方式。天主卻用上智統治萬物。如此可見：物類分領天主上智的秉賦，有多寡的分別：多者則應統治少者：以智治愚。足證天主任用高級智力，統治低級。

有些高級智力，是神體；公名天神：分名天使和天吏。天使給下級傳達天主意旨：猶如外交使節或郵差，傳遞音訊。天吏執行天主上智規定的計劃，用實力的動作，調動並管理下級的神類，也管治形類：猶如「有靈性的工具」，受天主任用，實作某某工作：彷彿是天主的股肱輔佐或官吏。大哲，（《政治學》，卷一，章二，曾將政府的官佐，比作主政者的「有靈魂的工具」：如其左右手。

經證：《聖詠》，（一〇三，四），也有這樣的話說：「天主造風以為天使，（傳達風聲）；又造火燄以為天吏，（陶鑄造化）」。（《宗徒大事錄》，章二，節二。聲如大風，天神預報天主聖神將要降來。火燄如舌，天神發顯並參與天主神聖光照人心的工作。天神不是風，也不是火，而是用了風同火，執行任務，給天主作工具。天主聖神的工作，經過天神和風火等等工具的傳達，直接成行於人的心靈以內）。

第八十章 以神禦形（天神分級）

按（章七十八）已證的定理，神類實體，執行天主上智的計劃，管理形類實體。然而形類實體，分許多品級；依次排成系統，有固定的秩序。（乃依照高低相稱的比例），高級智力，管理高級形體；低級智力，管理低級形體：治者高於被治者。

但實體品級越高，能力則越範圍寬廣；為此理由，智性實體的能力，範圍廣於形體。於是智性實體，分兩大總類，一類不結合形體；和形質絕異而分離：是純神實體；它們有些動作能力，發揮動作，不運用任何形體的能力作工具：故此它們不結合於形體。它們是高級神體。

在它們以下，有些低級神體，包含某些局限起來的能力，為發揮動作，需要任用物質形體的器官作工具。因此，它們必須結合於形體。它們是低級神體：（並是人的靈魂）。

高級神體，能力範圍寬廣；從天主上智，領受的治力強大，詳細認識天主規定的秩序和計劃：不但知大綱，而且知個體事物的細目。天主將自己規定的秩序和計劃，顯示給各級神體：從至高到至低，無一級不知天主上智的計劃：按《若伯傳》，章二十五，節三說：「祂的士卒，眾多，豈可勝數？那裡有一個士卒的面上，不閃爍著祂的光明」？猶言天主上智的光明，照耀祂每個智性實體。

然則，品級不同，則知識的程度不同。高級的知識詳明。低級的知識攏統：不詳知應執行的每個細目：只知含渾的大要。品級越低，知識越淺近而含渾。人的智力，本性知識的程度最低，（因為人靈，是神類中品級最低的神體：因此它必須結合身體；並且），由天主最初的光照，只領到了某些廣泛至極的知識，認識一些極淺顯的公理。（所謂天主最初的光照，乃是某某智性實體，以天主造生的智力，本性生來，自然醒悟，不學而知的基本知識。高級神體的基本知識乃是詳明完善的知識。低級神體，卻逐級下降：品級越低，則知識越淺近而攏統含渾）。

依照以上的品級和秩序，高級智性實體，直接從天主領受完善的知識，全知天主治理萬物所規定的秩序。低級的智性實體直接從天主領受的知識，不是完善的；必須領教於高明，始能將不完善的基本知識，充實到完善的程度：如同上面（章七十五）所說的：師長有普遍公理和專科定理的詳盡知識，學生初學，只知普遍公理，依賴師長教導，乃能用公理證出定理和結論，而得到完善的知識。（依相同的比例，諸品天神之間，也發生大智光照小智、師生似的關係）。

本此理由，狄耀尼，《天上品級論》，章七，討論到上層諸級智性實體，給祂們定名，統稱「聖級第一層」，猶言「聖制級序中，第一層的高級神體」；用這些話，形容祂們說：「祂們的聖德，直接來自天主的本體，不經其他實體的傳達；祂們的實體，由天主擴大引伸，直接深人於天主本體的神性境界以內；並受天主提引，欣賞沒有物質和沒有形象的美景；並且認識天主所作事物內可知的眾理：充滿本級智力的容量」。

由此可知，高級靈智是在高級因素裡吸取完善的知識，以充實自己。

任何上智措施，（遵守因果律），根據作者的性理，制定出作品的條理。效果出自原因，必定相似原因。作者給所成作的效果，傳授和自己類似的性理，卻是為了某某目的。如此分析，可知上智的措施，有三個根據：第一是目的，第二是作者的性理，第三是效果內秩序的條理。

根據這樣的標準，分別智力的品級，（依照高低相稱的原則），高級智力，關心秩序的條理，注意在目的方面。中級智力，注意在性理方面。下級智力，注意在效果方面、秩序的條理本身：各從本級的注意點，認識效果內，秩序的條理。低級智力，不用高級的觀點；也不在高級因素或原理的標準以內，觀察本級可知的事理。

本此智力的級序，高級總領中下各級。這樣的原則，可明徵於人間學術的分類：專科學術，有治本者，有設計者，有工作者。治本者，治理目的。設計者，規劃藍圖，制定性理條件。工作者，動手操作：例如對於造船航海，航海術治本，是總科：統領造船術，及其下工作部門。造船術，設計規劃，指定造船應用資料的性質及其架構條理。各工作部門，乃動手操作。

依同樣的比例，諸品天神，也分三級，（每級以內分三品，每品以內又分許多位）。

第一級的諸品天神，叫作「賽辣焚」（Seraphim）；（希伯來語，名稱見於《古經》，《依撒意亞先知》，章六）：猶言「熱火」，或「烈火之源」，「火把」：象徵愛情或思慕的真誠急切；傾心注意在至善的對象：目的。祂們的智力，直接在天主本體以內，領取天主上智的知識，完善無缺，全知萬物間秩序的條理：但以萬物最後的目的，就是以天主本體的善良為根據的標準和觀點。祂們的知識，雖然同樣完善，但仍有明暗程度的分別：於是祂們在同級以內，又分許多品。

第二級的諸品天神，叫作「格律賓」（Cherubim）：（譯音的來源同上）：解釋其意義，乃指「知識的飽滿」：知識的容量，因知事物的性理，而達於充實。這一級的諸品天神，在天主（心目中）的性理以內，完全認識天主上智，為治理萬物，所規定的秩序和條理：用天主的性理作明鏡。

第三級的諸品天神，叫作「法座」，（原字希臘譯音「特勞尼」〔Thrones〕；來源於《古經》偽書，厄諾克先知，斯拉夫版，章二十；十二位聖祖《古經》，助未族，章三，節八。不見於純正的《古經》（《舊約》）。《新經》內，只一次見稱於聖保祿，致格羅森教眾書，章一，節十六）。法座象徵法官裁判權；借指這一級的天神，受天主光照，認識天主判斷事物的需要，而規定了的條理：直接認識這些條理系統的本身。

史證：狄耀尼，《天上品級論》，章七，論到以上三級天神，解釋名稱的象徵意義，曾說：賽辣焚，烈火烘烘，象徵閃閃活動，熱烈殷勤，靈利屈折，千廻萬轉，嚮往天主；並且點燃下級萬物，共同燒成一團，互相率從，全心歸向天主，以天主為歸宿（和目的）。

格律賓，知識飽滿，象徵靜觀動察，瞻仰天主造物、治物、奇工妙化的全能；欣賞天主安排的美麗（秩序，格律，條理，等等，構成宇宙萬物生存行動的奇觀）。

特勞尼，法官席座，象徵秉承天主重任，推行主旨，對上親近天主，暢懷接受天主採取的決定，身蒙天主的眷愛和信任；對下，廣施天主上智治理萬物的仁善和公義；根據《聖詠》，（第九，節五）所言：「爾坐在法座上，處裁公義的判斷」。

注意：上述三級，第一級以愛為主，愛天主的仁善。（品級至高）。第二級以知為主，知天主的性體。第三級以義為主，判斷事物，仰合天主、真理的知識。三級天神高下不齊。但在天主，仁善，性體，知識，三者卻是平等的，不但平等，而且實體相同，共是純一而自同的天主本體。一個本體有多面觀，故觀者在思想裡，形成許多不同的觀念。（觀念眾多而互異，故有品級的不齊）。然而因此，不可誤將天主本體，分裂成許多高下不齊的實體，或實體的部分。這樣的誤解，特應留神戒防。（以上三級，分說有愛、知、義的不同，合說則仍歸於「知」，在於用智性的知識，知善，知性，知義。這裡的知識兼含上智治理的作用；尚不屬於「行」，高於「行」，而與「行」，有上下相屬的關係：用知識的光明，照耀下級，指引其行動）。

（以上三級，屬於上層，親近天主，位置最高。上層以下，尚有中下兩層）。

中層天神，也分三級，（級分數品，品分數位）。三級共同任務，在於執行天主上智的治理；從上層諸級的各品天神，領取所需要的知識。力大而智廣者，領取高廣的知識；知普遍的原理，原則，和原因：位置崇高。較低者，力小而智狹，專知某些部分的原因。上級普遍的知識，以天主的本體為明鏡：注視鏡內，則知所照全景。下級部分的知識，以部分的原因，為明鏡，知其所照詳細。中級卻，介於中間：認識全體公理以下，諸部細則以上，中間類別或種別，諸級分類和分種，每個範圍內，公有的理則和原因。上中下三級，中級聽從上級的指導；而依比例相同的方式，指導下級。猶如人間專科學術的分類系統中，天文學，位置最高，研究天上諸形體，能在天象之內，觀察到自然界萬物全體的秩序：識見高廣，智力強大，勝於中下各級學術。下級分科，考察下界形體，為得完善知識，不需要像天文學那樣高大的智力和識見。天神分級，下級受上級光照和指導，是依照相同的比例。按狄耀尼，《天上品級論》，章八，中級天神，位於上下兩級之間，依高低適稱的比例，受上級指導，而指導下級。

如此，中層天神，分三級。分受上智委任，執行任務。

第一級叫作「主治」（Dominions）。作主任，發命令，出規矩，令所屬各級職員和工匠，如何執行天主上智的委任。因此，狄耀尼，同書，章八，說：主治二字，指示總理，位置在職工全體以上，高於所屬一切。（猶如總經理，或總管，總主任之類）。

第二級叫作「德能」（Powers）：按狄耀尼同處解釋，指示「精明強幹」，作出的動作，在方式和性理上，相似天主，行動起來，不因自己愚蠢，而背棄天主的方式和性理。德能是一切動作實力的根源。天主上智，治理萬物，將工作分成許多種類，分配給執行者和工作者，責令作出各種成效。這是「德能」的任務。從此看來，天上諸形體的運行，好似是屬於這些天神來推動；轉而在自然界的萬物中，生出各類物體生死變化的實效。萬物生生的變化，以天體運行為公共的原因。因此，路加福音，章二十一，節二六，也曾提到「諸天德能」這個名稱：（預言世界末日，人子降來之時），「各層天上的德能，要受到動搖」。（回閱章二十三）。

天主曾嘗作出一些事蹟，出乎自然秩序（的規律）以外，依照上面的看法，也好似是天主委任「德能」這一級的天神，去執行；因為在天主委任的工作中，這些不平常的事蹟，是崇高至極的：為此額我略，（《福音勸語》，四十講，第三十四講，第十號），曾說：「異乎尋常的大事和奇蹟，天主屢次任用這些天神去作成。祂們就是（《聖經》裡）所說的「德能」；（是某些天神的公名）」。

執行天主委命的任務，凡有關係宇宙全體和第一等重要的事項，不拘是什麼，也依情理而論，應當歸付於這一級的天神去作。

第三級叫作「能力」（Authorities）。效果既成，有秩序需要維持，和防衛。就是控制效果內部的秩序，不陷於混亂；並且抵制一切能擾亂秩序的因素，（或預防，或抗拒，或鎮壓，禁止等等）。這些保安工作，是這一級的任務。因此，狄耀尼，同處說：「能力」這個名稱，有安理或治安的含義：是在天主委任的工作內佈置，並維持良好秩序，不使混亂。為此，額我略，同處，也說：「這一級天神的任務，是抵制敵對的能力」。（彷彿是國家的軍警，又彷彿是身體內的抗毒素及預防劑）。

第三層，位置最低，範圍狹小，奉天主派遣，直接管理人類的事物。這一層的天神也分三級。祂們在某些局部的原因以內，認識天主指示的秩序和條理，執行上智的計劃。因此，狄耀尼，同書，章九，論到祂們說：這第三層的佈置，是天主，按著上述的理由和次序，委任各級神體，照管各級的人生事物。這裡所說的「人生事物」，應從寬解釋，泛指一切低級自然物體，以及各種因素；凡與人生目的有關係的，及為人有用的一切事物，無不包括在內；一如前者（章七十一）已有的說明。

這些天神分三級：一「元首」（Principalities），二「總領」（Archangels），三「護守」（Angels）。分級的標準是人生福利：其中最首要者是社會公益，次則每人實益。個人實益，又分兩級：某些個人的實益，造福眾人。有些個人實益，造福其本人。

社會公益，以市政，或全民福利為至上。（市政等於國政，治理各處市井的人民福利，以城市為中心：目的在安治邦國，謀福民族。古代希臘市政的理想，是城市自治；每城一國，眾國聯合，組成聯邦。參考，亞里斯多德，《道德論》，（《倫理學》，福益論），卷一，章二；《政治學》，（市政論），卷一，章一；卷三，章一：論「城市國」，意義和形勢近於「邦國」；參閱周禮）。

於是，天主乃委任「元首天神」，保祐國家或民族的公益。因此，狄耀尼，同書同章，解釋說：「元首」的名稱，指示這些天神，站在聖上的品位，作公眾的指導。為了這個理由，達尼爾先知，章十，節三，也提到天神彌額爾（Michael），是猶太民族的元首，也是波斯人的元首，也是希臘人的元首。

如此，邦國的建立，治理，以及國家主權，由一個民族到另一民族的轉移，諸如此類的國家大事，都應屬於這一級的諸品天神負責照料。人間的首領，治理國務，需要適當的知識，也似乎是應受這一級天神負責啟迪和教導。

人生尚有某種福益，不是團體福益，而是專屬於某某個人本身：同時他這個人利益，不但有益於他自己一人，而其本質是為造福於眾人：例如一總人公眾及每人一己需要信從和遵守實行的知識，（其實際的曉悟及傳播，屬於個人；但其本質目的卻是為啟發眾人的心智光明：倡導眾人共曉應知及應行的道理）：信德的道理，天主的敬禮，及其他類此的事項，都屬於此吸：（特別包括人生應知應行的各種知識和技能）。為照顧這類的個人福利，（同時利己而利人），天主乃委任第二級天神，就是所謂的「總領天神」。論到祂們，大聖額我略，《福音勸語》，同處，曾說：祂們宣報重要至極的大事：例如嘉俾厄爾（Gabriel），叫作總領天神，因為祂給童貞聖母，宣報了天主聖言降世成人的重要喜訊，是一總人都應信從的：（祂乃率領一總人起而信從：這是祂叫作「總領天神」的意義。此外，還有其他許多總領天神，猶太流行的《古經》偽書，提名者，多至七位。公教傳流，根據純正新古《聖經》，認為總領天神，知名者，計有彌額爾，辣法厄爾（Raphael），嘉俾厄爾，和物利厄爾（Holiest），四位：也號稱「侍前四神」：近侍在天主座前，司理四項大事：一興廢，二衛生，三宣報，四司法。邦國興廢，常以征伐：彌額爾，相似戰神。四事全善，則公私兩利：當事者，不但獨善其身，而且兼善天下）。

人生另有某些福利，單屬個人獨有。為照顧每人，天主就委任第三級天神，負責護守，叫作護守天神。任務有二：一是傳達，二是護佑。聖額我略說：（總類天神，宣報人類大事），「護守天神，（給所護守的那一個人），傳報個人小事」：（個人小事，為人類是小事，為當事的個人，卻是重要事）。又按《聖詠》，九〇、一一，說：「天主委命了天神數位，在一切大道和小路上，保護你行程的安全」。

因此，狄耀尼，也說：照顧人生事物的天神，分上中下三汲。上汲有「元首」，下級是「護守」，「總領」居乎中間，和上下兩級，有些共同之點：領導下級護守天神，作他們的「總領」，就是作他們的「元首」：指導祂們依照社會或團體的公益，照料每個人的私益：這也是理所當然的。在這一點上，總領天神，和元首天神，相似。

在另一點上，「總領天神」，將必要的知識，傳報給護守天神，再由護守天神，傳報給吾人。護守天神的本職是給每人，在適稱條件下，宣報其應知的消息。故此、「總領天神」的名稱，既包含「元首」的意義，又包含「護守」的意義：彷彿是說：祂們是「眾位（護守）天神的元首」。

注意：聖額我略，將天神分成三級，排列的次序，稍有不同：上級是「主治天神」，中級是「首領天神」，下汲是「德能天神」。「總領天神」併歸於中級。「護守天神」，歸併於下級。首領，按聖額我略的解釋，不指民族或邦國的元首，而指眾位善神的首領：就是說：執行天主委命的職務，位居前列。首領是站在前方第一位。相當於上層中汲的「德能」。聖額我略卻把「德能」列入下級：因為祂們照管的是許多局部的小事；異乎尋常的事蹟，只發生在特殊的情況中：不是公益常有的需要：理應列入低級的小事中。

上述天神品級，兩個排列的方法，大同小異：同在各級都有，異在次序不同：（不同的原因，在於名稱的用法，隨人選擇，故互有不同；關係名辭的解釋，無傷於天神固有的品級）。

經證：上面兩個次序的排列，都可從聖保祿書信的經言中，找到根據。致厄弗所教眾書，章一，節二〇說：「天主父，將祂（天主子，基督）的位置，安置在諸天之上；坐在自己的右邊，高於元首，能力，德能，和主治等各級天神」。在這些話裡，次序由下而上，元首以上有能力。德能居中，高於能力，低於主治。這是狄耀尼採用的次序。

聖保祿，致格羅森人書，論到基督，卻說：「不論是什麼，或法座，或主治，或元首，或能力，各級的天神，（或其他萬物），凡實有一切，都是天主造成的：用了祂、（基利斯督的智能）；並根據了祂，（以祂作萬物生存的基礎）」。這些話中的次序，是由上而下，先舉出「法座」那一級；其下有主治，再下有元首，最低有能力。這是聖額我略所沿用的次序。

論到賽辣焚，《依撒意亞先知》，章六，曾提出祂們的這個名稱。《厄則克爾先知》，章一，提到了格律賓。猶達宗徒書，提到了總領天神：追述《古經》記載：彌額爾，總領天神，和魔鬼鬪爭，，等等。關於天神（護守天神），有《聖詠》數篇作證，已見於前文。

注意：惟需注意，能力間，品級高下不同，排列成有秩序的系統，共有這一條公律，就是：下級的動作，都依賴上級的動力。因此，吾人本章，曾經肯定：下級天神，都依賴最上趿賽辣焚的動力，執行自己品位的任務。偏歷各層諸級，都有同樣的情形：下級動作，仰賴上級的能力。（賽拉焚，用火燄象徵愛情；一切物體行動，無不以誠愛最後目的，為動機。人間諸德百行，以愛為本源。天上的天神諸吸，以愛火為至上。天人異界，而理則相同）。

第八十一章 人治人事（任務分級）

智性實體，分級，人的靈魂最低：因為按前章的說明，祂在其本體初建之時，從天主領受一些知識，藉以認識天主上智治理宇宙萬物的秩序，和計劃；只限於普遍原理的知識。祂的知識，極不完善，為能補充完善，認識天主上智計劃的細目，確知個體事物的詳情，需要從個體事物出發，逐一考察，研究出天主在個體事物中，建立或規定了的秩序，規律，和計劃。因此，祂必須具備肉體的器官，藉以從物質的有形事物中，吸取祂所需要的知識。

人的靈魂，智力薄弱，眼光昏暗，對於人生事物，無力從形界的個體事物，得到完善的知識；除非仰藉上級神靈的助佑。這是天主規定的必需條件：下級神靈，仰賴上級神靈的助力，取得圓滿的美善：前在（章七十）已有證明。

統觀物類，分有知和無知。各有高下品級。完全沒有知識的物體，按動力的強弱，分別上下，下級承受上級的動作，服從上吸的控制和變化。這類物體，參與天主上智治理萬物的工作，只限於執行天主的計劃，（而無知識）。有知識的物體，有人獸之別。獸類，粗野，沒有智力，但有某些（比人智較低的）知識；因此，依照天主上智的秩序，獸類的品吸，高於沒有知識的生物，例如草木及其他植物。因此，《創世紀》，章一，節二九—三〇，記載天主說：「請看，各種花草，在地上生長，結出種籽；各種樹木，也各生本類的菓實；供給你們（人類），及地上各類動物，取作飲食。這都是我給你們（造生）的」。

依同比例，根據天主上智的秩序，獸類服從人類：因為人在某些限度內，有一些智力的秉賦，獸類卻完全沒有任何智力。因此，《創世紀》，章一，節二六，形容天主說：「我們要依照我們的真像和形貌造人，使人類統治地上的走獸，天上的飛禽，和海中的水族」。所說的「依照真像和形貌……」，就是說「依照天主真實本體所有的智性，（及天主心智內所規劃的性理和條理）」，造生了人的身體和靈魂，及兩者合成的人性實體。（回閱卷二，章六十八；人靈魂的靈智之性，便是人的本性，肖似天主的神智；為此，有能力統治水陸空三界的物類）。

人本體以內（的秩序），包含智力、覺力、和體力。依照天主上智的安排，模仿宇宙間觀察可以發見的秩序，人的這三種能力，彼此之間，按品級，發生以上治下的關係：因為體力服從覺力和智力，執行它們的命令；覺力，（是身體器官的知覺能力），卻服從智力，受智力的指揮和管轄。（人本體，是一個小宇宙，生存和行動的秩序，相似大宇宙，大小宇宙的秩序，是天主上智規劃而建立的：以上智的理則為根據）。

根據相同的理由，眾人之間，也有品級和秩序：是觀察可見的事實：智力優越的人，自然主持事物的治理；（相當於天上第一層第一級的「主治天神」）；智力缺乏，而體力強壯的人，好似就是體格生於自然，專為服從智者的教導，從事於體力的工作。亞里斯多德，在所著，《政治學》，（市政論），曾有這樣的言論，（參考其書，卷一，章十一）。智王撒羅滿，在《箴言》，章十一，節二九，有句名言說：

「沒有上智的人，從事於勞作，要服從上智的人領導」。《出谷紀》，章十八，節二一—二二，記載（梅瑟的顧問，伊特洛，瑪地央國大司察，給梅瑟建議）說：「應用上智，從全國人民之中，選擇賢明之士，敬畏天主者，充任常務判官，審判人民的訴訟」。（在梅瑟時期，判官的任務，是給人民宣報天主的誡命，領導人民，本著敬畏天主的心，分辨是非，行善避惡）。

智，則治。不智，則亂。以覺力，服從智力，則智。以智力追逐覺力，則亂。身體不健全或不舒適，是生理失序；牽扯覺力，發出身體不規則的運動：例如步法拐蹶。（器官覺力，是百肢動力，和肉體諸般情慾的類名及根源：總部在腦神經和心臟。人的智力，用心腦，主宰百肢動靜，調節情慾；猶如「主治天神」，任用「德能天神」，率領「能力天神」，及以下各吸天神，治理宇宙萬物，執行天主上智的計劃。在個人生活範圍以內，人用智力調節情慾，則心身修治；用智力追逐情慾，則心身荒亂）。

個人一身如上；眾人相處，維持公眾秩序，比例相同。人間的治道混亂，追源禍始，由於取得上級權勢者，不因理智的賢明優越；而用體力的強橫爭霸，脅持，擅權，篡奪；或因情慾的私寵，被立於統治地位。（體力，泛指一切物質力量，例如武力，財力）。

撒羅滿，也曾提到這樣的混亂；他在《德訓篇》，章十，節五，說：「太陽照臨之下，又有一件惡事，也是我所目睹；如同由於錯誤，而出自元首面前；竟將昏愚的人，安置在崇高的權位」。

然而，這樣的混亂，並不足以抹殺天主上智治理萬物的事實，（也不足以推翻天主照顧萬物的定論）：因為，如同其他各種惡劣事物，按（章七十一）已有的說明：來自低級因素動作的缺點，有天主上智的容許。這樣的混亂，並不足以完全顛覆自然律的秩序：因為除非有賢達的人，出謀畫策，助桀為虐；

昏愚者的統治能力，懦弱無能，賢達者，不肯扶持昏愚者，昏愚者的勢力，則不穩固。

因此，《箴言》，章十，節十八說：「議會合謀，則志思高強。興師動眾，應託軍府籌劃」。章二十四，節十八，又說：「人，有智，則強；多識，則多力，故壯；行軍有策略；治安在智謀周詳」。接受謀略的建議，乃是聽從智者多謀的領導；並在某些限度內，服從其主持。《箴言》，章十七，節二，曾議：「賢智的服務員，管制愚弱的眾公子」。

總結前論，得以明見：天主上智的照顧，給萬物安排秩序：誠如大宗徒，《致羅馬教眾書》，章十三，節一，所說的：「萬事萬物，凡生於天主者，都秩然有序」。

第八十二章　形體分級而治

智性實體，品級分高低。物質的形體，亦然。但按照（七十八諸章）已有的說明，天主上智治理事物，規定智性實體，依照品級相稱的原則，上級管治下級，下達於最低的個體事物。故此，依照相同的比例和原則，物質的有形實體，也是分別品級的上下：天主上智，任用上級，管制下級。

加證：宇宙間，形體分類，各有自然的處所：處所越高上，生存的範圍，就越寬廣，而近似性理。性理的範圍寬廣，包容性理相同的事物，管束事物生存和行動的進展：猶如處所包容自己範圍以內的事物，管束它們生存和行動的場所：高廣者包容並管束低狹者：從上而下：火包氣，氣包水，水包土。（希臘古代《物理學》，認為火體輕清，本性向上，位在天界。土石之類，本體重濁，本性下沉，位在塵界。水氣介於兩間：氣層高於水面）。然則，有形的宇宙間，方位最高者，莫過於天上諸形體。故此，它們也更近似性理，因而更有包容，管束，及動作，等等動力，並且高強廣大，也勝於其他各類形體。故此施動於低級的一切形體。這樣，天主上智治理低級形體的事物，也是任用上級。（凡是形體動作，都有體行天道的治理作用）。

又證：實體本性完善，不含衝突成分者，能力的範圍，高深廣遠；甚於實體本性完善，必含衝突成分者。(物性實體，有純雜之別：純者精強。雜者軟弱)。成分的衝突，來於分異的因素，限定並縮小類性的疆界。因素眾多互異，如能消除界限，則能停止衝突而共存一處：例如在智力收容的(意識)範圍內，事物各種的性理，在自然界，局限固定，互相衝突；在思想裡，化局限而為大公，由具體的獨私，擴展為抽象的普遍，乃停止衝突：因為同時共存於一人心際：(一個人能同時思想水火的性理)。

然則，天上形體，本性完善，不含任何衝突成分：既無輕重，又無冷熱。下界形體，為建立本性的完善，卻不得不有若干衝突的成分。(古代《物理學》和天文學，曾認為天上形體，物質特殊而單純：只有方位移動的可能，沒有生死變化的可能，不是許多衝突原素，配合而成的)。它們的運動，也證明這一點：天上那些形體的運動，是圓週旋轉，沒有(向上和向下，直線升降的)任何衝突；(行動表現本性。行動沒有方向互相衝突的能力，表現本性沒有互相衝突的成分)：因此，在它們實體以內，不會發生被外力強迫而受傷亡的事變。(外力的強迫，引起衝突成分失去調和的平衡，實體遂因分裂而敗亡)。下界的形體，有向上或向下，直線升降的自然運動，(表現本性含有衝突的成分：故有被外力強迫，傷亡或變化的可能)。

如此比較，可知天上形體，能力高大廣遠，是普遍的；勝過下界形體。既然，按(章七八)已有的說明，普偏性的能力，推動自己範圍內，各部分的特殊能力：猶如總部調動所屬的支部。這樣貫通全論，足證：天上的那些形體，推動並且佈置下界的這些的形體。

添證：上面(章七十八)，說明了：天主任用智性實體管制其下一切實體：(由上而下，經過中級，不越級，不躐等)。然則，天上形體，本質不滅，在此限度內，近似智性實體，勝於下界的形體；並且按上面（章八十）的證明，它們直接被動於智性實體：在此標準下作比較，它們接近智性實體，也勝於下界形體。足證：天主是任用它們管治下界這些形體。

另證：動的第一原因，必定是一個不被動而動的原因。那麼，比較各級原因，依理可以斷定：越近於不被動而動的第一原因不動性，則越增高；而動力，乃越增強：並能推動低弱的一切。然則，天上形體，距離第一原因的不動性，切近的程度，勝於下界形體：因為天上形體，被動，只受一種變動，就是方位的遷移。其餘各類形體，卻受盡各類的變動。如此推想，可知最後的結論，必是：天上那些形體是下界這些形體的推動者，和管治者。

加證：在任何某一物類中，最前的第一原因，是其後面一切低級原因的原因。在各類變動當中，最前的第一變動是方位的移動。補證如下：

一因各類變動之中，方位的移動，佔最前的第一位：不但時間的次序在前，而且本性在前，美善也在前。

在時間的次序裡，按《物理學》，卷八，（章七）的證明：只有方位的移動，能是永久的：（就是至先無先，至後無後的：無始無終的長遠）。

在本性的次序裡，（事體本性，有自然秩序：後果無先因，不會出生）；任何變動，無方位的移動，則無以出生。歸納各類變動，足以明證此點：體量的變動，不變大或變小，除非先有品質的變動，（就是在冷熱剛柔，燥濕輕重，等等附性的變動。生物的形體，變肥變瘦，尤其如此）。品質的變動，是附性同異，或似或不似的變動。（實體因物質變化而新生或敗亡，也必須先受品質的變動）。然而形體間，品質，（因動作施受），而受的變動，也是以方位移動，為缺之不可的先備條件：因為，形體並立，不突相變動，除非方位的距離，先有遠近的分別：（熱物移動方位，接近冷物：交相變動：兩者變得溫度相等。方位不先移度，形體品質，則不交相變動）。

在美善的次第上，方位移動的主體，美善優越，先於其他一切變動的主體：因為方位的移動，不改變其主體內部的情況：只改變其外間的處所。為此，地方的遷移，是自身完善的物體之行動；（自身完善的物體，是自立生存程度、現實盈極的實體；從一個現實的處所，遷移到另一個現實的處所，實體內部無得失。其他各類變動，卻是生存情況尚不完善的實體，由某某潛能虧虛的狀況，轉變到現實盈極的狀況：實體內部常有一得，則必有一失：失者不易再得，得者又難久存：損失多於所得：相變等於相損：冷熱相變而相減損：同歸於不冷不熱的溫和。地方遷移，實體內部無得失，外部改變，有有得失：失一處，得一處；有時卻不算真有得失之可言：去而復返，往返不停：儼然常有所得，而無所失：逝者必返：不可謂真失。由此可見：地方的遷移，是現實主體，由現實到現實的進程，得多於失。其他變動，卻是潛能虧虛的主體，由潛能虧虛到現實盈極的變化，失多於得。就得失之理，比較美善程度，地方或處所的遷移，優於其他各類變動）。

二因只就方位遷移而論，仍在時間、自然、美善、三種次序上作比較，圓週的旋轉，也是位置在前，先於其他各種方位遷移的形式：因為，在時間上，只有圓週旋轉，能是永久的：《物理學》，卷八，（章八），曾證明了這樣的定理；在自然律，性體構造方面，圓週旋轉、這件事體的本身，構造單純而統一：內部不分始末和中間的那麼些段落；整個歷程，無始末兩段，卻只是中間一段的現實：（自然物性，居中者為善：勿過勿不及：寧純一，勿駁雜）。在美善方面：圓週旋轉，優越；因為它週而復始，週線屈折，常常彎向本原：不失離本原和中心的據點。

三因惟獨天體之運行，（軌道不變，速度一律），方式一致，定則不易。各種其他形體，在物性自然的運動裡，末段加速；在物體被迫的違性運動裡，末段鬆緩。（無遲速，則行健）。

從這各方面看來，可見天之運行，是其下萬物變動的原因。

添證：簡單無限制的說：不動者對於被動者如果有什麼關係；則加上某某限制，某類變動中的不動者，對於同類的動者，也就有比例相同的關係。既然，按（卷一，章十三）已有的證明，簡單無限制的絕對不動者，是一切變動的原因；足證在品質變動之類中，其不變動者，是同類一切物體品質變動的原因。

然則，在形體之類中，惟獨天上諸形體，沒有品質的變動：因為它們體構及運行的條理，常是一樣的：（依觀察所能見），發現不出改變來：（在此限度內，可以說它們沒有品質的變動：故在同一限度內，它們是下級各種形體品質變動的原因）。

轉進一步看：在下級這些形體內，品質的變動，是其他各類變動的原因：因為形體變化，經過品質變動，始能達到體量的增減，和實體的生成；同時須知，實體生成的原因，（既是生存的賦與者），乃是所生形體，輕升重沉，處所遷移的本體原因。（火燒水，生出熱汽，是汽上升的本體原因。汽本體上升，是以火的本體為原因）。

最後貫通起來，（原因的原因，必是其效果的原因），足證天之運行，必是下界這些形體各類變動的原因。

如此總結前論，得以明見：天主管理下界形體，是任用天界形體（執行自己上智的安排）。

第八十三章 秩序的規定與執行

從現已證明的這一切定理，吾人可總結兩個要點：

秩序的規定，天主自出心裁，策劃一切條理，顧慮到一切大小事物：是天主本體，直接照顧。因此，若伯，（章三十三，及章四十三），論到這一點，曾說：「為管理祂所建造的世界萬方，祂那裡曾設置官吏」？聖師額我略，解釋這個問題說：「世界，天主親自建造，故乃親自管理」。（參考，《若伯傳》註解，另名修德精義，卷二四，章二十；共三十五卷，大聖額我略〔Gregoru the Great〕，五九〇年前後手著）。大儒鮑也西，《哲學之慰》，卷三，文十二，也說：「天主親身，獨自治理一切」。（天主治理，不是在萬物本體以外，調遣操縱；而是在本體以內，創始生存，賦與性理，因而造定萬物相互關係上，生存和行動的規律：用造物之力，而治物之理：惟乃天主本體之所能，非他物所能代替或助理。回閱章七十七）。

秩序的實施和執行，卻是上級任用中吸，管理下級。實際上，天主確是任用神類管理形類。故此，大聖額我略，《對話集》，卷四，（章六），說：天主治理這個有形世界以內的一切事物，都不能不任用無形的受造物。

天主治理神類的事物，也是任用其上級管理其下級。狄耀尼，《天上品級論》，章四，說：「天界智性的各種實體，先將天主賞賜的光明，彼此由上而下傳播；然後也投遞給我們人類，顯示超越吾人的知識和恩惠」。

天主治理形類物體，仍是任用上級，支配下級。狄耀尼，《天主諸名論》，章四，說：「太陽賦給有形物類的變化生成，振起生命力，養育之，發達之，增長而成全之，汙者潔淨之，舊者翻新之」。（回閱章八十二）。

總論以上各點，聖奧斯定，《聖三論》，卷三，（章四），說：「猶如形類物體，粗笨而低弱者，依適當的秩序，被制於精瑩而高強者；同樣，各類形體，被制於有理智生活的神靈；並且神靈之類中，也是有罪者，被制於正義者；各吸制者，卻是受上級及天主的任用」。

第八十四章 人神高於天界外（一）

回觀前論，立刻即能明見，智力範圍內，行動或事件發生的原因，不能是天上形體。

理證：按（七十八諸章）已證的定理，物體被管制和被變動，是下吸被動於上級：（上級任用中級管制或變動下級：上級主動，中級供役，都高於下級）。但按前者（卷二，四十九諸章）已有的討論，也可明見：依物性自然的品級，智力超越形類全體。故此天上形體動作，不能直接變動智力。足證：對於智力範圍以內的事物，天上諸是直接的本體原因。（「本體原因」，用自己的本體，親自動作，直接產生效果的本體）。

添證：按《物理學》卷八，（章六），證明的定理，形體無一不是因變動而發動作。不受變動的事物，卻不是由變動而生出的效果：因為由於受某物變動而生的效果，當其被變動之時，無一不在相同限度內，也發動而變動那另某物：發生兩物交相變動的現實：（例如冷熱交相變而生出溫和）。故此，完全處於變動範圍以外的事物，不是天上（或地下）任何形體所能產生的效果。

然則，按大哲《物理學》卷八，（章八）的證明，智力範圍以內的事物，都是完全處於變動範圍以外的：不但就其本體而言，是如此；而且，按同書的名論，靈魂、因安靜不動，而得聰明和知識：就是需要停止身體的動亂，才能靜思以明理。足證：天上形體不能是智力範圍內任何事物的本體原因。

加證：效果生於任何形體，無一不在受其變動之時，也在相同限度內發動以變動其形體自身：（發生兩體交相變動的現實）。既然如此，則任何形體之效果，必須也是一個形體，或是一個形體的能力；否則不能受到形體動作的影響。然而，卷二（四十九諸章）證明了：智力不是形體，也不是形體的能力；故此不能受到天上形體的直接影響。

又證：物體被動，是被動於生存程度現實盈極的另某物體，由它引導，從生存潛能而虧虛的某某狀況，轉移到潛能實現而盈極的狀況。這是不得不如此的。所以對於應生的效果，發動者在某一方式下，必須有其現實和盈極；被動者卻有其潛能與虧虛：（例如火有熱的現實盈極，乃能將水燒熱：水卻沒有熱的現實，僅有被燒熱的潛能，及承受熱度的虧虛容量）。

然而，天上形體，沒有智力可知性的現實和盈極：因為它們是一些器官覺知的個體事物；（是有形的具體事物，不是智力所知的理）。既然吾人智力，只是對於現實可知的理，有潛能的虧虛容量，故此，為實現這樣的潛能，只受天上形體的影響，不會得到直接的成效。（理是無形的）。

還證：物體被生，因物質受變化而生，既得其本性，乃有本性固有的動作，隨之俱生：例重物方生，則下沉；輕物方生，則上升：除非受到物外的阻礙。為此，生物之性者，謂之發物之動。如有某物，因其本性，不是天上形體動作所能生的效果，既不因被動於天上形體，而得其本性，則也不因被動於天上形體，而發生其動作。吾人本體的智性部分，不是任何形體因素所生的效果，而是完全由形界以外來到身體以內的：詳證於卷二，八十六諸章。足見智力的動作，不直接受天上形體的影響。

加證：天體運行而生的效果，受時間的限制。時間是第一層天體運行段落先後的數目。（參考《物理學》，卷六，章十一）。為此理由，完全脫離時間範圍的事物，便受不到天體運行的影響。然則智力的動作，在抽象的作用上，完全脫離時間，猶如它也脫離空間：它所明見的理，是脫離時間和空間限制的公理，是普偏常真的。足證智力的動作，不受天體運行的管束。

還證：物體動作，無一超越本種的界限。智力的動作卻超越一切形體動作本種性體和性理的界限：因為一切形體的性理，個個是物質界的，並且是個體化了的；智力的動作，及智性生存，卻是由其對象而得其本種的性體：和對象的界限同樣廣大。它的對象，界限廣大，乃是普偏的公理；並且是沒有物質界限的。因此，形體，依靠形體自己的性理，不能作出智力的行動。所以，更不能是另某任何物體智力行動的成因。

又證：中吸連接上級的交接點，不是承載下級的根據地。吾人靈魂，交接智類形體，以智力動作，為交接點：因為吾人靈魂，作出智力的動作，（知真理，愛至善），不能不根據從智類實體界分領而得來的智性光明。從此可見，吾人的智力動作，不得直接受天體運行的管制。（因為那乃是蜷伏在天上形體下麵，作它施展動作的場所或根據地）。

史證：吾人審閱往哲言論，足證此理可信。

一則：古代（希臘）《物理學》家，例如德謨克利特，恩培德，及其他意見相同的人，按人哲《形上學》，卷四，（另版卷三，章五）；及《靈魂論》，卷三，（章三），等處的討論，可知他們曾主張：智力和覺力，沒有分別。由而生出的結果乃是：既然覺力是一個形體的能力，隨從形體而受變化；故此智力，也同樣是如此。於是乎，他們也說：下級的形體隨上級形體的變化而變化，則依同理，智力也隨天體運行而動作：按照荷馬，（《奧抵棲流浪詩集》〔*Odessey*〕，十八篇），所說：「地上的人類和人類，智力行動，隨從神類和人類公父的引領」。所謂的「公父」，乃是太陽，或更好是說，乃是「猶碧特」（Jupiter）。他們用這個名字，稱指「至上天主」，他們的心目中，卻認為「至上天主真神」，就是「天空整體」；（猶碧特的字源，是「光明的天空」）；明見於聖奧斯定，《神國論》，（卷四，章十二）。

二則：長廊派，（譯音則是「斯多亞派」〔Stoa〕），也是為了這個理由，主張智力的知識，是形體印像，銘刻在吾人心智內而生的效果，猶如字跡印刻在紙上，又如景色照映在鏡中；智力方面只受動，不施動：詳載於鮑也西，《哲學之慰》，卷五，詩四。隨著他們的意見，必生的結論，則是：智力的知識，極應是天上形體印像，銘刻在吾人心神以內而生的效果。因此，主張人生命運天定，非人力所能轉移，也是長廊派的提倡。

三則：大儒鮑也西，同書說明，以上諸家的意見是錯誤的。理由明顯：智力用判斷，知分，也知合，比較品類高下，知普遍而單純的性理，非形體以內所得發現。如此顯然可見，智力知理，不純是受動，靜領形體的印像，但也有某一高於形類物體的能力，（在形體中，識認無形的理）；因為外部器官的覺力，只領受形體的印像，覺不出無形質的理。（知合，是用肯定句，說「某物是什麼樣的」，認識賓主二辭名理可以合。知分，是用否定句，說「某物不是什麼樣的」，認識賓主二辭名理不可以合。比較品類高下，則知至高和至低的極度標準，並知品類間高下不易的秩序及種類公性的普遍範圍；分析種類各級的名理及實體，則能發現普偏的和單純的性理。這樣的性理，依觀察所得的事實，不是個數單位，物質複雜的任何形體，或形體內的物質成分：外部的器官覺力，只領受形體的印像，無力認識這樣的性理。智力，不是如同覺力一樣只領受形體印像，卻能認識覺力所不知的性理：足以明見，智力的效能，高於形體，並高於形體的器官覺力）。

四則：晚代哲士繼起，分辨智力覺力，將吾人知識的原因，不歸功於任何形體，卻歸功於沒有物質的一些事物：例如柏拉圖，曾主張：吾人知識的原因是他所謂的「純理」：（「純理」沒有形質，而是超超然，脫物而自立的實體。人用普遍概念得知的性理，就是這些實體）；又例如亞里斯多德，卻主張：吾人知識的原因，是他所謂的「施動智力」。（他將這個智力，叫作「靈明」，猶言「靈智慧眼的光明」。靈慧的智力，照穿有形質的物象，啟開心目的昏暗，引人看透形象中含蘊著無形的性理：靈明照顯性理，猶如陽光照顯色象。性理的可知性，論潛能，是在心外的形體；論其光明的現實，卻賴於靈明的照耀。其照形以顯理的作用，叫作抽象作用。回閱卷一，章五十一；卷二，章七十二—七十六。參考卷一，章五四）。

縱觀歷代賢哲，得知後代「吾人智力活動的原因是天上諸形體」的主張，乃是先代「智力和覺力，沒有分別」的結論：也可明見於亞里斯多德，《靈魂論》，卷三，章三。既然先代的那個意見，明明是錯誤的。足以明證，後代的意見，也是錯誤的。（用反證法，反回去，則得本章定論）。

經證：本此理由，《聖經》將吾人智性知識的原因，歸屬於天主，不歸屬於任何形體。《若伯傳》，（章三十五節十一）：「天主在那裡？祂造生了我；祂在夜晚，賞賜了詩歌；祂給我們傳授真理，又給我們廣開識見；我們的知識，賴祂教導，超越地上的走獸和天上的飛禽」。

《聖詠》，（十八，十）也說：「祂教導人得知識」。

附誌：惟需注意，天上形體，對於吾人智力的聰明，能發生一些間接的影響；雖然不能是它的直接原因。

吾人智力，雖非體力，但為完成動作，不能不任用某些體力的活動：例如想像力，記憶力，思想力，按上面，（卷二，六十八諸章）已有的說明，都是腦神經的能力：簡稱腦力；是內經、形體器官的能力：故是體力的一種。因此，身體不舒適，這些腦力的動作受阻礙，智力的動作，也便因而受到阻礙，或發生病象：例如患神經病和昏睡病的人，是腦髓有病，則智力受阻；還有其他這一類的病症，都妨害智力的工作。

為此理由，反過去看，也可見得，體格良好，增強上述腦力，助人智力工作，也易收良好的成效。是以，亞里斯多德，《靈魂論》，卷二，（章九），說：「吾人眼見，肌肉柔輭的人，智力就靈利。」（回閱卷二，章九十）。

然則，人身體的情況，受天上形體運行的（直接）影響。聖奧斯定，《神國論》，卷五，（章六），說：「星宿的某些氣力的放射，能夠產生形體間獨有的某些情況的差異：這類事件，可以說，不是任何一點可能性，完全都沒有」。教父達瑪森（John Damascene），《正信本義》，卷二，（章七），也說：「不同的星體，是吾人體格，才質，性情互不相同的原因」。於是天上形體，也間接影響智力的銳敏。

如此，醫師根據體格，可以診斷智力的優劣：因為體格是其切近的條件；依同比例，星相家，根據天上形體的運行，也可推測某人智力的優劣：因為天體是其高遠的原因。用這樣的講法，也就可證實波多羅密（Ptolemy），《百言集》，（第三十八言），所說的言論：「某人生辰，適逢水星，行至土星的某一宮舍，其光明強大；則其人天賦聰明，足以通達事理的骨髓」。（水滲透土壤，淪膚浹體，象徵聰明通隱入微。水土二星的會合，星象家認為是天賦聰明的原因。古代希臘，星相學，是天文學的一部分。波多羅密，是西元第二世紀的數學家和天文學家：權威至大，歷代所宗；日動地靜之說，傳至伽利略時代，雖被推翻，但史冊追念，仍不禁敬仰，視如天文學之鼻祖。現代新學倡明，星相學，被淘汰，降入偽學之列，仍流行民間，供迷信者占卜之用；迷而不信者，則取為笑談之資料。聖多瑪斯，追蹤聖師奧斯定及達瑪森，，不否認星體運行，能間接影響人的身體和智力；但明證星體直接不能支配人智力和意力的行動。詳見下章）。

第八十五章　人神高於天界（二）

由此轉進，尚可明見，天上形體，也不是吾人意力行動和選擇的原因。

理證：意力屬於靈魂的智性部分，明證於大哲《靈魂論》，卷三，（章九）。既然按前章的證明，天上形體，不能直接影響吾人智力，故此也不能直接影響吾人意力。

加證：吾人意志的動作，或選擇，或任何意願，件件是直接生於智力的見識：因為，按《靈魂論》卷三，（章十）的證明，意志的對象，是智力認識到的美善；為此理由，按大哲《道德論》，卷七，（章三）的說明，遇到具體的個別事物，智力的判斷如果沒有缺點，意力的決擇也就不會發生錯亂。天上形體，既然不能是吾人智力行動的原因，故此也不能是吾人意力行動的原因。

又證：物體本性自然的動作，用條件固定的方法，達到目的；發生出來，常按同類一律的方式：因為物體本性是趨向專一而固定不易的。吾人意力，能作的選擇，用各樣不同的路途和方法，追求其目的；在道德行為和藝術工作，都有這同樣的情形；故此，不是物體本性自然決定的，（而是人意自由的：不受天上形體物理的壓制）。

加證：物體本性自然的動作，極大多數次，合於正確的規律，無非少數能犯錯誤。假設人意的選擇，是自然的本性動作，則其大多數，應是正確的。這顯然不是（人心理經驗的）事實；足證自由的選擇，不是自然的本性動作，（而是人意的自由動作）；故非發於天上形體的驅迫。

又證：本性自然的動作，發於本種公有的物性，同種者，互無分別：是以紫燕構巢，千篇一律；人懂公理，普世大同：公理是第一原理，是人人本性自然而有的知識，凡屬人類，莫不心同則理同。意志的選擇，是人發自人種故有的本性；假設是本性自然的，則應人人有同樣的選擇；這顯然不合事實；在道德行為和藝術工作裡，人心不同，如其面焉：各人有各人的好惡，故選擇目的和方法，也是人各不同：明證人本性的自由動作，不是人本性自然的動作：自然者，不得不然；自由者，卻或然兩可）。

還證：美德和惡習，是選擇好惡的確切根據：觀人好惡不同，則驗實其美德和惡習之所在。市民或人群生活的美德或惡習，按大哲市政論，（《政治學》），及《道德論》，（《倫理學》），卷二，不是吾人本性自然而與生俱來的；卻是由於習染，勤修或屢犯，而漸漸學成的：吾人有技能或才德，好作某類事情，是由於吾人習慣，老練成熟而得來的，尤其那些由兒童時期就開始的習慣，是美德或惡習形成的原因：故非出於吾人本性的自然：足見也不是受天上形體壓制而生的效果。在天上形體壓制之下而發生的動作，都依照物體本性自然規律而進行；（例如人受日曬，則額上發汗，非意志自由之所發）。

添證：按（前章）已有的證明，天上形體，直接的，僅能影響到形體。假設它們是吾人意志選擇的原因，它們則應對吾人，發出壓制的影響，但其影響所及的範圍，僅能直接達到吾人的身體，或身體以外有形質的事物。然而這樣的影響，都不可能是吾人意志選擇或其他動作的充足原因。事實上，形體外來，呈現吾人面前，不必定引起意志的選擇：例如身體之可欲，或美味的飲食，或誘媚的女色，情操無節者，見之而動心，節德高強者，雖近在臂間，而心不動。足證，只有形體之交接，不是意志動心的充足原因。

甚焉者，縱令天上形體，發出壓力，在吾人身體內部，引起任何物質的變化；並且因而也激發起器官感覺，程度強烈不同的，許多情慾，仍然不是吾人意志選擇向背的充足原因。理由就是：器官感覺的情慾，不拘怎樣強烈，既然只能感動無節者，而不能動搖有節者，足證它們不是意志動搖的充足原因。故此，不可說天上形體是吾人意志選擇向背的原因。

加證：物力天賦，都非虛設。人本性天賦，有判斷和計謀的能力，行動靜止，或運用外物，或調遣情慾，全由這些能力的制裁。今如假設，吾人意志，選擇向背或取捨，不是吾人自力作主，而被動於天上形體之壓制，吾人本性固有的智謀和斷判等等能力，便都等於虛設。（這是不可能的。用反證法，反回去，足證）：天下形體，不是吾人意志選擇向背的原因。

另證：依自然的本性，人是市居動物，或社會動物。市居，是群眾聚市而居住，同度社會的團體生活。因之而有市政和國政的治理。一人單獨，不足以維持生活。自然律，人生日需，衣食住行等等，天然之配給，簡陋而貧乏；但給人賦與理智的聰明，引人聯合同類，合力生產，完成成一人作不到的工作。是以人類，依其天賦自然的本性，必須結社合作，始能維持生活。

但按（章七十一）已有的證明，上智的秩序，與其剝奪物體本性之天賦，勿寧配給每物本性之所需。故此，上智的秩序，也不剝奪人結社而生活的天性。所以也不用上天諸形體的壓力，而剝奪人意志選擇向背的自主。否則，人失自主，志願出於被動，和禽獸只隨本性自然傾向而生活無異，（社會生活，沒有理智自主的秩序，將無以建立或維持。參考大哲，《道德論》，卷一，章七，頁一〇九七右欄）。

況且，假設意志選擇，人不自主，市政國政，或團體生活的法律，章程，命令，勸戒，等等，都將歸於虛設。事物或行動間，捨此取彼，選擇不由吾人各自作主；則人行止動靜的善惡無從分辨，功罪無由評定，賞罰也就失去根據和意義。棄法禁，廢賞罰，社團生活，（小自數人結夥，大至市政國政，廣及人類一家），立時就不得保存。足證，人性本體，心理構造，依照上智的秩序，凡遇事物或行動，選擇取捨，不是被動於天上諸形體的運行或壓迫。

還證：人意願的選擇，對於人的善惡禍福，有本體自然的關係。（選擇適當，則行善得福；否則作惡受禍）。依此定理，假設吾人意願的選擇，出自天上那些星球的運行，那麼、眾星球便是意願選擇惡劣的原因：並且是物性自然的本體原因。然而，（這是不可能的）：：凡是惡劣，都沒有物性自然的本體原因：因為，按上面（第四及以下數章）已證的定理，惡劣生於某一原因方面偶然而有的缺點，不是生於那個原因物性自然的本體。（物性自然的本體，在其生存或行動的能力及宗旨上，是有善而無惡的。凡是惡，都是自然本體和本旨以外，附性遭遇的偶然和意外）。貫通這些理由，結論則是：吾人意志的選擇，不是以天上諸形體，作其本體出生的直接原因。（天上那些星星，對於吾人意志的選擇，沒有物性自然、本體直接的因果關係）。

設難：有人反對上段這條理由，可能設難說：按上面（五、六諸章）已證的定理，人每有選擇的惡劣，都是出自追求某某善良對象的願心：例如某人決意私通人婦，他的淫心惡劣，是出自他追求生殖行為樂趣的願心。然而（那樣的樂趣，是本體無惡的，而是生殖類的行為，全類公有的福善。生殖行為，也是本體無惡的）；為追求這樣的公福公善，慾心之動，卻是被動於某一星體。並且，各類動物，為完成其傳生本類的行為，必需賴有星體的推動；星體也不應為了一人由慾性衝動決意行淫的局部小惡，而輟止萬類傳生的公善和公福。（足見，天上星體，為成全公善，不應不作淫心惡劣的自然原因）。

解難：這樣的反駁，不足為難。茲依假設，承認天上諸形體，是吾人意願選擇時，必有的「本體原因」：就是它們本體自然發出壓力，直接壓制吾人智力和意力，驅迫它們作出某樣的思想和行動。然而，任何物類大公原因的壓力，受到任何物體的收納，常依「在物隨物」的定理，遵從物體本有的方式，（引起它合乎本有方式的反應行動；不引起它本性所不有的反應）。是以、星體激動獸類，追求生殖交媾的樂趣，任實效上，獸類常以本種固有的方式，承受激動，（而發出各種不同的反應）：例如吾人觀察事實，見到各類動物，各有交尾的不同方式和不同季節，正如亞利斯多德，《動物史》，卷五，章八、所說：各依其本性適宜的條件。

依同理，可以斷定：吾人智力和意力，承受那某某星體的壓力，也是依照人本性固有的方式。然則，人如依照智力和理性固有的方式，追求任何某一對象，在這樣的意願之決擇裡，沒有任何罪惡成分的發生：因為罪惡生於選擇不良，選擇的不良，卻是由於「選擇不合正理」所致；（選擇不合正理，就是選擇不遵從智力和理智本性固有的方式。這不是星體壓力所生的「本體效果」，或「物性自然的效果」）。如此觀察，可以見得。假設天上諸形體，是吾人意志選擇時，內心行動的原因；（必然的結論，仍非星體引人作惡，而是）在吾人以內，永無惡意之發生：凡有意願之選擇，永不再是惡劣的。（這樣的結論，不是人心理的事實：故是錯誤。用反證法，反回去，足見前提必有的錯處，在於對方大前提的肯定：星體是志願行動的原因）。

加證：動作能力，無一超越其主體本性和本種的範圍：因為凡是主體，發出動作，都是以其本體之性理為依憑。（性理是建定本性體制，劃定本種界限的因素和特徵）。然而，意力的動作，超越形類各種的界限，如同智力的動作一樣：吾人智力，知曉普遍的性理，依相同的方式，吾人意力，趨向普遍的對象，例如大哲《修辭學》，（《演講術》），卷二、章四，曾說：吾人憎恨各類盜賊。（恨的對像是某某事物的全類，不限於局部的某種個體）。故此、吾人的意志動作，不是天上形體所能產生的效用。

另證：系屬於目的，則適稱於目的。人意願的選擇，系屬於真福，以真福為最後目的。按上面（二十五諸章）的證明，真福不在於形界的福利，而在於智力交接天主神性的事物。信德的教條，眾哲的意見，都明證此點。天上諸形體不能是吾人意願選擇（時，內心動作）的原因。

經證：本此理由，耶賴米亞先知，章十，節二，說：「仰觀天象，你們心中，勿生畏懼；萬民卻戰驚惶恐，表現萬民的教義虛妄」。

駁謬：用這些理由得以破除長廊學派的謬見。（長廊譯音斯多亞。其學者群聚於長廊中，徘徊講學，因而得名）。他們主張吾人一切動作，連內心的意願選擇，等等動作，也同受天上諸形體的管制。（參考前章）。

猶太人中的法利塞派，在古代，也曾有這樣的主張。（參考，若瑟，弗拉威伍斯，《猶太集古錄》，卷十三，章五，節九）。按聖奧斯定，《異端叢論》，章七十，所說，波利石連派，（附合三四〇—三八五年間，西班牙，亞味拉主教，波利石連），也曾有這同樣的錯誤思想。

古代（希臘）《物理學》家，也有同樣的謬見。他們曾主張覺力和智力，互無分別，（回閱前章）。

因此，思培德曾發言說：「人心內，意志增強，如同各類禽獸一樣，受現時的限定」，按亞里斯多德，《靈魂論》，（卷三，章三），提出的解釋，便是依照天體運行所造定的時間裡現下的季節：（季節一到，則心願萌動）。

注意：天上諸形體，固然不直接壓制吾人意志，作吾人意願選擇，等等內心動作的直接原因；但能直接壓制吾人身體，因而間接，，給吾人意願的選擇，製造發動的機緣。用兩種方式：

一是天體壓力，影響身體外間的事物：例如氣節寒冷，吾人遂決意就火取暖；或選擇作許多別的事事物，為適合時機的便宜。

二是天體壓力，影響吾人身體。身體內部發生變化，則掀起情慾的某些衝動，或受其壓力之影響，而生成某些情慾的傾向：例如膽汁多者，性急，則易怒；或受其壓力之影響，而改變身體健康的情況，引吾人意志作出隨機應變的選擇：例如害了流行的時症，便選取對症的藥品。

有時，天體壓力，影響身體健康，有些人抵抗力竭，不堪窘擾，而心理失常，變成瘋狂，失去理智的運用。瘋人的行動，取捨選擇，不是真正的意志行動，而是被動於某些物質因素的刺激，或物性自然的盲目衝動：如同沒有理智的禽獸一樣。

然而，這些內在或外在的機緣，不是意志選擇，等等內心動作的「必然原因」：因為人用理智，有能力抵抗它們，也有能力順從它們。這是明顯的，也是實驗確知的事實。遇到物性自然的迫激，大多數人順從作惡，少數人，卻因為智力高強，知道節制，不任性作惡。

為此理由，（天文學家），波多羅密，《百言集》，第八言，也說：「有上智的人靈，輔助眾星的工作」。又說：「星相家，如果不確知（某人）靈魂的能力及其體質的配合，只靠星體的現象，不能供給判斷的定案」。（參考第七言）。又（在第一言）說：「星相家，不應預言事體本種界限特殊的詳情，卻應泛指事體某類公有的常態」：這就是因為眾星體發出的壓力和影響，經常生效，但不常在此某或彼某特殊情況上生效：大多數人不抵抗身體生出的傾向；少數的，此某人，或被某人，運用理智，就可能抵抗住物性的自然傾向。（性急的人，遇著某某困難，天氣嚴寒或燥熱，便經常大發暴躁；但某某性急的人，卻有某次，用理智的冷靜，鎮定自己的性情，不著急發火。天文學或星相學，預測事件的發生，也是只知公律和常情，不知個例的特殊情況）。

第八十六章 天界與塵界

轉進考究，可知天上諸形體，不但不強制人的意志，使它們必然選擇什麼；而且也不強制下界這些形體的動作，使它們必然生出什麼效果。（天上形體，對人對物，所施的壓力，不取消人意的自由和物性的偶然。物體行動的效果是偶然的，不因受天上形體的壓力，而成為必然的。例如秋季禾熟，有賴於天時；但禾熟與否，仍是偶然的）。

理證：效果的主體，承受某類大公原因的壓力，是依照主體本性適宜的方式。然而下界這些物體，依其本性，是流動不居，變化無常的：因為物質有相繼領受許多性理的潛能和虧虛的容量；又因為相關的許多性理和能力是彼此衝突，相攻相剋的：（配合的局勢不能保持平衡而恆久不變）。是以下界物體，領受天上形體的壓力或影響，也是用偶然的方式，（變動叵測）；不是用必然的方式，（常無例外）。

又證：遠因必然，而近因不必然，則效果不必然：猶如三段論法中，大前提必然，而小前提或然，則結論不必然。問題內，天上諸形體是遠因。下界諸效果的近因，是下界這些物體中具有的或施動或受動的能力：不是必然的原因，而是或然的：它們在少數事件上，可能不生效。故此，天上形體的效力，在下界這些形體內，產生的效果，不是必然的。

另證：天上形體運行的方式，常是相同的。假設它們在下界這些形體內，產生的效果是必然的，這些效果出現的方式，也就應常是相同的。事實上，它們卻不是常相同，不過是大多數次相同而已。所以不是必然的。

還證：從許多或然的原因，不能生出一個必然的效果：因為任何某個或然的原因，專靠本體，可能不生效；眾多或然的原因，合成總體，仍照舊可能都不生效。眼下、大家共知的事實，是天上形體壓力，在下級這些物體內，產生的效果，個個都是或然的。那麼，它們總體聯合，也不是必然的：顯然它們當中的任何某個，可能因受阻礙而不出生。

加證：天上諸形體，是自然界物理動作的因素，需要向物質的主體，施出動作。天體的動作，不取消物質必有的特性。然而，天體變動的物質，乃是下界這些形體：它們本性易受敗亡，它們的動作，如同它們的生存一樣，都可能失敗：如此可知：它們本體必有的特性，是不必然生出效果。足證：在下界這些事物內，天體的效果，不是必然出生的。

設難：有人可能答辯說：天體效果的成全，是必然的；這卻不取消下界事物的可能性：因為任何某個效果，未成以前，是可能成的；當此之時，也叫做「可能的」。猶言「可能性的」；然而移時，它既成以後，它就由可能性，過渡到必然性（的境界以內）；當此之時，它全體服從天體動力的管制。如此，它在此一時，是必然出生的效果；無妨在（昔者，或將來）另某一時，卻不失其為可能的效果。（時而必然，時而可能，故不失為可能）。

天文學家，亞布瑪撒，《天文技術入門》，卷一，就是用了以上這樣的論式，亟力辯護「可能」中的必然，和必然中的可能。

為辯護二天體必然效果的）可能」，亞氏用的那個論式是無效的。。他所說的「可能」，是「必然」二字之隨辭。（隨辭，彷彿是賓辭。賓主二辭，在肯定句內，有引辭的關係：主辭引於前，則賓辭隨於後）。「必然出生的事物」，是「可能出生的事物」。「必有者，則可能有」。（這是「有態邏輯」的一條定理，是不可否認的。假設否認它，則應承認「必有者，不是可能有」：等於說：「必有者，則不可能有」。依照名理的定義，逐步推論下去）：「不可能有的事，是不可能的」；並且「不可能的事，是必然不有的事」；說到這裡，（依照「是」字，或「則」字，引隨關係的「貫通律」，將首尾兩句串通起來，必生出最後這個結論，就是）：「必然有的事，是必然不有的事」：這個結論，卻是不可能的。（它的賓主二辭，互相矛盾，構成論句，是自相否定的論句。故是荒謬的：用反證法，反回去，結論既是不可能，故有某前提是不可能。那個前提是大前提）；足證：肯定某事是必然出生的，而同時又肯定它是不可能出生的，這樣（自相矛盾）的肯定，是不可能的。所以「必然有者，則是可能有的」：「可能有」，是「必然有」的隨辭：這是不可否認的。

然而，用這樣的「可能」，辯護「效果出生的必然」，得不出必然的結論；（故此是一個無效的論式）：因為（議論的出發點和問題的焦點裡），所談的「可能」，（不是「必然」的隨辭或賓辭），而是「必然」的矛盾辭，（是「不必然」的隨辭：「不必然的事物，是可能的」），依照名理的定義，這樣的可能，是或然兩可的可能；（不是「必然者則非不可能」的「可能」），乃是所謂的「可能者，故能有也能不有」，「或然」的可能；（和「非不可能」的「可能」，不可混為一談：混之則同名而異指，發生「前言不答後語」的弊病。詳見於下文）：

所謂「或然兩可的可能」，名理內包括的要素，不但是「時而可能，時而現實」；而且主要特點是「當其未出生之時，它無生成的必要」。

如果依照前段所述答辯者前提內的意見，只採取「時而可能，時而現實」那一個要素，便不是「或然可能」的恰當定義：（因為指示的範圍，不是「非必然」，而是「非不可能」。這樣「非不可能」的「可能」，不是「必然」的否定，而是「不可能」的否定。它的範圍裡，包括「必然」：舉天文的一個實例說明此點）：天體的運行，是「時而可能，時而現實」的，因為其運行內的各段落的現象，不常是現實的，而有時尚非現實，故是可能的：但同時是必然的，因為可以找到理由證明它是要必然發生的：例如太陽或月亮的出沒，（出則和地面上空中相交，沒則和地面相背）；時而相交，時而相背；；不常有當空交背的現實：然而交背循環，日來月去，有必然的定則和定時，是可以測算而推證其不得不然的。請注意到：「不得不然」，乃是「必然」。足證「時而可能，時而現實」的事，不都是不必然的：所以「時而可能、時而現實」的事物之「可能」，不是「必然」的否定：和「必然」不是互相矛盾的：並且顯然和「或然兩可的「可能」，全不相同；本問的焦點，集中在「或然兩可」的「可能」。

「或然兩可」的「可能」，是「必然」的否定，和「必然」是互相矛盾對立的。其名理的特點是：「未有之時，無出無而入有的必要」。這些話的確義是說：它不是從自己的原因裡，必要生出的效果」。（這樣的可能，是「有原因，則能有效果，但不必有效果」的「可能」：要點在於「可能不有」）。

有些可能的事，是必然要發生的。這是「必然事物」的可能。有些可能的事物，卻是可能不發生的。

這是「偶然事物」的可能，也叫做「或然兩可」的可能。吾人日常言談說：「蘇克先生要坐在椅上」是可能的，言外暗含「也是不必然的」，而是「或然兩可的」；又說：「蘇克先生將來要死」是可能的，言外暗含「也是不得不然的」，因為「是必然的」。

「必然事物」的發生，是由適當原因必然生出的效果。「或然事物」的發生，卻不是適當原因必然生出的效果。前者可用明證法推斷其將要發生的必然；後者卻是無法預斷的。如此分辨清楚，既然「或然兩可」的可能性，和「必然性」是矛盾對立的，那麼，如果（依照對方的意見）天體運動將來某時要生的效果，有出生的必然性，便得取消其或許不出生的可能性：（等於否定宇宙間許多事物的偶然性。這是違反事實的。用反證法，反回去，足證對方意見的錯誤）。

亞維新的意見：討論至此，須知亞維新，《形上學》，（卷十，章一），用上述這樣的理由，證明天體效果出生的必然。論式如下：

天體效果，如受阻礙，必有原因：或物性之自然，或意志之自由。但這一切原因，或自然，或自由，歸屬於天上某某因素。所以阻礙原來也是生於某些天上的因素。故此，合聚天上諸因素系統的整體，而推想下去，則可見得，天體的每個效果，都不會失敗。於是他結論乃說：「天上諸形體，在下界這些事物內，產生的效果，或物性自然的，或意志自願的，都應是必然出生的。

以上這番理論，是古已有之的。按亞里斯多德，《物理學》卷二，（章四）追述古代某些一人否認宇宙間能有偶然的和僥倖的事物：因為他們認為，任何某個效果，都有某一固定的原因；既有原因，則效果必然出生；如此，事物件件生於必然；任何偶然的或僥倖的事，也就不得發生了。

駁前論：亞里斯多德本人，在《形上學》，卷六，（另版卷五，章三），解破前段的理由，否認它所根據的兩個命題。其中的一個是：「既有任何某一原因，它的效果就必然出生」。這個命題，不是一條必然常真的定律：因為能有某個原因，本身雖有充足的能力，但受到另某原因迎頭阻擋，則生不出本來能有的效果。

另一個命題，亞里斯多德所否定的是：「惟獨因本體而有生存（或存在）的事物，才得有本體原因。非因本體而有生存者，乃因附性而偶然出生，則沒有任何原因。凡有生存的事物，不是在任何生存方式之下，都個個有一本體原因」。（本體原因，因其本體，發生效力，直接產生某某效果的本體）。例如「音樂技術」的學成，以某人具有的才能為原因。然而某人是音樂家同時也膚色發白，（是件偶然的事，依照對方的意見），是沒有任何原因的。

亞里斯多德否定以上這個命題：因為（事物因本體而出生，則有本體原因；但因偶然而出生者，卻有「偶然的或附性的原因：故此不是沒有任何原因）：任何多數事物，一同出生在某「主體內，如有某某原因，則以此原因為根據，而建立相互關係的條理；然而事物因偶然或因附性而出生者，彼此間，沒有相互關係的定則：表現它們不是某某原因用本體動作而產生的效果，（但不是沒有任何原因），不過是只有「偶然原因」而已：是一偶然發生的事件。例如音樂教授，教導某一白人，學習音樂，（教音樂是教授的本旨，以教授為其事件的「本體原因」），至於「教白人（音樂）」，卻是在教授的本旨以外，偶然發生的事件：因為教授音樂的本來宗旨，不是教白人音樂，而是教任何受教者，學習音樂。（教音樂，和教白人，兩件事，彼此間沒有任何定理必然的關係。兩件事同時發生在「某某白人受教，學習音樂」的一個主體內，是一件不必要的偶然事，不是任何原因本體必生的效果，這就是說：沒有任何「本體原因」；但不是全無任何原因，卻有某相當的「偶然原因」：「某學生，偶然膚色潔白，而學習音樂」，這件偶然的效果，以「某教授偶然給一白人教授音樂」，為其適當的原因：乃是其「偶然原因」。

本著以上的分析和理由，遇有某一效果發生了，吾人則肯定說：有果必有因；但不承認「有因必有果」：因為偶然可能遇到另某原因，迎頭相阻，則效果能不出生。那另某原因，雖然自己的生存和行動，尚有另某更高的原因；它的前來，迎頭阻擋某某效果，卻不應歸罪於任何某一更高的原因（之本旨。因為那個原因的本旨是使它生存行動，不是使它阻擋別一原因的工作）。如此觀察即可見得，也不能說：此間某物之效果，偶然受了阻礙，應歸罪於天上的任何某」因素。

反轉一下，將話說回去，就得吾人欲證的結論：從此可見：不應說：天上諸形體，在下界這些事物內，能產生的效果，是必然非出生不可的。（反之卻應說：能有某些效果，偶然受阻，而不出生。換言之：天上形體的動力，不取消下界這些事物，或然兩可的偶然性，也不取消意志形動的自由。偶然性的事物，是可有可無的，不是必有必無的。天上形體的動力，是有其效用的，但其效果，在下界的事物內，不是必然的）。

史證一：本此理由，教父（若望）達瑪森，曾說：「實體變化，則物有生死。新者生成，舊者敗亡。其原因不是天上的眾形體」；因為這些話的含義是說：此某物或彼某物的生死，不是由天上形體必然出生的效果。

亞里斯多德，《夢占論》，（另名《寐悟論》，卷二，章二），也說：「形體間的預兆，或天象，或水脈，或風向，許多事，不常應驗。動力偶遇，強弱相阻，則預兆之事，不得出生：猶如許多謀略高明，本應順利成功，反因另有妙法，尤出其上，則打消原議；或因上策先發，取得優勢，則舊有計劃，一敗塗地」。

波多羅密，四部，（卷一，章二，也說：「天象預測，不是必然應驗，不同於天主按排，不同於無可避免，也不同於實然必至」。《百言集》，（參考四部），也說：「本人呈獻的預測，是處於必然與可能之間」。

第八十七章 亞維新的主張

但須注意，亞維新，（《形上學》，卷十，章一），還主張：天上諸形體的運動，引起吾人意願的選擇，不但如同上面（章五八）所說的一樣，只有機緣的作用；而且有「本體原因」的作用。（直接促成吾人意志的內心動作）。

他舉出的理由如下：天上諸形體，是有靈魂的活物。天體的運動，是形體的運動，又是由靈魂主使而生的運動。竭盡其形體動力，則能變化吾人形體，依同比例，既是靈魂主使的運動，則能向吾人的靈魂，施展壓力。如此，天體運動，也必須是吾人意願及選擇，等等內心動作的（本體直接的）原因。

亞布瑪撒的主張，也能轉回來，佐證亞維新的這個結論（回閱，前章）。

以上這樣的主張是不合理的。

證明：作者用工具作出的作品或成效，必須相稱於工具，如同它也相稱於作者：事實上，吾人不得用隨便什麼工具，就能作出隨便什麼成效。因此，用某某工具，作不出這個工具作用範圍以外的任何事物。然則，形體的作用範圍，絕對擴展不到智力和意力的變化上去，這是（八十四諸章）已證的定理。形體的動作，因其本體，不能直接變動意力和智力；但用附性的外在變化，可能間接影響到智力或意力：它的在吾人身體內，製造出物質的變化，由而影響吾人智力或意力的活動，詳見於同處數章。從此可見，縱令天體有靈魂，它這靈魂也不能用天體的運動，壓制吾人的智力和意力。

加證：同類中，局部的原因，在動作上，呈現出本類大公原因的似點，並是它的模仿。（依照模仿的關係，由既知的局部原因動作方式，可以推知同類大公原因的動作方式）。請看吾人的靈魂，用物質形體的動作，向某人的靈魂，施出壓力，生出影響，為能達到那人的靈魂，不得不用那人的身體，作必經的門路和媒介：例如用語言的名理，給某人傳達知識，開拓他的智思，口發的聲音，變動聽覺的器官，先受到覺力的察覺，然後聲音的指示的意義，才傳達到他的明悟裡去：用物質的聲音，和聽覺等器官覺力，作傳達的門路和媒介。

依照以上這個局部的樣例，可以推知：假設天上形體有靈魂，並且它這靈魂，用物質形體的運動，向吾人的靈魂，施展壓力，生出某些影響，它這壓力的作用，為能達到吾人靈魂以內，也不得不用吾人身體的物質變動，作必經的門路，和傳達的媒介。

審察其中實況，它的直接效果，是變動身體，吾人適應其變動，乃自發意願的選擇：可見它不是吾人智力或意力動作的原因，而僅僅不過是那些動作的機會：如同前者那數章裡說明了的一樣。這正是本處欲證的結論：天體運動，不是吾人意力動作的原因，而只是吾人動作的機會。

又證：按《物理學》卷七（章二），施動和受動的兩個物體，必須同時有動作施受的現實。（這是一條必然的公律）。本此原理，（如有許多施動和受動的物體，依品級的高下，排成高者旋動、低者受動的系統；則必須呈現兩種情況：一是從最高到最低，各級物體，應各按本位，同時發生受動於上而施動於下的現實。最高者只施不受。最低者只受不施。第二個情況是）：施動受動的長流，從最高的第一施動者，必須歷經中間各級，遵照系統固有的秩序，通達於最低的受動者：那個必須的秩序，就是：「由近及遠」，（每三級相連，上級不動下級，除非經由中級。近者不動遠者，除非經過中間者）。

然則，按對方的假設：天體的靈魂，施動於天體，於是天體受動而施動於人；較量距離，最接近於天體者，在吾人方面，先是身體，而其次方是靈魂：因為吾人靈魂和天體發生關係，不得不經過身體：（這裡的關係，是吾人的靈魂受動於天上形體：不得不經過身體；前在八四—八五諸章內，業已證明了，任何形體的動力，動不著靈魂；除非是因為靈魂結合著身體：隨身體所受的變動，而附帶著有所知覺和謀慮：靈魂經過身體而間接的附帶著，偶然的感受到外間形體動力的接觸）：補證此點，（用反證法和天文學家承認的事例），和物質形體絕異而分離的靈智（神體），向天上形體發生的關係，完全不得是受動於天上形體，不過在某些事例上，或許可能有某些靈智神體，（用神力），施動於天上形體，推動它，（或用「對象吸引愛情」的方式，如同磁石引針一樣，牽引它，回閱章二十三。神體用神力可以直接運動形體；反之，形體用物質動力，直接變動神體或靈智，卻不可以。在「受動」的關係上，靈魂高於形體，不直接受動於形體。在「施動」的關係上，形體低於靈魂，能在某些事例上，直接受動於靈魂。回閱卷二，章七十二；本卷，章六十八，章七十九，章八十四）。

由此可知：天上形體的動力，由它的靈魂發出，除非經過身體，不直接在吾人靈魂內，產生變化。吾人靈魂，適應身體之變動，而受到的變動，無非是偶然的「附物而動」，（猶如舟行水上，客人在艙中安臥，本身不動，而隨船帶動，則航程不停前進），又按本章首段所說，意志的選擇，（捨此取彼），隨身體受動於外，而心願自發於內，也無非是隨機應變的自主動作，（身體遇寒，則心願取暖。寒冷是心願的動作機會，不是它的原因）。

總結論：天上形體的運動，不因其發於靈魂，而能是吾人意願選擇，等等內心動作的原因。

另證：根據亞維新和別的某些哲學家的主張，「靈明」，就是所謂的「施動的靈智」，是一個和物質絕異而分離的實體：它的工作是將智力所知的對象，由可知的潛能，作成其可知的現實，（彷彿是將黑暗的對象，照耀得顯明可見）：在此工作的範圍裡，它的動作，直接達到吾人的靈魂以內，在那裡產生知識開朗的現實。（參考卷二，章七十六）。

然而，（以上的言論，不完全正確），因為按卷二，（章五十及五十九）已有的說明，所謂「靈明」——（乃是吾人靈魂本性生而具有的一個能力，不是離開物質獨立的神體：並且它的工作，所謂的「照耀」），專在於「抽象作用」，從一切物質條件中，抽取出智力可知的對象，（就是辨別出有形事物所含蘊著的無形的理）。那麼，它如此向靈魂，直接施展的動作及成效，不是用物質動力的作用，而是用智力的抽象作用：將一切物質形體的條件，完全抽脫去掉。（明顯「抽象作用」，不是物質動力的作用，而是智力固有的，超越物質，故此也叫做「靈明」：猶言神明。用這樣的「靈明」之作用，當作「神體變動吾人靈魂」的標本事例，仍不足以推證出「天上形體變動吾人靈魂」的結論來：因為兩事全不相似，不成比例，故「例證」或「類推」的論法，無效）。

故此，縱令天體是有靈魂的活物，它的靈魂，仍不能用天體運動（的物質動力），作吾人意志選擇，或智性知識，等等動作的原因。（換句話說，物質作用，不會直接作出精神的效果）。

附誌：另有些人主張天體不是有靈魂的活物，而其運行是被動於所謂的「絕離實體」。（絕離實體，是和物質絕異而分離的純神實體。回閱卷二，章四十六—六十五；九十一—九十二；又本卷，章三；四十九；七十八—八十）。然則，縱使如此，天體用絕離實體的能力，發出的形體運動，也不會是吾人意願選擇，等等精神動作的原因。為證明這個結論，用本章提出的同樣這些理由，也就可以了。恕不分章另證。惟有天主例外。天主是一個「絕離實體」，但和其他「絕離實體」不同。只有天主有能力直接影響吾人的意力。詳論於以下兩章）。

第八十八章　神類與人心

轉進討論，不要想：天上謀形體的靈魂，假設它們實有，或其他任何有智性的，絕離物質的，受造實體，（固然用某某形體的運動，不能直接變動吾人的智力和意力的精神動作，但它們用自己神力的動作，既能產生神性的效用，所以）有能力將意願（的動作）直接打發到吾人心靈以內，或直接作吾人意願選擇的原因。（這樣想，是不可以的）。

理證：一切受造的物體，動作起來，服從天主上智規定的秩序，各受固定範圍的限制，不得踰越：所以，越出天主規律而動作，不能發生任何作用。（例如顏色極光明美麗，刺激耳朵，絕不會引起耳朵聽到紅綠等顏色的分別）。然則天主上智，現有一條（物性自然的）公律，就是：原因高下分級，以上動下，由近及遠，不可躐等，原因雖高，欲動下級，不得不經由中間各級，越級下達，動作不能生出任何作用。被動者不得不被動於最切近的發動者。

然而，吾人意力動作，（依心理自然的公律），最切近的發動者，是智力所知得的善良對象。意力被動於善良對象，猶如視覺被動於顏色。所以，任何受造的實體，除非經過智力所知的善良對象之激動，不能發起吾人意力的動作。故為引起吾人意力發出任何必願，它們必須給意力呈現某某善良的對象，先顯示給智力評定其價值善良，然後由智力的知識，啟發意力的動作：願愛那個對象；但是這樣的過程，（顯然不是直接促成心願的發動，而是間接的引誘）；其動作乃是「勸服」。（將某人說服，勸他決意自動愛慕某某對象）。就是如此，任何受造的實體，（即便是純神實體），對於吾人意力的動作，只有「勸服的辦法」，不能是直接發動的原因。

又證：惟獨天主，有能力用（直接）發動者的方式，發起（受造物）意力的（精神）動作。某物、甲，本性生來，有能力向另某物、乙，直接施出動力，發起它的運動；如果甲，用自己（本性固有）的性理，能將乙的（某某）生存境況，由潛能虧虛的狀態，轉移到現實盈極的狀態。（例如火用自己的性理，就是憑藉火性的物理，能將水的滾沸，由潛能虧虛，轉移到現實盈極：這就是火用直接的燃燒，將冷水，煮熱）。

然則，意力的動作，為能由潛能虧虛，過渡到現實盈極，是受「可欲之對象」來轉移：對象，用其價值可貴的性理，引起並滿足意力的歡心。但是，按上面（章三十七及五十）已有的論證，惟獨天主的善良，是至善的終極目的，用此本體至善的性理，是意力至愛的對象：滿足意力至極的歡心。故此，惟獨天主有能力用發動者的方式，直接發啟（任何實體的）意力之動作。（人意之動，在某些方式和限度下，乃是動於天心！這是神學和心理學內，極重要的一個命題）。

還證：沒有靈魂的物體，對於生存固有的目的，有本性自然的傾向；這個傾向，也叫做「本性自然的慾求」。依相同的比例，有智性的實體，對於固有的目的，有智性的慾求；這樣的慾求，（愛真理和至善），叫做意志的慾求。本性自然的慾求，和意志有智性的慾求，對於各自固有的對象，發生的關係，是比例相同的。(不但在動作上，比例相同；而且在本體屬性上，特別在來源上，也是比例相同。在知識方法裡，吾人既知有形的物性傾向是如何，便用「比例相同」的推證法，推知無形的智性意志是如何。在動作上，物體生存的固有目的，直接引起物性自然傾向的追求；從此可知：智性生存的固有目的，也是直接引起智性意志的追求。惟有天主的至極善良，，是智性生存的固有目的；足證：惟獨天主直接引起志意的追求：發動意志的願心)。

依同理，在本體來源上，惟獨建立物體本性者天主，得以賦與物性自然的傾向。既然惟獨天主是靈智本性建立的原因，詳證於上面(卷二，章七十八)；足見惟有天主能牽引吾人意志，傾心嚮往某一對象。(猶如最後目的，直接引起物性傾向，追求某某具體動作及其對象)。

加證：按《道德論》卷三，(章一)的定義：強迫是外在原因發起被動者的動作，也不給被動者供給任何動作的能力，被動者方面也不貢獻任何自己的力氣。假設，在以上這些條件下，意志被動於某一外在因素，它的動，便是被強迫而動。方才說的外在因素，是用發動者的方式，發起意志的動作，不是用目的或對象的方式，引起意志的追求。被迫而動，和「自願而動」，是適相矛盾的。

故此，意志自願的動作，不能是外在因素用發動者的方式，發起的動作；必須發自內在的動力：(並且這個動作的能力，不是外在發動者，臨時注人的，而是本性初生固有的)。惟獨天主，是智性靈魂本體生存的原因：創造它的初始，維持它的延續：故此，只有天主(能給靈智的本性實體，賦與它內在的動力，引起它現實的動作)；從靈魂的內部，和靈魂發生交接。這是任何其他受造實體無力作到的：(因為「父接內部」，乃是創始並賦與物之本性，本體，及其生存和行動的現實。回閱卷二，章八十七，及本卷，六十五及六十七諸章）。

所以結論必是：惟獨天主能是「意志自願動作」的原因。（人心動合天心，不是被強迫，而是人心天意，妙合於自然而然。人心動，只覺自動，不覺被動，也不覺天動，是人心反省不明所致。猶如騁目賞花，只覺花色，不覺陽光，更不覺目光，也更不覺目光來自靈魂，至於目光和靈魂，都是來自天主，則更茫然不知覺悟了）。

還證：強迫的，是違反自然的和自願的：因為自然的和自願的行動，是由內在因素發出的：。這是當然的。外在的發動者，發起被動者自然的動作，只有一個辦法，就是在被動的物體內，產生那某某行動的內在因素：例如某物產生另某有重量的形體，給它賦與沉重下墜的性理，乃是發起它本性自然降落的移動。自然界，物質形體，互相外在，被動而動，無非是被迫而動：除非偶然能有例外，就是某物給另某物，除掉阻礙，乃讓它開始順性而動。然而去掉阻礙，如果疏通河流，與其說是產生物體本性自然的行動，勿寧說是引用物體本性自然固有的行動：去掉某物外間的阻礙，不真是發動它本性自然的行動。

由此可見，另有意力動作內在因素出生的原因，能用作者發動的方式，發起意力自願的動作，而不用強迫。這樣的原因，是天主。按卷二（章八十七）已有的證明，只有天主能造生靈魂，（給它賦與意力）。足證：惟有有天主，發起意力的動作，能用外在發動者的方式，而不用強迫。（天主外在於人的靈魂；但既能造生靈魂及其意力，故能發出動力，直接發起它意力的動作，彷彿是從靈魂的心內深處，超然神妙，啟發它意力的自願：天主、造物者，本體在萬物以外，效力深在每物以內。每物的動作，無不仰賴天主內外充沛的動力，回閱章六十五及其下數章）

經證：《箴言》，章二，節一說：「國王的心，是在天主的手掌中；天主完全隨意引領它傾向於任何行動」。（聖保祿）《致斐理伯人書》，章，節十三，也說：「我們中間，行動的意願和成功，都是天主為了意旨的仁善而行成的」。《聖經》的這些話是根據了本章的理由而說出來的。（天主不但賦與吾人意力，而且也發動吾人意力的心願，並行成其動作。詳論於下章）。

第八十九章　天意人心

另有一些人，不懂天主在吾人（中心）以內，發起吾人意志的活動，怎樣能同時不廢棄吾人意志的自由，於是牽強經言，附會己見，認為（前章末段引據的）《聖經》上那些話的意思，不是說天主作出吾人的意願行動，願這或願那，而不過是說天主給吾人造生了意願的能力；（至於行動起來，就全在於吾人自主，天主不加干涉或推動）；例如（《聖經》研究者）奧理真（神父），在所著原因論卷三，（章一），就是這樣解釋那些經言：目的是保衛人意志的自主。

從這樣的前提出發，還有些人就似乎有理由主張：天主上智治理萬物，只管制人心外間的變動，不管理人心內部意志自由範圍裡的事物。（考察心理經驗的事實），意願的活動，選擇願得或願作的任何某一事物，人心裡常覺自由自主，例如心裡願意建造某樣一所房屋，或發財成為一個富翁；然而意願的選擇，心內想著容易；心外行動起來，不常能達到心願的目的；因為外間的變故，往往事與願違；（諺語也說：謀事在人，成事在天）；如此可見：（人心內的意願行動，全由人而不由天），人心以外，人力行動的成敗得失等等事故，卻由天主安排，非人心自由所能控制。

上述這樣的意見，顯明反抗《聖經》原話的真義。

一證：《聖經》原話明說：「我們中間，行動的意願和成功，都是天主行成的」：明指「天主是吾人意願行動和成功的原因。《依撒意亞先知》，章二十六，節十二，說：「天主，我們的一切工作，都是稱在我們以內，作成的」。從此可見，吾人從天主領取之所得，不但是意願的能力，而且是意願的動作。

另證：（回閱前章末段），撒羅滿說出的原話：「天主完全隨意引領（人心意願）傾向於任何行動」，明指天主的效力，不但造生吾人意願的能力，而且發生吾人意願的行動。

又證：按上面（章六十七及七十）已有的證明，不但是天主給萬物，賦與動作的能力，而且是物體用本性固有的能力發出動作，個個件件，不能不同時仰賴天主動作的能力。所以人用天主賦與的意力，發出心內的意願，也不能不同時仰賴天主動作的能力。物體動作所仰賴的因素，不只是能力的原因，而且（更）是動作的原因。

為申明此點，可用人工的比例。在人工的藝術裡，工具的動作，是仰賴藝術家的能力，而作成的：不是工具本體固有的性理和能力來自藝術家的賦與，而只是工具固有的能力受到了藝術家的任用，才作出了現實動作。（說藝術家的動作，是工具動作發啟和成功的原因，話中的真義，明明不是說：藝術家的動作只是工具動作能力的原因；首要意義，卻正是說：它是工具動作的原因）。

從此可知：天主不但是吾人意志能力的原因，而且也（更須）是吾人意願的原因；就是說：天主也是吾人內心意志動作的原因。

加證：因果系統的總體，呈現的秩序，完善：神類勝於形類。然則，試觀形類，各級原因物理的行動，都是最高的第一級原因行動產生的效果。（形體萬類，各類有各類的因果系統：上級動下級；第一動全系。宇宙總體，合組的因果系統，也是有同樣的秩序和定則。天主是宇宙全系的第一原因：更是神類因果系統全體以上的第一原因）。由此可見：神類意力的行動，都是最高的第一意力行動產生的效果。這個第一意力，乃是天主的意力。（顯然，天主不但是意力的原因，而且是意力行動的原因）。

還證：上面（章六十七及七十）證明了：天主是萬物一切動作的原因，在每個物體內，作成其動作．所以也是意力萬動的原因。

又證：亞里斯多德，在尤德米（出版的）《道德論》，卷八，（卷七，章十四），證明這個結論，用了以下這樣的論式：

事物新生，先無而後有，不能沒有一個原因。故此，任何某一主體，（心內）智力之所知，謀慮之所計，優劣之所擇，意力之所願，凡此種種事件，先無而後，必然也都有出生的原因。假設意願之上又有意願，謀慮之前又有謀慮，上者動以啟下。前者動以啟後。由下者後者，追溯上者前面，逐級推往，不得推至無窮，必須達到至上至前的第一個原因。這樣的原因，本體優越，超過理智和神智：不能是別的，只得是天主。故此千思萬慮，出沒於吾人心中，追問其第一原始，厥惟天主！

第九十章 天心人意

從此看來，得以明見，人心意願，及好惡之選擇，必定也都受天主上智的管理。一證：天主所作一切，都根據自己上智的計劃。祂既是吾人選擇和意願的原因，故此，吾人的選擇和意願，也都屬天主上智管理。

加證：按上面（章七十八）已證定的理，（天主上智）任用神類經理形類的一切事物。神類實體，卻是用意力，發出動作，管理形體事物，假設意力的選擇和行動，不屬天主的上智管理，形類的事也就隨著脫離天主上智的管理。如此想去，所謂天主上智管理，完全等於無有。（這是不可能的；前者已經證明了，宇宙萬物受天主上智的管理。故此用反證法，反回去，足證意力動作，必定脫不開天主上智的管理）。

又證：宇宙間，物體越高貴，越應有秩序。宇宙的善良在於秩序。因此，亞里斯多德，《物理學》卷二，（章四），責難古代許多哲人誤以為天上諸形體，在構造中，有偶然和僥倖的成分；下界物體，卻沒有：（把下界物體，說得比天上形體更高貴了）。

然而，智性的各類實體，本性高貴，勝於形界的物質實體。如果形體在其實體和動作上，都屬於天主上智的管理，有規律和秩序；智性的各類實體，就更是如此了。

另證：物體或事物，距離目的越近，則越有與目的相適合的秩序：因為別的事物是經過它們的引導，而按秩序嚮往目的。然則，按上面（章二十五及七十八）的證明，智性實體的動作，比其他各類事物的動作，距離共同嚮往的目的，天主，更是接近：故此更受天主上智的照顧，和引領，按秩序和規則，嚮往天主。

還證：天主愛慕祂所造生的萬物，因此愛慕之情，起而照顧管理。愛情的首要任務，在乎「愛則欲之善」，（參考亞里斯多德，《修辭學》，卷二，章四：發愛者願望所愛者實有美善）。所以天主越厚愛某類事物，它們便越深蒙天主上智的眷顧。《聖經》在《聖詠》第一四四，（二〇節），也教導吾人知道：「天主保祐一總愛天主的人」。大哲，《道德論》卷十，（章十八），並且教授吾人說：「天主極度關懷那些鍾愛智力的人們，拿他們當作自己的友人看待」。從此可知：天主最愛有智性的那些實體。（這些實體的生存，在於運用智力和意力：既愛之，則關懷照料之）。足證它們意志的心願，和對象的選擇，都屬於天主上智照管。

加證：人，內心生活的美善和福利，比較外部福利，例如富貴榮華等等，更適合人性之所喜愛。人的真善和真福，眾人公論都說是：在內不在外。然則，人心內在的美善和幸福，繫於意力及行動。假設依照對方意見，天主只照管人生外部的成敗得失富貴貧賤等等，而不管意願及選擇等等人的內心動作，與其說天主照顧人類，勿寧說天主不照顧人類，才更合理。這卻是褻聖者，侮辱天主聖名，發出的妄言：《若伯傳》，章二十二，節十四記載他們說：「天主盤環於天上的四極，勞神於天上事，顧不到我們人間」。《厄則克爾先知》，章九，節九也記述他們說：「天主捨棄了下地，看不到地上」。熱肋米亞先知的哀歌，章三，節三七記載他們又說：「是誰傳令教作了這事？發命的既然不是天主」！（既說有某事，作成了，天主沒有發命，可見天主沒有管得住它）。這樣的話，都是《聖經》所責斥的「褻聖之言」。

釋難：《聖經》明訓中，也另有些話，在辭氣上，和上述對方的意見，似乎不是沒外表相合之處：《德訓篇》，章十五，節十四：「天主初造人類，就棄置人類於自己智謀的手中」。（猶言，人的實體初生，是受天主造生，既生以後，人便用自己的智謀，一手掌管自己的事務；天主乃將人類棄置於度外）。同章下文，（節十七—十八），又說：「天主供給你水與火，你願意得到什麼，任憑你伸手取拿。人的面前有生死，又有善惡，隨人所欲，而與之」。申命記，章三十，節十五，也說：「你要留神看清，天主今天陳列在你面前的：一面有生命和美善，對面卻有死亡和兇惡；（何捨何取，全由你拿定主意）」。

這些話不足為難，《聖經》提出來的用意，是為證明，人有自主，選擇自決；但不是為證明自由意志的選擇，脫開了天主上智的安排。

同樣，尼柴主教，額我略，（奈默思著，《人性論》，章四十四），也說：「事情在於吾人者，天主不來管。不在於吾人者，天主都照管」。教父達瑪森，步武後塵，在《正信本義》，卷二，章三十，附合申述說：「事情在於吾人者，天主前知，不前定」。正確的解釋起來，這些話的用意，不過是說：在於吾人的事情固然受天主上智的限定，但不因而失去意願的自由，或沾染上「必然性」。（天主上智的限定，是超級原因對於下級效果的限定：是對上有限止，對下無限止的：不是平級因果的限定：定於專一的必然。例如太陽的光和熱，受了天主上智的限定，對上是有限止的；但對於地面上能瞻養的生物，和能照顯的景色，卻是無限止的。萬種生物，生生不息，吸取太陽的光和熱，永世不竭：至少不因受下界生物之吸取而涸竭。生物的生長，動物的行動，都是受陽光的導引；自由生長行動，總脫不開陽光的提拔和指引：左行，則左引；右行則右引。人的意願之自由，也是總脫不開天主上智和公義的指引：人行善，天主則助其成，而引之得善；行惡，則逞其兇，而引之自食其惡果：善惡自為，禍福自取，卻步步脫不開天主上智規定的路線。天恩至柔，天法至嚴，天網恢恢，疏而不漏。人生事務，不但有天主上智的法則，而且受其神力的支配，和調遣，理由種，尚可得自人事的本質方面，詳論於下章）。

第九十一章 人生行動的根由

統觀以上（數章），總結出進一步的收獲，足見：追溯人生行動的根由，都有高級的原因，沒有一件是無因而至的偶然，或僥倖。

歸納以前數章，第八十五章及其下一連數章，證明了人意志的選擇，和行動，直接受天主的安排。（第七十九章，證明了，天主任用各級天神，居間傳達，執行天主計劃，管照並指引人智力範圍以內的知識。（第七十八及八十二兩章），論到人形體方面物質的事物，或屬於身內，或關聯於身外，凡人生應用一切，也是天主委任各級天神，及天上各層的形體，循規蹈矩，執行天主計劃，從中經理照管。

這樣的事實，總共有一條理由，就是：樣式眾多，變化無常，成敗不定的事物，都必定是某一原因產生的效果，追溯到底，它們的原因應不是樣式眾多，變化無常，成敗不定的；反之，應是樣式一致，（性理純一），恆久不變，常成功而不失敗的。

然吾人所有一切，觀察可見，都是複雜眾多，變化無常的，並且都能失敗或有缺點。（逐類申說如下）：

顯然，吾人意願的選擇，眾多無算。人心不同，（如其面焉），各自選擇不同的對象。人心好惡，變化無常，或因神志輕躁，不凝定專一；或者也能因為外間環境，遭遇的形界事物，也都是變動不居的。至於人心意願的選擇，往往失敗，能有缺點，人間的罪惡，足資證明。（可見，它們都是被生的效果），故有某一原因，是專一不變，常不失敗，全無缺點的。這樣的原因，只有一個，就是獨一無二的天主：因為，按卷一（章十三及七十五）的證明，天主的意志，（是天主的本體），性理純一，樣式純一，動作也純一，一能函萬：用自愛的一個動作，兼愛祂本體以外的一切事物。

同樣，吾人智性的知識，也呈現「因素繁多」，「變化多」，「缺點多」的「三多」特徵，（自證是效果，必有出生的原因）。先看其「因素繁多」：吾人智力，從器官覺知的眾多事物，搜集可懂的真理；（器官眾多，構造複雜，事物尤然，抽象過程，也不簡單，回閱卷一，三十六及四十六；卷二，四十六—七十二數十章）。

再看其「變化多」：吾人理智推理，猶如跑路，（從一站，跑到另一站）；從一個知識出發，推演到另一個知識：從已知，追尋到未知：（心智的開明，繼長增高，是變化不停的：不進則退）。

至於它的「缺點多」，乃是（因素繁亂，任重而道遠所致）：為了器官覺識和想像的混雜糾纏，理智則看理不明：人間思想錯誤眾多，明證其缺點不少。

然則，（依照每個物類中，因果關係的公律：因素多，變化多，缺點多者，必定是效果：生於因素單純，恆常不變，全無缺點的原因。那麼，在智性的知識之總類中），各級天神們的知識，是「因素純一」，（不變化），「恆常如一」，「純全而無缺」的：所以吾人智性的知識，是由天主上智任用眾位天神來管理，而始得出生的效果。詳證於第七九章，參考卷二，九六及其下數章。逐項申說如下：

天神們的知識，因素單純，性理單純：因為祂們從單純至一的泉源，領取真理的知識，（章八十證明了），這個泉源，乃是天主，（天主直接將自己真理的知識，賦與祂們，不經過其他因素，居間傳達）。祂們的知識，恆久如一，沒有移動和變化：因為祂們得知識，不是像跑路一樣，用理智的推論；（或以歸納法，由事物的動作，證驗事物的性情）；或以因果律：由效果推證原因；或由原因測知效果；反之，祂們用直視的單純動作，洞見純淨的真理，（參考卷二，九十六及其下數章）。並且祂們的知識，沒有缺點：因為祂們洞見萬物的性體，及其本質是什麼，是就其本體，直接洞見：對於直視洞見的本有對象，智力的知識，不能有錯誤。（本有對象，是某能力本性特有的對象。關於這些對象，其能力固有的基本而單純的動作，是不會錯誤的）：例如器官的覺力，關於本性特有的對象，在基本而單純的直接動作，滿足了正常的條件，是不會錯誤的：（至少在對象的本體上，不會犯錯誤：眼見色，則必有所見；顏色有可見的本體。天神知萬物之理，是真知其本體）。吾人智力，卻是從物體的許多附性和效果，觀摩揣度，而測知物體的本質是什麼。如此比較，可見，吾人智力的知識，是由眾位天神的知識，管制引導，而生成的效果。（同類中，完善者是不完善者的原因；不完善者是完善者的效果：這是絕對確實的公理）。

回過頭去，觀察人的身體，及其日用的外間事物，顯然，也有「三多」特徵：因素眾多，複雜，互相衝突；變動無常，變動的方式，也不常一致：因為它們的行動或變化，不能是繼續不停的。人的身體，能有許多缺點，或生於附性變質，或由於實體喪亡。

然則，（人的身體，屬於形體之類：是有形的物質因素所構成。同類之中），天上諸形體，（在適當限度內），比較起來，是樣式純一，性理純一，因素純一的：沒有複雜的分子，互相衝突，（舊天文學，認為天上諸形體的物質因素，是單純而清輕的，有時叫作「乙太」，或「太素」，或「大氣」，等等）；它們的運動，也是樣式一致的，常行不息，規律一致，永常不改。並且它們內裡，既沒有實體喪亡，又沒有附性變質，等類的變化：（古代學說，天體剛健，獨立而不改，周行而不殆；天之大道，有恆性，有常則，萬古長新，永不移易：猶如天長地久，日月有恆。不必是對上絕對有恆，而是對下相當有恆）。

由此觀之，可知吾人身體，及其日需，凡下界有形物體，都依照天主上智的安排，受天上諸形體運動法則的管制。

第九十二章 命運（一）

從以上這些分析，可以明見：如說「某某人命運好」，能有什麼真正的意義。說「某某人命運好」，是說他偶然得到了意外的福分。（參考，《大倫理》，卷二，章八）。例如某人在田地裡，掘坑，發現意外的寶藏：不期而得：便是偶然的幸運。

某人工作，偶然作出意外的成果，是出乎他自己的意外，卻不是出乎高於他的上級原因的意外。例如某某業務的主任，同時分派兩個職員，分路到同一某某地點，辦理某事，這兩個職員，預先不知道主任的故意安排，到了那個地點，各幹各的事情，忽然同處相遇，各自感覺是偶然意外相逢，只是出乎他們每人的意外，卻不是出乎主任的意外：為此理由，對於此某職員，是偶然而僥倖的事，對於業務的主任，卻是一件安排固定的事。

既然人在身體方面，聽受天上諸形體的安排；在智性方面，聽受眾位天神的安排；在意力方面，卻聽受天主的安排；所以能有某某事物，是出於人的意外，卻是天上諸形體，或眾位天神，或天主安排固定的事。

雖然只有天主的動作，直接影響人意的選擇，然則眾位天神，用勸誘的方式，也能對於人意的選擇，發生一些影響的效用；天上諸形體的影響，卻用製備的方式，不外於施展壓力，在我們身體內，製造適當的條件，傾向吾人決意有所選擇：準備上某些條件，驅使吾人，在不識不知之中，選擇某些有益的事物：是吾人的心意受了高級原因的壓力。

那麼，如有某人，智力受眾天神光明的開導，意力也受天主有效的指引，選擇了有益的事物，而自己預先不知其有益的理由，吾人就稱道他「命運好」。反之，他如受高級原因的誘導，自己不知其中的理由，而選擇了有害的事物，我們就說他「命運不好」。例如《依耶肋米亞先知》，章二十二，節三〇，論到某人，記述天主（向史家）說：「你應在這人名下，寫明他沒有生育能力，他在來日，發達不起來」。

但須注意，「命運好」分兩種，一是「性分好」，二是「福分好」。

性分好壞是吾人身體，受天上諸形體的壓力，而生成某些物理自然的性情和才質，於是有向善或向惡的傾向：大哲，在《大倫理》學，（卷二，章八），說「命運好，（有時）是性分好」，就是根據了這樣的意義而說的。他的本意，不能是說：智力的本性，竟會引人選擇利害相衝突的事物：一人得利，另一人卻受害：因為智力和意力的本性，是一總人相同的：性理的分異，必招致種性的差別；物質的分異，卻促成件數的不同。（足見：「性分好壞」的實義，不指智力或意力的「本性好壞」，而不過是指示「身體性情或傾向」的好壞，並且是天上諸形體影響而生成的自然現象：物理涉及了心理）。

因此，專指人的智力受神明的光照，或意力受天主的激動，而作某某事物，吾人不說他是「生來的性分好」，而說他是「福分好」更是合理：就是說他受到（眾位天神的）保護；或受到了（至上天主的）引導。

又須注意，引人選擇某事的上級助佑，也分兩種，一是佈置，二是成全。眾位天神以及天上眾形體，助人選擇某事，只是給人佈置適宜的條件：天上形體，佈置身體的性情，氣質；天神的光照，勸道人心的智力。氣質的傾向，和勸導的能力，不必然生效，人不常順從護守天神的勸導，也不常順從天上形體的物理作用之傾向。

然而，天主的助佑，引人選擇某事，人卻（有意或無意），常常順從：故此天主的助佑，是助佑成全，不會不得到完善的成效。為此理由，根據《依耶肋米亞先知》，章五十一，節九所說：「我們照管了巴比倫，它也沒有受到了照管（的實效）……」：意思是說：眾位天神的護守，也有時徒勞無益」；天上諸形體的誘導，或壓力，就更不待言了，也是會無效的；惟有天主上智的照顧，常是牢穩鞏固的，（不會達不到完善的成效，同時也不傷害人意志的自由：因為是有效的助人選擇自己願意的某某事物：後有詳論）。

還須注意：方才所說的「助佑佈置」，又分兩種，一是激動情慾，二是啟發智思。

天上形體，向吾人身體，施展壓力，發出影響，製造物理條件，傾倒吾人心意，屈服它順從身體內某情慾的衝動：而自願發出憎恨，惱怒，喜愛，或其他類此的種種情感：因為天上形體的影響，是因物理而涉及心理，觸動人心的意願，常用「情慾感動人心」的方法。（回閱卷一，八九—九一，卷二，八二—八三；本卷，八五）。

天神的助佑，佈置條件，引人有所選擇，卻是用智力考慮的方式，不用情慾的感動。天神啟廸人智力的思考，能有兩種形式：一是光照人的明悟，只教人知道作某某事是好，此外不教人知道在目的和終效方面，那某某事所以然是好的理由。因此有時，人的評價，認為作某某事是好，但如追問理由，為什麼作那事是好，人竟自供不知，（參考《大倫理》學，卷二，章八）。為此，人如作起某事，結果得到了預先沒料想的好處，這便是他的命運好。

二是人的明悟，受天神光照，有時不但知道這某某事物是好的，而且也從目的或終效方面看到了那事是好的所以然；於是作出某事，結果得到了預先想望的好處，這就不可以說是倖運好；（而是計劃好）。

尚須理會，自然界，神力高廣，體力低狹。故此，人意志的選擇，範圍高廣，超越天上形體影響所延及的一切。（天上形體，趕不上人心神力的高強廣遠）。

並且還應知道：人的靈魂，甚且眾位天神，能力高於天體，但不高於天主。天主的能力，是廣大無限，普及於萬物的。依此比例，能有某某好事發生，出於人的意外，也出於天上形體傾向的範圍之外，並且也出於眾位天神光照的範圍以外，卻不超出天主上智照顧的範圍以外，因為天主上智，統治「物」大公名所能指示的整個範圍，故此實有界所能有的一切事物，都屬於天主掌管的範圍以內，如同天主的全能，造生了萬有：實有之界，也是沒有不是天主造成的事物。

如此看來，可見人生能遭遇的善惡禍福，對於人自己，對於天上形體，對於眾位天神，都可能有僥倖或不幸的偶然；但是對於天主，卻沒有一件事是偶然的，（反之，件件是天主上智安排的）：不但在人生事物內，而且不拘在什麼類的事物內，對於天主說話，不能有任何預先沒有看到的，或偶然的事。

偶然事，都是意外事。然而，道德的行為，不能是意外事，因為它們的本質在於意志的選擇；故此，對於道德行為，能有「性分好壞」之可辨，沒有「命運好壞」之可言，（因為命運而遭遇的事，都是人意外的偶然事）。但人生來，性分不同，各隨本性生而俱有的性情，和才能，而選擇不同的志願：或修成美德，或陷溺於惡習。

對於外間事物，人生能有意外的遭遇，如說某人性分好，命運好，有天主指引，或有眾位天神保護，等等話語，都能言之成理。（以上數段，是討論「意志的選擇」能受到的上級助佑，下麵數段，討論「行動的結局」能受到上級的什麼影響）。

論到人生行動的結局，最後的成效，也有賴於上級各種原因的助力。行動的開始，繫於人意志的選擇，有賴於天上形體的時運，眾位天神的光照和保護，又仰賴天主有效的指引。同樣，行動的結局，在乎計劃的實行，滿全意志選定的希望，所需要的實力和實效，也是得自某一上級的原因：不但是得自天主，而且也能來自眾位天神；並且座落在身體以內的物理效能，也可以來自天上諸形體。

事實上，沒有生命（和靈魂）的物體，顯然有些實力和功效，是得自天上諸形體：物質原素，動作施受的品性，有促成物體變化的實力和效能，無疑的都受天上諸形體的支配和影響；（物理化學的變化作用，依古代學說，基本上，不外於冷熱燥濕，效力顯然來於日月和天體的運行）；除此以外，還有一些物理的效能，（不屬於原素冷熱燥濕，等等動作施受的能力範圍以內，既非來於物質原素），必應來於天上諸形體，（合成的宇宙體系）：例如磁石引鐵；表現的吸引和排拒；還有些礦石，及花草，也具有某些神奇奧妙的靈效，（或治病，或引起心靈生活的變化）：凡類此種種效能，也是得來自天上形體。

由此看來，可見無妨有人，作成旁人作不到的一些物理變化，表現自己有一些效能，也是得自天上形體的影響，彷彿是壓力下降，充塞人的身體，增強人的活力，例如某人是醫師，（本性天生），有醫治疾病的智巧，某人作農夫，有種植園林的技能；又有某人當兵，精通武術，心勇氣壯，（這些才能的物質方面，及實際工作時表現的精銳神氣，既非來自下方冷熱燥濕的物質原素，必應來自天上的形體了。注意根據古代《物理學》這樣的想法，「天上形體」，泛指「下方物質原素」以外的物質，並假定它們的物質，是「冷熱燥濕」等等物理效能以外的那些物質力量的來源和主體。物體間交互影響而生出超級效能，是一個常見的現象）。

現在說到天主，不難見得，為助人執行工作計劃，發揮工作效能，天主賞賜人這樣的實效，程度高強，必定遠勝於方才說的天上形體了。助人意志的選擇，叫作天主的指引；助人執行工作，卻應叫作天主的支援。《聖經》裡，有些話，同時一併提到了這兩種助佑。《聖詠》（拾伍，一）有一處說：「上主是我的光照，又是我的安全，我害怕誰呢？」指示人受天主的光照引領。緊接著又說：「上主保衛我的生命，我對於誰還要戰驚惶恐」？指示人有天主的支援。

在以上兩種助佑之間，尚有兩層分別：一是範圍廣狹不同。二是意料內外不同。

第一種助佑，是光明的指引，範圍寬廣，包括人能力範圍以內和以外的事物。第二種助佑，是效力的增強，範圍狹窄，不擴展到人力所能達到的範圍以外去；（雖然都能助人作出超乎尋常的成效，舉例說明此點）：有人堀坑，本意是埋葬死人，意外卻發現珍寶：這樣的收獲，不是來於那人堀坑的能力，甚且不是來於寶物的搜尋能力。光明的指引，能啟發人的注意力，留神搜尋，也能鼓舞起堀坑的勇氣，然而這樣的指引，不是賦給任何實力，使人現實找到寶物：達到成功。

第二種助佑，例如助醫生治病，或助戰士作戰得勝，同時能用光照的指引，助他選擇適宜的工具和方法，也能助他運用上級原因配置的能力，執行現實的工作，收到高強的功效，（深度雖然貫徹始終，範圍卻不越出人工作能力範圍以外去，收到工作範圍以外的奇效）。足見第一種助佑，範圍寬廣。

論到「意料內外」的分別，第二種助佑，既是效力的增援，故是助人得到意料以內的成效。受這樣的助力而有的成功，不可說是「意料之外的偶然僥倖」。反之，第一種助佑，有時卻能說是助人得到了意料之外的異寶。

此外，人命運好壞的遭遇，有時生於單方動作，例如某人掘坑而發現靜止的寶藏，只是那人獨自一方動作；有時卻生於雙方，或多方動作，例如某人上市買貨，巧遇欠債人，意外相逢：雙方動作，恰巧碰到一處。第一種的遭遇，人受上級助佑，只是受到指引，選擇某事，附帶著，竟在意外遇到和那某事，偶然相連的另某幸事。第二種遭遇，卻是有關各方，都受到指引，選擇行動，適然巧逢，而碰到一齊。

另有一點，尚須注意，人的命運好壞，對於人意的選擇，是意外的偶然；對於天主雖然不得是意外的偶然；對於天上形體，卻仍不失為意外的偶然。按理說明如下：

事件的發生，溯本追源，除非追到其本體原因，則不失其偶然性。然則，天上形體的動作能力，不是用智性的知識和意志的選擇，而是用物質的本性，發出動作。物質的本性，卻是趨向專一的。所以，假設某事，不是本體專一的效果，便不能有物質本性的能力，來充任其本體原因。同時須知，任何兩個物體，偶然相遇而有的連合，構不成真實本體自同的統一，僅能構成附性偶然的湊合。它的本體原因，不能是自然界任何物質的本性。試觀方才舉出的例子：人本意掘坑，意外得寶：墳坑和寶藏，同在一處，純係偶然：本體上沒有物性必然的連繫：縱令那人，受天上形體的激動，振作起情慾，挖掘墳坑；天體的效力仍然不能是「掘坑得寶」的本體原因，而僅是「掘坑」動作的助力：天體助人的本體效果，是助人堀坑，不是助人必在寶藏埋藏的地點掘坑：（天體物質的助力，沒有知識，不知道寶物的所在，故不會助人到寶物埋藏的地方去掘坑）。反之，假設有某實體，有知識，用智力發出動作，能是引人「掘坑得寶」，這件事整部的本體的原因：因為智力的本體任務，是將許多因素，組織配合起來，構成秩序的統一，追求一個目的。

顯然，如果有人知道寶物何在，也能派遣另某不知道的人去到那裡掘坑，於是使他在意料之外，發現那裡的寶藏。如此看來，可見這樣的偶然事件，追溯原因，歸結到天主，以其上智為原因，則失掉偶然性；只歸結到天上的形體，以其物質效力為原因，卻完全不失其事件的偶然性。（偶然事件的本體原因，必須是有智力的實體，不能只是盲然無知的自然物性。這是因果律的許多定理中，相當有趣味的一條。偶然事件的偶然性，自證是一個智性實體的效果。此類事件的效果性，足以證明宇宙間的高級原因是有智力的神明。偶然的事件，是許多因素配合而生的效果。有秩序並有目的的配合，必定有最高的原因，不能沒有智力）。

用同樣的理由，還可明證，專靠天上形體的助力，無人能在一切事上，常有好倖運；而只能在此某或彼某特殊的兩三事件上能遇到好倖運。

所謂「常有好倖運」，是說某人，根據自己恆常不變的本性，受天上形體的壓力或激動，或常常，或在大多數次，慣常選擇某些事物，而有另某些喜幸事物，偶然連帶著，相隨而俱來。這是不可能的。反之亦然：就是某人常走厄運，也是不可能的。命運的好壞，是特殊稀有的，不是普遍常有的。（理由如下）：

普遍常有的事物，屬於物性的自然，（不是命運的偶然）；自然的物性，趨向專一：（追求專一的目的，發出專一的行動，恆守專一的規律：這是自然物性的定義）。反之，命運偶然發生的事件，或好，或不好，都不能歸結到任何專一的界限以內去，因為按大哲《物理學》卷二（章五）的名訓，並按名理的定義，顯然可見：凡是命運的偶然，都是不準確而無定限的：（俗話也說命運的事，都是沒有規律的瞎碰）。

故此不可能有人本性自然，凡有選擇，常有命運的偶然事件，隨之俱來。但能有人，仰賴天上形體的助力，根據一個傾向，選擇某某事物，連帶著得到某一偶然的倖運；根據另一個傾向，得到另某倖運；根據第三個傾向，又得另某第三個倖運；但不能如此，根據一個傾向，而全得一切倖運的事。這是不可能的，（因為倖運是物性常則偶有的例外，物性自然的動力，是有專一限制的：一個物性，不會傾向於許多事物。這也是自然物性，和天主上智的分別。天主上智的安排，有能力引導人，追求他意志願望的一切事物：（因為人的智力和意力，不受物質的界限；天主的全能全智，也是不受物質限制的，回閱卷二，章四八；本卷，章八十三；卷一，章四十三，及章六十九；卷二，章二十七）。

評註：天上形體，激發人身體的情慾。眾位天神光照人的明悟。天主的神力，指引人的意志，成全人的計劃和行動。將以上這三個層次分清，立即看到人生事物間命運的偶然遭遇，不論事件大小，都有天主的安排。人心內智力和意力的活動，也都不是不以天主的發動，為其最高而最深的原因。心智是人身的主宰。天主是人心智的主宰。人心有意或無意能犯的過錯和罪惡，明證自己不是自己活動的惟一主宰和原因，回閱章七一，末段有言曰：「有惡，故有天主」。同時人心有意修成的美德及善良的行動，有天主的管理和指引。天主引領人的活動，兼統善惡，巨細不遺；人心不常直覺，但常能據理推證，印合天主聖意。天主的引領和助佑，不滅絕萬惡，不妨害人的自由，不取消祈禱的益處。詳見於以下數章。

第九十三章　命運（二）

從以上提出的那些分析，得以明見：關於「命運的註定」問題，應有什麼意見。

有些人抱否定的意見：認為「命運的註定」是完全沒有的一回事。他們只觀察個體事件的局部原因：（不把眼界放寬，合觀宇宙萬物間因果關係的總體，看不到高深遠大的上級原因）；他們看到了宇宙間，發生的許多事，是偶然的，於是主張它們並不是上級原因管制的。

另有些人卻抱肯定意見：認為片面觀察，看著似是偶然的事，努力考究，追本溯源，（合觀因果系統的整體），卻都有某些更高遠的原因，安排佈置，依照秩序的規定，管制事物的發生。於是他們主張一切事物都是「命運註定的」：猶言吾人片面看去，好似是偶然發生的那些事物，實際上都是某某原因預先發言說定了的，或預先發命規定了的，並且是預先計劃，運動支配，而管制起來的：故此都是當然發生的。

抱肯定意見的這些人，又分兩大派：一派是「宿命論者」：他們主張斯世偶然發生的事物，都是天上諸形體，日月星宿，方位運行，時地配合，而決定的。人間的萬事萬物，連同人心意願的選擇，都是星宿運行而決定的：並且在某些程度或界限內，事物的發生，都是必然的。這個由星宿運行而決定的必然性，他們叫它作「宿運」：（猶言「星宿註定的命運」：和古代占卜星相的所謂「星相學」有關）。這派的主張卻是不可能的，並且不合於（公教）信德（所信仰的真理）；詳證於上面（八十四及其下一連數章）。

第二派是「天命論者」：他們認為下級事物間偶然發生的事物，都是天主上智命令安排的：（或命令實行，或命令容許）。於是他們說一切事的發生，都是「命運註定的」：就是「天主命令的」：用「天命」二字，指示「天主上智的命令」：「天主上智命令不可轉移的必然規定」，他們就叫它作「命運的註定」。

本此意義，大儒鮑也西，（《哲學之慰》，卷四，文六）曾說：「天主上智給變化無常的事物，締結它們彼此間交互發生的關係，規定它們應遵守的秩序，在它們內部，建定起來的條理，就是「命運註定」（的本義）」。

在以上「命運註定」之描寫，所謂「條理的建定」，便是「秩序的規定和管治」。所謂「在事物內部」，是指出「命運的註定」和「天主上智的命令」，彼此互有的分別：事物間的秩序或條理，有兩面觀：一在天主的神智以內，就專叫「天主上智的命令」；一在事物內部：彷彿是一種壓力，從天主神智中，發出來，下降到宇宙間，充滿一切事物的內部：發揮出管制事物的效用：這便專名叫作「命運的註定」，簡稱「命定」，或「命分」，有時簡而又簡，只叫作「命！」或「天！」。所謂「變化無常」，是為指明：天主上智現定的秩序，不取消事物變化無常的可能性，和偶然性。藉以排除某些人以「天主命令」抹殺事物變動偶然性的謬說。

根據鮑也西名辭的解釋，否定「命運的註定」，乃等於否定「天主上智的照顧」。（我們信奉公教的人，不能否認「天主上智的照顧」，故此不可否認「命運的註定」。不過鮑也西的解釋，不是教外眾人一致的信念）。不信公教的許多人，用「命運註定」，或「天命」等等字樣，指示「星相占卜家所說的宿命論」；或指示「天上形體抹殺人意志自由或取消事物偶然性的物質壓力」，（或指示其他與「天主上智照顧」實義不全相合的謬說）。

為避免名辭共用而易生的誤會，我們信奉公教的人不採用和教外人相同的名辭：故此，不可延用「命運註定」的教外名辭，轉指「天主上智的照顧」：（其餘同類名辭，也應一律避免）。

本著以上的意義，聖奧斯定，《神國論》，卷五，（章一），說：如果有人用「命運註定」這樣的名辭，稱指「天主的聖意」，或「天主的權能」；他的意思（不錯），可以保留；他的口舌（不明確），必應更正。

大聖額我略也說：「信奉公教的人，用心戒防，不要再說某某任何事物，竟是命運註定的」。這些話的意義，和上段相同。（參考《福音勸語》，第十講）。

第九十四章 事物的偶然與必然

轉進考察，尚有另一難題，從以往數章已證定理的埋伏下麵，挺挺升起：

請看：如果下界所作萬事，連偶然事物，（在不失其模稜兩可的或然性條件之下）也都服從天主上智的管轄；從此生出的結果，依理看去，明似必須是：或者天主的上智不是確定的；或者一切事物的發生都是必然的：（偶然的事物，就不能不失掉自己的或然性）。理由數條如下：

第一：大哲《形上學》，卷六，（卷五，章三），證明了：吾人如果肯定每個效果都有某一本體原因，同時又肯定：既有本體原因，則必有其效果；從此隨之而生的結論乃是：將來每個效果，屆時都要必然發生。因為如果任何那一個效果都有所謂的本體原因，將來的任何一個事物，（既然是效果），追究原因，歸根結柢，就得歸到某一本體原因，或面前現有的，或往時已有的。

舉例說明如下：假設問題是：某人將來是否被強盜殺害。他的被殺是效果，他遇到強盜是那效果的原因。然而「他遇到強盜」也是一個效果，故此事先也有一個原因：就是「他出了家門」。他出家門的原因，是「出去尋找水喝」；找水的原因，卻是他感到口渴。口渴的原因呢？乃是他吃了鹽。他吃鹽，或鹼東西吃，這件事，（是他被強盜殺害的本體原因）：是現時已有的，或往時已有的。

那麼，既說：有因則必有果，必然就應肯定：吃鹼則必口渴。口渴則必出門。出門則必遇盜。遇盜則必被殺。（依照因果關係的貫通律），從頭至尾，貫徹始終，結論乃是：此人吃鹼而被強盜殺害，是必然發生的一件事。（這個結論，顯然不合於事實）。所以大哲（用反證法，返回去，推證出相反的）結論說：「既說有原因，則必肯定它有效果，（這個大前提），是錯誤的」：因為有些原因可能不生出效果。那麼，說凡是效果，個個都有「本體原因」，這也就不是真的了：因為偶然而生的事件，例如找水喝而遇強盜，沒有任何（本體相關的）原因。

從此可見：不是一切效果，追本溯原，都有現今或已往的一個本體原因，由而致於既肯定了有其原因，則必然肯定也有其效果必定發生。

或則，所以必須承認：不是一切效果都服從天主上智的管束：換句話也就是說：天主的上智，並照管不到一切事物：這是違反（章六十七，七十五，八十九，九十，等處）已證明了的定理；或者應說：天主上智的照管，不是必然生出實效：這樣也就等於說：天主上智的照管不是準確的。再或者，就必得說：一切事物的發生，都是出於必然。天主上智，不但照顧現今或已往，而且顧到無始無終的永遠：因為在天主以內，沒有能不是永遠的事物。（那麼，如說天主上智的照顧，準確無疑，則必說古往今來的一切事物，或大或小，都是必然的。合觀全段，則見得困難重重，進退兩難）。

第二：假設天主上智的照管是確定的，以下這樣的「條件複句」，則必應是真實的：「這某事如果是天主上智安排的，它就得要發生出來」。但這樣的條件複句中，（前後兩句，有「如果…就…」之類邏輯接辭，所指示的「引隨關係」：前句指示條件，後句指隨條件之滿足而應出生的後果：接受了前句，則不得不接受後句。然則，在筆下），它的前句是必然真實的，因為它是永遠真實的。（天主上智，安排一切事物，顧到往古和今來的整個長期）。故此，後句所指的效果，隨之而生，也是必然真實的。依照理性的（邏輯）規則，凡是「條件複句」中，前句如果是必然（真實）的，其後句則必須也是必然（真實）的。任何什麼事物，如果隨某條件之滿足而出生，是出於必然，它便是必然的事物。如此推演，得出的結論，當然是：如果天主上智的照顧，是確定的，一切事物出生，就都是出於必然。（宇宙間所有的一切事物，便都是必然的，而無一能是偶然的了）。

第三：加之，設有某事，是天主上智安排了的，例如某某人要作一國的元首，試問將來他沒有作了國家的元首，這件事是否可能發生？如果他不作元首，不是可能的；他不作元首，所以就是不可能的：故此，他作元首，乃是必然的了。反之，如果他不作元首是可能的，（承認了事件的可能性，隨之而推出是非相反的結論，卻沒有什麼不可能的：可能有的事，是能有能無的：他可能作元首，所以結果他卻沒有作了元首；這是可能的；這樣說話，全無自相矛盾之處；既然能作元首，也能不作元首）；可見天主上智的安排失敗了，不是不可能的。

如此推究，必得的結論，仍是進退兩難，進則應說：萬事都有天主的安排，故此萬事的發生，都是出於必然；退則應說：宇宙間的萬事，不都是必然發生的，故此，天主上智的安排不是確定無疑的：（等於說事物發生，可能不是天主上智的計劃或安排）。

第四：又證：杜留，（西賽勞），《神卜論》，卷二，章七及其下數章，曾有這樣的一條論式：假設一切事物都是天主上智安排的，因果關係的規律，便是固定的。然則，如果這是真的，一切事物的成敗，就都是命運註定的：無一事是由吾人自作主張的，吾人意志的自決或自主能力，就完全等於沒有了。從此可見：如果天主上智的安排是確定無疑的，隨之而生的結論，必是取消吾人自由：自決，或自主的能力。同樣也必致於取消宇宙間偶然性的一切原因。（這些結論，都是錯的，用反證法，返回去，足證大前提「天主上智掌管萬物」之說，是難以存立的）。

第五：另證：按上面（章七十七）的證明：天主的上智，不取消中間各級原因。（原因諸級的系統內，在至高和至低的兩端之間），有許多原因，是偶然性的，它們的動作，能成功，也能失敗。足證：天主上智的安排，也能失敗，就是生不出實效來。可見，天主上智的管制，是不準確固定的。

解答難題

為解穿上述五條理由的無效，首應回憶已往證明了的數條定理：就是：顯然的，一切事物當中，沒有一件逃脫天主上智的掌管；天主上智的秩序，（包括事物的本性和行動），完全不能受到任何變更；（永遠的計劃，既成不變：從無始之始，到無終之終：絲毫不受更改或修正）；同時，由天主上智的安排，發生的一切事物，件件實際發生出來，但不件件都是生於不得不然的（所謂「必然」，或是受勉強）；並且「不必然的事物實際發生，都是遵照了天主上智的計劃：確然無疑，而非強迫必然」：這也是一條必真的定理。詳加申說證明如下：

第一點，務須注意：（按六十四及其下數章，已有的證明），天主既造生事物，給事物賦與生存，便保存並成全事物，給事物賦與生存的安全，賞賜事物得到終極目的，成就圓滿無缺的美善：因為天主是實有界現有一切事物的原因：給每件物體和事體，賞賜其現有的生存：所以天主上智的秩序，必定也包羅萬有的一切事物。(「生存」二字的意義，廣於生活，深於存在，是每個物體和事體，本體成立的內在憑藉：物有生存，乃因而各是一物，並因而有存在，和有行動。物無生存，則無以是其所是，也無以存在或行動。「生存」，在天主，是天主全能的本體；在萬物，則是天主的恩賜：是天主的第一效果。天主造生萬物，在萬物的每一物內，產生「造生和保存以及成全」的實效：核心的要點，在於「賦給生存」：生存之理，兼含萬善之理。賦與生存，是天主全能的造生。賞賜萬善，是天主上智的照顧：既造生了每一物，則照顧每一物，顧及到每一物的大小事情。回閱卷一，章三十一(生存)，章九十九，章八十五，章六十七，卷二，五十五，三十，四十；本卷，七十二，七十五：討論第一原因和偶然事物的關係)。

同時必需注意到：上智的照顧，在一切實例上，常包括兩個動作，彼此互不相同：一是豫先想出計劃，二是依照計劃，在所管理的事物內，建立起秩序來：(實行既定的計劃。第一個動作，屬於知識能力；第二個屬於行動能力。(回閱章七十七)。兩者互異的要點，根據美善程度，比較一下，可以表現出來；(公式化的複比例，擬成條文，就是)：在豫先思想，設制計劃時，上智美善的程度，和顧慮的詳細，成正比例：越顧慮到至細微的項目，則表現上智的眼光，越是高明。

比如吾人，關於應安排的事物，預先設計，無力顧到全局的每個細小部分，是由於吾人知識缺乏之所致：知識的能薄弱，則無力包攬一切細小的項目。(用反證法，反回去)，人如顧慮周到，越能豫先想到許多個體事件的一切需要，就表現他的上智越是精強銳敏。如果只顧慮總綱，限於普遍的公理；而顧不到分門別類的細目，則其上智疏漏，而含渾，有欠於明智。同樣，枚舉人間各科工藝，偏察其設計的實情，也可歸納出同一結論：計劃周詳，是上智高明的表現。(技師設計，用數理，精打細算，不爽分毫)。

反之，在第二個動作，就是在實際推行計劃時，總部主任，統領一切，他的上智，高明美妙，和掌握的總部高廣，成正比例：掌管的範圍越普遍，越任用許多部門的職員，推行設出的計劃，（高級作大事，低級作小事，上不侵下，下不擅上，左右不相礙）；越能這樣作，就表現他的上智，越是精明完善，尊威崇高：因為各級職員的佈署，是上智設計規定的主要部分。（上智的要務，在乎設官分職）。

然則，天主的上智，照顧指引，精明美善，程度至高無比：因為按卷一（章二十八）已證的定理，天主本體美善，純粹無雜，廣大無限，竭盡了「美善」二字普遍名理，絕對精純無限高雅的實義。

貫通上段各節，結論可得，就是：天主上智，照顧萬物，豫先思想，設制了永遠的計劃，顧慮到了不拘多麼細微的小事；執行計劃，卻任用萬物：上級照管下級：各級物體的動作，都是被動於天主，如同工具被動於工人，服從天主調動，供職效勤，在事物內，展開天主上智，從無始的永遠以前，就想出了的計劃。這樣的結論，庶幾乎，就是筆者本人存心要說的真理。（回閱章六十七）。

轉進討論，請看：既然所有一切物體，能發出的動作，必定都是為滿盡職任，事奉天主，則不可能又有任何某個物體或因素，竟能發出動作，相反天主意旨，甚致阻礙其上智計劃的實行。並且也不可能由於某物施動或受動能力的缺乏而使天主上智計劃的實行，受到阻礙：因為每個施動或受動的能力，都是天主，依照自己上智的安排，造生在（一切）物體以內的。（回閱章七十）。最後，也不可能由於天主自己改變上智既定的計劃，而廢止其實行：因為按上面（卷一，章十三）的證明，天主是完全不能改變的。（祂的本體，能力，動作，三者全無分別，是純然自同的「生存的現實和盈極」，不會有任何前後不同的變動之情況發生，參考卷一章十六，二十八，及七十三）。

如此推論到最後，結論乃是：天主上智的安排，完全不可能失敗。（以上是務須注意的第一點）。

第二點，務須注意：按前者（章三）的證明，物體動作的宗旨，都是追求良好的，或在其可能範圍內，更好不過的對象。然而良好的，或更好不過的對象，分整體與部分。（回閱章七十一）。

整體的良好，在於本體的完整無缺：是一切部分組合起來，秩序統一而構成的美善齊全。整體的美善，和秩序的統一，為能成立起來，不可不有部分間品級高下的不齊；否則，一切部分，互相平等，每個的美善，都和尊高至極的那個部分，程度一樣高，合構而成的整體，反倒不如部分間品級不齊者，那樣萬善全備。（既不應有盡有，又難配合統一：各部分一般好，便各自獨立，不相補足）。

例如人的身體，一部分是腳，位置低下。一部分是眼睛，位置崇高。但就一部分的本身而看，它如升高，站到上級的位置，（兼有了上級的優長），它的美善固然隨之而增高；（但統觀全體，反不美滿）；例如人的腳上，長出了明亮美麗的眼睛；腳的美善程度，增高了；整個身體的美善，卻減低了：因為失去了腳的本身應盡的某些任務：（長了眼睛的腳，再不能蹴踢，趟水，踏雪，在草地或沙灘跑路，或總而言之，不能再作為眼睛有害的任何行動）。

從此可見，整體和部分，動作起來，宗旨不同；部分的機關，動作起來，旨在追求本身絕對的私益：竭盡全力，成全本位的美好。整體的總部，動作起來，卻是謀求全體的公益，（調節各部分，配合行動，成全整體的美善）。為此理由，（宇宙間），某些缺點發生，是出乎局部因素動作本旨以外的，卻是符合了某類全體公有因素動作本旨的願望。

例如生物的種籽，每個的宗旨，亟力發育成完善無缺的雄性花蕊，結果生力不足，只生出了雌性化蕊，這是個粒種籽性體本旨以外的效果，卻是某物全類公有性體本旨固有的願望：雌雄配偶，傳生本類，不能有雄而無雌：明證雌性生物的出生，是全類性體固有的本旨。（依照古代生物學的想法，個體生育，願生男，不願生女。男性體格健全。女性柔弱殘缺。物類性體之本然，旨在生成齊全，不以殘缺為貴。生雄是自然的本旨。生雌是虛弱所致的偶然。雌雄兼備，不是個體所應有，卻是全類所必需）。

依照同樣的理由和比例，一切缺點，弱點，虧損，減削，敗亡，等等不美善的事件發生，也是由於物類公有性體的本旨，而生出的，卻不是個別單位性體的本旨：因為任何某一單位的個體，竭盡其本身之所是，亟求本體之成全，而躲避本體之殘缺。（所謂「性體的本旨」，也就是「自然的趨向」：趨利避害，向善避惡）。

由此觀之，得以明見：個別單位，動作的本旨，是竭盡本領之所能，產生盡善盡美的效果；全類公有性體的本旨，卻需求此某效果，生成此某美善的滿全，比如這一個生成雄性的滿全，（作一個健美的男兒）；那一個卻生成雌性的滿全，（而作一個健美的女兒）。

然則，轉進觀察，宇宙全體內，部分間的第一區別，明顯是必然和偶然兩界的懸殊。物類的上級，是必然的，不敗亡，不腐化，不變動。其下的物質，缺乏這個條件，隨缺乏的程度深淺，而排列品級的高下：缺乏越深，則品級越低；甚而致於最低的物類，在自己的生存方面，能因腐化而喪亡；在品質的裝備方面，也是變動無常，並且產生自己的效用，也不是必然的，而皋偶然的，（就是有無兩可的）。

沿著這樣的思路，現在話歸主題：根據上述的理由，宇宙任何部分的因素，發出動作，其本旨，都是竭盡所能，亟求保持自己的生存，和本性具備的品質，並且堅定自己的效果；宇宙全體的主宰者，天主，本旨的決意，卻是命自己的一切效果，各用不同方式，受到牢固的建立：這某一個用必然性的方式，這另某一個卻用偶然性的方式：依照這樣的決意，給不同的效果，配置上不同的原因：於是這某些效果有必然生效的原因；這另某些卻有偶然生效的原因。如此說來，在天主上智的管理之下，生出的結果，不但是有這某效果的現實出生，而且是現實的這某效果是偶然出生，另某效果卻是必然出生；出生以後，這某一個有必然的生存，另某一個，卻有偶然的生存。依同理，受天主上智管轄的事物當中，有些是必然的，另有些卻是偶然的，不是一切事物，件件都是必然。（不必然，等於有無兩可的或然。或然事物的現實出生，是偶然。偶然事物依照上級原因的決定而應運出生，仍是偶然，更好也叫作適然。或然兩可的事物，適逢其會，果然出生了，仍不失其偶然性）。

總結以上兩點，足見天主上智的照顧，堅確穩固，現實生出的效果，必然者確乎是必然的，偶然者確乎是偶然的。不分必然或偶然，效果的現實出生，天主永遠先知先決，卻是固然而確然的。（下文逐條解破疑難，號數與前半章相對）：

解難一：由此觀之，得以明見，天主上智固然是「將來此某效果」的原因；並且或在現前，或在已往，更好說從無始無終的永遠，祂就是它的原因；而且也是它的本體原因，（天主以本體動作的實效，直接產生了它的本體：如同火以本體熱力，煮沸了水，產生了水中熱度的本體）。但從這樣的前提，推證不出「這某效果將來必然出生，而失掉其偶然性」的結論來：因為天主上智照顧而生的本體效用，正是「這某事物將來確實要用偶然性的方式發生出來」：（適然而然的確然，不是不得不然的必然。偶然效果的現實出生，既有適然而然的確然性，則足以保證，天主上智的照顧，是它的本體原因），並且在這樣的實效上，不會失敗。可見對方第一條理由，是說不通的。

解難二：由此觀之，還可明見：「如果天主上智豫定這某事物將來要發生，這個事物將來就要發生出來」：這樣的「條件複句」，（或假設句），是真實的，（因為前後兩個單句，實有「如果……，就……」，邏輯虛字，所指示的前引後隨的「引隨關係」）。然而，（從此推證不出對方的結論來，因為）這某事物將來發生，是依照天主上智豫定的方式發生。那卻是偶然事物的方式。這樣推論下去，結論乃是這某事物將來，確然無疑，實要發生，但是偶然發生，不是必然發生：（猶言，是偶然事物，應運而實際發生，不是必然事物，非發生不可的發生。發生以後，偶然事物仍是偶然事物，就是有無兩可的事物，不變作非有不可的必然事物）。足見對方第二條理由，前提不錯，結論卻不是真的。

解難三：還可明見：肯定是天主上智豫定將來要發生的這某事物，如果它本性屬於偶然事物之類，專在它的本體方面著眼，它將來也可能不發生出來：因為上智的豫定，正是如此：偶然的事務，（依其本性本體，應當）是有無兩可的事物：能發生，也能不發生。然而天主上智，決意使這某偶然事物將要發生出來，豫定的計劃，是不會不成功的。（由於偶然事物，有無兩可的本性。而偏偏一口咬定，天主上智無力使它有，這樣的偏見，是不合邏輯的。偶然事物的本性，以其適然可能發生，恰好定證天主上智豫定它應按時發生的計劃，無理由竟歸於失敗）。從此得知：無妨承認：專看事件的本體，這某人將來可能不作治理國家的元首；但如從天主上智豫定的計劃方面觀察，卻應說：這某人將來是要作治理國家的元首；（並且絕對不可承認：這某人將來不可能作治理國家的元首。從任何事件有無兩可的偶然性，推論不出它的不可能性來。同樣也推證不出天主上智計劃失敗的必然性來。反之，可能成功的事，有了天主的上智和能力，則必定成功。這是真確無疑的）。如此分析起來，對方第三條理由，設出的疑難，也就渙然冰釋。

解難四：根據前數段提出的理由，顯然見得，（拉丁文學之祖），杜留，（西賽勞），提出的反對之論，有兒戲似的輕浮，（演說家，詞章家，要雄辯術的把戲，辭順而理不通：名詞的定義，相近易混，應分而不分，乃陷於似是而非）：因為天主上智，管轄事物，不但管制事物的出生，而且規定事物出生的原因和方式。由於天主上智掌管一切事物，進而推出結論說：故此萬事都不由吾人作主，是不邏輯的。事實上，天主上智豫定的規則和條款，正是如此：決定某些事物，是由吾人自主作出。

解難五：天主上智，治理事物，為生實效，任用中間各級的原因，它們的能力，有失敗的可能性，但並不能削除天主上智掌管事物，常有實效的確然性：因為天主的本體，作成一切物體內的動作，並且按照自已意志的決定；詳證於章六十七，及卷二，章二十三）。中級原因的效力，有成敗兩可的或然性，故此天主上智，能讓它們失敗，也能助它們必定成功：（從天主的智力，意力，和能力諸方面看去，不難見得天主上智慧使可成功的事，確然無疑的達到成功）：保全它們，免得失敗。

附錄：從天主知識的確然性，尚能找出一些疑難，攻擊萬物的偶然性，強證萬物受天主掌管而有必然性。這些疑難，前者（在卷一，六十三及其下數章內），討論天主的知識之時，已經解釋過了。

第九十五章　祈禱的實益（一）

還有一點，尚須注意理會；如同天主上智豫定計劃的確然性和既或不變的固定性，不強使所掌管的萬物都有必然性，（而失去偶然性）；同樣，也不取消祈禱的實益。

理證一：祈禱的目的，不是祈求天主改變上智既定的永遠計劃：這是不可能的；而是求天主賞賜某人得到所願望的某某事物。天主同意吾人理智的熱切願望，是適宜的：因我們人類是天主造生的。這不是說：吾人的願望，能改變永不變動的天主；而不過是說：天主肯成全吾人的願望，在適當的條件下，從天主的仁善方面看去，是一件合理的事。按上面（章三）的證明，一切物體，本性向善：求福免禍，向善避惡。這樣的願望是物性自然的。天主方面，仁善超絕，崇高至極，本有的妙用，是按適當的秩序，給一切物體，分施生存，及生存的福利。合觀這些理由，肯定天主，根據祂本體的仁善，成全吾人祈禱表達的熱切願心，是一條邏輯的結論。（可見祈禱有益）。

還證：發動者的本務，是引領被動者，達到目的。物體被動，（率性而動），依憑同樣性體，（順從本性自然的傾向），追求目的，實得目的，並且安享目的。物性自然的傾向，都是向善避惡、求福免禍的願望。凡是願望，都是向善的運動。」然而天主是至高無上的發動者），一切物體以內發生的運動，本性向善，不能不是發生於萬善之泉，本體仁善的天主。凡是發動者，都是推動每個被動者追求某某和發動者的本性相近似的對象：（換言簡繹之：仁善的天主，賦給向善的物性，引物體追隨本性自然的願望，追求天主賞賜的美善）。從此可見，天主的本務，是根據自己本體的善良，引導吾人用祈禱表達出來的、適當的願望，得到適當的效驗。（祈禱是願望的表達。願望是本性向善的運動。凡是運動，都是被動於天主，動向天主。天主同意成全自己發動的人心之願望，是自然合理的）。

又證：被動者，距離發動者，越接近，則越受到它的促動：猶如離火越近，則越被火燒熱。然則，實體各類相比，有智力的比沒有生命的，離天主更近。可見智性實體比自然界的無生物，更能受天主發動的實效。自然界，無生物受到天主動力的一部分實效，只限於從天主的動力，領取了本性向善的自然傾向，並且也得到了這些傾向的滿足：就是達到了本性生來固有的一些目的。（用以小喻大的論式），如此比較起來，可知智性實體，用祈禱向天主表達出來的那些（本性向善的）願望，更能（受到天主動力的實效，因而更應）得到滿足。

加證：根據友愛的本質，及其定義，發愛者願意受愛者的願望得到滿足：因為「發愛」的意義，全部實現在願意受愛者得到自己的福利和美善：為此理由，（西元前八六－三五年，撒路斯蒂，歷史家和政治家，《聲討加替利納》，二十章），有句名言說：「朋友的志願相同」。（友愛在於同心）。然則，上面（卷一，章七十五）證明了：天主親愛自己造生的萬物：物體分領天主的善良，所得越多，（品位越高，距離天主越近），就越受到天主的親愛：因為天主的本體善良，是天主親愛的首要對象，也是直接愛及的第一對象：故是天主因之而愛及他物的第一動機；（詳論於同卷，章七十四）。所以，天主願意吾人理智的願望得到滿足：因為在天主所在的實體，惟獨有理智的這些實體，分領天主的善良，達到了美善至極的高度。又按上面（卷二，二十三及其下數章）已有的證明，天主的意力，是成全萬物之美善的：因為天主是用自己的意力，作萬物的原因，造生萬物。從此可知，天主的仁善，固有的效用，是滿足吾人用祈禱向祂提出來的，理智的願望。

另證：受造物的善良，是從天主本體善良的泉源中，湧流出的支脈，在相當限度裡，呈現出天主善良的似點。（所以，用以小喻大的比例，既知小者，則能推知大者）。然則，（小者方面），在吾人間，不拒絕正義的要求，顯然是極可推崇的一件好事：人得「寬鴻，仁藹，慈善，惻隱」，等等仁善的美稱，都是由於這一點。從此可見，（大者方面），天主的善良，極度應以寬仁為務，垂允吾人虔誠的祈禱。（故此，祈禱不是無益）。

經證：本此意義，《聖詠》，（一四四，一九），說：「天主要成全敬畏祂者的志願，聽允他們的祈禱，並保護他們生命的安全」。瑪竇，（章七，節八），也記載吾主說：「求者，得之；尋者，見之；叩門者，則門開」。（人以敬愛天主的心，祈求天主，天主就以寬仁的心，聽允人的祈求；人如祈禱不當，則受天主拒絕。在什麼情況中，天主拒絕人的祈求，詳論於下章）。

第九十六章 祈禱的實益（二）

然而，祈禱者的請求，有時也受不到天主的接納，這並不是不合宜的。詳證如下：

一證：前章證明天主滿足人理智願望，提出的理由，標明了一個條件，就是「向善的願望」。有時所求，不是真善，而是假冒的善，卻乃是純粹的惡。所以這樣的祈禱，不是天主可以聽允的。因此雅各伯書信，章四，節三，有句話說：「人祈求不善，則求而不得」。

同樣，由於天主發動人心的願望，故宜滿足其願望。被動而動，如不繼續而中輟，則雖有發動者的引導，仍不得達到動的目的。所以，願望的發動，如不用祈禱的懇切，繼續到相當時期，因而得不到應得的效驗，沒有什麼不合理的。因此，吾主曾說：「務要常常祈禱，勿間勿停」。（路加，一八，一）。大宗徒，（聖保祿），也說：「大眾要祈禱勿歇」。（《致德撒洛尼前書》，五，一七）。

又證：前章證明的，是天主在適宜的條件下，滿足人的願望，條件是人應親近天主。人親近天的方法，是用神智的靜思，和誠敬的愛情，並用謙遜，堅強的心意。人的祈禱，如不這樣親近天主，就受不到天主的聽允。因此《聖詠》，（一〇一，一八），也說：「天主廻顧了謙遜者的祈禱。」雅各伯宗徒書信，（一，六）：「祈求天主，應用信心，毫不猶疑」。

復證：天主是本友愛之情，垂允虔誠者的願心。這是前章加添的一條理證。所以，背棄天主友愛，而祈禱，當不起天主的聽允。因此，《箴言》，（貳捌，九），說：「人不側耳遵聽（天主的）法令，天主也就不垂聽人的禱聲」。《依撒意亞先知》，（壹，一五），也（警告眾人，稱述天主訐責）說：「你們到那時，儘管加倍祈禱，我也不去聽見：因為你們的手，充滿了殺人的血！（你們是犯殺人重罪的兇手，既願得罪我，又怎能來祈求我」！

從這個根子上，還生出另一個結果，就是友愛天主的人祈禱，有時也受不到天主的聽允，因為他那時是為了一些不友愛天主的人祈禱。根據這樣的關係，《耶助米亞先知》，（柒，一六，記載天主向他），說：「所以你不要再為這些人民祈禱，也不要為他們擔任起唱《聖詠》和誦經呼禱的神功，也再不要攔擋我（去罰他們）：因為我不要聽允你………（他們太有罪了）……」。

拒絕友人的請求，有時也能是由於友愛的動機：知他請求的事物，為他有害，相反的事卻更為他有益；例如醫師有時拒絕病人的要求，顧慮到他所求的事物，不利於恢復他的健康。依同理，天主，為親愛某人，有時也拒絕他的祈禱，並且愛之愈深，拒之愈決，用意卻是顧全他更大的福利。為此聖保祿，雖然再三祈求，要天主剷除他肉情的刺激，卻受到了天主的拒絕，由於天主上智，顧慮到拒絕他的要求，有利於保全他謙遜的美德：這件事詳載於致格林德教眾第二書，章十二，節八。

因此，《瑪竇福音》，章二十，節二十二，也記載吾主向某些人說：「你們不明白你們所要求的是什麼」。聖保祿《致羅馬教眾書》，（捌，二六），也說：「我們不知道應祈求什麼，才是符合需要」。為此理由，聖奧斯定，《致保利諾及德辣西書》，（章二十五，節一），也說：「上主仁善，屢次不賞賜吾人所求的，為能厚賞吾人更願領受的」。

從以上提出的討論，得以明見，祈禱和善願，是天主作出許多事物的原因。前在章四三，證明了，天主上智的照顧，不削除其下各級的原因，勿寧委任許多原因，將自己規定的計劃，推行到事物中去。如此也可見得，第二原因，眾多，和天主上智的照顧，不是兩不相容的，反之，它們的功效，更是天主上智計劃的實施。根據這樣的意義，念經祈禱，也是所謂「第二原因」：在天主面前，有實際的效力，不是為解除天主上智既定不變的計劃，而是為奉行天主上智的規定，（猶言體貼天心，承行主旨）；因為，「由這樣的祈禱，受到天主允諾而實得這某效驗」，正是天主上智規定的一個條款。

用「類似的比例法」，說明以上這一點：（天主上智的照顧，推動吾人用腳走路，達到某地點：和天主上智的照顧，推動吾人用心靈的祈禱，得到某某事物：是兩件比例相類同的事：天主上智，照管吾人達到某某地點，不削除吾人用腳走路的能力和需要：因為天主上智對於萬物行動的發啟和引導，不取消萬物本身的能力及動作，反之，更宜委任萬物各自完成「第二原因」的任務：激動每物，用力作出有效的成績。依比例相同的論法，所以斷定：天主上智的照顧，絲毫不減掉祈禱的實溢。

（用反證法），假設有人，由於天主上智的豫定計劃，永不改變，遂說不應向天主祈求得到什麼事物；這正是如同說，天主上智的計劃，永不改變，所以吾人為去到某某地點，用不著再動身行路；為保養身體，也用不著取用飲食：這樣的吾論顯然都是荒謬的：（違反了上下各級原因，相輔並行的公理。上級任用下級，不代替，也不廢除下級。下級無上級，不能生效，上級為生出具體效用，也必需仕用某某下級。猶如花草無日光，不能開花結實。日光無花草，也蒸曬不出花果來。人力加上天力，始能作到或得到某某事物。祈禱乃是人意力的一種內心活動，為承受天主的動力和天主上智永遠豫許的恩惠。許多恩惠，是人不求則無以得到的。天恩似海，永遠洋溢，人而不求，則無所得：非恩不降，人不祈求，則不知受也。祈禱以領恩，猶如啟唇以接食。唇不啟，則食不進。啟唇果必須，祈禱豈無益）？

駁謬一：根據上面，關於祈禱，提出的討論，得以破除兩種錯誤的意見。

有些人曾說，祈禱沒有任何效果。又分三派：

一派人，否認天主上智的照顧，例如古哲伊壁鳩魯，和他的學派。（參閱章二十七）。

另一派人，卻認為天主上智，不照顧人間的事務，（只照顧天上）；例如某些環走派（Peripathetics）的人，（參閱章七十五：環亞里斯多德，率領生徒，環繞庭廊，散步講學；俊世稱其學派為環走派：象徵其理論圓通）。

還有一派，卻主張一切事物受天主上智的管轄，要發生者，都是必然發生，（宇宙間，沒有偶然的事物。人生事物，也非人力所能轉移）：例如長廊派：（回閱章七十三．譯音又名「斯多亞派」）。

從以上這些錯誤，隨之而生的結論，乃是祈禱無效，故此，對於天主，或對於神界，表示敬禮，是虛妄的。《古經》，《瑪拉基亞先知》，（章三，一四節），提到這樣的錯誤，訐責說：「你們這樣的人竟然說：事奉天主的人，是愚妄的：守了軍旅之大主的律令，而（喪家亡國），戚戚然躊躇於其面前，何益之有？」（因失敗而怨天）。

又有些人，正相反，竟主張：人用祈禱，轉移天主的安排。例如古代的埃及人，曾說：人用祈禱，或用畫符念咒，燒香，唱歌，等等方法，轉移所謂的「命運」。（這些人，認為祈禱可以改變天主，失之於太過。前面那些人卻說祈禱無效，是失之於不及）。

《聖經》的解釋問題——只看辭句表面，乍然間初見之時，《聖經》裡有些話，似乎也有以上這樣（失之於太過）的意義：

請看《依撒意亞先知》，章三十八，節一—五。紀載先知聖人，奉天主命令，向國王厄則戒說：「天主說這是祂的命令：你應料理你王室的事務，因為你（如今）就要死了，你也就活不下去了」；於是厄則戒祈禱了，然後天主及命先知說：「你去報告厄則戒：我聽了你（厄則戒）的祈求，我要把你的壽命，延長十五年」。

《依耶肋米亞先知》，章十八，節七—八，也紀載，天主親自說：「我在霎時間，就要發言，出命罰這個民族和國家：將它們絕根剷除，毀滅，消散。如果這個民族，聽我訏責的話，悔改前非，我也就要悔改成命，不實施降罰」。岳厄爾先知，章二，節十三—十四也說：「你們要回轉過頭，歸向你們的上主天主：因為祂是仁藹而慈善的！誰知道天主也（豈不）要回心轉意，寬恕了你們」？！

按言辭的外面，解釋起來，以上這些話，都涵蘊著不適當的意義：引伸出來，能有兩個錯誤的結論：一是天主的意志能受到改變。這等於說：天主以內，也發生時間性的變故。二是受造物內時間性的變故，是天主以內發生變故的原因。這些結論都是不可能的，詳證於卷一，十三及其下諸章：（天主的生存情況，不能發生變化，更不能是受造物的效果）。

那樣的解釋，也違反《聖經》裡別處屢見的權威各論。這些名論，包含不會錯誤的真理，並且用了明確的聲明，（不是用了含渾的，或象徵法的寓言）。請看戶籍紀，章二十三，節十九說：「天主不像人一樣說謊話，也不像『人子』一樣，變化無常。（「人子」指不「青年」，又指示「人類」及人類歷史易變的實況）。祂豈能說了話而不實行嗎？祂豈能空空的，白發宣言嗎？」

《撒慕爾紀》上卷，章十五，節二九，又說：「依撒爾人民中的（天主，凱旋榮歸的）常勝者，將不寬赦，也不因悔憾而屈折：因為天主也不是一個人，悔改卻是人作的事」。《瑪拉基亞先知》，章三，節六，也紀載（天主自己）說：「我是主宰，我也不受改變，也不起變化」。（從此可見，將以上前後兩段引據的《聖經》，對照解釋起來，不可專看言辭、斷章取義的表面，尚應統觀《聖經》本旨的全局，並應分辨言辭的象徵意義，和實際意義；然後始可看透兩段引來的《聖經》，在實義上，不是自相矛盾，都沒有錯誤：一因所談的境界，互不相同；二因言辭的用法也有寓義，和實義的分別：詳論如下）：

謹慎而仔細的觀察起來，關於本章討論的問題，人因誤解《聖經》而陷入錯誤，都是由於沒有理會到因果關係的境界，有全體和部分的不同。

眾多的效果，相互發生關係，組成一個有秩序的系統，共屬於一個境界，其總體統一的根據，是大眾隸屬於共同的一個原因。所以，原因的品級越高，效力越普及而深入，則統轄的境界也就越廣大。由此逐級向上，最高的大公原因，天主，必定統轄宇宙間一切事物的總體：（主宰萬物間各部分因果關係的境界，上下羅列，左右配合，而組成的全體之絕大境界。然而依照因果律，上級境界的原因，為維持全境內的秩序，有能力節制並更改境內某部分下級原因的措施。任何某一境界以內秩序的變動，不是被動於內，而是被動於外面的上級）。

所以，依照以上的原理，絲毫無妨有下級某部分境界內的秩序，受到（吾人），或用祈禱，或用其他方式，（借助於外援）而加以變動：因為在它這部分境界以外，尚有某因素有能力（直接或間接）來變動它。

為此理由，埃及人，（古代信仰），既認為人間事物的秩序，屬於天上諸形體的掌管，又曾主張星宿運行註定的命運，吾人用祈禱的呼聲，並用敬禮的儀式，（仰託上級援助），能加以變動：（或化險為夷，或轉禍為福等等）；他們這樣的信仰，（不是全無道理），也就不是可驚奇的怪誕了：理由正是，在天上諸形體的境界以外，和以上，尚有（超越宇宙的）天主：祂有能力罷免它們在下界的這些事物內施降的壓力和影響，不使它們的動作生出實效。（天主既然有智力、意力、和能力，又有照顧的慈心；吾人發出理智的願望和呼籲，也就有把握受到天主的聽允；並且吾人以謙順的心情，體貼天主至上的善良，是理所應當的義務，用祈禱和其他方式，表達這個以心體心的關係，也就是義不容辭的責任了）。

然而在包括宇宙萬物的全體境界，及其秩序以外，不能再有任何因素，能轉變總體至高原因所規定的那個秩序。（全體境界的秩序，是至高原因、天主，所規定的；屬於至高品級，關係全體的福利，非天主以外，任何其他因素所能改變或攪亂：天主自己也不改變自己永遠的意志和計劃：原理是：本級境界的秩序，是本級原因的固有效用：不自己罷免或革除自己：火不自滅而滅於水）。

為此理由，長廊派主張天主所建立的秩序，無法受到任何改變。他們不是沒有理由，因為他們的注意點，集中在宇宙萬物全體境界的秩序，它既是至高原因、天主，所制定的，當然就不又受到天主的削除。然而當他們進一步主張「祈禱無用」時，他們的視線，已經脫離了方才那「全體境界」的觀點，（移入人間「部分境界」的小範圍裡去了）：表現自己認為（一方面，「部分境界」內的秩序不是「部分原因」建立的，而是直接由總體公有的至高原因所建立：這等於上級原因取消了下級原因：同時上級原因越級操作下級原因的事；這是錯誤了）；另一方面，則認為人類的意志，及其願望，連同由而發出的祈禱，都不屬於「全體境界」的秩序以內：（等於說：意志的願望，不是下級原因為和上級原因相輔並行，而應有的一些活動：這也是錯誤的。他們真有這樣的主張）：因為他們明言，勿論人祈禱或不祈禱，全體境界的秩序，天主規定應有的事物，必得仍然發生出來：這顯然是從天主規定的那全體境界的秩序中，將祈禱者的心願這一個條款，一筆鈎削了。

反之，如果人的祈禱，及心願，（或其他精神力量的活動，例如智力，意力等等），也包含在那全體境界的秩序，是它規定的條款之一，那麼，根據天主的規定，既然（人類）任用其他許多因素，能作出一些有效的活動，（為執行天主的規定），則依相同的比例，和理由，（人類）任用祈禱和心願，作因素，也能生出一些實效來：（猶如人用物質因素，直接產生物質功效，間接產生精神的功效；依同比例，人用精神因素，也必能直接產生精神功效，間接產生物質功效：都是發揮天主的動力，執行天主的規定，和天主及各級原因，相輔並行。人擁有的物質因素和精神因素，應受一理看待，去則並去，存則並存）。

故此，否認祈禱有效，等於否認天主以外一切低級的原因有效：（因為上下一理相待，由一推萬，勢所必然）。如果天主規定的秩序，不可改變，並不減削低級各種因素的效用，依同理，也就不取消祈禱的效用：（因為祈禱是意力活動：也是智性的自然效用。智性會發出祈禱的效用，猶如火性能發出烤熱的效用：和其他一切低級原因一樣，都不因至高原因有效，而自己失效，反而自助天助，乃有實效的保證）。

所以，人的祈禱，都有實效，非為改變永定不易的秩序，但為在這個秩序以內，站著自己的岡位，承行秩序規定的。

論到祈禱的實效何在，惟須看清：人用祈禱的實效，仰藉天主的實力行動，改變某某低級原因，「部分境界」內的定則或規律，沒有任何不可能的理由：因為天主是至高無上的第一原因，超越宇宙間能有的一切原因：為此，天主不受任何原因規劃的必然定則之約束；反之，任何原因規定的必然秩序，都受天主的控制：因為低級一切原因轄境內的必然秩序，原來就都是天主建定的：「是天主任用低級，不因各高級原因有效，而自己失效；反因各級原因相輔並行，而保證每個原因自己的實效」。所以，人的祈禱，都有實效，不是為改變天主永定不易的秩序，而是在這個秩序內，站住岡位，承行其規律。

論到祈禱的實效何在，卻須看清一點：就是人用祈禱的功效，仰藉天主的實力行動，而去改變某某低級原因的某一「部分境界」內的秩序，沒有任何不可能的理由：因為天主至高無上，超越宇宙間各級能有的一切原因：為此，天主不受任何原因所定秩序的必然控制，反之，任何原因在其轄境內規定的必然秩序，都受天主的控制：因為（按章七十七—八十三），各級原因轄境內的必然秩序，原來就都是天主（上智規劃而）建定的：（任用低級原因去實行）。

移情作用的象徵語法——所以，依照前段的講解，熱心敬主的人，用祈禱，改變天主在許多低級原因轄境內所建定的秩序之某一條款；象徵的語法，乃說天主回轉了心意，或悔改了成命：不是說天主改變了自己永不改變的規律，而是說：因為天主改變了規律的某些效果：（例如人因祈禱有效，受天主保護，受火燒而未受傷：這不是天主改變了「有火則必燒」的規律；而只是火燒某人，沒有把那人燒痛：由於天主能用許多方法防止火燒而傷害某人的效果：於是某人雖然真實受了火燒，但沒有受到傷害：猶如任比火較高的物質原因，也能防止火燒的某些效果：防止規律的某些效果，不是改變規律的本體）。

本此意義，聖師額我略（教宗），有句話說：「天主不改變主意，但有時卻改變命令」。這裡所說的命令，照本章的解釋，不是曉諭天主永遠的規律，而是指示諸下級原因境界內秩序中的某些定則，根據那些定則，按依撒意亞的記載，厄則戒國王當時就要死去；或某一民族為了罪惡劇重，應受覆滅。這樣命令的改變，用移情作用的象徵語法，叫作「天主的悔改」，因為依照吾人的描寫方法，「天主改變命令」，在相當限度內，像似人情的悔意：改革方才作成的事物。用同樣的方法，也說天主「發怒」：這也是象徵的說法，根據天主降罰惡人時，和人間長者發怒懲罰罪犯時，依照我們人情的想法，產生的效果，有相似的特徵。（參閱卷一，章九十一：詳論「借人喻天」，或「借物喻神」的移情作用，和象徵的寓言法）。

第九十七章 物皆有理

從以上數章的分析，尚可顯然看到，天主上智分配的事物，都遵循著某些理由。

一證：天主上智，按已有的證明，引領萬物，追求天主的美善，以天主的美善，為生存的目的，（回閱章六十四）：天主的美善，不因萬物的傾愛而增長；萬物的美善，反因接近天主，而受天主的陶鑄，遂呈現美善的真相。（詳見於十八及其下數章）。一切受造實體的美善，都趕不上天主的齊全；萬物分領天主美善的秉賦，為能呈現更近似天主美善的優點，必需有物類的分多：一物之所不能完全表現，眾物各盡全力，各用不同方式，表現天主的萬善：庶幾乎表現到更完善的程度。

例如人（的語言），既見一句話不足以表達心智內的某一思想，也就說出許多不同的話，用不同的方法，百般形容；庶幾乎能將那個思想，表達得更完全一些。（天主造生種類繁多的萬物，為表現自己那表現不盡的無限美善：猶如吾人說出千言萬語，為表達心中那表達不盡的心意）。

一個圓滿而純全的美善，在天主以內，單純而合一，在萬物以內，則複雜而分散：在這一點上，也可看到天主美善的優越而超絕。（在天主，萬善匯聚於純一：集中在含蘊萬善，單純精一的生存之現實盈極，回閱卷一，章二十八，二十二，四十三）。

萬物繁多，種類互異，由於性理互異：性理是類下分種而物性必備的種別因素：確定性分，劃清種界，（充實物質潛能的虧虛，規範形體狀貌的條理，實現生存的盈極，奠定物體各是所是、各有存在崗位、各有動作能力的基礎和界限：彷彿是肖像，呈現天主美善的某一特點）。

如此看來，可知萬物以內，性理萬殊的理由，導源於每物生存的目的，（而其目的，乃是各盡所能，傾愛追慕，模擬天主無限的美善與萬一）。

然而，萬物的秩序內所根據的理由，卻是導源於性理的萬殊。性理是物體生存的依據。萬物，不分礦植和人獸，生於天地間，便都有生存：又各因所有的生存，而近似於天主，因為天主的本體，是「自己單一而精純的生存」。如此說來，「性理」非他，惟乃萬物各具的天主似點：擬似天主的美善：是物性之所秉賦：由天主的本體，生存萬善之源，分賦流行而來：因此，亞里斯多德，《物理學》，卷一，（章九），論到「性理」，說過兩句話，意思恰當適宜：「性理是一個神性的因素，並是萬物之所傾慕」。（性理，是物性具備的生存之理。物無理，則性體不全，實體無以生。理是生存的依據；也是天主本體美善注入物中的秉賦：有天主神性的似點：凡是理，都是天理，並是神聖美善的。參閱卷一，章五十）。

根據一個單純的觀點和標準，相同的物體，為能分異而分多，不得不比較出擬似程度，距離標準的遠近差別來：距離越近，則越完善。今以天主的美善，作萬物性理模擬的標準，可見性理間的區別，也不得不按美善程度，高下不齊，而釐定。為此，亞里斯多德，《形上學》，卷八，（另版卷七，章三），曾說：「（種名的名理之）定義，指示物的性體和性理，如同數目，單位加減，逐一遞進，因而種別劃分；由此可知大哲用意，也是說明：性理的分殊，需要根據，美善程度的分殊。

審察自然界物類的性體，明顯見得以上這個原理，也是事實：誰不見得：物類分異，逐級遞進：無生活的形體以上，加上生活，便是植物；（形體植物性的生活以上，加上器官的知覺和運動，則是動物）；在無理智的動物以上，加上理智，乃有理性的實體：（實體是實有界自立生存的主體）。然後，在理性實體以上，再升一級，則有智性的實體，（超越形體與理智而有神智的生存）。

將以上各級物類，互相比較，可見種類的分別，是根據美善程度的高低；品級的排列，逐漸遞進：低類中的最高部分，接近高類中的最低部分；反說比例相同：高類中的最低部分，接近低類的最高部分。例如動物類中的最低部分，是不會移動的動物，它們近似植物。

因此，狄耀尼，《天主諸名論》，章七，也說：「天主的上智，引第一級的末尾，交接第二級的元首」。由此觀之，事理顯然，物類的分別，以萬物不齊為必要的條件：萬物之間，須有秩序和品級。（秩序是以上使下，以下事上，左右前後，互相配合，追求共同目的，而組成行動統一的體系）。

性理分殊，由而物類分種，隨之而動作互異。物體動作，根據生存的現實：只有潛能而無現實，則無動作。生存現實，依憑性理：故此物體動作，必須隨從性理。所以，性理不同，則動作必異。物因動作而得目的。物類萬殊，各有固有不同目的：雖然公有的最後目的，萬物相同。

由於性理不同，則物質對於物體之關係，隨之而不同。性理不同，緣繫於美善程度，高低不齊。有些性理，程度崇高，美善完具，不需要任何物質的扶持，本體足以自立生存：（是乃純神實體之類）。另有一些性理，專靠自己的本體，不足以自立而有完善的生存，乃需要擁有物質以為根基：於是性理與物質，兩相結合；由而構成的自立實體，不單是性理，也不單是物質，而是兩者的合成體。物質單獨的專靠自己的本體，不是現實生存的物體；（但有生存的潛能，賴性理全備，而得實現，於是在虧虛的容量中，領受生存，達到現實盈極的程度。在這樣的合成體中，實體生存的根基，是物質；實體生存的憑藉和紀綱，是性理。實體生存的主體，卻是物質與性理的合成體。對於物體現實生存之成立，物質是一內在的因素。用抽象的工夫，不看實體生存及個體偶然而有的附性條件，只看某物種名所指的性理與物質之合，乃得見所謂的「性體」：例如「理性動物」之性，是人的「性體」：猶言本質，或本性：是種名定義之所指。形界實體，都是物質與性理合成性體而有自立的現實生存）。

然則，進一步觀察，物質和性理不能合聚，而構成純一自同的物體，除非彼此間，有合偶適稱的條件：為此理由，必須有不同的物質和不同性理，適稱相對。因此，有些性理，需要有簡單的物質（成分）；有些性理卻需要有複雜的物質；相對的，依照不同的性理，形體的構造必需具備許多部分；為適合性理的種類和樣式，並為適合其動作的需要，各部分，以及部分間，有樣式不同的組織。（形體應有什麼樣的組織和器官，取決於其本種固有的性理：依照「物質與性理」對稱適合的原則）。

由於性理對於物質，發生的關係不同，隨之便有物體間，動作施受的不同。物體施動和發動是根據性理物體受動和被動，卻是根據物質；於是性理優越，少有物質的物體，對於性理低劣，物質粗重的物體，有施動和發動的本能。（刀斧的鋒刃銳利而細薄，則能砍伐粗重堅厚的土木金石）。

由於性理、物質、施動者各方面的不同，隨之乃有特性和附性的不同。實體是附性事物的原因；其比例猶如物體完善者，是不完善者的原因。故此，由於實體內含諸因素的不同，物體固有的不同附性因素，乃隨之而出生。又因受動者從不同的施動者，領受不同的壓力和影響，所以受動者迫於施動者的壓力而生

出的附性情況，也必定根據施動者的不同，而互異。（石遇火則發熱；受凍則發寒）

從上述一切看來，得以明見：不同的附性，施動，受動，方位，歸宿，都是天主用上智，分配給萬物；天主這樣的行動，不是沒有理由。

本此意義，《聖經》將萬物的造生和治理，歸功於天主的上智和明智。（上智、知最高原因和最後目的。明智、知行動的條理）。《箴言》，章三，節十九—二〇說：「天主用上智，建立了陸地，用明智張設了層層的天界，淵穴因天主的上智而噴出洶湧的水流，烏雲也凝結成雨露。《智慧篇》，章八，節一，論到天主的上智，也說：「天主上智的實力，貫通事物的始終，用溫柔的眷愛，處理一切事物」。同書，章十，節二一也說：「天主的上智，按尺量，數量，和重量，佈置了一切事物的條理」。

吾人將上段最後的「三量」，解釋出所有的一些含義來，可用「尺量」，代表每一物體的廣大，不但體積廣大，而且美善的品級和方式也限度不同的廣大；用「數量」指示事物種類的眾多和分異：視美善的品級萬殊而釐定；用「重量」，象徵物類萬殊的目的，傾向，動作，都各不相同：（以性理為分異因素。這是宇宙萬物間秩序的概況）

根據上述的秩序，注意觀察天主上智佈置事物，千條萬緒，都有理由。方才說了，至高無上的第一理由，是天主的美善：彷彿是最後的終極目的：是一切動作的第一本元，和準則。其下，第二個理由，乃是事物的數量眾多。試觀事物間，附性因素，和動作，變化因素的施動和受動，物質和性理；這一切，都必須分成許多不同的品級：為什麼理由呢？乃是為建立事物數量的眾多。

所以可以下一斷語：物類分級，絕對的第一理由，在天主方面，是天主本體的美善；如此，依同比例，在宇宙萬物方面，第一個理由是萬物數量的眾多：萬物間秩序的條理，都是為建立並為保全萬物數量的眾多：這是觀察可見的原理和事實。（天主的意志和上智，作事沒有原因，而有理由。如有原因，則是效果，並是被生和被動。天主不能是被生或被動的效果，因為祂是至高無上的第一原因，故此天主在意力及智力的行動上，也不能有原因；但都有理由。說天主本體是自己的原因，乃是因果相混。但說天主本體是自己的理由，卻有「自本自根」的真理。詳見卷一，章八十七）。

依照以上的這個原理，大儒鮑也西，數學，卷首，（卷一，章二）說過兩句話，看來實有道理。他說：「事事物物，溯自本性始生之初，既被建立，就表現都是根據數目的條理和理由而形成的」。（猶言萬物初生，不但有物有則，而且有象有數：事事物物，都含數理）。

另有一點，尚須注意，就是：實踐的理由和理論的理由，互相比較，有部分相同，也有部分相異。相同者，在於思路的步驟有比例相同的條理：如同理論的思路，有一定的步驟，就是始於大前提的原理，經由小前提內中辭所指出的理由，而達到欲得的結論；依同樣的比例，實踐的思路，也有一定的步驟。就是始於某一先決的第一動機，經由需用的某些工具或方法，作門路，終於達到欲作的工作或作成欲作的作品。分析思路的步驟和條理，即可看出理論的議程裡，大前提的理由，是性理，也是本質：就是事物的本然，詳言之，乃是「事物本質之所是」。實踐的歷程裡，第一動機，卻是目的：它有時是性理，有時卻不是性理，而是另某因素。這就是實踐和理論不同的第一點。

它們互不相同的第二點：理論的理由，在上級的原理方面，常常必須是必然的公理，或由公理證出的定理，連名理的定義包括在內：都是自然而必然的理。實踐的理由，和動機，卻不常常必須是必然的：有的是必然的，就是絕對需要的；有的卻不是必然的：就是非絕對必需的：例如：「人生目的欲得真福」，是必然的理。「某某人願意建造一所房子」，則不是必然的。

同樣，在理論的明證法內，前提引起前，結論隨於後，前後引隨的關係，常常是必然的：是「理有固然的」：就是既有了前提，則必有結論。在實踐的工作方法裡，先決因素和後備的方法或工具，前後的引隨關係卻不常是必然的，只是為達到某目的，非用不可的途徑或方法，是必然的，例如（假設房屋，非用木料建造不起來），願意建造房屋，則必需尋找木料；至於尋找什麼樹的木料，或松或棕，卻全靠人意志的自由決擇，和要建造的房屋之藍圖及構造的條理，沒有決定性的關係。

依同理，天主愛自己的善良，這是必然的；然而從此不隨之而必願造生外物，為用它們表現自己的善良：因為不造生任何外物，天主的善良仍是圓滿無缺的，（無限完善，不依賴外物之有無而受增減）。從此可見，肇造萬物的生存，雖然起源於天主美良的實理，然而事件的行成卻全賴天主意志的簡單決定。

假定天主的意志，決意要用仿效擬似的方式，竭盡可能，將自己的善良，傳流給外物：從此乃有理由造生樣式萬殊的外物。至於造生那樣的美善，尺量厚薄，數量多寡，等等，卻不隨之而有必然性的決定。（這些具體問題，取決於意志的決擇）。

進一步，假定天主的意志決擇了：要造生某些事物，數目若干，每物的美善程度限量若干：從此便取到理由，造生這樣的每一物，需要用的物質應是什麼樣的，應賦與的性理是什麼樣的。如此逐步推演下去，比例相同：（天主造生外物的必然，不是先天理論的絕對必然，而是後天，意志決擇的必然：乃是有條件的必然：是既願有甲，則必願甲所必有的乙。回閱卷一，章八十二及八十三）。

總結全論，即得明見，天主上智，宰治萬物，凡百措施，都有某些理由作根據；然而這些理由，就是「既有甲，則有乙」，前後兩事的引隨關係之必然性，卻是取源於天主意志豫先的決定。（這個意志的決定，最初在立意造生某甲之時，是全全自由的，自主的，自動的：並且是從無始到無終，永遠已有而常有的自由決定。回閱卷一，八十一—八十八數章）。

駁謬：用以上提出的討論，即可破除兩種錯誤的意見。第一是撒拉森人宗教內的經典論證派。按經師梅瑟，（馬義孟，猶太教大師，《指迷解惑》，卷三，章二十五），所有的記載，他們認為一切事物的發生，都是沒有理由的，全隨天主意志簡單的決定。依照他們的想法，火的本性，對於燒熱或凍冷，是模稜兩可的，沒有別的理由，只是因為天主願它怎麼作，它就怎麼作。（參閱卷一，章二十三，及章八十七；卷二，章二十三—三十）。

第二個錯誤的意見，是有些人主張萬物間因果關係的秩序，來源於天主上智的安排，是根據不自由的必然方式，（參閱七二及九四前後數章）。

案據前論，顯然可見，這兩個意見，都與事實的真理不合：（一失於大過，一失於不及）。《聖經》的解釋：《聖經》上有些話，就字面看去，似乎是肯定萬事萬物發生的原因，都是歸於天主的單純意志；然而究察實義，卻是說明萬事萬物的第一原因是天主的意志；其本旨，不是否認天主上智，宰治事物，有理由作根據。故此，不是和本章的定論不合。例如《聖詠》，（章一三四，節六）：「一切事物，不拘是什麼，天主願意了，就作成了」。若伯，（章十一，節十），也說：「誰能質問祂：爾為什麼這樣作」？聖保祿，《致羅馬人書》，章九，節十九也說：「祂的意志，誰阻擋得住」？

聖奧斯定，《聖三論》，卷三，（章三，四），也說：「疾病健康，賞善罰惡，萬寵萬獎，凡此一切的第一原因，除天主以外，沒有別的」。

語意的理解：如此說來，吾人日常言談，遇人追問某某自然事件的理由，吾人則可答以近因或遠因的分別：事件的近因，是物體自然的本性和作用。事件的遠因，追究到源頭上的第一原因，吾人則應說：一切事物的原因，是天主的意志。

例如有人問：「為什麼，木柴遇到火，就燃燒起來」？近的答案說：「因為燃燒是火性自然的作用」。遠的答案卻說：「這個作用生於火性固有的性理」。再進一步，進了一步，又進另一步，追問到盡頭，最後第一原因的答案，則應說：「因為是天主的意志」。用這樣的答案，指明事物的第一原因，是言之有理的；如果旨再取消其他各級的一切原因，則語意不適。

第九十八章 秩序的界分

從前章提出的討論看來，尚可見得萬物間的秩序，分兩個境界：一個系屬於宇宙間一切事物的第一原因，因而包括一切事物；另一個系屬於某某特殊的原因，管轄宇宙間一部分事物；這個特殊原因，是天主造生的眾物中的一物：（以其性分固有的能力，控制一個有限的境界）。

天主造生宇宙，物類萬殊，原因眾多而互異，因而境界眾多，各有各自不同的秩序和體系。它們的品級，互有高下，上級控制下級；同樣，它們的範圍，也廣狹互異，大者包括小者。下層各級特殊的境界，全數包括在宇宙總體大公的境界以內，共受第一原因的統治。從此逐級下降，物類間所有的各級境界，及其治體，都仰賴第一原因的維持。

可在市政的體制內，觀察到一種情形，作比例，說明以上這一點。家有家長，全家人等，服從家長，彼此間的秩序，賴以成立，並得以維持。市有市長，市內一切家庭的家長，服從市長，全市的百家，彼此間賴以建立關係，維持秩序。如此，逐級向上，達到全國最高的元首，一國以內，所有一切市區，彼此建立關係，維持秩序，則共同仰賴元首為中心。（同樣、宇宙的中央元首是天主，天主以下，則有各級原因，及其統轄的境界）。

天主上智，治理萬物，根據的大公秩序的體系，分析觀察，可以理會到兩方面：一方面是服從秩序的萬萬事物，另一方面是秩序的條理。這些條理系屬於體系的最高原理。

前在卷二，（二三及以下數章），證明了：天主權下所統治的事物，由天主造生，全繫於天主的單純意志，自由抉擇，在事物最初建立之時，極度如此；不是如同某些事物生於某某原因的動作，被迫於物性自然的不得已，或被迫於任何其他因系。

從此而得的結論乃是：在天主上智現實管轄的一切事物以外，天主有能力造生另某一些事物：因為祂的能力不受任何約束，或限制。

但是另一方面，只就全體秩序的系統，依賴最高原理而具有的條理，去著眼，這樣看去，結論卻是，在那條理的系統以外，天主的全能，也作不成任何事物出來。（換言強調譯出，就是天主全能，也不能作不合理的事物：理由正是因為天主全能，故此不能自己受自己的破壞）。原來，前章已有證明，那些條理的秩序和系統，發源於天主的知識和意旨：統領一切事物，追求天主自己的善良，以此為終極目的。然則，天主的全能，也不能作出祂自己所不願意的事物來：按已有的證明，天主造生萬物，是用意志的自主，不是迫於性體的必然。

同理，天主全能，也不能作出自己知識範圍內所不包括的任何事物來：因為意志的對象不能不是知識已知的對象。

並且天主的全能，也不能作出任何事物，而不以追求天主自己的善良，為終極目的：因為意志的本有對象是其主體自身的善良或福美。

同樣，由於天主是完全不受變動的，也可得知天主不可能改變意志，或願意已往所不願意的事物；也不能開始發現已往所不知的新事物，或開始發現它以後，引領它追求自己的善良。綜合一切，可見天主所能作的一切，無一能不落歸天主上智管理的秩序以內：如同天主不能作成自己動作範圍以外的任何事物。然而天主全能，祂的動作範圍，大於現有的宇宙全體，故此專對天主的全能，絕對看去，天主能作出祂現有動作及上智管理範圍以外的其他事物：然而這些可能的其他事物，從無始之始的永遠，就屬於天主上智規定的計劃和秩序以內。天主全能也作不出自己上智永遠計劃以外的事物來：因為（天主全知的永遠計劃以外沒有任何事物），天主上智全知的永遠計劃，是不能變更的。

駁謬：有些人沒有注意到以上這個分別，於是陷入了錯誤。或有人亟力將天主計劃和秩序的不變性，擴展到服從秩序的事物上去，遂主張一切事物的發生，都是不得不如此的必然發生：同樣有些人曾說：天主不能在祂現實作的事物以外，作出別的任何事物。違反了《瑪竇福音》，章二十六，節五三的經訓：「（吾主說）：難道我不能祈求我大父嗎？祂不是就要應請給我派出天神十二旅以上嗎」？……

另有些人，適得其反，將天主上智所管事物的變化無常，遷移到天主上智的本體上去了：竟以人類血肉的看法自作總明，誤想天主的上智和意志，也和人類的智力和意力一樣，變化無常。違反《古經》戶籍紀的名言：「天主不是如同人一樣，出言謊誑，也不如同人類的子孫一樣，變化無常」！（章二十三，節十九）。

另有別的一些人，為了保存天主上智的永常不變，而減除了偶然的事物。違反《古經》，耶肋米亞，哀歌，（章三，節三七）的經訓：「這是誰？竟說事物發生，不是上主命令」？（事事，都有主命，故非偶然，而全是必然；天主命令，既是永常不變，故是必然；如有偶然事物，則非天主上智之所掌管。這些想法，都是錯誤的：「說事物無一偶然；說天主管不到偶然事物」）。

奇蹟：宇宙間的神異

第九十九章 物類性賦規律以外的事件

轉進，即應證明另一定理，就是：天主能在物類性賦的秩序和規律以外，作出非常的動作。一證：按上面（章八十三、八十八）的說明，在事物內，天主建定的秩序和規律，是天主任用上級調動下級。然而天主，在這個秩序和規律以外，能作出一些事物：就是祂不任用上級原因的任何動作，天主自己能親身，將某一效果，產生在下級因素中。

為明了上點，須知「自然動作」和「意力動作」的分別。物體自然的動作，是以物本性的必然為根據。「意力動作」，卻是有智性的實體，自主行動，以自主的意力為根據。自然動作，生出實效，不能不根據動力的方式：（方式指示動力的定律，包括動作的種類，品級，程度，限量，秩序，步驟，工具，方法，和因果關係的常則等等）。本此方式，動力極度強大的因素，不能直接產生任何弱小的功效，但應產生和動力強度相適稱的效果。在這效果以內，有時含有比原因弱小的動力，遞降而產生更弱小的效果，如此，逐級下降，經過許多中級，才生出最低的某一弱小的效果：從至強的最高原因，達到至小的最低的效果，不能經過不中級許多層次的緩動。這是「自然動作」的方式和定律。（例如烈日，經過氣層的緩衡，遂在地面上，不產生燬物的烈火，而施散養物的溫暖）。

意力動作，卻方式不同。因為有意力的動作主體，不用中級的因素，能直接產生任何不超越己力的效果：例如藝術家，技能高強，能作到技能低弱者所作的工作和作品；（也有時，不用工具，就能作成平時裡，用工具所作的工作：足見、意力動作，上級不用中級，也能產生下級的某些效果）。

然則天主工作，是用意力，不是用自然，詳證於卷二，（二十三及其下數章）。所以，（依照意力動作的方式），天主、至上原因，親自直接能作出祂普通用下級原因所作出的微弱效果，不用它們本有的原因。（意力動作，是意志自由發動，自由調節的，用不著必經中級因素的緩衝或助長。緩衝烈日自然的熱力，不得不用中級因素，或氣層，或布傘；緩衝入心裡急發火而生出的熱度，只由人心自由鎮定自己，心氣緩和下來，就夠了。依同比例，天主全能，一切動作，產生宇宙萬物，都是用意力的：故此，不用中級因素，也能產生下級的效果）。

加證：天主的動力，對於萬物的動力；有總部動力，對於分部動力，比例相同的關係。詳證，明見於上面（六十七）。總部動力，是普遍的，品級高，範圍廣，為下降而縮小，產生分部的某一特殊效果，能用兩種方法，限定自己。

一種方法，是用中級某分部的特殊原因：例如天上形體的動力，用種籽（父母的精血）以內的特殊動力，限制自己，而產生人類繁殖的效果；又例如三段論法，或任何理證的程式以內，大前提，普遍的原理，用小前提，特殊的理據，限制自己，而生出一特殊的結論。

另一種方法，是某一普遍的原因，具有智力，遂用智力，認取某一界限固定的性理，並實現這個性理（理想的條理），遂產生有限的效果。

然則，天主是有智力的，不但認識自己的性體，也不但認識第一級最高廣的普遍原因，而且也認識一切特殊的原因，詳證於卷一章五十。天主的性體，是至高原因，對於一切特殊原因，有總部對分部的比例。（依普通秩序，總部用分部產生特殊效果：但天主既有智力和能力，就也可能用智力的限制方法，直接產生特殊效果，不經由中間的特殊原因。足證，不拘什麼特殊原因能作的事，天主都能親身直接作出來。

添證：物體的附性情況，是隨其實體因素而生出的效果。是以某某原因，既產生了直接某某物的實體，必定也能在那物的實體周圍，直接動作，產生隨那實體而生的一切附性情況：例如新物因變化而出生，既從生身者，領取了性理，便隨之而領取那性理必備的特性，品質，能力，和行動，以及變化等等：性理是一實體因素，其餘都是附性情況。（既能直生實體，則能直生某附性）。

然則，前面（卷二，章二十一）證明了，在萬物初造之際，一切事物，都是天主直接造生的。足見，天主也能直接運動不拘那一個物體，使它產生某一效果，不經由中間各級的原因。（例如太陽既能經由氣層曬熱地面，則能不經由氣層而直接曬熱地面，並助成地面上物體的變化生生）。

又證：事物的秩序，發源於天主，流行於事物內，根據天主智力豫先想好了的條理：猶如人事間，市政的首長，向市民間，推行自己豫先想好了的計劃。

然而天主的智力，不必然局限於這某一個秩序或計劃，不是不能想出別的另一計劃或秩序來：因為例如吾人的智力，也能領略到尚有別的計劃或秩序的可能：假設天主現在或將來，直接從黃土中，產生出某個或某些人來，不經由任何一雙父母的種籽：這，依吾人智力的理解，不是不可能的。

由此觀之，可見天主，不經由下級原因，能完成它們本有的工作和效果。

另證：事物具備的秩序，是天主上智賦界的，各在自己的方式內，呈現天主的善良，但其方式不是完善的：受造物善良的程度，達不到天主善良同樣完滿的程度。仿本仿效不盡的底本之優美，這一仿本呈現不出的優，能由另一仿本，用另一個方式，呈現出來，（例如拓本優於摹本。照像優於拓本。照像影印本，又分許多成色）。然而，用物類呈現天主的善良，是天主造生物類的目的，詳證於章十九。由此可見，天主的意志，不限於產生這一套因果間的秩序（之體系），尚能產生其他，所以不致於不能也願意在下級物類中親自直接產生某效果，而不任用其他原因。

還證：受造物的總體，服從天主主宰，甚於人的肉身服從人靈魂主宰：因靈魂和肉身，有性理和物質，相對適稱的關係，（兩者屬於同種）；天主卻超越受造物，相互軒殊，不成比例；（天主的主宰力，大於受造物的阻力，無限倍，引起受造物的服從，效力神速，勝於靈魂主宰肉身）。

然而試觀靈魂，在肉身以內，不用形體因素的作用，能產生它們所產生的物質效果，例如靈魂想像某某事物，對於它發極強烈的情感，因而影響到肉身，在肉身以內，引起物質的變化，有時增進健康，有時釀成疾病，所生的一切效果，和自然界某些形體因素相同。（例如藥品，或氣候，水土等等。望梅止渴，聞虎色變，害羞則面赤，害怕則心寒而面白：都是靈魂用想像力，產生的形體效果，沒有用形體因素的作用，只用了心理的精神作用）。

那麼，用以小況大的比例，足見天主的意力，在受造物內，更能產生某些效果，而不任用那些效果，本性生來，自然固有的那些原因。（例如不施藥而治病）。

另證：依照物類本性自然的秩序，物質原素的各種動力，服從天上諸形體動力的管治，（日中天乾，則火燃。雲行雨施，則火不燃濕木）。然而，間或有時，天上的動力產生原素的效果，而不任用原素的動作：例如太陽曬熱地面，不經由任何原素的火力。（希臘古代《物理學》，認為火氣水土，是四個物質原素，每個原素，都是被動於天上形體而發生自己的動作：火的燃燒，是被太陽曬熱而燃燒。太陽是一普遍原因，火是一特殊原因：上下相輔並行，而產生燃燒的效果：為此目的，火不能無太陽而燒燃。太陽卻能燃燒而無火）。那麼，用以小況大的比例，足見：天主的能力，不任用受造原因的動作，更能產生它們本有的效果。（小者之能作，何況大者哉）？

疑難：有人如果（設難）說：天主既定秩序，又在秩序以外，作出例外行動，產生沒有自然原因的效果，不能不是天主本體以內，發生了變動：這是不可能的，故此天主不可作自然秩序以外的事。

釋難：根據物類本性的自然秩序，可以排拒以上的疑難。物類本性自然的秩序，是天主賦與的：基本的條件，在於保證物類間習慣發生的事情，大多數次，同樣發生；不必須時時處處，常常同樣發生。事實上，許多自然因素，產生效果，僅係屢次同樣發生，不是常常同樣；有時在少數事件上，用不同的方式，發生出來，或因動力欠強，或物質條件不適，或因某因素動力強大過度：例如物性的自然，在某人的手上，生出了第六指。這些例外事件，不表示物性自然秩序的缺乏，失敗，或變化無常，也不表示天主上智，既定的秩序，有缺點，弱點，或受了變更。

因為，原來物性自然的秩序，建立起來，專為保證事件屢次發生的一致性，有時偶有的缺點或失敗，是自然秩序本質之所容許，也屬於天主上智豫算的條例之中。

何況，自然界，受造的物體，有時有能力，將物性自然的秩序和常則，由「屢次發生」的經常情況改變成「極少見」的罕有情況，（例如醫藥預防某些慣生的疾病，將慣有，改成稀有；這並不是破壞，或改變了物性自然的秩序，同樣也）沒有改變天主上智的秩序或計劃。受造物，能力低小，尚能如此，天主能力強大，就更能如此了：就是在天主給萬物賦與的自然秩序以外，有時能作些（不合常規的）事，而不防害天主自己上智的規定。

事實上，天主間或有時，正作出這樣的事來，為標明自己的能力。

為明白證實，宇宙萬物本性自然的總體，全服從天主意力的主宰，最好的方法，莫過於由天主親自，有時作出一些出乎自然秩序之常規的事蹟。並且，由此也得明證物類間的秩序，發源於天主，不是由於本性的必然，而是由於意力的自主。

並且，也不可認為以上這樣的理論輕狂：竟說天主在自然界，作出某些（自然秩序以外的）事，專為顯示自己，引起人類心智的認識（和敬畏）。

這樣說，不是輕狂，因為按上面（章二十二）的證明，一切有形質的物體，受造於天主，依本性自然的秩序，都嚮往有智力的物類，並在不同方式內，都以成全智力的本性，為其生存行動的目的；智性生存的目的，卻是得神性的知識：（認識並敬愛天主的本體至善）；詳證於上面（章二十五）。

為將對於天主應有的知識，供給自然界有智力的人類，而在有形質的實體，產生一些變動，是吾人所不可大驚小怪的，更不可視之為輕狂無理。（變動物類的實體，便是在自然界，作出自然常規以外的不尋常事件，不是狂誕不經的。詳論於下章）。

第一〇〇章 異乎自然與反乎自然

雖然如此，卻須注意一點，就是：天主有時能作出物類秉賦的秩序和常則以外的某些事，然而總不是反對自然，（異乎自然的事，不是反乎自然的）。

一證：天主是純現實和純盈極，其餘的萬物，個個是現實與潛能之合，並是盈極與虧虛之合，都在本體內，包含若干程度或方面的潛能和虧虛。是故，天主對於萬物，有發動對於被動，並有施動對於受動的比例和關係：物體被動或受動，而實現其潛能，充實其虧虛，都是被動於現實盈極的因素。潛能而虧虛的物體，根據本性自然的秩序，對於某某施動因素，發生關係，受到它的壓力和影響，不是純粹相反了自己的本性；縱然所受的壓力，有時和本性原有的某某特殊性理，互相衝突，甚致促成這個性理的喪亡：例如火燒空氣，則空氣喪亡，全失空氣的性理，變成了火燄：這樣的變化，都是相攻相剋，舊的被銷毀，新的乃化生：乃是本性自然的規律，不是相反自然的。

依相同的比例和理由，天主在受造的萬物內，不拘作出什麼事體，都不是相反自然的，（而是實現某物的潛能，充實其美善的虧虛，和它發生施動和受動的自然關係），雖然在事體的表面上，似乎是相反了那某物本性自然固有的秩序和常規。（天主是第一施動者，卷一，章十三—十六）。

加證：惟因天主是第一施動者，是以天主以下的萬物，都是祂的一些工具。工具設製的目的，是受主動者的運用，服務他完成其動作。故此，某某工具的質料和性理，應當適合主動者立意要完成的動作；（工具的性理，包括工具的能力，形式，尺寸條理等等）為此理由，工具被動於主動者，不是相反工具的本性，反之，正是極度適合它的本性。依同理，受造的物體，被動於天主，不拘怎樣被動，也不是相反物本性的自然：因為萬物成立的目的，是為服事天主。

另證：觀察形體界，動作施受的情形，也得看到：下級被動於上級，動勢雖然兇猛，並且似乎不適合下級本性行動的常性，然而不是強迫的，也不是相反本性的：例如海水漲潮和退潮，怒濤駭浪，水勢洶湧，是被動於天上某形體的壓力，不適合水流的常性：水本性自然的流動，不是漲落反復，而是流向一方，就是流向（地的）中心。以小況大，則可斷言，不拘在什麼受造物內，天主不拘作出了什麼事件，遠遠更不能說強橫壓迫，也不能說是相反物本性的自然。

又證：各類事物、本性和性體的至上標準，是天主；如同天主是萬物生存的第一原因：也是至高無上的第一物體。（物體，不是物質的形體，而是「物」大公名，所指的「實有物」：猶言「現實生存者」：兼統神形萬有之界的每一物）。評定每物長短，用標準的尺度：副合標準的尺度，是每物本性之自然。所以，天主賦與每物的一切，就都是每物本性自然的：（副合其本性的至上標準，即是副合天主的規定）。依同理可知，天主如果給某同一物體，用不平常的方法，刻印上副合標準的效果，或某某特點，也不是相反它的本性或自然。

添證：宇宙間的一切事物，既是天主所造生，對於天主，更有工藝品對於藝術家所有的比例和關係。

詳證於卷二，章二十四。本此關係和理由，整個自然界，及物性自然秩序的整個體系，都如同是天主作成的一件工藝品。然則，藝術家在自己的作品內，用異樣的方式，作出某某部分或特點，不是相反作品本有的條理，縱令這某部分或特點，是藝術家在作好那件作品以後，才添補上去的：（作好了的成品，已有本身應有的性理，然後，用特別的手法，新添加的部分或特點，既是藝術家的心裁，便不是相反工藝品原有的性質和條理）。依相同的比例和關係，可知：天主在自然界的事物內，運用和自然界慣有的進行方法不相同的技巧，作出某些事物的部分或特點，也不是相反自然。（就是說：不是違反自然界事物的本性，及自然律的理性）。

史證：本此意義，聖奧斯定，《駁浮斯特》，章二十六，號三，有以下這些話說：「天主是一切事物本性的創造者，和建制者，不作任何相反物體本性的事：因為，天主給每一物作成的是什麼，什麼就是它本性自然有的。本性自然的秩序，數量，方式，形態之條理，件件發源於天主」。（猶言，「道之大源，出於天。」用「天」指「天主」，則與本章宗旨，不約而同）。

第一〇一章　奇蹟

這些出乎事物內普通既定秩序以外，有時由天主作成的事件，習慣叫作「奇蹟」：（猶言「神奇」）。吾人心理，既見效果，而不知原因，則感覺驚奇，以為其中，必有什麼「神妙」。「神妙」，或「神奇」，有相對和絕對兩種意義。

依其相對意義，許多人同時眼見同一效果，有的感覺驚奇，有的卻不感覺驚奇：由於前者認識原因，後者卻不認識。看見日蝕的現象，天文學家，知道它的原因，故不感驚奇；不懂天文的人，不知原因，乃大驚小怪起來。所以，同一事件，對於此某人，是「神奇」；對於被某人，則算不得「神奇」。

其原因絕對隱秘為人所不知的事件，是絕對的神奇：這就是說：那個事件的本體，充滿了奇妙；不僅是對於此某人，或彼某人；（而且對於任何理智的高明，它的原因），也是自然物理之所不含的）。任何人皆暗昧而不知，（本體又非自然物理之所內含的原因，惟獨是天主，因為上面（章四十七）證明了：在此生的境況中，無人能用智力，領略天主的本體。這樣絕對的「神奇」，是「奇蹟」的本義，因為是天主獨自直接作出來的，故此又叫作「聖蹟」。

如此說來，依名辭的本義，所謂的奇蹟，乃是天主在事物中普通常見的秩序和規律以外作出的一些事件。

這些本義的奇蹟，又分許多等級和秩序。

等級最高的奇蹟，是天主作出物性自然總不能作到的某些事情：例如兩個有形質的實體，同站一個空間；日頭倒退，或靜止；海水分開，讓行人在當中路過。

在這一級的奇蹟當中又分秩序，依超過物類本性能力的遠近而釐定，超過的越遠，表現天主工作越偉大，則奇蹟更大。如此可見：日頭倒退，大於海水分開。

第二等級的奇蹟：天主作出物性自然能作的一些事，但不依照自然的秩序。物性自然的化工，是使某某動物，生活，眼看，步行；然後害病或衰老，因而腿蹶，不能步行，眼瞎失明，並且完全死去；自然秩序，是先生後死，先明後瞎，先行後蹶；普通不會先死而復生，先瞎而復明，或先蹶拐而後直行。但是天主有時作出這樣的奇蹟，將以上的自然秩序顛倒：復活死者，或其他等等。這樣的奇蹟，按超越自然物力的遠近，也分大小的等級。

第三級：天主作出物性自然慣常作的某些事，但不用自然物性的動作因素：例如醫治瘧疾，不用物性自然的能力，（或施藥，或靜養），卻用天主的神力；又例如興雲作雨，而不用自然因素的發作。（參考路加福音，章四；《宗徒大事錄》，章十四，節十六；《瑪竇福音》，章五，節四五）。

第一〇二章 聖蹟

由上述轉進，則能證明：天主獨自有能力作出本義的奇蹟：（就是所謂的「顯聖蹟」，或「顯靈蹟」）。

一證：完全建立在一個秩序以內的因素，不能作出超越那個秩序的行動；（秩序是關係之條理及體制；組成一個體系，小者管制一物，大者管制一群，一團，一類，或數類的聯合，最大則管制全宇宙：猶言自然之道：按範圍的廣狹及品級的高低，而分成許多境界，各境界之間有物體本性的同異或因果種種關係）。然而受造的物體，每一個都是建立在天主給事物規定的秩序以內了。所以它們當中，能作出超越這個秩序的行動的，一個也不能有。這就是說，凡是受造物，就無能力顯聖蹟。

又證：有限的能力，依本性之限定，作出本有的功效，算不得是聖蹟，雖然為不全懂其能力的觀者，可以看作是神奇的：例如磁石引鐵，或例如「小魚停艦」，有些人莫明其故，乃視如神奇。（印魚，身長二尺餘，體圓，頭扁，背上無脊鰭，頂上有吸盤，從三寸許，刻畫凸起如扣印章的華紋；故名印魚；用吸盤吸附船底，如錨，有時船遂停止。參考波理紐，羅馬自然和生物學家，西元二三－七九時人，著《自然史》，卷三二，章一，記述印魚的故事。古代人以訛傳訛，轉化成了「小魚停艦」的神奇；實係印魚吸附船底，魚停而隨船帶行，也是多見的現象。小船被數條印魚吸住，停泊不行，是時而能有的事：其作用如錨繫舟）。

然則，凡是受造的物體，能力有本性自然的界限，只得作出某個或某些方式固定的效果。是以受造物本有能力之所作，都不可說是聖蹟，雖然觀者不全懂其原因，能視之以為神奇。

反之，天主的能力，是無限的，是本體不可全懂的，所以天主作出的神奇，才算得真是聖蹟。

加證：凡是受造物的動作，都需要主體，向某某主體施展動作：（例如火燒草木）。天主獨自能不由任何主體而從純無中，作出實有的事物，詳見卷二，章十六及二一。動作既需要主體，則只能作到主體潛能和容量以內的事，而作不出任何其他。為此，受造物，都不能造生新物，同樣也不能在任何物體內，作出它的潛能和虧虛所無力領受的動作：因為作者向某一主體，施展動作，（依動作的定義），乃是將那個主體由潛能虧虛，引入現實盈極：（實現它所含蘊的潛能，充盈它虧虛的容量）。

然而天主發顯許多聖蹟，有時是在某一物體內，作成它潛能範圍和虧虛容量，所不能包含的事：例如死屍復活，日頭倒轉，兩體同位，（兩個有形質的固體，同時站在一塊空間）。這樣的事情，是聖蹟，非任何受造物的能力所得作到。（只有天主，方能作到，故能證明天主實有生存，並有自由意力）。

還證：主體受動，被施動者，由潛能虧虛，引入現實盈極，對於施動者和盈極，發生秩序適稱的關係：盈虛相稱，是一條公律。所以，一個主體，不是由隨便任何施動者，引入於隨便任何某樣的現實盈極；但需要由某某條件適當的施動者，發出適當的某樣動作，始能由而引入於方式固定的某樣現實盈極：針對著不同的現實盈極，則需要施動者施展出不同的動作。例如：氣體，有受變化而成為火和水的潛能，為得到「是水」或「是火」的現實，它不能只靠被動於同一施動者：（氣被火燒而燃火，氣被冷凍而凝聚成水）。

同樣，（依「施受相稱」和「盈虛相稱」的公律），還可明見：形界的物質，為得到某某完善的現實盈極，只受到普遍原因施動提引，尚不充足，仍需有某一特殊的本類原因，發出動作，將普遍原因的壓力，限制起來，決定它生出某某固定的效果：（這某某效果，是品級相當崇高的物類之生存現實：乃是一個「完善的現實」：比較起來，和低級物類的「不完善現實」，情形不相同）：低級物類的物質，為實現潛能而得所能得的「不完善現實」，只受普遍原因施出動作，加以提引，就充足了。

舉自然界的事例，說明以上這條定理：完善的（高級）動物，蕃殖出生，（而得其生存的現實），不只是生於天上形體（日頭）的化育能力，而且需要生於本類（父母）的種籽；反之，不完善的（低級）動物當中，有一些為生產出來，卻不需要生於本類的種籽，只靠天上某形體的化工，就足夠了：（希臘古代生物學，認為某些卑微的蛆蟲，由太陽蒸熱腐朽物質而出生：是「無種自生的」。現代生物學和化學，也不否認原生質的某些初級生命現象，可能是由物質變化中，無種自生的）。

歸納起來，下級物類中，一方面，依假設，本性自然被動於上級某些公類原因，無下級本類原因，而果然出生的實效，算不得是奇蹟，或聖蹟：例如方才舉出的事件：某些低級動物，沒有本類的種籽，由物質腐化而自然生出，不是聖蹟。另一方面，上級某某（受造的）原因，運用中級某些本類固有的因素，而產生的實效，（依定義），也算不得是聖蹟。（例如醫生用藥治病；又如太陽因父母的精血而傳生人類）。

總結本段各節：可見上級（受造的）原因，用本有的能力，不拘怎樣，都作不出任何靈蹟來：（因為生效的方式，只有上述兩樣：或任用中級的自然原因，或自然不任用中級的原因：任憑怎樣，都不是聖蹟）。

加證：某物動作，由某（受動的）主體而生實效；或說：某物動作，在某主體內，生出它有能力容受的某某實效；或說：它依照秩序，任用條件固定的中級因素，而作出某某實效；三種不同說法，是名異而實同，事異而理同的：因為，實行起來，三事本質遵守的條理，是相同的：同於以下這個核心的定律：任何受動的主體，不先逐步實現其中級潛能，充實其中級的虧虛，則無以升到切近的潛能，而達於終極的圓滿現實，（猶如百川聚海，盈科而後進）：例如飲食，不立刻就能化成骨肉，卻先應化成血液；（冰凍數尺，其來以漸。漸進的程式，需有漸進的主體）

然則，凡是受造的物體，為發生動作的實效，個個必需有（某某受動的）主體；並且按已有的證明，只能作出那個主體，潛能適合，（準備停妥），有資格承受的某某實效。故此，只得任用條件固定的中級因素，逐步漸進，始能將主體，提引而移入於某某盈極的現實；否則一無所能。足證：凡受造物所能作的事物，都不是聖蹟：因為（依定義），凡是聖蹟，都是由於不按自然秩序而出現的。（這個自然的秩序，正是「物體變化，實現潛能，逐步升高的漸進律；根據著「施受相稱」，「盈虛相稱」，「功能相稱」，等等的公律：級序固定，非受造物所能踰越。惟有天主能在某些情況：或越級，或逆序。越級則不藥而癒；逆序則盲者復明；見上）

還證：變動種類之間，有一自然秩序，慎視可見：方位移動，是其餘各類變動的原始和原因：任何物類中的第一物，至上至先，是同類中隨後繼起者、一切的原因。然而，下級一切物類中發生的效果，都必定是由實體變化，或附性變化而生；（附性變化又分兩種：或變質，或變量）：所以也都必需以方位移動為其原始和原因。今依假設，那某某效果，是某一無形質的（神靈）因素動作而生出的，它的神體自身既不能有方位的移動，所以它應運用另某有能力的（物質）因素，作出方位的移動，而促成那某某效果。但是無形質的實體，用有形質的工具，作成的實效，不是聖蹟或奇蹟：因為，有形質的工具，既是形體，便依照形體本性自然的方式，作出能作的一切動作：不能用任何其他（非物質自然的）方式。是證：受造而無形質的實體，用本性固有的能力，作不出任何奇蹟來。用以大況小的比例，可知：有形質的實體，更無力作出奇蹟來：因為它們的一切動作都是物性自然的。

總結全論：惟獨天主，會顯聖蹟。天主高於控制宇宙萬物的秩序以上；這個秩序的整個體系，是天主上智理則的分佈流行。祂的能力，又是無限的，不限於只產生某某種類的效果，並且為產生自己的效果，也不限於只用某某固定的方式，或秩序。

經證：本著以上這樣的意思，《聖詠》，（章八十五，節四），讚頌天主說：「奇妙偉大的事蹟，天主獨自作成」。

第一〇三章 亞維新的神力論

關於方討論的問題，亞維新曾有主張，為產生某些效果，物質更易於服從神靈，而抵抗物質因素的功力。是以他說：下級這些物類中，有時受到了神靈的認識和把持，則隨之而生出某些效果：或天上雲興雨施，或病人康復，而不用何物質因素的動作來在中間參與。（例如神靈用神力治人疾病，比醫生用藥力治人疾病，有時見效更為迅速。神力是神靈的知識和情意等等力量。「神靈」，廣義指有知識和情意的生活因素；狹義指「和形質絕異而分離」的純神實體。人的靈魂，是純神之類內，最低弱的一種；和高級神類相比較，雖然種別互異，但有公類略同之點：故此，由人靈自我的知識，可以觸類旁通，推知高級神類生存和行動的一些情況）。

符驗：如此，探取吾人靈魂的一些事實，可以作為亞維新學說的徵驗或符號。（參考亞維新，《物理學》，卷四，《靈魂論》，章四）：人的靈魂，想像力強烈發作的時際，只有了某某情況的認識，人的肉身便發起變化。

例如樑懸高空，人步行其上，由於害怕而想像墜落，乃容易翻身墜落；但如安臥於平地，人信步行走於其上，卻不致墜落，因為人在那裡不會害怕而驚起墜落的想像，（這是慣有的一種心理的經驗：意願越強烈，效果越相反，是想像力影響肉身行動所致）。

又例如：靈魂的慾火充腦，或怒氣填胸，身體便發熱如炙；靈魂害怕畏縮，身體則發冷而寒戰：這類事實，顯然自證是肉身隨靈魂的認識和把持，而起的物質變化。

再例如肉身發生瘧疾，或甚致長出癩瘡，或其他疾病，有時也是肉身受靈魂思想的強烈認識和把持，等等影響，而生出的形體變化：（猶如俗語常說的疑心生暗病）。

依照這樣的想法，亞維新還說，人的靈魂，如果清潔而精純，不受肉身情慾的蒙蔽；思想的認識和把持，實力強大，則不但能支配本人的身體，而且也能支配外人的身體：或病者受到治療，或使某人身體發生其他同類的物質情況：都是肉身聽命，而靈魂發命，只是運用思想的神力。亞維新，並且主張：這樣的神力是某些妖法魔術，或魅力惑人的原因，不但使人銷魂奪魄，而且使人身體受到影響：例如某人靈魂，禍心兇狠，恨情強烈，能給所恨的人身體裡，引起有害的變化：兒童身體柔弱，極容易受到這樣的影響。

由於上述這樣的事件作根據，亞維新乃用以小況大的比例，主張：高級的神靈，和物質絕異而分離，是天上諸球體，及圓穹旋轉的發動者，或靈魂；力量高張，遠勝於人的靈魂；所以用思想的認識和把持，不用形體界任何因素的動作，就能在下級這些物類中，產生某些更強大的效果，也遠勝於人的靈魂。

駁亞維新的神力論

亞維新意見內的弱點：一是原理欠妥，一是例證過火。他上述的主張，副合於他在別處提出的原理，（參考他所著的《形上學》，卷九，章五）。他在原理上，主張一切物類的實體性理，都是從某一「絕離實體」內，流泄出來，分佈到下級這些物體中；有形質的因素動作，不外是準備物質接受那「絕離實體」，用動作降下的壓力和陶鑄。（「絕離實體」指「和形質絕異而分離的自立物體」，猶言「純神實體」。下級形體，屬於地球的塵界，生而具有的性理，依亞維新的法想，是從月球的「主宰神」，流行出來的）。

以上這樣的主張，不是真理，按亞里斯多德，在《形上學》，卷七，（另版卷六，章八），證明了定理：物質內實有的性理，種類繁多，不是來自所謂的「絕離性理」，而是來自「物質內實有的性理」：（在施動者的壓力和陶鑄之下，物質內的性理，由潛能變成現實，由虧虛進為盈極。切近的施動者，是一個物質因素，發出動作，也是以自己物質內的性理為根據：施動者因性理而發作，受動者因性理而形成：上下所因的性理，都是物質以內具備的）。根據這樣的因果關係，事實上，才有「作品相似作者」，「效果相似原因」的定律。（例如：惟火生火，惟豆生豆）。

亞維新提出的例證，第一條，取自「靈魂對於肉身能發生的壓力和影響」：為證實他的意見，沒有多大幫助。分析那一類的（心理）現象，得知肉身感受的變化，不純是生魂於靈思想的認識和掌握，而是生於和思想的認識，同時連合而發起的某某情感，或喜樂，或畏懼，或嗜慾，或其他情慾的刺激。這類的各種情慾，發生的時候，同時便有某些條件固定的動蕩，自然也發生在心臟；由此隨而引起全個身體，受到內在的變化，或空間的局勢、方位、等等的變化；或變質，或變量，（或甚至慾極傷身）。從這樣的分析，可見：神靈實體，用思想的認識和掌握，仍得任用「空間方位的變動」，作質量變動的原始和原因：（例如心臟的跳動，震蕩，膨脹，收縮，等等。這就等於說：身體的物質變化，有物質的因素，作切近的原因，不是生於「純神的思想之把握或捉拿」：至少，不是單純而直接的生於那裡）。

論到他提出的第二條例證，須知某些妖法魔術的魅力，不是魔術家，用其思想力的把握或捉拿，直接變化另某人的身體；而是先用自己心臟的運動，變化自己和心臟相連的身體；自己身體的變化，由內向外，達到眼睛，然後乃用眼睛投射出一股所謂的魅力，有時可能引起身外物體裡面的變化，特別如果觸及了某些容易變化的外物：例如（亞里斯多德，寤寐論，章二，記載的事件）：在其月經期間，婦女的眼睛引起鏡面發生某些變化，（消失映照的平滑和明朗。參考《神學大全》，上編，問題一一七，節三：古代醫學，相信有「精氣」充滿人身，是人生存活動的氣力之根源，受心臟的鼓勵，聽意志的調遣，理直心熱則氣壯；理屈則氣餒；胸藏禍心，眼睛噴射有毒的精氣，由空氣傳導，能傷中某些距離以內的外物；希臘古代，例如柏拉圖，筵會記載，有些人竟認為夫婦間的愛情，是似氣似液的流質，從一方的眼睛流放出來，流到對方的眼睛裡而滲入心中，於是也引起對方愛情的交流。分析這些古代人認為實有的事件，可見思想引起情慾，常是任用心臟的運動，轉而鼓舞血氣，而產生身體內物質的變化：以心臟的運動，為必經的媒介，足證純神的思想，不是直接變化身體，而是間接的：為此：便不是奇蹟。神力用物質因素變化物質形體，是自然界普遍的事）。

從此可見：受造的神靈實體，用本有的能力，不足以將任何性理，引入形體的物質以內，除非任用某某形體的方位變動：就是用形體界物質的因素，發起空間條件的變動，藉以提引物質內含蘊的性理，由潛能虧虛的境況，升入現實盈極的境況：實現其潛能，以完成其變化。

那麼，說物質聽命於神靈，不是說它直接受神靈的變化，而僅不過是說：受造的神靈實體，本性自然具有一種能力，因以發起形體空間條件的變動，形體乃聽命接受空間條件變動所招致的其他變化。在空間運動形體，需要任用自然施動的某些因素，（依照因果適稱的定律），產生某些效果：例如冶金術用火的烘烘運動，熔化金屬的礦質。依名辭的本義，這樣的工作，不屬於「奇蹟」之類。從這一些研討，歸結出以下這個定理，就是：受造的神靈實體，用自己本有的能力，作不出（本義的）奇蹟來。

上段所說的「本有能力」，指示神靈實體，本性生來固有的能力。此外，祂們全無妨仰籍天主（臨時賞賜的）能力，也有時作出一些奇蹟。這是可能的，因為按大聖額我略，（《對話集》，卷二，章三十），諸品天神當中，特別某一品級，專備天主委派，發顯某類的許多聖蹟，（回閱上面章八十）。聖額我略又說：某些聖人，有時作出奇蹟，（就是發顯聖蹟），不但用祈禱的誠心，轉求天主；而且用自己的權能，自作主張，（猶如指揮命令。表示他們在某些限度內，自由決定是否或怎樣運用天主賞給的奇能，去作些什麼奇蹟）。

現應轉進究察：工具被動而生的效果。方才說：純神實體，受造於天主，或（善者，為）天神，或（惡者，為）魔鬼；當祂們運用自然界某些物體，以產生某些條件固定的效果時；祂們運用它們作工具，是如同醫師，運用草本的某些藥材，作工具，而治療疾病，或增進健康。

然而，由於工具，不但生出與其本有能力，相對稱的效果，並且越過本有能力的界限，而產生主動者施出的能力範圍以內的效果：例如斧鋸，不但砍伐，並且竭盡被動而動的效力，作出牀椅來：是被動於人工的藝術，始能作成這樣的效果：不得不仰賴主動者。

又例如自然界，飲食及內臟的熱力，如不仰賴（植物類的）生魂，則不能生長出（動物類的）肌肉來：生魂給動物生長肌肉，是用那自然界的熱力作工具。（主動者用工具產生的效果，高於工具本有的能力。工具，被用在高明的主動者手中，便生出更精巧的效果）。

那麼，以小況大，如說自然物體，被神靈實體用作工具，也更能產生出一些優越的效果，這是適情而中理的。

如比較觀察，得知這些效果，不可說純正是奇蹟，或聖蹟，因為是由自然因素中，產生出來的；然而對於吾人，卻能看著，是奇妙的：有兩個理由：

一則，由於神靈實體，運用這些因素，以吾人不慣見的方式，產生了它們本有的功效：本此理由，技術精明的工藝品，被人看起來，人如猜測不透它們是怎樣製造成功的，便顯得神奇奧妙：引人叫好稱奇。

二則，由於自然因素，承蒙神靈實體用作工具，產生某些效果之時，表現自己領受了神靈能力的若干特點。這樣的奇妙功效，更接近了奇蹟的本義。

第一〇四章 術士（一）

此外，曾有些人說：前章所述對於吾人認為奇妙的事蹟，古代術士，巫祝和方士之流，施展法術，所發顯的神能或魅力，等等，不是來自神靈實體，而是來自天上某些形體，（日月星宿之類）。術士顯靈之際，舉目占卜星象，注視某某星座，似乎足資徵驗；並且還借助於某些草本和金石，或其他形體，為能承受天上施降的能力：猶如雨露的傾注一般，又如光線的放射。

以上這些人的見解，和有眼明見的實況，顯然大相刺謬。

一證：術士顯靈，包含一些動作，是理智的本性，固有的行動：例如人家財物失盜，或密秘隱藏，術士神通智達，供出答案，告人物藏何處；還作出類此的許多事情，既包含知識，則不能不運用智力。然而智力的動作，不能是任何形體因素的作用；按前者（章八十四）已有的證明；智力本性固有的效用，不能發生於天上形體的能力。由此可知：術士發顯的這類靈蹟，不僅是天上形體（物質）力量，所能作到的。

另證：語言，這件事的本身，是理智的本性，所固有的動作。術士顯靈之際，顯然和某些人問答辯論，用理智的思索和推證。這樣的知識動作，不可能天上形體，物質能力，所能單獨作到的。

詰難：或有人答辯說：術士的那些知識，不是根據外官的知覺，而只是根據內官的想像：某些形象，出現在內官的想像力之意識範圍中，（彷彷是影像，靠天上形體的映照，投射到想像力的鏡面中）。

釋難：以上這樣的詰難，沒有把握住事理的真相，和詳情。要點有二：

第一點：人的內官，如不脫離外官的知覺，則不將想像，認作實有的事物：（這是人心理經驗的一個事實和確然的定律）：因為，除非人知覺的審辨力，受到了束縛，人心的注意力，形成意念之時，則不會將影像，看成實物。（內外各器官的知識，互相比較，受到審辨力的評定，便能辨別虛實，醒悟夢幻；失去了外官的知覺，沒有比較和評定的可能，或審辨力失去作用，則虛實不能分辨了）。術士的問答，和意識領會的現象，（在純正的事件中），明示他們自由運用外官的知覺。足證他們見到或聽到的事物，不只是想像的幻影。

第二點：從任何想像中，任何人意會而得到的智見或理解，都不能超過自己智力或本性生而具備的，或學習得來的才能以上：可徵驗於夢景：人在夢中所見的景像中，能理會出未來事物的先兆，但不是人人夢見那些先兆，便明了它們指示的意義。

術士顯靈，卻經常因其所見所聞的現象，而領悟智性的知識，超越自己智力原有的才能：例如揭曉密秘隱藏著的寶物，顯示未來的事物，甚至關於某某學術的問題，有時用妙識玄通的法術，供出真確的答案。足證他們交談的對方，和他們所見的景物，必須不見得只是想像的虛幻，（必定另有別的根據）；或至少應有某某高級神智，運用這樣的想像，輔導人從中領會這樣的某些知識。（參考，《名論集解》，卷二，篇七，問二，節二：高級神智，光照人的想像，啟發人的智見，變化人器官及血氣的情況，甦醒人的神目，清除思路的蒙蔽：助人心智曉悟想像中含蘊的事理和消息。參考《神學大全》中編卷二，問題九五，節六。夢中的景像，有時受高級神智的影響和光照，形成於人的心目中，並給人的神智，表達一些事理，非人專靠己力所能思而得之。思而不得，託夢而得者，神通之徵驗歟？參考《神學大全》，上編，問一一一，節一—四：低級天神，本性自然有能力振動人的血氣和精神，藉以鼓舞人心內的想像。「精神」，猶言「精氣」或「神氣」，依古代的醫學，似氣似液，周流全身，受意志調遣，被心臟運轉和操縱：既能受意志調遣，便能受天神振動：因為人的意力和天神的神力，有些類同之特性：同屬於神靈之類）。術士高級知識之獲得，（無論如何，如果真是事實），決非只靠天上諸形體的（物質）力量所能作到。（詳見下文）。

還證：天上諸形體，以其運行能力，所能作成的一切，都是有形宇宙間自然變化而生的效果：下級物體，變化生生，所有的自然性理和形式，是天上諸形體運行能力所化生的效果。（是天然的，不是人為的：天生樹木，不生桌椅。人作棹椅，不作樹木）。事物非任何物體本性自然之所能生者，則非天上形體運行之所能化生。然則，術士作法而顯靈，依眾人的公論，作出了某些這樣的事蹟：（純屬於人工的範圍，不屬於物體變化的自然）：例如據說：不拘什麼關門的橫門或鎖鑰，每當某人前來，則不煩鑰匙，霍然自動啟開；又例如某人用影身法，將自己的身體化成無形的，還有許多這類事件，眾人相傳，似實有其事。這樣的事蹟，（如果是真有的事實），依照方才提出的定理，決非天上諸形體運行能力，所得作成的。（天然的因素，不會產生不天然的效果：人工有時可以代替天工，天工卻總不代替人工。天工指天體運行的自然變化，不指天主造生物體。全能的造物者天主，有時也能代替人工。化水為酒：參考《若望福音》，章二，節三）。

加證：天體動力，生成任何物體，既賦與後起者，則賦與先備。然則生活之自動，是後起者；物體有生命之因素，靈魂，是先備者。有靈魂的生物，特性具有的本能，是自發生活之類的行動。由此可知，任何無靈魂的物體，不能專靠天體動力，而自發生活之類的行動。但是據說，偶像自動，自發呼聲，或言語，或類此事情，是術士施展妙法，所曾嘗作到的。足見，術士作法，不是依靠天體動力。

詰難：或有人抗辯說：那某某偶像，感受天體動力，便領取生活之因素，而成為活物一般。

破難：以上的抗辯，是一個不可能的遁辭。因為事實上，在各類生物中，生活之因素，是實體生存的性理：按大哲《靈魂論》，卷二，（章四），「生活乃是生物的實體生存」。（靈魂既是生活之因素，則是生物實體生存之因素）。然而，任何一個物體，為能從新領取另一個性實體理，則不得不捨棄原先故有的性理：一物的新生，乃是另一物的敗亡。（《物理學》，卷三，章八，有此名言）。

同時，實體物料，被工匠製造成偶像，或銅或鐵，或其他現成質料，在偶像之中，並不拋棄原有的實體性理，仍是銅鐵如故，所身受的變化，只在於像貌的形成，這乃是附性形狀的新成，不是實體性理新的生出，或舊的喪失。可見這樣的偶像，在未失質料本有的實體性理條件之下，不可能從天體動力之變化，而領取生活的因素。（它們因術士作法，而發出生活之類的行動，不是以天體動力為原因：故此必須另有別種的原因：或術士巧諞，或真能通神）。

添證：物體，如因生活之因素而行動，則必須具有器官的知覺。行動的主因，乃是覺力，或智力。同時，在有生死變化的形體，有智力則不能沒有覺力；有覺力，則不能沒觸覺：也不能有觸覺，而無調和適中的器官。（體膚等觸覺的器官，如過寒熱剛柔燥濕，過度而不適中，則喪失知覺，或僵涸，或溶散）。

這樣適中的調和，分析究察，知非銅鐵木石，蠟質等等偶像質料之所具備。可見：這樣的塑像，（在術士作法之時），不是因有生活之因素，而自我行動起來。

加證：（高級）完善的生物，新生，不但仰賴天體動力，而且由於父母的種籽：惟人偕同太陽而生人。（這句往哲名言，見於《物理學》卷二，章二）。專靠天體動力，不由種籽，物化而自生的生物，是低級的卑陋的動物，由日光腐化物質而無種自生。

照此而論，假設這樣的塑像，只因天體動力的變化物質，而無種自生，乃得生活之因素；結果必是：它們應屬於極下賤的動物之類：（因此也無力發出高級動物的生活行動）。這卻是錯誤的：因為術士顯靈，偶像發出的是高級動物和智力的行動：甚至答覆隱秘難知的問題。足證它們的行動，不是用內在的生活因素發出來的。

又證：天體動力產生的自然效果，（例如生物某類），可能發生在自然界，用自然出生的方式，而不經由人工的技術：（因為天體動力是普遍的原因，用普世一律的方式，產生全類。人工的法術，卻是特殊的原因，範圍狹小，僅限於作出某類的物體少數而已；天然的物體，卻變化生生，族類繁殖，蔓延普世。而且特殊原因，人工，是後起的，以普遍原因、天然動力和生力為缺之不得的先備基礎。既知人工能作某種生物，則知同種生物已先有於自然界，是可能的。照此推論），縱令人用某種法術的智巧，生產了一群青蛙，或別類動物從此可以斷定：自然界卻實有青蛙之類，不由人工，而繁龍本種，逐代新生。

所以，假設由於巫術顯靈，偶像變成了活生生的動物，乃是仰賴天體動力而領取了生活的因素，那麼，自然界就得實有這同類的動物，自然傳生繁殖，而不依靠術士的人工技巧。實際上，自然界裡，找不到真有這一類的動物。（許多偶像是牛首蛇身的怪物胎像）。

從此，（用反證法，反回去），顯然足證：這樣的偶像沒有生活的因素，靈魂；也不是仰賴天上諸形體的動力，而發出生活之類的行動。（它們如果真發顯生活行動，必是依賴高級的動力。下章另有詳論）。

駁謬：用以上這些分析，得以破除何而麥的主張。接聖奧斯定，《神國論》，（另名天主的城國論，卷八，章二十三），記載何而麥曾說過這些話：天主造天神，人工造廟神。廟神樂住廟堂，親近人類；廟神是塑像而有靈魂，覺識充沛，精神飽滿，顯大能，作大事，偉大而豐盛；預知未來；預報夢兆，及其他朕兆遙指的事變；按人的功罪，降人以疾病或健康；授人以福樂或憂苦。（這些廟神是術士及藝術家，製造的彫刻或塑像）。

經證：《聖經》上天主啟示的名訓，也足以破除何而麥這一類的迷信。例如《聖詠》，（第一三四篇，第十五及其下數節），就有這樣的話說：「眾民族的偶像，是銀，是金，是人工的製品。有口而無言；並且口中也沒有呼吸的氣息」。

注意：不見得全應否認天上諸形體可能有某種動力，是術士或偶像顯靈的原因：惟須注意天體動力僅僅能產生它在某些下級形體中有時能產生的一些效果：不是漫無限制的，（詳論於下章）。

第一〇五章 術士（二）

轉進一步，尚須考察，術士靈效的來源。慎審觀察他們動作的方式，這個來源就不難評量出來。術士顯靈之時，運用一些有意義的呼聲或語言。呼聲或語言，指示意義，其全部效力，不能不是來於某一智力：或發言者，或聽受者。

其效力來於發言者的智力，假設事實上有某智力，能力強大，足以用自己的思想，創作事物，並用聲音或語言，承載思想，將思想實現在應創生的事物以內。另一方，那個效力，是來於聽受者的智力，假設有某智力聽受了術士發出的聲音或語言，便按著指示的意義，作成某某事物。

今則請看，那個效力，不能說是來於發言者，因為這裡的發言者、術士、是一個人。人類的智力，在動作的條件上，有一條公律，基於人智力的本性：就是人智力的知識是從事物中得來：事物能產生人的知識，人的知識卻不能產生事物：就因果關係而論，人能因事物而得知識，化愚為智；事物卻不能因人的知識或思想而得生存，由無而有。這是人的本性。能力跟隨本性，能力的不同，證明本性不同；不同的本性，有不同的性體因素：就是有不同的物質和性理。

那麼，假設有些人用表達自己智力思想些言語或聲音，乃能用本有的能力變化事物，毀滅舊物，由而創作新物，就自證有和人類不同的本性，不屬於人類，而是另一種大智大能的實體；管他們叫作人，便是名同而實異的了。在這個假設之下，術士就不是人了。這顯然是錯誤的。（結論錯，前提裡必有某處錯。這樣用反證法反回去，最後結論適足斷定：術士顯靈的效力，不能是來於術士的智力；而是另有來源）。

加證：作事的能力，是本性生來，自然固有的，不是學習得來的。然而，惟獨作事的知識和技巧，卻是學習得來。術士作法顯靈的能力是學習得來的，不是本性生來自然固有的。所以他們用法術顯靈的能力，不是他們本性生來固有的能力，而僅是學習得來的知識和技巧。

問題：或有人說，術士生來，奇能超眾，得自星宿動力；旁人生來，無此奇能，百費學習，徒勞無益。豈非術士奇能，確是星宿所賦之「天才」？

答問：按上面（章八十四）的證明，天上諸形體的動力，（能促成下界形體、寒熱澡濕等類的物質變化，不會產生人智力智愚的本能和巧拙），尤其不會印刷人智力的思想。由而可知：人的智力、用聲音或語言，表現出思想來，單用這聲氣的表達，作出實有的事物，這樣的能力，（如果術士真有），不能是由星宿之動力那裡，得來的。（反之，或不真有，或得自高級的來源：就是得助於高級的神靈）。

問題：或又有人說：人的想像力，一發出有指義作用的聲音，也能作出一些實有的效果，（例如談虎則色變）；天上諸形體發出影響，印刷或鑄造想像力，是可能的：因為想像力有形體的器官，（是腦髓的後部，天體動力，因形體變化，生出優良的腦髓，提高人的想像力，則人能作出術士的靈效。這豈非物理之當然？

答問：前章（一〇四），證明了，（據眾人傳說之所知），術士作出的奇事當中，有某些，是星宿動力不能作到的。那麼，從這同樣的星宿動力，領取而來的任何部分或樣式的能力，仍然是不足以產生那些奇效。（縱令其中，有某些奇效，也是想像力強大異常所能作到的：例如怒髮衝冠之類）。

如此總結前數段的研討，可知：術士語音或聲音的神能，不是來自術士本人的智力，也不是來自他的想像力，也更不是來自天上諸形體，日月星宿等等；而是（如果真有其事，則應）來自某一智力：某某神靈的智力，聽受術士的呼喚，乃遵照其意旨，助他作出某些奇效。術士顯靈時，發出的語言或呼聲，實際上，是呼禱，哀求，詛咒，甚至有時也發號施令：都如同是對於外方某某智力的單位發出談話一樣。這樣的情勢是一個徵驗，表示術士的奇能，來自外在的神靈。（那些神靈，不但有智力和能力，而且聽受術士的呼喚，懂得術士的意旨）。

又證：術士發顯技能，供人觀展之時，用某此彫刻或圖畫，符號等等：圖形有固定的狀貌和條理：（彷彿是術士的奇能在於圖形）。然而圖形，不是施動能力的，也不是受動能力的根源：（不會引起施受交動的自然變化）：否則，數學和幾何學的圖形，表格，公式，等等符號，就應施動和受動，（如同水火交攻而表現的交動）。足證，（物質變化的動力，及其施受作用，不在於圖形及其狀貌尺寸等等條理），人工的技術，也不能用條理固定的圖形，變化物質，給它製造條件，使它有資格承受物理自然的實效。所以術士，運用圖形，不是為變化物質，而只得是用作符號或標號，藉以指示或代表意義：沒有別的第三用途。然而符號發生作用，無非是向有智力的對方，傳達我方的意義。可見，術士神妙的效能，唯一的來源，是懂曉他所用符號的某些有智力的神靈。這些神靈聽受術士符號及語言的傳達。

問題：或有人要說：天上諸形體，各有固定的形象。是以下級形體也能用適當的圖形之形象，承受天上諸形體施降的壓力和影響：同類相交：豈非自然？

答問：圖畫形象，改造物質條件，使物質適於承受天體動力引起的變化，似乎言論不合理性。物體受動而承受另一物施降的動力及效用，無非是由於物體現有受動的潛能，並有虧虛的容量。所以，能給物體製定適宜條件，而使之承受某某因素施降的特殊動力及效用者，不能是圖畫的形象，而只得是另某些因素；物質仰賴這些因素的效用，而得到受動的潛能，並展開虧虛的容量：它們的效用是在物質內部，製造潛能及容量。這不是圖畫形象所能作到的。因為圖畫的形象，就其本質的條理而論，不深入物質的內部；反之，卻用抽象的作用，脫離物質及器官可覺知的物性和物理（例如甜苦辛酸，硬軟輕重之類）：理由是因為圖畫形象的本質，是數理的，幾何學的理想的：是抽象的。所以任何物質的形體，為能承受天上形體動力的傾注和影響，必先具備的適宜條件，不是依靠圖畫形象或鏤刻的符號，就能得到的。

另證：下界的形體有某些形象，擬似天上諸形體的形象：是天體動力的效果：因為下界的物體之形象，是天上諸形體產生出來的：互有因果相似的關係：（例如日曬生火。火光四射的形象，相似日光四射的形象：遵守圓形的數理）。術士顯能時，所用的符號或圖形，不是天上形體的自然效果，而是人工技術的作品。這樣的作品，擬似天上諸形體的形象，對於本處討論的問題：變化物質，明明似是全無關係。（由因而生果，畫果的形象，而使因生果，有倒果為因的轉輪病象：等於說因由果之果而生果）。

又證：自然界、物質為得到某某性理，先應具備的條件，全非圖畫形象之所能製成，詳證同上。身上印鑄或鏤刻了這些形象的物體，和同類的其他物體，身上沒有那些形象，而為領受天上動力的傾注，和降福，有同樣的能力：因為在物質內在的條件上，有同樣的準備。如有某一因素，對著許多條件相同的物體，發出動作，捨此而取彼。（或厚此而薄彼），緣故卻是為了發現那某物體上有某因素，近似自己之所固有；這樣的取捨，證明那個發動的因素，發出動作，不是由於物性的必然，而是由於意志的選擇。（例如日光明照，不厚此薄彼）。從此得見：術士所用的圖畫形象，表現的效能，不是得自物性自然的施動因素，而是來自有意志的靈智實體某某。

名證：他們給這樣的圖畫形象，定名為印號，也證明以上這同樣的結論。因為，印號就是符號。人用符號，無非是為給某某有智性的單位，傳達符號約定的指義。

問題：在人工作品的總類中，圖畫的形象，也如同是特殊的一種性理。為此、或有人能說，圖畫形象的體制，決定形象的種類，條理完備之後，隨著便從天上動力之傾注而得到一種能力，不因為了它是圖形，而因為它是工藝品某某種類的本性出生的原因；於是乃從星宿那裡，得到一部分能力之秉賦或賜與。（凡是原因，都有動作的能力，下級物體的能力，來自天上的星宿，依古人的想法，是一件自然的事）。那麼，還有什麼不可能呢？

答問：在形象上寫明某某事物，所用的字樣，及其他印號，或彫刻的標誌，專論它們的本質，沒有別的可說，僅能肯定：它們是代表思想的符號。由於符號的本質，它們只能對於某一靈智，建立關係，依本質的目的和定則，發生傳達意旨的作用。（對於沒有靈智的物體，符號關係，根本建立不起來：比如對牛彈琴，或對牛寫文章）。

附註：同樣結論，還可明證於術士所用的祭祀，叩拜，跪禱，及其他禮儀的節文：這一切，本質上，也是符號，表示恭敬的意思，除非致向有靈智之性的尊長，也是沒有意義的。（足證術士的靈效，來於他們所恭敬叩拜的神靈某某。詳論於下章）。

第一〇六章 術士（三）

更進一步，尚須追究：術士顯靈，所依靠的這某種智性的實體是什麼樣的？（答案暫分兩點）：第一點，顯然這種實體不是良好，也不是可讚揚的。（第二點，詳見下章。本章先證明第一點）：

一證：助人違反道德，不是良好靈智所作的事。術士作法顯靈，卻有時助人違反道德：姦淫，盜竊，殺人，及類此的別種罪惡，為非作歹，次數不少：因而實行法術的人，也叫作「神奸」，或「妖魔」。幫助術士顯靈作惡的神鬼，也就自證心術不良。

二證：親近並幫助犯罪作惡人的，不是良好靈智所作的事。作法顯靈的術士，多數是犯罪作惡的。某某神靈助佑這樣的術士，而不助佑良好至極的人士，自證心術不良。

加證：心術良好的靈智，應導人向善，遵守理性，作人依本性應作的善良事。反之，引人離失理性善良的正路，撈攏人追尋極不貴重的技巧，則自證品德欠佳。人操行或運用術士的技巧，在德行和學問上，得不到任何進步；所以是無益於增進理性的善良；此外，卻有益於微不足道的小事：例如尋捕逃匿的盜賊，找見密藏的臟物，及類似的消極瑣事。可見助術士顯奇的神靈，品德不可謂良好；也不值讚揚。

添證：分析術士的技巧，可以見到一些欺罔和不理智的現象：因為參加這一行的職業，需要人純潔，完全沒有生殖慾的污染，同時操行其職業，卻用其技巧，放縱男女間不合道德的情慾：（不但原來純潔的人受欺罔而喪失了純潔，而且擾亂人間家庭的道德秩序）。幫助術士，作出這樣欺罔和不理智的事，足證其神靈是品德不良的。

另證：術士有時屠殺無罪的兒童，藉以激動某某神靈，幫助他作到某某事情。受人用罪惡行為挑抖而不能自禁，遂奮起施以助佑，（而不施以懲罰或防止），這樣的神靈，明證自己的心術不堪稱謂良好。

又證：智力本有的善良對象，是真理。善良者的本務，是引領同類向善避惡。所以，心術善良的神靈，也就引領同類嚮往真理。然而術士顯能，多數次欺騙人，利用人耍弄戲法，玩弄人。足證術士依託的神靈，品行不良。

還證：品性善良的靈智，受真理的吸引，喜樂在於真理，不在聽信謊言。術士求神，卻用謊言欺哄：例如某術士恐嚇某神，欺哄說，你如不幫助作某事，我就要搗碎青天，撥亂星宿：或提出其他同樣不可能的恐嚇。往哲波非俚（Prophyry），《致亞乃彭書》，曾有這樣的故事記載，（參考聖奧斯定，《神國論》，卷十，章十一）。從此可見，術士依託的神靈，不是品性善良的靈智（實體）。

添證：術士呼求神靈助佑，懇切哀求，視神靈高上可敬；及至神靈應請降來之後，卻供術士役使，術士乃發號施令，待神靈如下級。請看，或本位居上，應請而甘居下風並受役使；或本位居下，竟容許上位跪禱哀求；都是上下顛倒，秩序乖亂，殊不理智，足證那樣的神靈頗似品性欠佳：（有智而狂亂）。

駁謬：用這樣的定理，可以破除許多民族間流行的錯誤，他們認為術士（巫祝，方士，妖術家，魔術家，通神者，及類此的人物），作法術，顯奇能，所依託的神靈，都是和天主平等的一些至上神。

第一〇七章 術士（四）

第二點：幫助術士發顯奇能的那些靈智實體，（雖然品德欠佳），但也不是本性惡劣。

一證：本性傾向發於實體的本點，不發於附性的偶然：例如重物向下降落。然則這樣的靈智實體，如果是本性惡劣，它們向惡的傾向，也就是發於實體的本然：是它們本性自然的傾向。它們乃應本體向惡，不是偶然向惡。這卻是不可能的：因為上面（三及其下數章）證明了：萬物，就是實有的一切物體，個個都是本體向善的：某物向惡，無非是由於偶然。所以這樣的智性實體，也不是本性惡劣：（假設這些智性實體是在實有界真有生存的現實）。

還證：實有的物類中，個個都向自身以外的物體，有生存相依的關係，這是不得不然的；為此之故，任何一個物體，對於另某物體，或是原因，或是效果，不能兩者都不是。根據這個原理，請想，這樣的智性實體，（助術士顯能），或只是原因，或不但只是原因，而且也是另某物的效果。

假設它們只是原因，這也是不可能的：因為惡劣的本體不能是任何事物的本體原因；僅能是附性的偶然原因，詳證於上面（章十四）。然而任何物類中，因本體而固然者，是因附性而偶然者的最後原因：所以在偶然作惡的原因以內，必有某一因素，是惡事未作以前就已具備的，並依憑那個因素，乃能作另某效果的原因。但是在每一個物體內最初先應具備的因素，正是它自己的本性和本體。（本性和本體是先天的本然。惡事的作成，卻是後天的偶然）。足證任何實體先天的本性，不是惡劣的。術士所依賴的智性實體，也不例外。

假設它們是效果，仍得同樣結論：因為任何因素動作的本旨是向善的。所以惡劣，既不是任何因素的本旨，則不是任何因素的本體效果，而僅能是本旨以外的偶然效果。然而效果偶然出生的根據，不是自己的本性：因為任何事物的本性，變化出生，遵循條理固定的方式：是固然的，不是偶然的。足證這裡所論的智性實體之本性，不是惡劣的。

添證：凡是物體，有本性宜有的生存，依照自己本性的方式；每個都是如此。竭盡名理所指的實義，生存是善良的。萬物莫不貪求生存，而厭惡喪亡，足資證驗。今如假設本章所論的實體，依照其本性，乃是惡劣的，則不得擁有任何生存了。（生存二字比生活及其持續，更為普遍而深廣：乃是一切實有物成立時必備的內在因素：純指未亡未去的內在美善之現實。天主是純生存。天神是純性理而以其潛能虧虛領受天主賞賜的生存之秉賦。有形的萬物，既有物質潛能的虧虛領受性理之秉賦而成全各自的性體，乃因性體潛能的虧虛而領受生存之秉賦。天主以下，凡是物體，都有生存；凡是生存都是天主的恩賦。所以生存是善良的。性體也是善良的。回閱卷一，章二十二及三十七至四十一；參考卷一章一註一；卷二，章十六）。

又證：上面（卷二，章十五）證明了：凡是物體，如不從第一物體，領得生存，則都不能有生存。並且，（卷一，章四十一，也證明了），第一物體，是無上的至善。然則凡是施動的因素，竭盡其本質，常作出和自己相似的工作，所以萬物，既是由第一物體而出生的，必須都是善良的。本章所談的實體，既有生存，又有某一固定的本性，所以，專從生存和本性去看，它們不是惡劣的。（物體，不指物質的形體，但指大公名「物」字所能指的神形萬類的一切物體和事體：泛指事事物物：個個都有若干程度的生存：宇宙萬物，共分十範疇。天主卻超越宇宙。回閱卷一及卷二，章數同上）。

還證：完全缺乏善良之秉賦的物體，不能有生存：因為善良等於可欲。完全沒有善良者，則本體全無可欲之價值。每物之生存，卻是每物自己之可欲。所以，如說某物本性惡劣，意思不是說他絕對純惡，而是相對含惡：對於此某物，或關於某某方面，它是惡劣的：例如毒物，不是絕對純惡，而是對於此某物，有某某方面的傷害：因此同是一物，對於此某物，是有害的毒物，對於另某一物，卻是衛生的食糧，（或治病的良藥）。這是由於善良的總類以下，分成許多不同的種。一種特殊的美善，是本種所宜有，卻和另一種的本有美善，互相衝突：例如火的美善，是燥熱。水的美善卻是濕涼：互相衝突，互相破壞。

照此而論，按本性常則，傾向於絕對無限的純善，而不私愛特殊某種的小善，這樣的物體，就不能說是本性惡劣。然而，凡是有智力的實體，都是這樣的物體：因為智力的善良，在於其動作，其動作的範圍，卻包括普遍而大公的，及絕對而單純的真理和美善。

從此可見，智力因其本性而是惡劣的，乃是不可能的：它不但不能是絕對惡劣，也不能是相對的惡劣：（因為自然界相對互殊的事物，同時收容到智力的意識界以內，萬理鹹備，都是相因而明的。回閱卷二，章五十，五十五；卷三，章八十二）。

又證：在每個有智力的實體以內，按本性自然的秩序，智力發動意力：因為意力本有的對象，是智力所知的美善。意志的善良，卻是隨從智力：如同在吾人以內，順從理智，則是善，除此以外，乃是惡。所以，按本性自然的秩序，有智力的實體，意志是向善的。可見術士所依靠的神靈，既是有智力的實體，則不能是本性惡劣的。

另證：既然意力本性嚮往智力所知的美善，以此為其本有的對象和目的；則不可能有某智性實體的意力是本性惡劣的，除非在善良對象的審斷上，智力本性錯誤。這卻是不可能有的事：智力動作內，有錯誤的判斷，如同是自然界的物類中，有怪物的出生；不是物性的本然，而是例外的偶然：因為智力的美善，及其本性自然的目的是認識真實的事物。所不可能有某智力，而在真理的判斷上，本性自然受欺。故此，也不可能有某實體，既有智力而同時又有本性自然惡劣的意力。

還證：知識能力，為知本有的對象，無一會失敗，除本身有缺點，或受了傷害：因為依照本性固有的條理，它和自己本有的對象有相遇知則必的自然關係：例如視覺，除非實有缺點或殘疾，不會看不見顏色。一切缺點和傷殘，卻都是本性自然的例外：因為物性自然的本旨，是建定事物的生存，並成全其至善。故此，有知識的能力而本性無力知曉自己的對象，或無力關於對象作出正確的審斷，乃是不可能的。照此而論，可知：有某智力而關於真理的認識，本性自然犯錯誤，是不可能的。依同理，有某意力，而本性自然不會向慕善良，也是不可能的。

經證：《聖經》的權威名論，也證明這個結論的真實。聖保祿，（《致第默德第一書》，章四，節四）有句話說：「天主造生的一切物體，都是善良的」。本此意義，《創世紀》，章一，節三一也說：「天主看見了祂所作成了的一切，它們的總體是良好至極的……」。

駁謬：用這樣的定理，足以破除摩尼派的錯誤：他們主張吾人所說的魔鬼，是本性惡劣的智性實體。

波非俚，《致亞乃彭書》，有些話也欠正確，他說：「有些人想實有某類神靈，專聽術士的請求，本性欺罔，形態萬千，假充至上神明眾位，魔鬼，和死人的靈魂。這些善惡奇事的顯現，都是這類神靈之所為：然而都是外貌的偽作；此外，遇到真實的善良事物，完全不給幫忙；甚至也不認識真正善良的事物；但知供戲惡劣計謀，假冒，欺騙，瞞哄；並且有時阻擋人殷勤修德；充滿了輕狂和浮誇，顯弄虛罔的榮華；貪想焚香繚繞，迷戀諂媚的誇讚」。（參考聖奧斯定，《神國論》，卷十，章十一）。

波非俚以上這些話，聲明魔鬼惡劣，幫助術士，供其役用，足夠明白：只有一點，有欠真實，在於肯定這些行為的惡劣，深深植根於它們的本性。（魔鬼的惡劣，是在於心術，不是在於本性，詳論於下章）。

第一〇八章　魔鬼（一）

轉進研究：前章既證明了魔鬼不是本性惡劣，大前章（一〇六），又證明了它們是惡劣的；最後必剩的結論，乃是：它們是意志惡劣。現應考察：這怎樣是可能的。

先從反面說起：根據許多理由看去，好似這是完全不可能的。

一、理證：卷二（章九十）證明了：靈智的實體當中，除人的靈魂，或至多按某些人的意見，連天上諸形體假設實有的靈魂也除外，其餘的沒有一個是本性結合於形體的。評定天體的靈魂是惡劣的，是一個不適宜的估價：因天上諸形體的運動是極有秩序的，並且在某些方式下，也是自然秩序，整個體系的始元和標準。

除智力以外，其他任何知識能力都用有靈魂的形體器官。所以本章所談的這類實體，只有智力，此外沒有任何別的知識能力。它們的一切知識，都是智力的知識。智力認識自己的對象，則不犯錯誤。凡是錯誤，都是來自智力動作的缺點。所以所談的這些實體智力不會犯知識的錯誤。

然而，智力無錯誤，則其意力無罪過：因為意力尚追求智力所認識的善良。因此，知善良而無錯，則意願不能犯罪過。因此看來，得見這樣的實體，不能有意志的罪惡。

二、還證：在吾人，對於普遍的公理，有真實的知識，但是對於特殊事件上，理智由情慾的束縛，受到阻撓，判斷事物，不得其正理，意志的罪惡，乃隨之而出生。然而這些情慾非魔鬼之所能有：因為它們屬覺性方面，沒有形體器官，作不出任何動作來。所以這樣的實體，關於事物，有普遍公理方面的真知識正確，就不能由特殊知識的缺乏，而使意志傾向於罪惡。

三、加證：知識能力，關於本位對象，無一受欺騙或犯錯誤；凡是它的錯誤，都是關於本位以外的對象：例如審斷顏色，視覺不犯錯誤，但是人用視覺，卻判別滋味的甜鹹，或判斷事物的種類，當這時，便能有錯誤人，（或糖沙和鹽粒不分，或將樹影看作人影）。

然而，智力本位的對象，是知事物的本體是什麼。所以，把捉事物的純淨本體是什麼，智力的知識，不能發生錯誤。反之，智力的一切錯誤，似乎都是生於它把捉事物的性理時，有了覺識意象的混雜：例如吾人的錯誤，（都是形體蒙蔽，則事理不明）。這樣形體中窺察事理的知識方法，不是和形體沒結合的智性實體之所能有：因為覺識的意象，就是器官覺識對有形事物所得的印像，沒有身體及其器官，則不能有。足證和物質絕異而分離的（純神）實體，知識裡發生錯誤，是不可能的。所以，意志的罪惡，也是不可能的。

四、又證：吾人智力的錯誤，是發生在知分與知合的動作以內：由於不是絕對把捉事物的本質是什麼，而是給已被把握的事物，添加另某事物，而將兩者結合起來，（用肯定論句，說某物是什麼樣的，有時能說錯）。在把握事物的本質時，領悟它──是什麼物的所是者──，本體不會發生錯誤，如有錯誤，則是發生於附性的偶然；由於這樣的知識裡，也有了知分與知合的動作之某些攙雜。

這樣事件的發生，是因為吾人智力，為達到認識事物本質的目的，不是立刻達到，而是逐步漸進，按秩序，費研究：例如先知動物是什麼，然後用矛盾對立的兩個異點，將動物的公類，分成矛盾的兩種，減去異點的其二，保留其一，加到公類上，如此步步推進，至到最後，乃得某種動物的本體之定義，（例如肯定：凡是人，都是理性的動物。這是用二分法，分類分種，而得到的定義之知識）。

在以上這樣的知識歷程內，能發生錯誤，或由於將不是某類之異點者，誤認為是某類之異點：（例如說人是雙足動物；或由於將某類真正的定義，誤加於異類：例如說猿猴是理性動物，和人同屬一類）。這樣認識某物是什麼，是智力推理的一個歷程，先知一理，以後進步向前，再知另一理：（步步需要觀察，比較，思索，研究）。這樣的知識方法，不合於靈智實體、和物質絕異而分離者、純神的本性，詳證於上面（卷二，章十）。

由此觀之，不見得這樣的（純神）實體，在知識裡，能犯任何錯誤：因此，在意志裡，也不會犯罪過。

五、另證：物體的傾向，無一不追求本性宜有的美善。為此理由，對於自己本性單有的惟一善良對象，物體的傾向，不會錯誤。也就是為了這個理由，雖然自然界的萬物，在實現傾向的努力中，為了偶然的缺點，能發生過犯，但在它本性自然的傾向裡，總不發生過犯：因為例如石頭傾向下墜，恆常努力下傾，或實現其傾向，或因受阻礙而不實現，（傾向的努力，就是它的「沉重性」，常是在那裡）。

然而，在吾人以內，在傾向的努力中，能發生過犯，因吾人的本性，是神形兩種因素，合構而成的一個複雜性體，於是吾人傾向於數目眾多的善良對象：一方面傾向於智力的福利，另一方面傾向於器官覺力的福利；甚至在第三方，或者也需要身體的福利。

在人生的種類不同的福利當中，有一個主要和次要的分別：次要者繫屬於主要者。相互間的關係，有固定的秩序，（擾亂秩序，顛倒主從或上下，就是過犯）。但是和物質絕異而分離的智性實體，在生活裡，沒有這許多異類福利的繁雜組合；反之，它們的一切福利和美善，都屬於智性一類。（它們除智性以外，沒有別類的性情）。從此可見，它們似乎不能犯意志方面的過罪。

六、還證：美德在於適中，罪過生於太過或不及，在吾人，實乃如此。那裡無太過與不及，而只有適中，那裡就無意志犯罪之可能：例如正義的本質在於適中，故此，嗜愛正義，總不會是罪過。然而，和物質絕異而分離的智性實體，本性之所嗜愛，不能不是智性生活的福利：說它們貪求身體，或器官情覺的福利，是可笑的，因為它們本性生來，既無身體，又無器官的知覺。

然則，智性生活的福利中，無太過之可設想：因為它們的本質是介於中間的，既不太過又不太缺：例如真理是介於中間的，既不失之於太過，又不失之於不及；因此，身體和情覺方面的福利，如果順從理智，也是適中而止，調節於上下極端之間。從此可見，絕離物質的智性實體，似乎不能犯意志方面的罪過。

七、加證：無形質，和有形質的實體，比較起來，前者比後者，再遠離各種缺點。然則，有形質的各類實體，如果在構造中，遠離因素間的互相衝突，就在行動上，也不會發生任何缺點：例如天上諸形體。以小況大，則知絕離物質的實體，既遠離物質，又遠離內在因素的變動和衝突，所以比起天上形體來，就遠遠更不能有任何罪過發生了。

（下章檢討這些理由）。

第一〇九章 魔鬼（二）

然而，魔鬼的意志，也有犯罪的可能。

經證：《聖經》明文有確實的證明：若望書信，第一封，（章三，節八）說：「從初始以來，魔鬼就犯罪作惡」。《若望福音》，章八，節四四，論到魔鬼，也說：「魔鬼是欺騙者，並是謊言之父」；又說「魔鬼從初始以來，就是殺人的兇犯」。《古經》《智慧篇》，章二，節二四，也說：「死亡（人的慘劇），因魔鬼的嫉恨，而進入了地球的各方」。（魔鬼，指能犯罪作惡的天神。天神是絕離實體的通稱，指示和物質絕異而分離的實體，如同純理一般，沒有物質，而有自立的智性生存。詳見於卷二，章九十一九十九）。

柏拉圖的意見——人如隨從柏拉圖的主張，不難找到思路來，解破前章所述的對方理由。他們說：魔鬼是有靈魂的氣體，既然結合於身體，則能有器官的感覺：因而也便有情慾：情慾是吾人犯罪的原因，依同理，也是魔鬼犯罪的原因：就是忿怒，憎恨，及其他類此的私慾：為此，亞佈雷曾說：魔鬼的心中，懷著許多情慾。（參考，聖奧斯定，《神國論》，卷八，章十四及其下數章）。

此外，柏拉圖還主張，魔鬼除開智性的知識以外，也無妨有別的另一類的知識能力，例如覺性的知識：因為依照柏拉圖的主張，覺性的靈魂，（簡稱「覺魂」），也是不死而不滅的。（參考卷二，章八十二）。所以它也有自發的動作，而不交通肉身或形體。如此想去，無妨主張：有些智性實體，雖然不結合於形體，也有覺魂的動作：因而也必有情慾。照此而論，可知它們本體以內，和吾人一樣，有犯罪的禍根。

駁柏拉圖：柏拉圖所根據的兩個前提，都是不可能的：（是邏輯方面的自相矛盾）。

第一個前提說：智性的神體，結合於形體。這是不可能的。詳見於卷二章九十。

第二點前提說：覺魂沒有身體，能自立生存。這也是不可能的：明證於「器官覺力，喪失了器官，不會再有知覺和動作」的事實。例如：眼睛的視力，喪失了眼睛，便作不出視覺的動作。為此理由，觸覺的器官喪失以後，動物必定死亡，因為沒有觸覺，動物不能生存。（參考大哲《靈魂論》，卷二，章二。觸覺是其他一切器官知覺的基本。一無觸覺，則身體僵斃，歸於腐朽消散）。

釋疑：為澄清前章提示的疑難，需要理會到目的論方面的數條原則：

一是目的因素相互間，和施動因素，相互間，有比例相同的關係：分別主要和次要：次要者，依賴主要者。這是自然秩序的一條定理。然則，施動因素犯過，是次要者，踰越主要者規定的秩序：例如腿股彎屈，不克執行心願的行動，而步伐拐蹶。依相同的比例，目的因素相互間，意志的對象，是心願的目的和善良；然而意志犯罪過，是次要目的不屬於主要目的所決定的秩序和範圍以內。

二是任何每一實體的意志，本性自然願愛自己特有的善良對象，就是願愛自己美善完全的生存；而不能願愛相衝突的方面。所以，既然一切次要目的，都屬於主要目的的秩序和範圍以內，主要目的卻不屬於次要目的的秩序和範圍以內，故此，以主要目的為其心願之特有對象的意志，願愛終極目的，不會犯任何罪過。這樣的實體，是天主；祂的生存是至極的善良，也是終極目的。足見，在天主以內，不能有意志的罪過。（終極目的是最主要的）。

三是除天主以外，任何其他實體意力特有的善良對象，必須屬於另一（高級）善良對象的秩序和範圍以內，所以只從它的本性方面觀察，它能犯意志的罪過：因為，每個有意志的實體，都具有內在的自然傾向，願愛自己本體美善的齊全；因而不能願愛相反的方面；雖然如此，它依本性自然的傾向，沒有必不干犯過錯的必然性：就是說：它用本性秉賦的能力，維持本體美善對於那另一（高級）目的應有的關係和秩序，不是不能犯過失的：理由正是因為高級目的，是高級物體本性特有的對象，不是它下級本性特有的目的。

從此想來，最後得出的結論，是下級的意力，應自作主張，管理本有的特長對於上級目的應有的關係和秩序。自作主張，自由決擇，是意力的特點。物體有意力，則自己治理自己，並治理自己的一切事務，為追求某某目的。沒有意力的物體，為追求目的，不是自己治理自己，而是受某一上級因素，實力動作，功以治理和引導：如同是被動於外物，而不是自動。物體間，有意力和照意力的分別，正是在這裡表現出來。

根據以上這數條原則，可以斷定：和形質絕異而分離的實體，在意力範圍內，犯了罪過，不是不可能的：由於它沒有副合終極目的，而管治自己本有的善良和優長；但知愛戀自己本有的美善，以自己這點小善為目的，（背棄了更高上的目的）。加之，行動的規律，取源於目的，這是必然的。它既以己善為目的，則必由自己制定外物行動的規則，而自己的意志，卻不服從上級的規則。這樣的主宰行動，是天主獨自應有的特點。

是故，《依撒意亞先知》（卷十四，章十四），曾說：「（魔鬼的首領）企圖和天主平等」。這句話的意思，不是說它企圖自己和天主，在善良品級上平等，同站一級：這是智力所不堪設想的；因為從上面（章九十七；卷二，章九十五）已有的討論，得以明見：物體類下分種，始有生存，發源於物類間善良不齊的品級。貪求離開本級而上升於高級，（或下降於低級），等於貪求失掉自己的本位生存。這是魔鬼也肯作的。所以，先知的那句話，本意不過是說：魔鬼竟貪求自己意志不受高級的管制，而願管制自己以外的萬物：這是主宰萬物，和天主一般了。

願作主宰，管制萬物，而不願受管制於上級，（同時自己又不是上級），這乃是驕傲的罪過。因此而說：魔鬼犯的第一條罪，是驕傲。這樣說是合理的。

源頭一錯，生出萬錯：數眾而樣多。魔鬼意志的第一條罪，顛倒秩序，於是隨後也生出多種錯誤，上恨天主，下嫉人類：因為天主公義至極，抵制它的驕傲，降罰它的過錯。恨天主和人類，乃又犯許多別的罪過。

觀察列級的治理，尚須注意一點，就是：一個物體本位的美善，和許多上級，發生秩序固定的關係，意力的自由，能離脫某一上級的管束，而不播棄另某一級的秩序：或是上級的，或是下級的：例如士卒，依品極，位居王下，又居於將下，能自願謀輻於將領，而不効勞於國王；反之，也無不能。將領離棄國王計劃，士卒於是棄絕叛將，而歸心於國王，則意志為忠良；附合叛將，反抗元首，則奸逆：因為：下級首領，計劃正當與否，全取決於上級的目的。

神體品級當中，從第一到最末，中間各級，不但位居天主之下，而且彼此間，也分上下品級，下級隸屬於上級，詳論於卷二，（章九十五）。然則，天主以下，任何實體，如有意力，則能犯罪。足證某上級神體，或品級至高的第一天神，但就其本性看去，也有犯罪的可能。這個結論是足夠接近真理的：其本位美善，如非至極優越，則其意願必不迷戀忘本，而視之如終極目的。

所以神類實體中，某些低級，自願附合某一上級，叛離天主，犯了同樣罪惡；另有某些，卻棄絕犯罪的上級，保存意志的純正，固守天主的秩序。這樣的事情，在當初發生了，也不是不可的。

怎樣，兩方面的天神，善惡既分，則永恆不變，本書第四卷，（九十二及其下數章），將有詳論和答覆。這是一個與善惡的賞罰，有關係的問題。

比較人類和神類，還可看到以下這個分別：一個人有許多能力，各有不同傾向：一個隸屬於另一個。一個神體卻只有一個意力的傾向；但是許多神體間，一個隸屬於另一個。

罪惡的事件，行成於意志以內。意志以下的各級傾向，牽引意志，走彎屈的邪路：意志稍肯順從，立即離失天主的正路，不拘樣式如何，常是意志的罪惡。天神犯罪，有兩種可能：一是離失天主的正路，二是離失上級天神服從天主而指引的正路。同樣，人犯罪，也有兩種方式，一是人的意志治理自己的福利，不副合天主的目的：這個罪過的方式，是神人相同的；二是低級能力追求自己的福利，不遵守上級目的制定的規則：是意力放縱情慾：例如肉體的器官，貪享體膚的慾樂，不順從理智的節度；意力徇私害理，則是犯了罪惡。這種犯罪的方式，非神類所能有，（因為神體，沒有肉體及其器官和情慾）。

第一一〇章　魔鬼（三）

依照前章的原理和結論，原先提出的（章一〇八）那些反對的理由，就不難解破了。

解難一：我們不必需說神體智力判斷錯誤，認惡為善：只需要說神體能不顧慮上級的美善，於是應將自己的美善繫屬於上級，而未肯保持那繫屬的關係。它不顧慮上級的理由，是它的意志回心內轉，亟力專愛本位的美善。意力方向的運轉，或向這一方，或向那一方，是意志自作主張的：意志有自主，於是有犯罪的可能。

解難二，三，四：同上。

解難五：貪求本位的美善，意志專一，而忽略本位美善和上級美善目的應有的從屬關係，這便是罪過之所在。猶如吾人，由於貪求低級福利，就是貪戀身體的輻樂，而不遵照理智的秩序，乃是犯了罪過；同樣、魔鬼犯了的罪過，也是由於它沒有保持它本位美善、對於天主的美善、應有的關係。（愛己而忘本，是它罪過的本質）。

解難六：忘本的罪過，顯然踰越了「美德在於適中」的限度：不敬仰上級，是自恃過多，而恃主過少：下級所有一切，都應敬順天主；因為天主是至上的主宰，建立秩序，制定規則：故是至上的準則。神類忘本而失中，不是放縱肉體的情慾，而只是行動失去了正義的平衡。神類的實體，能有行動，而不能有情慾。（情慾是屬於肉體及器官的）。

解難七：「上級形體，行動無錯」，由此不得推出結論說「依同比例，神類實體，品級更高，更應行動不犯罪過」。形體，及一切缺乏理智的實體，沒有意力，不是自己行動的主宰，動作起來，不是自動，而只是被動。因此它們如非能力不足以承擔至上規則的正直，不會越出施動者和發動者制定的那至上規則以外去。它們的能力不足而失敗，是物質條件不適當所致。上級形體，物質條件，沒有不適當的地方，因此，總不會離失至上規則的正直。

神體不是如此，它們或有理性，（如同人的靈魂），或有智性，（如同天神），動作起來，不但是被動，而且也自主動作。它們的本性，品級越優美，動作能力也就越精良，於是自主的能力也便越強大。然則，依照前者方才的說明，自主力的強大，不防止它們的行動犯罪過：就是不阻擋它們迷戀於自愛，以致於不注意上級行動的秩序。由此可見，形體物質條件的優良，阻止形體犯過錯；然而神體本性及能力的優越，不消除神體犯罪的可能。

法律：生存的指導

第一一二章 智性和理性的照顧

（回觀前者，六十四及其下數章）已證實了的定理，得以確然明見：天主上智，照顧宇宙間所有的一切事物。

現在本章，卻應觀察另一點，就是：天主上智，照顧有智性和有理性的物類，用特殊的方法，超越其他萬物：因為它們超越其他萬物，在兩方面，一在本性的美善，二在目的的崇高。

在本性的美善方面，它們確乎超越萬物，因為惟獨有理性的實體，是自己行動的主宰，自由自主以發起自己的行動。其他萬物的行動，按上面（章四十七）的說明，與其說是行動，毋寧說是被動。

在目的的崇高方面，惟獨有智性的實體，用自己的動作，接觸宇宙總體最後目的之本體：就是用知識和愛慕，交接天主。其他萬物，沒有智性，接觸最後目的，不過是只有片面秉賦之相近似而已。

動作的方法和條理，隨目的不同，及受動主體之不同，而有分異：猶如人工藝術，隨目的及質料之不同，採用不同的工作方法和條理。例如醫師，消除疾病，和增強健康，用不同的方法和藥理；針對著體質不同的人，也用不同的醫治方法，和藥品的質量。

同樣，市政的治理，採用不同的政體和治術，針對市民生活條件不同，及福利種類不同，而作適當的決定。治軍，用兵法，目的是準備應付敵人；治學，用教育，目的是訓練學生的專科知識和技術。根據以上各項比例相同的理由，可知天主上智，治理有理性的各類實體，和治理其餘無理性的物類，用的方法和秩序，及其條理，也是隨物體及事體之不同，而有異。（分異的要點何在，詳見於以下數十章：一一二－一六三）。

第一一二章　智性實體的本身福利

第一：智性實體，是自己行動的主宰。根據這個條件，天主上智，關心照顧它，需要為它本身的輻利佈置一切。別的物體，沒有智性，不是自己行動的主宰。它們的這個條件，明指天主為它們費心照料一切，不是為了它們本身的福利，而是為了它們，依其本性自然的定理，有利於他物：因為被動於他物而始動者，有工具的本義，自動而動者，有主動者的實理。工具的用途，不是為了自己，而是為供給主動者使用。關於工具，用盡了的修造之殷勤，都是尊奉主動者為目的和標準。反之，關於主動者，或由它自己，或由他物，加施的一切殷勤照料，都是為成全主動者本身的動作，在這個觀點之下，一切都是為了它自己。如此評量，可知天主照顧有智性的各類實體，（人類和神類），是為了它們自己，而佈置一切，設備一切；至於照顧其他無靈的萬物，卻是為了它們依本性自然的秩序有益於他物，不是為了它們自己。

其次，自己有自己行動的自主，乃是有行動的自由：因為自由者，是自己現實行動的原因，（參考大哲《形上學》卷一，章二：自由者，自因之謂也）。反之，迫於不得不然而被動於他物，乃是受外物的役使，猶如奴隸。所以，惟獨有智性的實體，是自由的，其他受造的萬物，依其自然的本性，個個是供應他物之使用。

不拘在什麼政體中，教養奴隸或僕役的目的，是為承受自由者的任用；給自由者，配備一切，卻是為了他們自己。依照這同樣的比例，天主上智，給有智性的各類實體，（或人，或神），配備一切，是為了它們自己；給其他萬物，不是為了它們自己，而是為了有智性的各類實體。（以無智者服務有智者）。

加之：不拘何時，有某些因素，對於某一目的，依距離的遠近，排成有秩序和品級的系統，如果其中有些因素，本身不能接觸那個目的，它就必須按次序排列在那些得到了目的者的後面，並給它們服務；那些本身達到目的之因素，卻是為了自己而和目的發生直接的關係：

例如軍隊的目的是勝利。眾士卒，用自己本身的行動戰鬪，取得勝利：惟獨他們，是為了他們自己，而受到了軍隊的召幕和教練。在他們以外，軍隊還召幕許多別的勤務員，各受任用，盡不同的職務：例如有養馬者，有製備兵器者：這一切，軍隊需要召幕，編組和教練，目的卻是為了眾士卒。

然而，天主是宇宙的終極目的：這是的者（章十七）已經證實了的一條定理。又按（二十五及其下數章）已有的說明，惟獨有智性的實體，直接得到這個目的之本身：就是認識到祂，並愛慕祂。

所以，惟獨有智性的實體，受宇宙間的珍視，是為了它自己；其他萬物的可貴，不是為了自己，而是為了有益於智性實體：（供智性實體運用，為達到宇宙的終極目的）。

再者：任何一個物體，需要具備主要成分，為建立自己的整體；其他次要成分卻是為保全，或改善主要成分。宇宙的一切部分當中，尊貴者，莫過於智性實體，它們崇高的理由是因為它們接近天主的美善，比其他萬物，更相似天主。所以天主上智，照顧智性實體各類，是為了它們的本體，照顧其他萬物，卻是為了智性實體的福利。此外：一切部分的設置，顯然都是成全物之整體的完善：整體的完善，不是為成全部分；部分的設置，卻是為成全整體。智性的實體，比其他物類，更密切接近整體之完善：因為每個智性實體，在能知萬物的限度內，一身兼備萬物的美善。其他任何實體，卻只有萬物美善中的一部分。所以天主為成全智性實體的美善，而用上智的照顧，設製並管理其他，這是適合情理的。

復次：物體，無一不被動於「自然的運行」：故「被動而動」是物體生而具有的本性。然則，審察萬物自然的運行，千變萬化，吾人乃見：智性實體運用其他萬物作工具和需品以成全自己：或即物窮理，觀賞事物含蘊的奧妙，增進智力美善的發育；或完成事功，鍛鍊節操，提高品德的修養；或發展學術，開拓專科的工藝和美術，猶如藝術家，將自己的心裁匠意，發揮出來，實現在形體的質料以內；或甚而至於，如同人類，事實顯明：用各種物資，維持身體生活的安全，因為人的身體和人的靈魂，合成了一個實體。歸納一切，顯然可見：天主上智，設備並處置一切事物，確乎是為了成全智性實體（生存的目的）。

加之：本體價值可貴的事物，常是可貴的。求之者，則常求之。物因本體而所是者，則常是之。反之，為他物而求某物者，則不常求之，惟天其能有益於他物。（因木取火，為生火而採樵木，不常尋求木柴，惟因木材有益於生火；他物更便於生火時，則寧捨木柴而用他物）。

然而，萬物的生存，是從天主的意願裡，湧流出來的，回閱前在卷二（章二十三）提出的說明，即可明見。物各因其生存而是其所是。所以，物類中，凡因本體而有其生存，並是其所是，乃常有其生存，並常是其所是者；則為其本體之成全，而受天主意志的珍愛：反之，不常有其生存，故不常是其所是者，受天主意志的珍愛，則不是為成全其物之本體，而是為成全他物。

然則，有智力的實體，極度接近「常有其生存，常是其所是」的目標，因為它們的本體是不會敗亡的。（神體沒有形質，則不會腐化而敗亡）。它們也是不變化的，除非意願方面，取捨的選擇，能改變志向：（因為它們的本性，是自由的）。

從此可見，天主上智，主宰管理智性的實體，是為成全它們本體生存的目的，管理其他物類，卻是為了成全智性實體。

注意：這裡的結論說：「萬物的目的，是為成全智性實體」；和前者方才證明了的定理，「宇宙的一切部分，都是為成全宇宙整體的美善」，這兩條定理，不是互相衝突的：因為部分成全整體的方法，，正是一部分服務另一部分。例如，人的身體以內，肺臟成全整體的完善，正是在於服務心臟，（流通並清洗血液）。從此可見：服務心臟和成全動物整體，是肺臟的雙重目的，是互相涵蓋，而不是互相衝突的。同樣，成全智性實體，和成全宇宙全體，是其他自然物類的雙重目的，也不是互相衝突，而是二而一的：因為假設智性實體缺乏了應有的成全，宇宙也就得不到它全體的完整了。

同樣，本章的結論，也不相反「個體生存的目的，是為成全本種」。因為，它們依本性自然的秩序，成全各自的本種，正是用這個任務的滿盡，而更進一步，完成其服務智性實體的任務。每個物體的生存目的，不但是成全各自的本種一種，而且是成全各自本性自然應成全的許多種（高級物體）。其目的是成全某種的全種。生死變化之界的物體，依自然秩序，服務人類，不是為成全某某人的個體，而是為成全人類的全體。然而，異種間的互相成全，不得不以全種，服務於全種。（不是這匹馬供給這個人騎，而是馬（全種）供給人（全種）騎：關係是種對稱，不是個體對個體。換句話說：馬服務人，是人騎馬，不必是這個某某人，騎這匹馬某某。具體的事件，是偶然的，不是常真的：有時這某匹馬，並不是這某人所願騎或能騎的。那匹馬能不中用。那某人能不會騎馬。但公共的說，泛指全種，說「馬供人騎」，不指定個體，才常是真的）。

本此理由，為依照本性自然的秩序，成全人類全種的福利，生死變化之界的物體，需要其個體先應成全其本種的生存和福利。（成己與成物，是互相涵蓋的）。

同時，既說天主上智，照顧智性實體，是為了它們本體的成全，這卻沒有意思去否定它們的本體，更進一層，對於天主，並對於宇宙全體的成全，發生自然應有的關係：（就是奉天主為至善的終極目的，並用以部分對於整體的任務，成全宇宙全體的美善）。

所以，說天主照顧萬物，是為謀智性實體的福利，照顧智性實體，卻是為謀求智性實體本身的福利，真義是說：萬物由天主上智的設施，所領受的一切秉賦，都按天主規定的秩序，讓給智性實體享用；然而智性實體，從天主上智的設施，所領受的一切恩惠，不是為謀求任何外物的利益，（而是專為增進它們自己的福利，助它們達到自己生存的終極目的）。

經證：本著這樣的意義，《古經》，《申命紀》，章四，節十九，有以下這些話說：「勿要瞻視太陽，月亮，和別的星宿；也不要受了錯誤的欺騙，而敬拜受造的萬物。你的上主，天主，造生了宇宙萬物，是為供給天下萬民的日需」。《聖詠》，第八章，第八節，也說：「禰，（天主），將一切物類，都置放了在他（人）的腳下：羊群，牛群，連同田野間的牲畜」。《智慧篇》，章十二，節十八，也說：「禰，卻是有德能的主宰，禰的判斷，安靜而清明；禰的安排，極慎重而周密」。

駁謬，用以上這些理由，即可破除某些人的錯誤。他們主張：人殺畜牲，或殺野獸，是犯罪。無理智的動物，按物性自然的秩序，根據天主上智的安排，是為供人享用的。所以，人享用它們，或以殺，或以其他任何方式，不是侵犯它們，也不是得罪天主。為此理由，天主也曾給額厄說：「一切肉類，如同一切菜蔬和穀禾，我都賞賜給你，（供你用為日需）」。

注意：《聖經》的解釋問題：《聖經》裡，有些話，禁止人虐待禽獸，例如《申命紀》，章二十二，節六：禁殺帶雛之鳥：其用意能有以下數種：或為消防人殺人的殘忍之心，免得人殺害獸類，習行殘忍暴虐，轉而殺害人命，也照樣不知節制；或因殺害某些獸類，能是人類臨時的或季節的損失，或是殺者的損害，或害及旁人；此外，有時或為指示某些特殊的意義，例如大宗徒，（聖保祿《致格林德人》，第一書，章九，節九），解釋《申命紀》（章二十五，節四）的這句話：「不要綑索住軋穀禾的牛口」：生在勞力軋穀，主人得穀粒，不要禁止牛吃穀的莖葉：寓意是說，不要虐待勞工，或不俸養服務的人員）。

第一一三章 理智實體的本身福利

從此看來，尚得明見，惟獨理智的實體，既受天主造生，便受天主指導，不但為完成本種公益的行動，而且為完成個體適當的動作，（謀求本身自我的福利）。

理證：工作是物體美善的極度成全：可見每個物體，都是以完成自己的工作，為生存的目的；所以，既受天主上智的照顧，則由天主管制引導，為成行自己的工作，然則，有理智的實體，受天主上智的照顧，是在對本體有關係的一切事務上，受天主的治理和供應，不是如同其他有生死變化的物類一樣，只為謀求本種公共的福利，因為個體只為本種而受治理者，不是為本體而受治理。有理智的實體卻是為了本體而受治理，詳證於前章。如此看來，可見，惟獨理智實體，受到犬主指引以完成自己的動作，不但是為全種（的公益），而且是依照個體本身的目的。

加證：只在關係全種的事務上，在自己行動裡，表現有目標的物體，行動或不行動，不決定於自己。隨本種而生出的事物，是同種一切個體所公有的，並且是性理自然的：故此，在於人類，人人本性自然的動作，不是由吾人自作主張的。自然的，不是人為的。

今如假設：人只依照全種的公共需要，而在自己行動裡，表現出一定的方向，動作或不動作，不由自己內部決定主張；乃應如同一切無理智的物類一樣，只順從性理自然的傾向。（這顯然是錯誤的。所以用反證法，反回去，足證）：顯然有智理的實體，有行動的目標和方向，不但依照全種的需要，而且也符合個體的需要。

添證：按上面（七十五及其下數章）已有的證明，天主上智照顧到一切單立的事物，連極微小的也不忽略；（不只照顧公共的大事物）。凡在全種公有傾向以外，另有一些動作應作的任何物體，就必需在本種公務所受天主管理以外，受到天主上智特別管理本體私自的動作。試觀理智實體之類，得見他們有許多動作，非全種公有傾向足以促成；眾人行動，互不相同，人人各異，足資徵驗；足證天主上智指引它們的行動，不但根據他們全種的公共的需要，而且也照顧它們每一單身個體的福和。

又證：天主上智，照顧自然界的每一物體，依照它本性的能力和容量，供應一切。祂造生的各類物體，各按祂上智的豫定計劃，都有適當的條件，為能依賴天主的管理而達到自己生存的目的。然而宇宙間，只有理智實體之類，具備了適當的能力和容量，足以承受天主的指引，去完成自己的動作，不但是根據本種公共的需要，而且也是根據個體單位元的目的：因為它有智性和理性，因之乃能辨認同一事物，以不同的方式，是好或是不好，有利或有害，隨人物，時間，空間，各方面條件不同，而審度評定。所以，惟獨理智實體，受天主指引，成行自己的動作，不但合於本種，而且合於自己的本體。

另證：理智實體，承受天主照顧，其目的與實效，不但是受天主上智的管理和指引，而且也是為在某些可能範圍內，認識天主上智佈置事物所根據的理由和方法；因而自己也會照顧並管理其他物類。這個特點是其他萬物所不能有的，因為它們沾享天主照顧的恩惠，只限於承受天主上智的照顧和管理，而不照管他物。(不治物，而只受治)。

然而，有能力照管外物者，必用同樣能力，也會管理並推進自己的行動。所以實體，如有理智，則其沾享天主的照顧之實惠，不但是自己受管理，而且也是主動的管理他物：就是自己治理自己的行動；此外，還治理外物。但是，一切低級的上智之照顧，都隸屬於天主上智的照顧：猶如下級隸屬於最高級。

所以，理智實體的一切行動，在單位本身的範圍以內者，也理應屬於天主上智的照顧和管理。

又證：理智實體，自身單位以內的行動，依名理的本義，是發源於其有理智的靈魂。然則，有理智的靈魂，能享長生，不但如同其他物類，只是根據全種的壽命，而且也是根據自己單位獨立的生存：長存不滅。所以，有理智的實體，受天主上智的照顧和指引，其理由不但是因為它們的行動，屬於全種的公益，而且也是因為那些行動是它們自主單位以內的行動。

經證：本著這樣的意義，《聖經》裡特別指出天主上智的照顧，關懷於眾人事物的治理：《聖詠》，(捌，五)說：「人是什麼?爾竟懷念他」?聖保祿，《致格林德人》第一書，章九，節九也說：「難道天主的關懷，是牛群的畜養嗎」。這些話言外的指意，明明是說：天主照顧人類，不但是如同牧畜牛群一樣，只關心牛群種類的蕃殖，而且也關懷每人的自主單位以內的行動。

第一一四章 法律的必要

從此轉進，即得明見，天主給人頒布了法律，是必要的。

理證：猶如天主管理無靈萬物的行動，其理由和方法專在於管理與種類有關的事物；依相同的比例，按（前章）方有的證明，天主管理眾人的行動，其理由和方法，專注意那些與個體有關的事物。然則，無理智的物類，在與種類有關的事物上，受天主管理，是因著隨種類之本性而與生俱來的某些自然傾尚；所以，在這個方法以上，尚有加賜特別的一個恩典，藉以管理每人自主單位以內的個體動作。這樣的恩典，和治理的工具，吾人定名為「法律」。（治理無靈的萬物，用本性自然的傾向。治理有靈的人類，用法律的勸戒。這是必然的。制定法律，是「治理」的本務）。

加證：按（前章）方有的說明，有理智的實體，承受天主上智的照顧，其目的與實效，是在某些仿效擬似的可能範圍內，參與天主上智的治理：不但被治，而且治理自己的行動，並且治理外物。治理某些物體行動，依所憑的正確道路，乃是吾人所說的法律。所以天主給人類頒賜了法律，這件事是合理而近情的。

又證：法律不是別的，惟乃工作的正理，和規矩。為此，惟獨認識工作的正理者，才有資格領受法律。所以，惟獨給有理智的實體之類，頒賜法律，才是合於情理的。

另證：法律應當頒賜給自主動作或不動作的實體。這卻只適合於有理智的實體。可見，惟獨有理智的實體之類，有能力承受法律。

加證：法律不是別的，乃是工作的正理。凡是工作的正理，都採取工作的目的，作來源和標準：每個有能力承受法律者，便是從負責引領工作者達到目的之主管者那裡，領取他制定的法律：例如低級部門的工匠，領取工程師制定的工作條例；又例如士卒，從軍隊的主將，領取他發出的法令。然而，按上面（章三十七及五二）已有的說明，有理智的實體，是從天主那裡，並是在天主那裡，實際得到自己的終極目的。所以天主給人立法，是合理的。

經證：本著這樣的意義，《依耶肋米亞先知》，章三十一，節三三，說：「我將我的法律，建立在他們的肺腑中」。《歐瑟亞先知》，章八，節十二也說：「我要給他們，書寫出我規定的許多法律」。

第一一五章　法律的宗旨（一）

從此乃見，天主立法的主要宗旨是什麼？（乃是引領每人歸向自己生活的歸宿：認識並愛慕天主）。

理證：人間的立法者，主要宗旨是用法律指引眾人，追求立法者的目的。這是顯明的事實：例如軍隊的主帥，目的是作戰勝利；市政的長官，目的是在社會治安。天主宗旨的目的，卻正是天主自己。足見天主法律的主要宗旨，是引領人歸向天主。

加證：按（前章）方有的說明，法律是天主上智，為治理有理智的實體，提出的一些條理。然則，天主上智的治理，引導每物追求本身應得的目的。所以天主立法治理人類，也是用法律，引領每人歸向自己的目的。然而，人類實體的生存目的，是依附天主：因為按上面（一二十七章）已證實的定理，人生的真輻，在乎結合於天主。足證：天主立法的主要宗旨，是引領人歸向這個目的：就是依附天主。

添證：任何立法者的宗旨，是引導守法的人作善良的人。因此法律應規定各種道德實行的條例。（參考《道德論》，亦名《倫理學》，卷一，章十三）。所以，天主法律主要宗旨所提示的道德行為，是善良至極的行為。但是在人類的一切道德行為當中，善良至極的德行，是引人依附天主：這些道德行，距離至善的目的最切近。所以，天主的法律，主要的宗旨，是引人實修這些德行。

又證：法律效力的主要來源，是法律的主要宗旨。然而，天主法律的效力之主要來源，是人服從天主的管治：因為不服從君王的人，就受不到君王所立法律的約束。從此可見，天主法律的首要宗旨，是令人的心智契結於天主。

經證：本著這些理由，《申命紀》，章十，節十二，有這些話說：「現在請想！依撒爾民族？你的上主天主，向你要求什麼？除非要你敬畏你的上主天主，要你履行祂的途徑，要你熱愛祂，並要你全心全靈，竭誠盡智，事奉你的上主天主」。

第一一六章 法律的宗旨（二）

既然天主法律的主要宗旨，是引人依附天主；人依附天主，最好的方法是愛慕天主，所以天主立法的宗旨，主要在於引導人愛慕天主。

至於人用愛情依附犬主，是極度密切的依附，是一個明顯的定理。

理證：人依附天主，應用的能力，只有兩個，一是智力，二是意力：因為人用其他較低的能力，只能結合於低級事物，不能向上交結天主。智力用知識所能溝通的交結，領受意力的交結，始能達到圓滿無缺的密切程度：因為人用意力，安享智力所認識的對象。

然而，意力膠結於某某物體：表示依附歸順，只有兩個心理的動機：或生於畏懼，或生於愛慕。

由以上這兩個動機，而生出的效果，是兩相軒殊的。為了畏懼而依附某物，不是為歸依某物的本體，而是另有別的目的，就是為躲避因不歸依而能受到的危迫緊急的困難和痛苦。為了愛慕而歸依某物，卻是為歸依它的本體。物類中，為了本體而是其本類者，首要而優先。勝於那為了外物而是其類者。（例如熱類中，火本體純粹而有的熱，勝於銅鐵因被火燒而得到的熱）。所以，愛慕的依附天主，是最好不過的依附之方式。足證，這也是天主法律內，極度重要而優先的宗旨。

又證，法律的目的，是引人作良好的人；任何法律，都是如此，天主的法律神聖，也尤其是如此。依名理的真義，人品的良好，乃是說：人有的意志良好：因為人本身所有的一切善良美好，都是用意力的實際行動，表現出來。然則，善良的意志，必須願愛善良的對象，並且首先應愛慕極度偉大的至善，因為至善是目的。願愛至善的意志，越誠切，人的品格也就越加良好。

然而，人為愛慕而願愛某物，則願心誠切，勝於只為畏懼而願愛某物：因為只為畏懼而發出的願心，不是純粹的心悅誠服，卻有些不自願的意思繞絞在裡面：例如船客為了畏懼而將自己的貨物，拋掉在海中，（不是純粹願意拋掉，而是迫不得已而心含惋惜之意：害怕因保留貨物，而受更大的損失）。

從此得知，人愛天主的願心，極度引人作良好的人；這也就是天主法律內，極度緊要的宗旨：（因為人愛天主，乃是愛慕至善，願心純粹是發於愛慕，不是發於害怕損失）。

另證：人品的良好，依靠道德的實行，人欲作好人，惟須作有道德的人。（參考大哲《道德論》，卷二，章六：道德的實行，養成人品格的善良）。本此原理，法律的宗旨是培養人的德性；法律的條例是規定各種美德的實行。然而培養德性的條件，是要人操作美德的實行，意力堅強，心情興奮而有樂趣。這極是愛慕之情的功效：因為吾人不拘作什麼，如果動機發於愛情，則心願堅強，興奮，而有樂趣。從此可見，對品德的良好，發出愛情，是天主立法的終極目的和第一宗旨。（天主是萬善無缺的至善。愛天主，便是愛道德的至極聖善。天主立法的宗旨，正是在乎此）。

還證：凡是立法者都用頒布了的法律及命令，動員人民遵行。在一切被動於某一最高發動者而始動作的物體中，其中任何某個，從最高發動者那裡，分領的動力越強大，並且越近似最高發動者，它被動而動的功效也就越完善。然則，天主立法，所作一切，都是為愛慕自己（純善的本體）。所以，誰這樣追求天主，誰就被動於天主，而收到完善至極的功效：就是用完善的愛情，愛慕完善的對象。凡是作者，都願意自己的工作和作品美善齊全。可見，整個的立法這件事的目的，是引人愛慕天主。

經證：本著這樣的意思，聖保祿，《致第默德第一書》，章一，節五，有句話說：「誡命的目的是愛德」。（「愛」，依名理的純正意義，是「愛真可愛的至善，為其本體至善而全心愛之」：故此，愛是一個美德，叫作「愛德」：用天主賞的意力，愛情，和助佑，而全心愛慕天主本體的至善，是一切道德行為中，至神聖的一個：並且是一切美德的根基。諸德百行，以愛為本。天主的誡命，除愛德以外，別無目的）。《瑪竇福音》，章二十二，節三七－三八，也說：「天主立的法律中，至高至大的第一條誡命，是人應愛慕自己的真主天主」。（誡愛天主，必愛天主所愛的人類及宇宙萬物）。

因此，《新經》的法律，叫作「愛情的法律」，《古經》的法律，叫作「怕情的法律」，也是為說出《新經》的《新約》，結締於愛德，聖善純粹，勝於《古經》的《舊約》。

第一一七章 法律的宗旨（三）

從此更進一步觀察，便見得：天主的法律以「隣人親睦」為宗旨。

理證：同志者，既然共同追求一個目的，就必需聯絡感情，和睦團結。然則，凡是人，都是同志，因為依照天主的秩序和指引，大家都以享天主的真福，為共同追求的惟一目的。所以，一總的人必需互相親愛，和睦團結。

加證：不拘誰誠愛某甲，則因而隨之也誠愛甲所誠愛的親戚朋友，及和甲相聯合的同夥。然而，一總的人都是天主所親愛的：因為天主上智預先安排，規定了一總的人都應追求享天主的真福，以此為生存的終極目的。所以，人人要親愛自己的隣人，如同人人親愛天主那樣的真誠。

添證：按本性的自然，人是社會動物，（參考大哲《道德論》，卷一章七）；故此，每個人為達到自己本身的目的，需許多別人的幫助。人間互相親睦，是互相幫助最適宜的辦法。所以天主的法律，既引導眾人追求共同的最後目的，便命令吾人互相親愛。又證：人為專務天主的真理之研究，需要生活的安寧與和平。破壞和平的一切擾亂，主要賴人間的互相親愛而消除。天主的法律，既然引導人謹守規則，專務天主的真理之研究，必需也命人間維持互相親睦的關係。

另證：天主給人頒賜的法律，是為補助人本性自然的法律。人本性自然的法律，卻也是命人人彼此，互相親愛。這一點，可徵驗於人的心理：人遇到任何人，雖然素不相識，也要幫助他解除困難，或招喚他勿走錯路，或扶持他勿跌倒地上，或作其他類此的事，彷彿人人彼此，本性自然，是一家人，並是同志的朋友，（參考大哲，《道德論》，卷八，章一）。人人互助的感情，是人本性自然的良知良能；（如石火迸發，耿耿然欲罷不止）。從此可見，天主的法律，命令眾人互相親愛。

經證：本著這樣的道理，《若望福音》，章十五，節十二，有這句名言說：「我的誡命，是令你們互相親愛」。（這是吾主親口說的話）。《若望第一書》，章四，節二一，也說：「吾人從天主領下來的誡命，是愛天主的人，也應親愛自己的弟兄」。《瑪竇福音》，章二十二，節三九也說：「（第一條誡命是親愛你的天主）；第二條誡命，是親愛你的隣人」。

第一一八章 信仰正理的義務

從此尚可明見，天主的法律，責令眾人有信仰正理的義務。（信仰正理是信德的實行）。

理證：肉眼的瞻視，是肉體愛戀的開始；依同比例，慧眼的智見，是神靈親愛的開端。慧眼的智見，領悟天主至善，實可親愛；吾人現世，非用信德的光照，無以得此知識：因為它超越人本性的理智；尤其是享見天主是吾人直輻之所在；這樣的真理更是超越人本性的理解力的：（故此，非仰賴信德的光照不可）。足證：吾人受天主引導，而用信德的實行，接受正理的光明，是天主法律的一條命令。這是必然的。

又證：依照天主法律規定的秩序，人應完全服從天主，（參考章一一五）。然而人服從天主，在智力方面，應發出信德的實行；這條直理的必然，如同人在意力方面，服從天主，是應發出愛德的實行，是一樣的。然則，信德的實行，是信從正理，不得是信從謬理：因為天主是真理，不能提出任何謬誤的命題來，召人信從。本此定理，可知誰信從任何謬理，他便不是信從天主。足見：根據天主法律規定的責任，眾人應用信德的實行，信從正理。

加證：關於事物本體的某些因素和情況，有錯誤見解的人，算不得有那事物的知識：例如某人誤將沒有理智的動物，看成了是人的本體，乃自證不認識人的本體。反之，他如果只是關於事物的附性情況，有些錯誤的見解，則無傷於本體。然而尚須注意，物體有組合與單純的分別。

關於組合的物體，吾人如果錯認了它的某些本體因素及情況，雖然確乎是不認識那個物體，依其單純名理，絕對是什麼；但在某某特殊部分或觀點之下，尚有一些知識，是不錯的：例如誤認人是無理智的動物，仍知人是屬於動物之類，在類型方面，有一些知識，是不錯的。（在這樣的情形裡，吾人的錯誤知識，包含某些真理的成分：是真假混合的知識，或是半真半假的，或是片面的真理）。

關於單純的物體，卻不能發生「知識半真半假」的情況；一錯全錯，沒有一部分真一部分錯的可能：（因為物體本身，是單純的，明朗澄澈，沒有分子的混雜）。所以，縱令有任何錯誤，便完全杜絕了那某物體的知識。（錯誤等於絲毫不知）。

然則，天主是單純至極的，（回閱卷一，第十八章）。所以，關於天主有錯誤見解的人，都是不認識天主：例如認為天主是形體的人，完全不認識天主，卻用了天主的空闕和名位，把捉了某某異類的物體：（和天主全不相似）。

物體主見愛與可羨，全由於物體主見知。關於天主有錯誤觀念的人，既然全不認識天主，所以也就不能敬愛天主，也不能羨慕懷念天主，或奉天主為生存的目的和歸宿。照此說來，天主立法的宗旨，既是引人敬愛天主，並想望天主，（回閱章一一六），所以根據天主的法律，眾人都有義務和責任，用信德的光照，得到正確的神學知識，認識天主。

加證：在智力可知的知識裡，意見的錯誤和正確，是彼此相反的，如同在道德行為裡，美德和惡習，也是彼此相反一樣：因為智力的善，乃是真。（智力所知的真理，本身有善良的道德價值。參考，《道德論》，卷六，章二）。然則，禁止惡習，是天主法律的必要條款。所以，破除神學意見的錯誤，也是天主法律的一個必要條款：關於天主，連同任何與天主有關係的一切事物，吾人不可抱持錯誤的意見。

經證：本著這樣的想法，聖保祿，《致希伯來人書》，章十一，節六，有句名言說：「沒有信德，而中悅天主，是不可能的」。《出谷紀》，章二十，節二：在法律的其他條例的前面，首先提出信從天主真理這一條，明文說：「依撒爾人民，請你們聽知：你們的主宰者天主，是唯一無二的」。

駁謬：用這樣的定理，得以破除某些人的錯誤，他們說：用不拘什麼樣的信念，去事奉天主，對於人的生存安全和幸福，都是無關緊要的！（宗教的派別眾多，意見分歧，信仰同一天主，而有萬殊的信念，不都是正確的。人人有分辨是非真假的責任，不可漠然混而同之）。

第一一九章　禮儀

經由器官的知覺而得（理智的）知識，是人的本性生而具有的特點；超越器官所知的事物，是人本性極難作到的事。為了這些理由，天主的上智，照顧人類，也在器官可知覺的事物當中，給人設備了一些方法，提醒人懷念與天主有關的事理，並用這些方法，喚起人回心向主，連那些神智駑鈍，無力妙識天主真理本體的人，也受天主用那些方法，提引到歸向天主的路：將注意力的視線，由形下的知覺，轉向形上的神悟。

祭禮：為了以上這些理由和目的，天主建立了形下的祭禮：令人給天主，供獻器官可知覺的物品，作為祭獻於天主的禮品。祭禮的目的，不是給天主供給祂缺乏的需品；卻是給人表示他對於天主應抱持的態度和應維持的關係：就是人應將自己和自己所有一切，完全交歸天主：仰奉天主作自己生存的目的和歸宿；恭認天主是宇宙萬物的造物者，統禦者，和主宰。

祝聖禮：天主也採用某些形下的事物，作為聖化世人的祝聖禮：洗除人的罪污，用洗禮；增強人精神的生活，用傅油禮，（堅振，神品，終傅，三禮）；飽飫人精神生活的飢渴，用餅酒禮，（聖體，或感恩禮，也叫作彌撒）；這種種祝聖禮。舉行時，朗誦器官可知覺的語言，作祝聖辭，藉以給人表示：人智性生活的恩賦，由天主賦與在人的神智以內，一方面由外間，用器官可知覺的物體和語言；一方面從上方，由天主降賜各種恩典。天主形上的純神實體，也是用器官可知覺的語言，呼聲，名稱等等，表達出來。（如此，人用祭禮，恭敬天主，天主用祝聖禮，降福於人）。

神功：（除天主給人建定的祭禮和祝聖禮，應由神職人員舉行以外），我們人還給我們自己採取了一些器官可知覺的動作，操練精神的生活，用下一番修養和復習的功夫。這些人為的神功，目的不是為振醒天主垂顧吾人，而是為喚醒吾人懷念天主及與天主有關的一切事務：例如：伏地深禱，雙膝跪禱，朗聲呼禱詠唱歌禱：這些禱式都是自己選擇的神功。祈禱，或祈訴的目的，不是人補充天主缺乏的知識，也不是呼籲天主改變意志，答應吾人用語言提出的請求；而只是為了滿足吾人心理的需要，用祈禱的神功，就是用器官的動作，指引吾人的神志，歸往天主，思想和情感，都向上高升。這些禱式，是為滿足吾人的需要，不是滿足天主的需要：因為天主，全知一切，不需要吾人呼禱稟訴；又因為天主接納神智的情感，用不著吾人作出的那些肉體的動作。所以，吾人實習種種神功，不是為了天主的需要，而是為了吾人（心理）的需要：就是舉起神智的心思和情感，嚮往於天主：同時用祈禱神功的實習，公認天主是吾人靈魂和身體的造物主；我們向天主，表示精神和物質的敬禮。（神功是用形下物質的禮式，向天主表示精神的敬忱：振作吾人的真誠）。

異端：有些異端人，否認天主是吾人肉身的造物主，（他們說父母生吾人的肉身，天主給肉身造生靈魂）。因此他們乃反抗向天主表示這些肉身方面的敬禮。他們在這一點上，表現忘記了自己是人：竟斷定器官知覺的事物，對於人內心的知識和情感，沒有必要的呈現作用。他們這樣的判斷是錯誤的：因為人心理的經驗，明證人用肉體的動作，能振作自己的靈魂，發起某些知識，思想，，或情感。從此得以明見：吾人用某些肉體方面的動作，振撼吾人的靈魂，舉心向上，交接於天主，是符合情理的。（靈肉之間，有相互轉化呈現的必然作用：智力可曉悟的理，呈現於物質，成為形下的事物。形下事物的性理，呈現於智力的明悟，成為形上真理的知識：交互上下轉化的呈現，妙合無間，神形合一，是人類心理的定律：其關係是必然而自然的：植根於人的本性：精神的情意呈現於肉體的動作。肉體的動作，啟發並實現精神的情意）。

敬事天主：給天主表示肉體和形質方面的敬禮，依照吾人日常語言的定律，叫作「敬事天主」，猶言服事，或事奉天主。敬事某某，乃是用許多動作，專務滿足其需要，增進其福利和美善。我們用動作，專務於天主的敬禮，絕不是增進天主的福利和美善；卻只是促進吾人向上接近於天主。吾人敬事天主，和敬事其他人物或業務，在效用上，是不相同的。

「敬事天主」的本義，是用內心的行動；因為吾人直接神交天主，是用內心的動作：思想，情感，等等。然而，外部的動作，既能引領吾人舉心向主，在這個限度內，也屬於「敬事天主」的敬禮之類。理由同上。

宗教：這樣的敬事天主，也叫作宗教：因為用這樣的一些動作，在某些方式下，是人自己約束自己，和天主保持連結不離的宗族關係；又因為人因本性自然的良知良能，自覺有責任和義務，用自己人性持有的方式，向天主表達尊敬的心意：因為天主是自己生存和一切福利與美善的根源。

孝愛：為了這些理由，宗教也叫作「孝愛天主」。原來，吾人向父母表達正當的尊敬和光榮，乃是孝愛的實行。（孝愛的本質特點，惟人類所獨有，與禽獸相迥異，在於尊敬和光榮）。由此觀之，得見向宇宙萬物的大父，表達尊崇和光榮的敬禮，也叫作「孝愛」，是中情而合理的。為此，相反敬事天主的必要行動，叫作「不孝」，兼含大逆不道的意味。

服事：天主不但是吾人生存的始因和根源，而且是吾人整個生存的全權主宰；吾人所有一切，都全應歸屬於天主；因此，天主也真是我們的至大主宰。為了這樣的關係，我們為光榮天主。所表示的一切行動，叫作「服事天主」，猶言「服從而供職」，效勤於天主。

欽崇：人間，一個人作另一個人的主管者，是根據了人事運轉的偶然，天主是人及萬物的主宰，卻是根據了本性的自然。人對天主表達的服事和敬禮，不同於對任何人所表達的服事和敬禮。我們服從某人的管轄，是根據了偶然的遭遇，那某人在事物上擁有一部分片面的主管能力，他的這個能力，就是主權，也是由天主分流而出的一條枝脈。（服從人的主權，歸根結柢，仍是超過人，而欽佩天主的崇高和偉大）。本著這樣的比例，吾人對天主應表示的敬禮，在希臘文中，有一個特別的名稱，叫作「欽崇」。

第一二〇章 欽崇的敬禮

然而，已往曾有些人，犯了評價的錯誤，竟認為欽崇萬物第一原因的敬禮，也應施於受造的物體。

有些人想，欽崇的敬禮，應施於比人類較高的一切受造物；首先應施於天上那些有智性的實體。這些實體，或是和物質形體，完全分離的；或結合了物質形體，而是天上諸球體或星宿的靈魂：都被這些人，尊稱為「至上神」，和天主尊貴相等。（例如有些人認為許多星宿和「皇天上帝」，同樣有「至上尊神」的靈明和尊貴：都一律頂戴「大帝」的尊號）。

其次，他們主張也應用欽崇的重禮，敬拜某些結合了天上氣體的智性實體：尊稱它們為「神明」；認為它們介於天上尊神和地上人類之間，猶如氣界位於天界和塵界中間；既然高於人類，則都應受人加以欽崇的敬禮。

復次，他們認為敬禮善人的靈魂，也應用欽崇的大禮：因為他們相信，靈魂離開肉身，升遷到另一生活的境界，高於現世生活的所謂「下界」：於是他們將死人的靈魂，尊稱為「英魂」，或「精靈」，或「神靈」，「神人」，「神女」，等等；既加「神」號，仍敬以欽崇之禮。

此外，另有些人，評定天主是宇宙的靈魂，於是相信應用欽崇天主的敬禮，敬拜宇宙的整體及各部分，不是為恭敬它們的形體，而是恭敬它們的靈魂：因為他們肯定它們的靈魂仍是天主：如同敬禮人間的聖賢，也不是恭敬他們的身體，而是恭敬他們的靈魂。給人的靈魂，也加上「人心神明」之類的「神號」；（將人心神明和天地及萬物的神明，看作是一個神明的實體：遂一律加以至重的欽崇和敬拜）。

另有些人倡言，本性比人低下的物體，也秉賦著高級物類的某些德能，在此限度內，也應受人用欽崇天主的大禮，加以敬拜；例如某些畫像，或雕像，或塑像，是人工藝術的產品，有時被人相信它們也得到了上級超性德能的一部分恩賜和靈效，或得自天上諸形體能力的注入，或得自某些神靈的臨格和寓居。這些物質的肖像，被這些人，尊稱為「神明」，或「尊神」：於是也加以欽崇的敬禮。他們相信那些偶像是至上神，和天主同級，因此他們的敬禮，叫作「偶像崇拜」。

以上這許多人的主張，都是不理智的：

因為他們既肯定宇宙間神形萬物的總體，只有一個第一原因，而且是和宇宙總體絕異而分離的：祂就是天主；同時卻又相信：應將欽崇唯一天主的大禮，也用去敬禮他物，尊卑混亂，故不理智。（以事上之禮而事下，非禮也）

在目的方面，按前章方有的說明，我們向天主表達欽崇的敬禮，不是為了天主需要這個敬禮，而是為了吾人需要用器官可知覺的形下禮式，堅定吾人心中對於天主應懷抱的正確信念和評價。正確的信念，信天主唯一，「萬物的本原唯一」，位置崇高，超絕宇宙間神形萬物的總體；這樣的信念，用形下的禮式，堅定在吾人心中，唯一的方法，是採用一種超絕其他一切的特別禮式：就是吾人所說的

為斬絕關懷妻子兒女的念慮，有「童貞和貞潔」，或「節慾」的勸誡：勸人不婚。聖保祿，《致格林

德教眾》第一書，章七，節二五，說：「關於童貞，我沒有吾主留下的誡命，但我給一條勸誡，聽你們採納」；同書，章五，節三二，指出這條勸誡的理由說：「沒有妻室的人，關懷吾主的事，專務中悅天主；有妻室的人，卻關懷世界的事，專務中悅妻子，（如果同時想中悅天主，就是），一心分為二用了」。

為斬絕關於個人身份的念慮，有「聽命的勸誡」：天主勸人聽從長上命令：把自己的行動，託靠長上安排。為此，聖保祿，致希伯來教眾書，（章十三，節十七）說：「你們應聽從你們長上的命令，服從他們：他們經心看顧你們，負責為你們靈魂的禍福，將來向天主交代賬目」。

人生的至上美善，在於心智專務神交天主，上述三條勸戒，極能準備神交的條件，促成美善齊全的境界，並助人固守那個境界及其生活方式。天主勸人神貧自足，明言勸囑說：「你如願意修成至善，云云」，一如上文所引，顯然不以甘貧為至善，但以甘貧為修成至善的心理條件：為能達到至善的境界。

同時，實行上述三勸，也可以說是人生至善境界的效果和徵驗。人的心智如果愛戀並欣慕某一對象，強烈而急切，必因而將其他一切事物，擱置於背後，不遑回顧。所以，人的心智既然切願天主專務大主的事理，顯然是乃至善之所在，故此必需棄絕一切阻滯人心快速嚮往天主的事物：不但棄絕世物的經營，而且棄絕妻室和子女的愛情之牽連，甚且也棄絕愛戀自己本身的一切私情。「欽崇天主的大禮」。今如假設將這個大禮也用去敬拜許多別的物體，顯然是削弱了「本原唯二的真實信念。（正是相反吾人欽崇敬禮的目的）。

另證：按前章提出的說明，為激發人的心靈向天主興起精神的敬仰，必要的方法，是舉行外部這樣隆重的敬禮。然而，為感動人的心靈，人的習俗，有雄厚的感召作用：習其所常，則人心易動而嚮往之。今按人的習俗，人人皆知不以事上之禮而事下：例如一國的君主或帝王，位居全國中至高的位置，是全國的元首；無人將敬禮元首的儀式，用去敬禮同國以內的任何別的人。

依相同的比例，宇宙萬物的至高原因，也是唯一無二的，為對於祂振興起人心的適當敬意和信念，人必須向祂表達一種向任何其他物體，都不表達的敬禮。這樣唯一無二的至高敬禮，吾人叫它作「欽崇」。

又證：如果行欽崇的敬禮，不是為敬禮至尊，而是為敬禮任何尊者；人間和天神之間，都有尊卑品級的分別；那麼，人對人，和天神對天神，依尊卑的品級，應表示欽崇的敬禮。（這是不適宜的：因為同類同種的物體，是本性平等的；不得又有至尊和至卑的分別）。同時，在某某關係上站尊高位置的人，在另某一關係上，對於相同的一個人，卻站在卑下的位置：因而兩人應互相表達欽崇的敬禮。這也是不適宜的；（因為仍是在某些比例上，彼此平等的人，不平等相待，而彼此以自卑，敬禮至尊：尊卑混亂；並且是用絕對至高的敬禮去敬事相對尊高的人物：絕對與相對之間的混亂，也是不合體統的）。

還證：依照人間的習慣和常情，對於特殊的恩惠，應表示特殊的報酬，人從至上天主，領受的恩惠，是一個特殊的恩惠：乃是自己本體的造生：卷二（章二十一）證明了：惟獨天主是造物者。所以人對於天主，理應表示承認並感念這特殊的恩惠，不得不採用特殊的禮式。這就是「欽崇的敬禮」。

加證：欽崇天主，也叫作「事奉天主」，猶言供職效勞，服事天主。供職服務，是職工對於主管者，應滿盡的責任。依名理及法理的本義和真義，主管者，是給別人頒佈工作章程和規則，而自己不從任何別人領受規則和章程的總理者：因為執行上級的規定者，不是主管者，而是供職者。

天主卻是宇宙萬物的至上本原，用自己的上智，照顧萬物，給萬物規定了應作的工作，詳證於上面，

（章六十四）；因此《聖經》裡也稱述眾位天神，及上級各類形體，既供職執行天主的計劃；又效勞謀求吾人的利益：乃是對上服事天主，對下服事人類。（參考，《聖詠》，章一〇二，節二一；《致希伯來人書》，章一，節十四）。

從此可知，恭敬天主，應用的「欽崇之禮」，只應用去敬禮宇宙萬物的至上本原，不可用去敬拜其他任何物體。（亂倫次而行之；諂媚，等於譏辱，不復是尊敬的正禮。禮不正，不足為禮，恥莫大焉）。

又證：欽崇的禮式當中，最獨特者，首推「祭禮」：因為，雙膝跪禱，伏地祈禱，及其他類似的儀式，可以用來向人物和天主表示敬仰和尊敬，動作相同，只是心意不同；祭禮卻無人奉獻給自己評定不是天主至上尊神的任何實體。既向他獻祭禮，便是承認他，或至少假冒承認他是天主。（祭禮，在古代，最隆重者，是全燔大祭：選牛羊作犧牲品，整個燒燎，作為欽崇天主的至深表示，在現代，是「彌撒祭禮」，用餅和酒，祝聖成耶穌的聖體和聖血，作為祭品，奉獻給天主，分施給眾人，締結神人間至深的契合）。

祭禮的外部儀式，代表內部真實的祭禮：人的心靈將自己奉獻給天主：奉天主為自己造生的本原；作自己行動的主宰，並是自己真福的目的。這樣的敬奉，只適合於宇宙萬物的唯一無二的至上本原。上面（卷二，章八十七）證明了，惟獨至上天主是造生理智靈魂的原因；又按本卷（章八十八）方有的證明，惟獨天主能隨意引領人的意志傾向於任何某方。前者（章三十七）也證明了：人生的終極幸福，在於享受唯一的天主至善。

從此可見，人只應將祭禮和欽崇的敬禮，奉獻給唯一的至上真主，不應妄獻於任何其他神體。

比較起來，主張至上天主不是別的，惟乃宇宙的靈魂，按上面（卷一，章二十七）的證明，是不合於真理的；但是主張天主是和宇宙絕異而分離的實體，並是其他一切智性實體生存的來源：這樣的主張卻是真理。

然而，從這個真理的主張出發，能用更理智的想法，引人向不同的許多物體，表示「欽崇的敬禮」：理由是欽崇萬物，好似就等於欽崇天主；因為宇宙萬物對於天主，和身體的百肢對於人的靈魂，有比例相同的關係。（敬愛人身的百肢，便等於敬愛人的靈魂）。

以上這樣的想法，還是與理不通：因為它們說向宇宙表示欽崇，不是為了欽崇其形體，而是為了欽崇其靈魂，又說宇宙的靈魂乃是天主。雖然宇宙的形體能分成萬殊的部分，它的靈魂卻是不可分的。所以欽崇天主的敬禮，不可表達給萬物，但應敬奉於一物：就是致向唯一無二的天主。

還證：靈魂，依照上面那某些人的主張，假設宇宙有一個靈魂，來給自己的整體及其一總的部分，佈滿生活的現實，依理而論，這個靈魂，不得是（植物類的靈魂，僅有營養，發育和生殖的作用，另名）生魂；也不得是（動物類的靈魂，在生魂的作用上，加有器官的知覺和運動，另名）覺魂：因為這兩類靈魂的動作，不是宇宙的一總部分所能都有的。

縱然退一步，讓他們假設宇宙有生魂或覺魂，仍不得為了生魂和覺魂之故，而向宇宙及其各部分，表達「欽崇的敬禮」；例如不可用「欽崇至上的敬禮」，去敬拜無理智的禽獸及無知覺的草木。

如此歸結到最後，他們所說的「宇宙之靈魂」，確義只得指示「有智力的靈魂」，（這是「靈魂」的本義。魂而有智力的靈明，恰應叫作靈魂。然而，依名辭的廣義，靈魂二字，也是「生魂」和「覺魂」的通稱。植物和動物的生活現象，巧妙而有規律，宛似有靈明的某些特徵）。

然而，給有智力的靈魂，表示「欽崇的敬禮」，也是不應當的，縱讓他們假設是應當的，仍然不得將那欽崇的大禮，致向宇宙間的許多不同部分，僅可致向宇宙的整體，為了它的靈魂，是它整體的靈魂；這樣的結論，才是符合了他們根本的前提。他們原來的主張，是為了靈魂之故，而應致欽崇的敬禮給宇宙既然有智力的靈魂，不是形體內某些固定部分的「盈極因素」，故其任務不在於成全某些部分；而在於成全整個的形體：給整體作其生存和行動的因素。智性靈魂的這個特點，也可明白徵驗於我們人類的靈魂。它的本性品級，比較其他智性實體及宇宙的靈魂，依言下的假設，是卑下的；但共有類性大同的智力。吾人的智力，屬於我們每個人的整個本體，作整體的生存及行動的因素，沒有任何身體某一固定部分，作其器官。詳證於大哲《靈魂論》，卷三，（章四）。人靈卑下，尚是成全人的整體；何況宇宙的靈魂，品級崇高，更應成全宇宙的整體，不受部分的局限了：為靈魂之故而欽敬宇宙，乃應欽敬其整體，不得濫敬其部分。

加證：根據他們的主張，假設只有一個靈魂，給整個宇宙及其所有一切部分，作生存及行動的因素；同時尊稱宇宙乃是天主，只是為了它有靈魂；所以天主是唯一無二的。依同理，欽崇天主的敬禮，只應致向唯一無二的天主：不得濫施於他物。

反之，假設宇宙整體有一個靈魂，它的部分萬殊，各自又有不同的靈魂，他們則必須承認這許多部分的靈魂，按著品級和秩序，排成系統，隸屬於整體的靈魂之下：因為美善的成全及受成全的主體之間，有對偶相稱的比例：（主體方面，是宇宙的形體，它的部分隸屬於它的整體；所以，在美善的成全方面，宇宙的成全必備的因素、靈魂，也是部分的小靈魂，隸屬於整體的大靈魂）。

然則，智性的許多實體，在實際存在的情況，既然按著品級和秩序，排成系統，互有高下之分，所以欽崇天主的敬禮，只應致向系統以上，位置最高的那一個：詳見本章前面「另證，按前章……」。足證結論仍是：欽崇的敬禮，不應用去恭敬宇宙的部分，卻應只用去恭敬宇宙的整體。（這是對方從自己的前提必得出的結論）。

另證：顯然，宇宙的某些部分，沒有靈魂。所以不應用敬神的禮節去恭敬它們。然而，對方那些人卻用敬神的儀式，恭敬宇宙間的一切物質原素，例如土，水、火，及其他類此的無靈魂、無生命的形體。

又證：顯然，在上者，不應向在下者，致以「欽崇的敬禮」。然則，依照物性自然的品級，至少和一切低級形體相比較，人是在上者；因為性理優越者，品位則高上。（人的性理，乃是人的靈魂。肉身和靈魂，有物質和性理的關係）。所以，既說敬禮下級形體，是為了它們有靈魂的緣故，人就不應向下級各類形體，致以欽崇的敬禮。

追駁：假設有人逃遁說：宇宙的整體沒有所謂「全體公有的一個靈魂」；只是宇宙的許多部分，各有各自的靈魂。（所以，應向這許多部分，加以欽崇的敬禮）。

以上這樣的遁辭，仍然證不出對方欲證的結論，和前面的結論有同樣不合理的弊病：（因為退一萬步），縱令對方保持他們前提的假設，合理的結論，必須是宇宙間至高的部分，有更尊貴而崇高的靈魂。根據已有的前提，只是這唯一無二的至高部分，可以受到人類應該表示的欽崇之禮：還是不應濫敬萬殊的世物。

駁偶像崇拜：偶像崇拜之說，不合於理智，尤其於上述各家的主張。既然，依照他們的假設，這些偶像所有的能力和尊嚴，都是得自天上諸形體；為此之故，欽崇的敬禮，（與其施於偶像），勿寧施於天上諸形體；又按另某些上述的某派人的主張，縱令欽崇天上諸形體，其目的也是為了敬禮他們的靈魂，不是直接敬禮它們物質的形體。崇拜偶像之說，卻主張偶像從天上形體，得到了某些能力，專是形質方面的，（不是靈魂方面的）。

另證：顯然，偶像從天上諸形體，得到的能力和優點，不如同有理智的靈魂那樣崇高。所以它們的品位，低於人類中的每一個人。足證：無人有敬拜偶像的責任或義務。

還證：原因優於效果。作者優於作品。偶像卻都是人工的作品。所以人不應敬拜偶像。

抗辯：如說偶像的能力和尊貴，來自附著於它們的某些神體。這樣的抗辯，仍無充足的理由：因為除開唯一無二的至上神體，（天主）以外，不應將「欽崇之敬禮」施於任何其他神體。

另證：理性的靈魂，附著於人的形體，方式崇高，程度深密，勝於任何神體之附著於所說的那些偶像。足見，人的形體，品位尊高，仍是勝於偶像：（因為沾染神性的深密程度，勝於偶像。偶像和神體的結合，是兩個實體，偶然浮面的連結，各自不失本體獨立的單位。靈魂和人身的結合，卻是結成單位自同的某個純一的本體：如同性理結合物質。回閱卷二，章七十一）。

添證：他們所崇拜的偶像，有時作出有害的事來，顯然，供給它們能力的那些神體，如果真有的話，也是一些個邪神。例如它們有時答覆著問，說謊話騙人；又有時向崇拜自己的人們，要求相反道德的條件。這樣的事例，更顯然證明它們如果是神，便是邪神。依同理，它們自證品格低劣，不如道德良好的人。所以，不應用欽崇天主的大禮去敬拜偶象，及偶像所依託的神靈。

總結全論：欽崇之禮，只可用來向獨一無二，至高無上的天主，表示應有的尊敬。這是顯而無疑的定理。

經證：本著這樣的意義，《出谷紀》，章三，節二〇，有以下這條禁令：「除開為敬禮獨一上主以外，有向眾神祭獻犧牲者，處斬」。《申命紀》，章六，節十三；也說：「你應欽崇你的上主天主，並且只應事奉祂，祂是獨一無二的」。聖保祿，《致羅馬教眾書》，章一，節二十二，論到教外的眾人，曾說過以下這些話：「他們自稱明哲，實行愚妄；將不長生的人物，鳥獸，蛇蟒的偶像，誤認為永存的天主之光榮」。同章，下文，在第二五節，又說：「他用騙人的虛枉，代替了天主的真理；寧願崇拜並事奉受造物，而不敬奉造物主。造物真主，超越萬物，真福天主，宜受頌揚，萬世無終」。

欽崇之禮，深重至極，萬物的第一本原以外，無物足以當之。推行非禮，理智腐敗者以外，無物能以為之。號召眾人，蠢行非禮者，顯然是人類而有魔性：貪得天主的尊榮，自己冒充天主，供人崇敬。因此，《聖詠》，（章九五，節五）說：「萬民的眾神，都是魔鬼」。聖保祿，致格林德教眾第一書，章十，節二〇，也說：「萬民祭獻犧牲以敬禮的，是魔鬼萬千，不是唯一的天主」。

天主立法，首要宗旨，惟在令人服從天主，不但用口中的言語，而且用身體的動作，向天主致獨特的敬禮，故此，《出谷紀》，章二十，天主頒佈法律，首先禁止崇拜多神，在同章第三節說：「在我面前，你不可有別的眾神；也不要給你自已製造蛇像，或任何偶像」。其次，乃禁人為保證虛言，而呼叫天主聖名；故在第七節說：「勿妄用天主聖名」。其三，則命人抽出一些時間，停止外間事務的操作，清靜休息，專事心智的精思，欣賞天主的事理；為此，乃在第八節說：「不要忘記，應在安息日裡，專務聖德的神功」。

第一二一章　調節物慾

物質，通稱器官可知的及有形體的一切事物及資料。人正用物質，恭敬天主，則能舉心向上，父結天主。依同樣的反比例，人妄用物質，或以低級事物為目的，則心神墮落，完全脫離天主；或貪愛世物，嗜好過度，則人心，歸向天主，上進緩慢。天主立法的首要宗旨，卻是推進人和天主父結。（回閱章一一五）。所以，天主法律的要務之一，在於引人按正當的規則和秩序，調節物質的情慾和運用。

加證：人的靈魂，管理肉身；人的理智管理低級一切能力；依相同的比例，天主管理人的心智。然而天主的法律，是天主提示給人的一些正理，為管治每件事物。所以人應遵守天主法律的規則，以低級能力，（器官的情慾，服從理智；肉身服從靈魂；並以外間事物，供應人生的需要。

添證：任何正當的法律，都引人進向道德。道德的本務，卻在於用理智的規則，調節內部的情慾，及事物的運用。足證，這個目的，應有天主法律的規定。

另證：用法律規定守法缺乏不可的條件，是每個立法者的重要任務之一。法律卻是給理智設立的，故此，凡人所有一切，如不服從理智，則人不能遵行法律。足證：天主的法律，也應命令人在自己的一切事物上，服從理智。

經證：聖保祿，《致羅馬人書》，章十二，節一，說：「你們理智的恭順」；致德撒勞尼人書，第一書，章四，節三，說：「你們修成聖德，這是天主的意旨」。

駁謬：用這些證明，得以破除某些人的錯誤；他們主張：不傷害鄰人，也不樹立惡表，引人向惡，一切事，都不是犯罪。（修德守法，不但不傷害鄰人，而且也應不傷害自己：故在與鄰人無關的事上，也應事事遵行理智）。

第一二二章　戒淫

從此乃得明見：某些人理論的虛妄：他們主張，簡單的淫行，不是罪惡。

他們的論式如下：假設有某婦女，沒有丈夫，也不在父親或其他任何人的權下生活；如果有某男人，接近她，有她的同意或要求，便不是侵犯她：因為是她自己樂意的，她自己對於自己的身體，又有主權。同時也不是侵犯別人：因為她不屬於任何人的權下。足見，那樣的行為不是罪惡。

他們認為，以上那樣的事，也不是侵犯天主：因為按（前章）已有的說明：吾人得罪天主，只是由於吾人行動，違反了人的福利。以上那樣的事，卻顯然不是違反人的福利。從此看來，不見得有任何侵犯天主的地方。

同樣，他們也認為那樣的事，不是樹立惡表，（傷風敗俗）而遺害於隣人。事體本身無罪，可能引人犯罪，但是外遇的偶然與本問題無關。

為解破他們的謬論，應從前數章尋招理由：

一證：前在（一一二及其下數章）說明了：天主照顧每物，惟求其本身的美善和福利。每物各有自己生存的目的，達到目的，是其福利；離失正當目的，是其凶惡。每物的整體如此；部分亦然。故此人的每一部分，（每個器官），及其每固行為，都應正當的目的。

然而，人父母的精血，也有正當的目的，不是為保存個體，而是為繁殖本種。對於個體來說，精血是排洩物。但和其他排泄物不同。例如大小便的排泄，汗的湧現滴流，及其他類似的排泄物，全無用處，只是排泄出去，才算人的好處，精血的排泄，卻另有其必要用途，為依照交媾的自然規律，達到生育的目的：謀有利於本種生命的傳播。但因如無適當的養育，則人之生育等於徒然；生而不養，則生者不久存。足證精血輸出的目的，依自然的秩序，是為用適當的方法，完成生育和教養的目的。

從此可見，凡是精血的輸出，如果用的方式，本體不適合生育的目的，便是違反人的福利：明知故犯，必有罪惡。例如男女間沒有本性自然的交媾，而自動排泄精血，不能達到生育的目的，乃叫作「相反本性」的罪惡。但如排泄了精血，方式正當，惟因外遇的偶然，不能達到生育的目的，不為此而是相反自然，也就不是罪惡：例如荒胎的婦女。

同樣，排洩精血，方式正當，能生育，但條件不適，有礙於合理的教育，（明知故犯），也是犯罪，因為是相反人的福利和美善。

注意有些動物，雌者單獨足以教養幼小，雌雄交媾以後，不長期同居，例如犬類。另有一些動物，雌者單方，力量不足以教養幼小，雌雄雙方在交媾以後，乃同居一個必要時期，為合力完成教養訓練幼小之目的：例如某些鳥類，幼雛既生，不會謀食。母鳥又無乳養的能力，不像其他動物，天生有現成的乳汁；例如四足類；所以鳥類需要從外間尋謀食物，帶回巢中，餵養小鳥，同時小鳥需要母鳥臥鷄護翼：自己單獨，能力不足以完成這許多任務。因此，蒙天主上智的照顧和安排，在這同類的鳥類或獸類當中，雄者依照本性自然的秉賦，願和雌者同居，為能合力教養幼小。

試觀人類，母親單獨，顯然無力完全擔負教養幼小的責任，人生的需要，繁重，只靠一人，不能設備周全。可見依照人本性的自然，男女交媾以後，不立刻分離，應同居一處；不可如同行淫者，漫無檢點，交往任何偶遇的人物。

偶然的例外，不足以推翻事件本體的常規。能有某些婦女，家資豐裕，不依靠丈夫的協助，自己單獨教養幼小。自然規律的正確，不根據個體偶然能有的例外，卻根據全種公有的需要。

又須注意，人類的子女，不但如同其他動物，身體需要營養，而且靈魂也需要教育。其他動物，有天生的智巧，足以維持生存；人的理智，卻應經過長期的訓練，始能學成生活的技能：故此，兒女需要受父母的教養和訓練：利用父母的經驗，增長自己的智慧。並且兒女新生，受教的能力薄弱，等到長期以後，特別年齡長大，能運用理智以後，始能領受高級的教育。各級的教育，也需要費長久的時間。同時，情慾衝動，妨害明智的評鑑，不但需要教練，而且需要鎮壓。

為了以上這些需要，母親一人，不足承擔，需要父親負起任務。父親的理智，聰明優越，宜於教誨訓練；體力強大，足以懲罰。所以人類，和鳥類不同，殷勤扶植子女，非短期所能濟事，需要獻出長期的歲月。獸類雌雄同居，至到不需要雄者繼續扶助而後乃止；人類卻本性自然，短期不足，必須長期同居：固定的男女，組織長久的團結；吾人將這樣的團結，叫作「成親」。

所以，為成親而結婚，是人本性自然的；沒有成親的目的，而交媾，謂之淫行，是相反人本性自然的：故此必定是罪惡。

非為生育和教育之正當目的，而引起精血的排洩，不可算是小罪。用手行路，用腳作手的工作，或用任何肢體，作出它本性自然所不作的某某動作，能是小罪，或甚至完全不是罪：因為這樣顛倒肢體之用途，不大妨害人的福利，故不可和精血的排洩相提並論。不合自然理則的排泄精血，違反人本性自然的福利，即是不合於人種保存（和蕃殖）的目的。因此，這一類的罪過，妨害人性的傳生，罪案嚴重，應站第二位；殺人犯，摧毀現實生存著的人性，站第一位。（同是摧毀人性的命脈，故同是重罪；第一第二的位置，僅是同樣嚴重以內又分出的程度不同）。

經證：上述一切，有天主的權威作證。不生育子女而排泄精血，是不許作的。《聖經》裡，有明白的指示。例如（《肋未紀》，章十八，節二二－二三）說：「男人用交結女人的婚媾，去交結男人，是不可作的：因為是天主厭棄的。人和禽獸交媾，也是不可的」。聖保祿，（《致格林德人》第一書，章六，節十）說：「優柔者，男子同寢者，都不得進天國」。

非為滿盡夫婦間的責任，而未婚相淫，或已婚者，男子和自己妻子以外的女人，（或女人和自己丈夫以外的男人），發生的任何交媾行為，也都是不許可的。《聖經》裡，也有明白的禁止。例如（《申命紀》，章二十三，十七）說：「依撤爾民族的女子，不可作娼妓；男子不可買賣淫行」。多俾亞傳，章四，第十三，老多俾亞勸戒少多俾亞）說：「慎勿淫汚未婚者，也不要在你妻子以外，容許罪惡的發生」。聖保祿，（致格休德教眾書，第一封，章四，節十八），也說：「你們應戒防未婚者之間的淫行」。

駁謬：用這樣的定論，得以破除某些人的謬說。他們倡言：精血的排泄，罪過不大於其他流汁的排泄。他們當中，還有人說未婚者之間的淫行，不是罪。

第一二三章 戒離婚

人如觀察正確，尚能見得、前方提出的理由，引人推出更進一步的結論，就是男女團結，以人性為本，結成吾人所謂的親事，不但是一個長久的團結，而且應是終身的團結。

理證：產業的擁有，以保存性命為目的。人本性的生命，在父體不能永遠保存，故以同種相傳，因數嗣的繼承，而保存在子體以內。兒子既然繼承父親傳來的性命，則也應繼承父親為保存那性命而設製的產業：根據人性自然而論，這是中情而合理的。所以父親對於兒子，操心掛慮，照料殷勤，也是終身不停：這也是本性自然的理。鳥類雌雄同居，由於父愛其子；何況人類，父母同居，自然秩序，更需要終身如一。（父子的天倫，需要父母終身團結）。

反證：假設親事的團結，因離婚而結散，考察其後果，得見其有違於公平。女人需要男人，不但是為生養子女，而且是為治理家政：因為男人的智力優越，能力也強大：這也是人類和獸類不同的一個特徵。男人採納女人，結成親事的目的，卻是為生殖的需要：（為了生養子女以外的活動，男人不需要和女人結社：更願意男人彼此結社，尤為適合同力互助的條件）。所以女人年齡衰老，朱顏消失，停止生育，乃得不到男人的娶納。人如年少娶妻，愛其生育和姿色，年老而棄之，女人吃虧，甚於男人，這是相反人本性自然的公平。（故此夫妻不可因年老而離婚）。

又證：女人離棄丈夫，顯然也是不近情理：因為在家政以內，妻子依本性自然的秩序，奉丈夫為家長，服從其治理，既屬於治者的權下，則不應背叛其治理。足見妻子捨棄丈夫，也是不合於本性自然的秩序。所以，反過去說，假設丈夫可捨棄妻子，（而妻子卻不可捨棄丈夫），夫妻的團結，乃是一個不公平的團結；而是男人待女人如同奴隸，（娶來，則管制她；不用了，就捨棄她，卻不許她自由離去。這是不公平的。依自然秩序，既然女人不可捨棄丈夫，丈夫就不可捨棄妻子。這才是公平）。

另證：人本性自然具有一種顧慮：願確知誰是親生的子女：這樣的確知，是必需的：因為兒子需要受父親長期的教養和管理。所以凡是阻擋父親確知親生子女是誰的一切，都是相反人類本性之天良的。然而，假設男人可以離棄子妻，或女人也可離棄丈夫；離婚以後，又和別人結婚；一個女人連續和兩個或許多男人，發生相知的（婚媾）行為；父親便無從確知誰真是自己親生的孩子。從此可見，夫妻離婚，是相反人類本性之天良的。

如此說來，人類的夫婦之團結，不但應是長久的，（終身的），而且也應是專一的，（一個丈夫和一個妻子，結成終身的親事。）

加證：友情，越大，則越堅強而持久。夫婦之間的友愛之情，依事實看來，是極大的：因為人類和獸類不同：夫婦的團結，不但在於肉體交媾，歡聚片刻而已；而且在於共同料理整個家庭的生活：謀求全家的福利；因此，按《創世紀》，章二，節二四，所說的，男人為了妻子，竟然連自己的父親和母親，也離別了。這樣的心理事實，足以作本章定論的一個徵驗：婚姻完全不可結散：是中情而和理的。

更進一步，尚需注意，本性自然的行為當中，只有生殖行為，依自然秩序，是以人類的公善為目的：因為其餘的本性行為，或飲食的取納，或其他各種廢物的排泄，只關係本人的個體；生殖行為卻關係人種的保存（和傳流）。法律的建立，既以公善（公益）為目的，與生殖行為有關的一切事，便應首先受到天主和人間建立許多法律，來加以治理。

然而，建定的法律，如果是人建定的，必須根據人本性自然的天良：猶如在理智推證的百科學術中，人間新學說的發明，是從本性自然而知的原理（之良知）作出發點，以良知所知的公理為根據；如果法律是天主建定的，它的各項規條，不但闡揚本性自然的天良，而且補充本性天良之所不足：例如天主（在《聖經》裡）啟示的一切，超越本性理智的能力和容量。

人間一夫婦的婚姻制，既然是本性自然的天良（傾向），故此應是人間法律的一條規定。同時天主的法律，更加添一些超性的理由：根據基督和教會，專一而不分散的團結，比擬人間一夫一婦的婚姻，也是不可分散的。（參考聖保祿，《致厄弗所教眾書》，章五，節三一）。

這樣看來，可見生殖行為，如果違反了自然的秩序，就不但是違反人本性自然的天良（傾向），而且是違反了天主和人類建定了的法律：淫亂的罪惡重大，甚於飲食或其他類此行為方面的罪過。

人生萬事，以人的至善，為依歸，這是必然的，所以夫婦的團結，不可如同其他獸類一樣，只以生殖為目的，反應同時注意道德風化的優良：這是婚姻法律的標準。正當的理智，規定善良的道德禮俗，引人修身，齊家，或參加市政及國政的治理。為維持禮俗的善良，需要實行一夫一妻，不許離婚的家庭制度：因為雙方既知婚姻的人倫大事，一經成全，終身不再解散，則能互相親愛，志向更是誠切而信實。家道方面，雙方既認為財產夥有，永久同居，同理家務，也就更發殷勤的關心。離婚是男女親戚朋友間不和睦的根原；不離婚乃將這個根原消除，而鞏固雙方各家的親睦。離婚廣開人棄舊戀新的門路，是引誘外人妻子，甚而至於也是私通姦淫的機會。法律禁止離婚，乃將這些機會杜絕。

經證：本著以上這樣的意思，《瑪竇福音》，章十九，節九說：「我卻告訴你們，不拘誰，休棄妻子，不是為了她未婚以前的淫行；棄舊而娶新，都是犯邪淫；誰娶納了被休棄的妻子，（丈夫尚在的活人要），也是犯邪淫」。（為了她未婚以前的淫行而休棄她，是婚禮未成以前、解除已訂了的婚約，依猶太古禮，也同樣叫作「休妻」：不是《新經》之所禁。婚禮既成以後的離婚而再娶，乃是《新經》之所不許）。

聖保祿，《致格林德人》第一書，章七，節十，也說：婚禮已經締結完成的人，夫妻不可分離，這不是我的誡命，而是上主的誡命」。

駁異：用以上這樣的定理，即得破除「休棄妻子」的習俗。《古經》的舊律，允許猶太古教的人民休要，是為了他們的鐵石心腸；就是說：因為他們心情強硬，有殺妻的毒虐傾向；所以為避免大惡，允許了小惡。

第一二四章　戒多妻與多夫

還應注意：一夫一妻的婚姻制度，是以人本性自然的天良傾向，為其根據。一證：比較人類和獸類，雌雄交媾之際，常是一雄一雌，不是一雌而多雄，或一雄而多雌。是故獸類群聚，常為交媾而戰鬥。其中的理由，獸類所共有者，是因為任何某個動物，切願自由享受交媾的慾樂；如同享用飲食也是一樣；多雄一雌或多雌一雄，則有礙於享用的自由：猶如兩個動物，爭取一塊食物，而無安享的自由。故此，為了交媾，如此為了飲食的緣故，動物之間，常發生爭戰。

此外，人類還有一個特別的理由：就是按方才（前章）說了的，人本性自然切願確知誰是自己親生的兒女。這樣的確知，在多夫一妻的制度裡，是全不可能的。在多妻一夫的制度裡，沒有父親確知親生兒女的困難。然而這個制度，仍有第一條理由的阻擋：就是沒有獨享交媾的自由。一夫多妻，則女人無獨享的自由；一妻多夫，則男人無其自由；並且男人也沒確知親生兒女的把握。足見，一妻多夫，比一夫多妻，更加倍不合情理。

確知親生的兒女，是婚姻追求的一個主要目的。為此理由，一妻多夫的制度，未曾有任何法律或習俗的容許。

瑪西莫（Maximillian）、瓦肋略（Valerius），言行益聞錄，卷二，章一，記載古代的羅馬人，也認為一妻多夫，是不合情理的；並且認為夫婦間的信誼之團結，即便為了沒有生育的能力，也不應解散。（歷史上行一妻多夫制度的人，是絕無而僅有的）。

又證：各種動物中，需要父親照顧兒女，則一雄一雌，結成一家，例如雌雄共養幼雛的鳥類；否則一雄而多雌，則一雄力單，不足以共養眾雌孵生的那許多幼雛。

雄者不照顧幼小的動物之類中，則一雄多雌，或一雌多雄，模棱兩可：例如犬類，鷄類，及其他人類中，管教兒女的責任重大，甚於各類禽獸，是由男人負擔；故此顯然可見，實行一夫一妻的家庭制度，是合於人性之自然的。

還證：友誼建立在某一平等的立足點上，（《道德論》，即《倫理學》，卷八，章五：平等條件下的互相親善，是友誼的本質）。今如假設，為了確知親生的兒女，不許一妻多夫，同時卻許可一夫多妻，在這樣不平等的條件下，妻子對於丈夫的友誼，不是自由的心願，而是奴隸的屈服。

人生事實的經驗也佐證這個理由的真確：在一夫多妻的家庭裡，那些眾多的妻子便受奴婢的待遇。

另證：深厚的友愛，在專一，不在廣泛，（泛愛眾人的愛，是博愛不是友愛。朋友間深厚而親密的愛在於兩人間平等的專誠）。參考大哲，《道德論》，卷八，章六即可明見。今如假設，不許一妻多夫，卻使一夫多妻，夫妻間的友誼，就失去了平等的專誠：所以不得是自由的心願，而是在某些方式下，含有奴隸屈服的一些關係。

加證：按方才說了的，人類婚姻的法律制度，注意維持善良的風俗。然而，一夫多妻的制度，是相反風俗的善良，因為觀察經驗的事實，即得明見，由此制度而生的效果，是家道不睦。足證一夫多妻，不是合於人類情理的制度。

經證：本著這樣的意義，《古經》，《創世紀》，章二，節二四有句名言說：「他們男女二人，要合成一團骨肉」。

駁謬：用這樣的道理，足以破除一夫多妻的習俗，和柏拉圖的意見；他主張眾多妻子應由許多男人所公有，《新經》的教律時期，尚有一位五品（祭員），名尼各老，隨從柏拉圖的意見，也竟贊稱了「多妻公有」制。

第一二五章　戒血族通婚

為了（上述）這樣的種種理由，法律規定：同族的近親，不互通婚姻。

理證：通婚姻，結成親事，按事體的本質，是將彼此互不相同的人，結合成一個團體。（成立新家庭）。同族的近親，骨肉天倫，固是一體，既應一體相待，則不宜互通婚姻。族類互不相同的人，由於這惟一理由，而結成親事，回心省識，則能感發更熱烈的互愛。（同族的近親，是同祖的人，連父系和母系都包括在內，行輩相隔不太遠的血親，猶如骨肉一體，故不又以外人相待，而通婚）。

又證：血親相近的人，有互相尊敬的需要，故此不應用可羞恥的事，互相輕賤。所以不可互通婚媾。因為夫婦間應作的許多事，包含一些本性自然可羞恥的醜陋。

《古經》的舊律，提出了以上這個理由，明言說：「你不要解開你姐妹的衣服，而暴露她們的羞恥和醜陋……」；關於別的近親，也有同樣的禁止。

另證：交媾的慾樂，迷惑人的心智，阻擋理智作應作的正當事；故此，放縱交媾的貪慾，則敗壞良好的習俗。然而血親的近人，如同兄弟姐妹，等等，有同居共處的需要，如果許可互通婚媾，結果必致於放縱過度：因為交媾的機會不能減除。足證：為能維持善良的習俗，近親不婚，是法律上一條合理的禁例。

還證：（明智是諸德的元帥）。交媾的快樂，極能敗壞明智的評鑑力，（引人顛倒價值的高低和急緩）。是以，享樂多，則違反善良的習俗。但在交媾行為裡，快樂的程度，隨愛情的熱切而增加。所以近親通婚，不合於善良的習俗：因為血親至近的人，在骨肉同祖和食宿同宅的愛情以上，又加上夫婦同房的愛情，熱情倍增，必陷靈魂屈服而墮落於慾海的深淵，也更深一倍。（足證，近親通婚，極違反道德）。

加證：在人的社會生活裡，友誼的交際寬廣，極為重要，有賴於和外族締結婚姻。足見法律規定異族通婚，近親不婚，是合於情理的。

還證：同輩的社交關係，不是天性自然倫次的從屬關係。血緣的親屬，卻是天倫的從屬，也稱眷屬。兩種關係的混合，倫次乖亂，是不合於本性之自然的。婚姻的關係卻是同輩間社交關係的一種。足證：近親結婚，叫作亂倫，是不適宜的。

經證：本著以上這樣的道理，《古經》，《肋未紀》，章十八，節六說：「凡是男人，都不可接近自己血緣近親的女人」。（既有長幼的倫次，便有尊敬的義務，不可親匿失敬）。

駁異：用這樣的定理，得以破除近親通婚的風俗。

注意：本性自然的傾向，是同類大多數個體追求的對象，（故有少數的例外）；依同樣的比例，法律的規定，也是命令人作大多數人之所能作，（也不是不容許有少數的例外：因為法律的成立，是根據本性自然的傾向，回閱章一二三—一二四）。

所以，某某個體偶然能有的例外，不足以駁倒上述的那些理由：因為不應為一個人的福利，而忽略多數人的福利，（參考《道德論》，卷二，章八）。某某個人偶然能有的缺點，也不是全無救藥：立法者，或與立法者相近似的人，有權力寬免某人在特殊的必要事件上，不守眾人普通都應遵守的公規。假設法律是人定的，人就有權力寬免。假設法律是天主立的，便能由天主的權力給與豁免：例如《古經》的舊律，曾允許古代人一夫多妻，並娶納姘婦，或婢妾，還允許休妻，都好似是特殊的寬免。

第一二六章　婚媾

然而，說凡是肉體的交媾，都是犯罪，是不適宜。

理證：猶如某人，肉體交媾的行為，採用和生育及教養子女之目的不相合的作法，是違反理智的依對稱的反比例，採用和那目的相合的作法，乃是副合理智的，（就是符合本性自然的條理）。然則，按上面（章二十一）的討論，得以明見：天主法律，只禁止人作事相反理智。所以，說凡是肉體的交媾，都是犯罪，是不適宜的。

還證：身體的器官，是靈魂的工具。每個器官的使用，是器官的目的：如同工具一樣。然則身體上某些器官的使用，卻是肉體的交媾。所以這就是那些器官的目的。既是某些自然事物的目的，便不能是本體惡劣的事：因為凡本性自然的事，都是天主上智有目的安排，詳證於上面（章六十四）的討論。足證：肯定肉體交媾，是一件本身惡劣的事，是不可以的。

加證：萬物的動作，都是被動於天主，所以萬物本性自然的傾向，都是天主造生的稟賦。所以物類本性自然的行為，都不能因其行為的本身就是惡劣的。然而，所有一總完善的動物，本性稟賦，都有肉體交媾的自然傾向。（所謂「完善動物」，就是「高級動物」，連人類包括在內，有雌雄的分別）。足證：肉體交媾、這件事的本體，不可能是惡劣的。

又證：某某善良和至善，缺之不可的因素，不是本體惡劣的。然而，某類物體全種的生存，永傳不絕，是一件善良，並且是至善的一件事：在某些動物類中，傳生本種，不能不用肉體的交媾。足證：肉體交媾，這件事的本體，不能是惡劣的。

經證：本著這樣的理由，《新經》，聖保祿，《致格林德教眾》第一書，章七，節二八，有句名言說：「女人如果結婚，不是犯罪」。

駁異：用這樣的道理，得以破除某些人的錯誤，他們主張：凡是肉體的交媾行為，都是不許可的：因此他們將人間的親事和婚媾，也完全犯罪。這些人當中，有某些人，為辯護自己的主張，根據的觀念，也是錯誤的：他們相信形體界的一切都是來自惡神，不是來自善神。（這乃是摩尼教派的「善惡二元論」，詳駁於上面章十五）。

第一二七章 飲食

（按前章的證明），生殖能力的合理運用，是無罪的；依同樣的條件，食物的取用，也是無罪的。

理證：合理的事情，循規蹈矩，追求正當的目的。取用飲食的目的，是用營養作用，維持身體的生存，是正當的。凡是食物，既能達成這個目的，故此都能供人取用，而無人的罪過。足證：取用任何可吃的東西，這個事件的本身，不是罪惡。

加證：任何事物的享用，就其事體的本身而論，都不是罪惡，除非所享用的事物之本身，是惡劣的。然而，凡是食物，本身都不是惡劣的：因為凡是事物，專就其本性本體而論，都是善良的，詳證於上面（章七）

固然，某某食物，能有害於某某人的身體，在這個限度內，對於那某某人，乃是惡劣的。所以，食物的取用，這件事的本身，總不是犯罪，但如用之不合正理而有害於健康，就可能是惡劣的。

添證：為順成事物的目的，而取用那些事物，這樣的事件之本身，不是惡劣的。然而，植物的目的是為保養動物；動物中，某類動物，是為保養另某一類動物；動植各類卻都是為了人的福利而生的；詳證於上面（章二十二）。足見，取用植物或動物之血肉，以充作飲食，或充作為人有益的其他用途，就事件的本身而論，不是罪惡。

又證：罪惡的劣點，由靈魂泛濫到肉身，不由肉身逆流到靈魂，因為罪惡的本義，專指意志的乖亂。食物直接屬於肉身，和靈魂卻沒有直接關係。所以食物的取用，不可能本身就是犯罪。

為了事體本身以外的理由，食物的取用，能是犯罪，專在於相反正理，一是相反食物本有的目的，例如某人，為享飲食的慾樂，或量數過度，或種類不適，而有害於身體的健康；二是相反其人的生活條件，或相反交際社會的條件，例如某人取用高貴的食物，超越自己的經濟能力；或不合於同席者的習俗；三是干犯法禁：為了特殊的某些原因，法律有時禁人取用某類事物：例如《古經》的舊律，禁止人取用某些食物，是為了那些食物有一些象徵的意義，（或象徵不潔，或象徵其他）；古代埃及法律，禁吃牛肉，免得妨害農業；（猶太法律，禁吃豬肉，因為豬是污穢、懶惰和自私的象徵；還有一些規則，禁吃某些食物，為能節制肉情的慾火。

經證：本著這樣的道理，《瑪竇福音》，章十五，節十一，記述吾主耶穌，曾說：「從口而人者，不沾污人心志的純潔；（從口而出者，卻陷人於罪污的泥淖）」。聖保祿《致格林德教眾》第一書，章十，節二五說：「市場所售，你們可取食，勿費良心的追究」；致第茂德，第一書，章四，第四節也說：「天主造的物體，都是好的，故可感謝天主的恩惠，取而用之，不可拋棄」。

駁謬：這就得以破除某些人的錯誤，他們主張取用某些事物，是一件本身不許可的事。大宗徒在同書，論到他們，曾說：「最近有些人離棄信仰的正理，……禁止婚姻，戒絕天主造生而賞賜給人的食物，不肯感恩而取食」……

食物和生殖能力的享用，本身沒有什麼不許可的，但只是越出了理智的正規，才能受到罰禁；人擁有外間的財產，是為供應飲食，教育子女，維持家庭，並為滿足身體生活的需要；為了這些理由，財產的擁有，如果遵守理智的秩序，就事體之本身而論，也沒有什麼不許可的：只需要人用正義的方法，擁有自己的財產；不以財產為意志的終向和目的；用適當的方式和限度，運用財產，謀求自己及旁人生活的福利：以財產為利己利人的工具。

本著這樣的原理，大宗徒，《致第茂德第一書》，（章六，節十七）。不要富戶，但授以運用財富的規則，勸導弟茂德說：「你要教導這個塵世間的富者，不可驕傲自大；不可寄望於得失無常的財富，但應興作善良，多作善良工作，寬易施捨，和有需要的人，共同分享」。

《古經》、《德訓篇》，章三十一，節八也說：「富而無污，堪為真福，既不追逐黃金，又不貪愛白銀，並且不寄望於錢財和寶藏」。

駁謬：藉此足以破除某些人的錯誤，「他們驕傲至極，自稱宗徒的繼承人，聚眾結社，不收納結婚者，和擁有私人財產者，也不收納獨修者，和大多數神職人員；這些公教所現有的成員，他們竟拒絕聯合：自行和教會分離，誤想眾人既享用他們之所無有，則無得救的任何希望。這正是他們異端錯誤的理由」。以上是聖奧斯定的話，原文載於所著、異端叢書，章四十。

第一二八章 人對人的關係（孝、悌）

回閱前數章的討論，顯然可見，天主的法律，引人遵守理智的規則，治理供人享用的一切事物。由此轉進，須知天主的法律，也命人根據理智的秩序和規則，治理人對人的交互關係。

理證：在供人享用的一切因素當中，最主要者，首推人之同類。人對於人是最有用的。人依自然的本性，是社會性的動物：需要許多人合力設製，一人只靠自己無力設製成功的生活福利。

還證：天主立法的目的是教人依附天主。人間互助，兼有益知行。多人互相提攜，有助於認識真理，互相勸告，有助於向善而避惡。是以《箴言》，（章二十七，節十七）說：「鐵相錯而益銳，友相琢而益明」。又說：一人孤立，不是兩人併行：一個跌倒，由另一個扶持，乃有結社互助的實益。禍哉孑遺，自己跌倒，無人扶持。兩人同寢，互相溫暖。孤子零丁，能怎聚暖？敵人侵犯，一人不支，兩人抵抗，足以拒之」。（《訓道篇》，章四，節九－十二）。

加證：天主的法律，是天主上智，治理眾人，所依循的條理。天主上智的本務，是用相當的秩序，控制所治理的每個事物，必使各得其所，各站其品級和位置。如此，天主的法律，整頓人間的秩序，使每人各得其位，這就是眾人和平相處。人間的和平，不是別的，唯乃井然有序的親睦，這是聖奧斯定的名訓。

又證：某些物體在某一因素統制之下，組成井然有序的體系，彼此必須相互維持秩序井然的同心和意。否則，互相乖違，行動相阻，不能達到公眾的目的：可明見於軍隊的實例中，萬眾一心，陣容秩序森然，戰爭乃能勝利，這就是主帥治軍的目的。每人受天主法律的統治，目的是歸向天主。故此，依照天主的法律，眾人也應心同而意合，不互相阻礙，這就是和平。

因此，《聖詠》，章一四八，節十四說：「祂建設了你的疆界和平」。《若望福音》，章十六，節三三，記載吾主耶穌說：「我將這些話，告訴了你們知道，為使你們在我以內享有和平」。（意思是說：為使你們因聽從我的話而享有和平）。

人間秩序井然的親睦之維持，有賴於事事物物是誰的便歸於誰：就是有賴於正義；為此也說：正義的實行是和平，（《依撒意亞先知》，章三十二，節十七）。所以天主的法律應規定正義的條款，命人人將事物是誰的便歸於誰，戒防侵犯人的主權。

人類當中，孝愛父母，是正義至重的一項責任。故此，為維持人間正義的秩序，天主立法，命人「尊敬父母」：《古經》，《出谷紀》，章二十，節十二說：「你要尊敬你的父親，和母親」。這條規誡的實義，是命人對於父母，同樣也對於別人，滿盡正義的責任：將事事物物，是誰的便歸於誰：遵行聖保祿的名言：「滿盡對一總的人應肩負的責任」，（欠債者還錢，受恩者報愛。羅，拾三，七）。

然後，乃規定條例，禁止侵犯隣人：「勿殺人」，禁止侵犯人的本身。「勿姦淫」，禁止侵犯人的配偶。「勿偷盜」，禁止侵犯人的財物。「勿妄證」，禁止謊言誣告，用口舌違反正義，而傷害隣人。「勿懷淫心，貪羨別人的配偶」，「勿懷賊心，貪圖別人的財物」：天主是人心的判官，禁止人起侵害隣人的禍心：或淫，或賊，都在禁例。

為遵守天主的法律，實行正義的誡命，人屈服自己，有兩種動機：或由於內心的傾向，或迫於外部的懲罰。由於內心的傾向，人甘心情願，為了愛天主和愛隣人的誠心，自動遵守天主法律的一切規定。愛情誠切，油然自發，勃然興起，欣欣然，以盡責為至樂，不但滿盡不可缺欠的責任，而且寬鴻大量，增加超額的厚道。因此可知，法律的完善實行，有賴於愛情的誠切。聖保祿說：「愛是法律的圓滿」。（致羅馬教眾書，章十三，節十）。《瑪竇福音》，章三，節四〇，記述吾主也說：「天主的法律，總繫於兩條誡命：就是親愛天主和隣人」。

然而，有些人內心的準備，條件缺乏，不是以自發願心，實行法律的規定，需要受外部的勒令，始肯滿盡法律的正義：不是出於自由的宏願，而是出於奴隸的畏懼：怕受法律的懲罰。因此，（《古經》，《依撒意亞先知》，章二十六，節九），嘗說：「當著爾在地上，執行爾的判決，（懲罰惡人）的時候，地球上的居民，才要領略到正義的教訓」：（不受到懲罰，是不會醒悟的）。

另有一些人，內心的準備良好，條件合格，自發願心，實行法律的命令。這樣的人，自己就是自己的法律。他們有愛德，（上愛天主，下愛眾人），受愛德的激動，不待法律的督促，自願寬鴻大方，作出善良的事功。外部法律建立的需要，不是為了管制他們，而是為了督責那些不自動向善的人們。

因此，聖保祿，《致第茂德第一書》，章一，節九，曾說：「法律是為不正義者而設立的，不是為正義者」。這些話的意思，被某些人誤解，以為是說正義者，無責任滿全法律的規定；殊不知「至人無法」，不是「至人不守法」，而是至人自己傾向於正義的實行，用不著外間的權力，給他建立法律。縱然沒有法律的防範，他也仍然自動同善，而不犯法向惡。聖保祿，致羅馬教眾書，章二，節十四，說得好：「有愛德的人，自己是自己的法律」：（一身作則，不待法律之勒令）。

第一二九章 法律的根據

從以上提出的分析，得以明見，天主法律規定的事情，都是正當的，不但因為是法律規定的，而且因為是根據了本性的自然。（事情的正當，不但因為合法，而且因為合理。理就是事物本性自然的理）。

理證：人的心智，根據天主法律的誡命，管治自己，歸向自己的天主，服從天主；別的一切事物，在人以內者，也受到治理，服從理智。物本性自然的秩序，需要低級服從上級。所以，天主法律命令的事情，就其本身而論，都是本性自然正當的。

另證：天主上智，賦給眾人以理智本性自然應有的判斷能力，用這個能力作人本性一切動作的因素。本性自然的因素，依照本性自然的秩序，傾向於作本性自然的事。可見，有些動作，本性自然適合於人；本體正當，不只因為是法律規定的，（而且因為是人的理智判斷能力順著本性自然的傾向而自主決定的）。

另證：物有固定的本性，必有固定的動作。動作適合於物之本性。每物本有的動作，都遵循著自己本有的性體。人有人類界限固定的本性。這是確然的定理。所以人必有某些動作，本體與人性相適合。（它們就是本體正當的）。

加證：本性不缺必需。這是一條公律，（參考大哲《靈魂論》，卷三，章九）。本此公律，可知：每物既有某一本性自然的因素，就必須本性自然也具備那個因素必需有的事物。然則，人本性自然是社會性的動物：因為一人獨自無以滿足人生的一切需要。人社會生活的維持，缺之不可的那些事物，都本性自然適合於人：是每人本性自然之所宜有，例如：保存每物自己之所固有，戒絕侵犯他人。足見人的行動當中，有一些行動本性自然，就是正當的。

添證：上面（章一二一及一二七）證明了，人本性自然，必得採用低級物類，充作自己生活需要的消費品。然而消費物資的運用，有固定的限量，適度則有益，不適度，（過少，則不足），過多，或亂用，則有害。足證：有些人為的行動，本性自然是合宜的；另有一些，本性自然卻不是合宜的。

又證：依照本性自然的秩序，人的身體是為服務靈魂；人靈的下級能力，是為服務理智；猶如萬物中，物質是以服務性理為目的，工具是以供主動者任用為目的。本著這樣的自然關係，服務者應幫助任用者，而不應妨礙之。

所以，人費心力，照料身體，培養靈魂的下級能力，藉以幫助理智完成動作，不妨礙它應得的福善：人這樣作，是本性自然正當的事；如果不這樣作，當然就是罪過。從此可見，酗酒，吃喝，生殖器官的運用，荒亂無度，妨礙理智的動作，沉淪於情慾的陷阱，受情慾的糾纏，剝奪理智判斷的清明和自由。這樣的事，便本性自然是惡劣的。

另證：物體追求自己本性自然的目的，所用的一切工具和方法，是它本性自然宜有的；和那目的相反的一切，便是它本自然不宜有的。宜有者，是正當的，不宜有者，是不正當的。上面（章十七、二十五）證明了：人本性自然，歸向天主，以天主為目的和歸宿。所以引人上進以認識並愛慕天主的一切，對於人說話，便是本性自然正當的；反之，則是本性自然惡劣而有害的。

總結全論，人行動的善惡，不但因為是否合法，而且因為是否合於本性自然的秩序和規律。經證：是以《聖詠》，（章十八，節十）說：「天主判決的定案，是真實的，在它們的本身，便是合於正義的」。

駁異：這樣就得以破除某些人的主張，他們說：事情的正當和公義，完全只是法律規定的。（法律是後天的。人行為的正當與否，卻是先天的。法律的正當與否，繫於它是否遵行先天的物性之自然，揚其善而抑其惡）。

第一三〇章 法律的誡命與勸誡

人生的至善，是以心智交結天主，專務天主的事物及其真理；同時、誠切強烈的專務，不能兼顧許多不同的對象；於是天主立的法律以內，包含一些勸誡，勸人在塵世間生活的時期以內，竭盡可能，擺脫今生的業務，為更能自由修養心智，神交天主。

這樣，謝絕業務的經營，不是人為滿足正義的要求，非作不可的必須責任：因為人如依照理智的秩序和規律，享用塵界和形界的事物，並不喪失道德和正義。因此，天主法律包含的這樣一些忠告，不叫作誡命，或規定，而叫作「勸誡」：不過是勸服人心，為了更優良的志向，寧願忘懷於優良程度較低的業務。

人心關懷的事物，按人生公有的方式，不外三種：第一種：關係人的社會身份，作什麼事？和人交際站什麼位置？生什麼地方？第二種，關係人的眷屬，，主要是關心於妻子和兒女；第三種，關係外間財務的經營，為能滿足維持生活所有的需要。

為斬絕財務的念慮，天主的法律，有「神貧的勸誡」這一條：勸人棄絕斯世的財物，勿使心靈受到財務念慮的糾纏。是以《瑪竇福音》，章十九，節二一，吾主說：「你如願意修成至善，就應去，變賣所有一切，施助貧寒，並來，跟隨我」。

以上是《聖經》原話的實義。例如雅歌，章八，節七說：「人為購買心愛的對象，寧願交付全貫家資，仍以為貸價錢如虛無」。《瑪竇福音》，章十三，節四五，也說：「天國如商賈，到處尋珍珠；尋見一寶珠，去賣百貨舖，專買那顆珠」。聖保祿《致裴利波教眾書》章三，節七—八，也說：「往日實如奇貨者，吾今賤之如糞土，掃除淨盡，為能掙取基督」。

上述「三勸」的實行，是至德成全的準備條件，又是其效果和徵驗。故此，發誓願，為愛主：謹守三勸者，理應叫作「精修德業者」：猶言「生活在至德成全的境界」。

所謂至德的成全，在於專心致志，神交天主。故此，宣誓奉行三勸，以修至德為專業的人，也叫作「修士」或「修道的信士」。（女者，就叫作「修女」）；又叫作「獻身於教會的人」：意思是說：他們將自己的本身，及自己所有一切，當作祭祀的犧牲，完全奉獻給天主，為向天主表達至純全的敬禮。按上面（章一一九）的說明，教會的本質，全在於敬禮天主。修士修女，用神貧，奉獻財物；用潔德，奉獻肉體；用聽命，奉獻意志；三者完全奉獻出來，專為敬愛天主（及眾人）。

第一三一章　神貧（一）

古代有些人，不贊稱福音裡勸人立志神貧的道理。最初有魏紀藍，曾受到聖師熱羅尼莫的攻斥，然而後代仍有別的一些人重蹈他的覆轍：「自稱精通法律，實際不知所言何解，也不懂提倡何事」，（聖保祿，《致第茂德第一書》，章一，節七，所說的這幾句話，適可引來，形容他們的愚妄。參考聖師熱羅尼莫，《駁魏紀藍》，節十四）。

他們這些人，為抱持自己的主張，有和以下這數條相似的理由，作辯說的根據。（為深明他們的是非，玆將他們根據的理由，列舉如左。他們的理由，分兩類。第一類相反神貧的美德；第二類相反神貧者生活的方式）。

第一類的理由，有七條：

一、用神貧，施散集蓄的財物，相反本性自然的法律。因為本性自然的慾望，人獸大致相同，需要設備生活需要的消費物資：每個動物知道費心集慮，自己照顧自己。是以一年四季，不常能尋獲生活需要的物品，各類動物，依照本性自然的傾向和良知良能，就會在物品成熟的季節裡，集蓄有用的物品，保存起來，預備在物品無有的季節，取來運用，以維持生活：試觀蜜蜂和螞蟻，就是顯明的例子。

人類維持生活需要許多物品，不是在任憑什麼季節或時期裡，就能隨意找見。故此人生天賦，也有自然的傾向和智慧，會收聚保存，儲備生活的需品。請想，如為精修神貧，盡將儲備的物資，分散給外人，豈非相反自然的規律，

二、還證：無物不貪生而厭死。故無物不竭力愛戀維持生存之所需一切，人為維持生存，需要外間財物的供應。依照本性自然的法律，人人有義務保養自己的生活，故此，依比例相同的限度，人人有義務保存外間供應的財物。所以，猶如人用自己的毒手殺害自己的性命，是相反本性自然的法律，同樣，用自願的神貧，棄掉自己生活需要的物資，也是相反自然的法律。

三、加證：人依本性是一社會動物，詳見於上面（章一二九）。人間的社會生活，非互助，不能維持。足見，在需要的事物上，眾人彼此互助，是人本性的自然之道。然而人間互助的方法，大多數在於財物的互通有無。棄掉財物的人，乃失去輸財助人的能力。彼此可見，實行神貧，拋棄財產，是相反人性自然的傾向和天良，並是相反慈善和博愛的德行。

四、又證：假設擁有這個世界的財物，是不善；救鄰人脫免不善，仍是善；引鄰人陷於不善，則是不善。所以將財物施給需要的人，是不善，剝奪人擁有的財物，卻是善。這是不適宜的。（用反證法，反回去），足證：擁有世間的財物，是善。實行神貧，拋棄一切財物，是不善。

五、另證：躲避罪惡，則應躲避罪惡的機會。神貧是罪惡的機會，因為偷盜、諂媚、發虛誓、欺詐，及其他類似的罪惡，許多人陷落於其中，都是為了貧寒所致。故此人有意志的自由，則不應自取神貧，反應躲避神貧，方更是合理。

六、還證：美德的本質，在於適中，勿太過，亦勿不及，一走極端，即歸喪失。然而，博施濟眾，是寬鴻大量的美德：應留者，留之，應施者，施捨之。寬鴻之不及，則應留者，留之；不應留者，亦留之。寬鴻之太過，則應施者，固施捨之；不應施捨，亦盡捨無餘。兩個極端都是喪德：不及謂之吝嗇，太過乃是浪費。實行神貧，盡捨一切財物，而出於意志自主，常行而不改，所以是罪惡的習慣：和浪費相似。

七、經證：《聖經》的權威，明似旁證以上這些理由，《箴言》，章三十，節九，說：「爾不要賞我作乞丐，也不要賞我作富翁，但求祢賞我生活之所需。免得，飽則背主，妄言：誰是主？而迫於困窮，乃冒險偷盜，並妄用主名以發虛誓」；（或出怨言，淩辱天主聖名）。

第一三二章 神貧(二)

更詳細究察立志神貧者，生活必須採用的方式，則得以看到這個難題倍加嚴重起來。

神貧生活的方式，或制度，總括起來，可分五種：都不適宜。

第一種：每人變賣所有的財產，大家將賣來的錢，合在一齊，結成團體，過公共的生活。

宗徒時代，在日路撒淩（聖京），曾出現過這樣的歷史現象。例如《宗徒大事錄》，章四，節三四—三五，紀載：「凡有田地和房產的，都變賣了，把賣來的價錢，父到眾位宗徒的腳下：按每人的需要，分配給每個人」。

然而這樣的制度，不見得能滿足人生活的需要：

一因難有多數富戶肯採納這樣的生活。小數富戶家產變賣來的價錢，由許多人公分。都難以維持長久。

二因這樣得來的金錢，容易，或可能失掉，或失盜，或遇匪，或受欺騙，甚至受經理者的竊取。神貧的人，便無以維持生活。

三因許多變故，迫人遷居。眾人四散，用公眾聚在一處的錢，不容易照顧每人的日需。

第二種制度，大眾公共，擁有田地房屋等等財產，用以供應每人生活的需要：如同極多的修院內，觀察可見的情形一般。然而這一種制度，也不見得適宜：

一因塵世的財務，需要人費心經營；不但為賺錢謀利，而且為防備匪盜和欺騙；共同生活人數越多，大家維持生活需要財產量越大，就越需要許多人加倍費心經營管理。這樣就失掉了立志神貧的目的：至少負責經營財務的那許多人，享不到神貧的安閒。

二因公有財產，習慣是不和睦的原因。沒有公共財產的人，看來，彼此不發生爭吵的事件，例如西班牙人和波斯人。反之，一有公產，弟兄間，還往往發生爭端。大家聚吵，彼此不合睦，極有害於心智的清閒，阻礙人專心研討天主的事理，詳論於上面（章一二八及章一二九附錄）。足證這第二種制度，妨礙立志神貧的目的。

第三種神貧生活的制度，是立志神貧的人，用自己手工的勞動，維持生活。

聖保祿宗徒，曾在當時，採用了這樣的生活方式，並且以身作則，勸勉眾人遵行：《致得撒勞尼前書》，章三，節八—十，說了以下這些話：「我們沒有白向誰要餅吃；但日夜勞動，不避辛苦和疲乏，不願加重你們任何人的負擔：不是因為我們沒有權柄，但是我們親自作出榜樣，願你們照樣去作。當我們住在你們那裡的時候，我們曾向你們提出了這樣的聲明：誰不肯勞動，誰就就不要吃飯」。

這樣的生活制度，看來也是不適宜的：

一因手工的勞動，是為掙取維持生活需要的物品。既捨棄所需的財物，又勞動掙取財物，顯然是愚妄的行動。既然立志神貧以後，需要用手工的勞動，掙取日需；明證已往拋棄自己擁有的日需，是愚妄的。

二因立志神貧，為能擺脫世俗事務的經營，更便捷的追隨基利斯督。然而，親手勞動以掙取日需，大費心力的經營，甚於享用已有的現成物品；尤其是不如擁有適度的財產，或不動產，或動產，可隨時從中提取生活的需品。足證手工勞動的生活，不適合立志神貧的宗旨。

三因吾主耶穌，提出空中的飛鳥和田野的百合花，作象徵的比喻，召勸眾門徒釋開塵界事物的念慮，看來似是禁止他們作手工的勞動，《瑪竇福音》，章六，節二六說：「請看天上的飛物，不種田，不收獲，也不積蓄倉庫」；下文節二八又說：「請看田野的百合花，怎樣生長，既不勞動，又不紡織」。

四因這樣的生活方式，是不敷需要的。許多有志精修的人，沒有受過適當的培養和訓練，是以沒有能力和技術用手工的勞動，自己度日。如此立志精修人生的至善，專務上智的生活，鄉農和工匠的生活條件優越，勝過富貴家庭的子弟。

加之，有些人，採納志願神貧的制度，但身體病弱，或受其他種種阻礙，不能從事於手工的勞動。所以這許多人，就要缺乏生活的日需。

五因手工勞動以謀取日需，費的時間相當多：可明徵於註多人，費盡了一切時間，僅能得到生活的維持；沒有餘時去作其他更重要的工作，例如專務上智，研究道理，增進知識，及其他這樣的精神鍛鍊。用手工的勞動，而立志度神貧的生活，反而阻礙人達到人生至善的目的；所以不利於人生。

六因手工的勞動，雖然供人消磨閒暇的時間，但不為此而足以幫助人的神修。利用閒暇時間，與其從事於手工的勞動，毋寧從事於道德的社會工作，這是財物消費的自然途徑：例如作慈善的救濟工作，或其他類此的工作。

此外，勸人神貧，專為教人變成窮人以後，用手工的勞動，避免清閒，而不教人專務比眾人普通生活更崇高的行動之實習，這樣的勸導，也是愚妄的。

七因如果有人說，手工的勞動，為鎮壓肉情，是必需的，這是無益的遁辭。問題的要點在於立志神貧的人，是否必須用手工的勞動維持自己的生活。

此外，有許多別的方法，能以鎮壓肉情：例如節制飲食和睡眠，還有其他這樣的辦法。何況，財物富足的人，也能用手工的勞動，達到這個目的；但仍不必用手工的勞動去掙取日需（這是問題要點之所在）。

第四種生活的方式，是立志神貧的人，依靠別人擁有財富，同意進修神貧者生活的至善，遂將所有財富，父獻給同志的神貧者，共同維持生活。

回觀往史，吾主和他的眾位門徒，似乎曾實行了這個生活的制度。路加福音，章八，節二—三，記載：某些婦女，跟隨基督，並用自己的家資，服侍他。

但是這樣的生活方式，看來也是不適宜的：

一因人既捨棄了自己的家產，又要依靠外人的家產而維持生活，看來是不合理的。

二因有取於人，而無回報於人，看來也是不適宜的：因為人間物品的領取和施給，應守正義的公平。只領取人的施給，而不回報於人，則應替人供職服務。這樣的關係，卻有理由維持。例如有些人作司祭，和宣講員，給人民傳播道理的知識，並分施其他神恩，於是領取人民的獻納，以維持生活，不見得有不適宜的地方：吾主，（《瑪竇福音》，章十，節十）也說：「工作的人，理應得到自己的飲食」。為此，大宗徒，《致格林德人》第一書，章九，節十三—十四說：「吾主令宣報福音的人，由福音維持生活；供職於祭台的，分取祭台收入的獻儀」。

立志神貧的人既不供職服務人民，也要領取人民的獻納而維持生活，比較看來，便顯著不適宜。

三因這個生活的方式，有利於神貧者，但有害於別的人。許多別的人，必須依靠人民的救濟，以維持生活，例如貧窮者，害病者，無力自己贍養自己。這樣的人數眾多，人民能捐獻的救濟物資，或數量不足，或時間不快；不夠救急的需要；再加上立志神貧的人從中抽取一部分，就更加減少：明明是貧者和病者的損失。

因此，大宗徒，《致第茂德第一書》，章四，（章五，節十六），囑咐每人維持自己家內寡婦的生活，好使教會公眾的救濟，足以維持那些真守寡的婦女生活」。足證：立志神貧的男人，（或女人），採取這個生活的方式，（加重公眾的負擔及貧病者的損失），比較看來，是不適宜的。

四因為修成至德的完善，極需要人有心靈的自立和自主。失去了自主，便容易和別人同流合污。（參考大宗徒，《致第茂德第一書》，章五，節二二）：或明明同意，或諂媚讚稱，或至少也要上欺下瞞，掩而寬縱；（或用其他許多助桀為虐的作法）。

然而，方才說的神貧生活制度，極能傷損人心靈的自主：既依靠人的施給而生活，便不能不害怕得罪著人：所以不敢違背人家的意旨：這樣心靈自主的損失，阻礙至德的進修。可見這個生活的方式，不合於志願神貧者的體統。

五因依靠別人意志決定的事，吾人就沒有實權。然而，施給者，施捨自己的錢財，依靠施給者的意志決定。所以神貧者，只靠施給，乃沒有維持生活的實力。足證：這個生活的維持方法，是給養不充足的。

六因依靠別人施給而生活的貧者，必須向別人呈示自己的需要，請求需要的物資。這樣的乞丐生活，是眾人所輕賤的，並且是難忍的沉重負擔：惹人厭棄：施給的人，自覺高於依賴自己而生活的人，於是卑視受施給者；同時極多數人不肯輕易施給。

然而，以人生的至善為職志的人，需要受眾人的尊敬和愛慕，引眾人易於效法，而爭先上進於道德成全的地步：反之，受人輕視，則道德的精修也連帶看受人吐棄。足證：乞丐的生活方式，有害於道德，非立志神貧以修全德者之所可取。

七因立志全善的人，不但應躲避惡劣的實行，而且也應戒絕惡劣的外觀：因為大宗徒，致羅馬教眾書，章十二，節十七，（致德撒勞尼教眾第一書，章五，節二十二）說：「你們要戒絕惡劣的一切外觀」。大哲（《道德論》，即是《倫理學》，卷四，章九，節五）也說：「有道德的人，不但應逃避醜陋，而且應逃避相似醜陋的跡象」。

然則，乞丐的生活，有惡劣的外觀和跡象：（就是有罪惡的嫌疑）：因為許多人為營利而行乞。足證：這樣的生活方式，不是立志全善的人所應採取的。

八因吾主勸人甘願神貧的目的，是解救人心，擺脫塵世的念慮，自由專務神交天主。然而，乞丐的生活，念慮至極繁重：焦愁圖謀，勞心傷神，貪得外人施給，尤甚於安享己有。足見立志神貧的人，不應採取乞丐的生活。

九因藉口謙遜，而讚揚乞丐生活，依理而論，顯似極不邏輯。稱讚謙遜是美德，專在於貶黜塵世的高貴：塵世所貴者，不外於富貴榮華，及類此的幻妄；決不在於輕視道德的崇高：對於道德，我們應寬鴻大量的褒揚。

所以，為謙遜的藉口，而作出貶低道德的事，是應受責斥的假謙遜。然則乞丐的生活，貶低道德的崇高：因為（《宗徒大事錄》，章二十，節三五）比較道德的價值，受恩不如施恩；又因為按方才所說的：乞丐生活有醜陋的外觀和嫌疑。故此不可藉口謙遜，而讚成乞丐的生活。

第五種神貧生活的方式，是只依賴天主：有些人曾主張，人如立志修道，追求人生的至德全善，則應萬念消盡，無思無慮，既不作乞丐，又不作勞工，也別保留任何私有物品，但應只等待獨一無二的天主來維持生活：因為《瑪竇福音》，章六，節二五說：「你們不要操心掛慮，關懷你們的靈魂，吃什麼，喝什麼；也不要關懷你們的肉身，穿什麼衣服」；（節三四）又說：「你們不要想明天的事」。（一切應依靠天主的照料）。

這一種靠天主生活的想法，顯然似是完全不合於理智的：

一因既願意目的而忽略工具與方法，是糊塗的。人的謀慮，依自然秩序，是以人自掙衣食以維持生活為目的。所以，人既無飲食則不能生活，故為取得日需，不得不費智慮。

二因塵界事務的念慮和經營，只是為了妨礙靜思永遠真理，而應受人的防戒。在此限度以外，運用智慮，是不能避免的。人生在世，負載著有死的肉軀，不能不操作許多事情，暫且停頓靜思的神功：例如睡眠，飲食，或作其他這樣的事情。這些事情是人生的需要，不應為了它們阻礙靜思而忽略它們。

三因結果荒謬驚人：因為用同樣理路想去，不免說：人也不應想望行路，或開口吃東西，或逃避墜落的石頭，或閃避人的劍擊，只坐待天主來保佑就得了。這是「試探天主」，（是古新《聖經》屢申罰禁的。猶言妄恃主佑，褻瀆至上的權能：挑動至尊作至卑者應聽命自作的事）。足證人生事務的謀慮，不是人應完全廢棄的。

第一三三章 神貧（三）

為看明上述一切的真假，對於神貧應抱什麼主張，吾人現應從「財富」方面出發，進行詳審的考察。道德生活的福利，需要有外間的財富，用以保養身體，並且資助旁人。工具和方法的善惡，取源於目的：這是必然的。所以外間的財富，是人生的一種福利，不是主要的，而是次要的。主要的福利，是目的，是至善。其餘的一切，都是工具和方法，故是次要的。

為了財富是次要的，遂有些人認為一切美德，是人生的至大福利，外間的財富卻是至小的福利。其實，財富既是工具，它的價值的評量，應以目的之需要為標準：定律是：財富的價值和其道德的用途，成正比例。它越能助人修德行善，它的美善價值，也越隨著提高。越過了這個定律的限度，財富阻礙人修德行善，已不應算作福利，卻應視如禍害：（連至小的福利，也不是了）。

本著這樣的理由，可知財富的擁有能是某些人的福利：因為他們運用財富，作出道德的善功；為另某些人，卻是禍害：因為他們因有財富而荒廢道德，或操心過度，或愛財成迷，或誇富逞強，心智驕傲，（作出許多罪惡）。

進一步說，美德分靜思和勤行兩類：都需要有財富的支援；但需要的限量，互不相同。靜思一類的諸德，只需要性體的保養。勤行一類的諸德，卻不但需要性體的保養，而且還需要資助共同生活的許多旁人。為此理由，也見得靜思的生活，條件優美，勝於勤行的生活：因為靜思的生活，費用不大。為善度靜思的生活，人應完全謝絕財物的阻擾，靜心清閒，專務欣賞天主的事物：實行基利斯督的勸囑，精修人生的至善：為達到這樣的目的，所需要的外間財富，量數極少，即已充足：只不過是為本性生活的保養。是以大宗徒，《致第茂德第一書》，章六，節八，也說：「有食充飢，有衣蔽體，心可足矣」。

神貧，助人擺脫財富的糾纏，故能幫助某些人，脫免罪惡的習染。在此限度內，對於那某些人，神貧是一個值得讚揚的美德。另一方面，神貧消除人心的念慮，熄滅經營財務的願心，在這一點上，為某些人有益，為另某些人卻有害：因為有些人利用神貧的清閒，從事於聖善過人的事功；另某些人卻妄用清閒和自由，而陷溺於惡劣異常的罪習。

是以大聖額我略，《若伯傳》註解，（另題修德精義，卷六，章三十七），曾說：「屢見某些人，有善良的職業，按常人的習俗，度安全的生活；轉而引過自己清閒的寶劍，親手斷送了自己的性命」。

另一方面，神貧消除財富生出的正當福利，就是阻止神貧者維持自己和旁人的生活；專就這方面看去，神貧不是美德，而是正當福利的喪失，故是單純的惡劣和苦患：（普通不叫作神貧，或清貧，而叫作貧乏：屬於災難之類，不堪稱為美德或福利）。

單純的惡劣，是事情的本體缺乏某某正當的福利：除非為了得更優越的福利作抵償，無人應忍受其損害。比較起來，捨棄財富，換得清閒，一身自由，全心專務精修神性和靈性生活的至善；價值崇高，勝過在暫時的財務上，救濟或援助旁人：（清閒內神智的精修，優美聖善，勝於外間慈善工作的勤勞）。寧不願操勞於外務的經營，而安心於神貧，以專務內修，是捨小善而得大善，故可相抵。

然而維持自己的生活，關係至為重要，無他善可以相抵：故此人總不可為得任何其他福利，而罷休自己生活的維持。在以上這樣的限度內，人如採用神貧的生活，解脫塵世事務念慮的纏繞，更自由的專務神性和靈性生活的至善，同時卻保留充足的財力和適當的生活程度，以維持自己的生活，這樣的「儉而不嗇」的神貧，是值人讚稱的美德：因為個人生活的維持，所需要的財富不多，不致於阻擾神修的生活。

按照以上的比較方法，還可斷定一條原則，就是：神貧生活的方式，越能減輕人心內財務的念慮，則其神貧的道德價值，也就依反比例而更為提高，於是也就更值得人的讚揚：以念慮的減輕為標準，不以貧窮的痛苦加重為標準。因為事實上，以事情的本體而論，貧窮不是善良，而是單純的惡劣：不過為了本體以外偶然的環境，它能給人解除神修生活的阻擾，只是在這點作用上，貧窮的生活，是有益的。

從此可見：神貧的道德價值高低，是用它怎樣給人解除多少阻擾，為評量的尺度。

以上這個原則，也是處理外間一切事物的公律：外物的優良可貴，和它們助人提高道德的效用，成正比例；以此目的為根據；不以它們的本體為根據。（這樣的目的是增長人內心的道德修養；非為此目的，外間的事物，本身一切都無價值）。

第一三四章 神貧（四）

看到上述的原則，就不難解破攻擊神貧者（在一三一章）提出的那些理由。

解難一：第一條理由的前提是人本性有搜聚和儲藏生活需品的慾望。這固然是人類的常情。但不必須每人都以這樣的工作為職業。

在自然界去比較觀察，例如蜜蜂，也不是全群的蜜蜂，共同操作同樣的職務：反之，有某些蜂，採蜜，儲藏；另某些蜂卻用蠟築房；這些工作由工蜂擔任；蜂中的群王，（雄蜂，為了侍奉皇后），不從事於工蜂的工作。

同樣，這分工合作的方法，也是人類的需要。一因人類生活需要的事物繁多，一人無力自給自足，必須有不同的許多人，作許多不同的事：例如有務農者，有畜牧者，有營造房屋者，還有其他這樣的許多工作，種種不同，分交不同的人擔任。

又因人類的生活，不但有物質的需要，而且更有精神的需要，故此必須也有某些人，專務精神事物的開發，（成聖自己），善化眾人；為滿盡這樣的職務，他們應釋開管理財務的纏擾。

將許多不同的職務，分交於不同的許多人擔任，實行起來，也有天主上智的安排：可根據人心不同的天生傾向：有的人自然傾同於某種職務，而不喜好其他職務。

解難二：如此說來，可以明見，神貧者棄絕財物，但不減除自己生活的充足維持。所以對方的第二條理由，不成困難。神貧的人，仍有相當可靠的希望，維持自己的生活：或親身勞動，或收領仁善者的施給；收入的物資，或交歸團體公有公享，或直交每人日用。猶如大哲（《道德論》，另名《倫理學》，卷三，章十三），曾說：吾人靠朋友之所能作，在某些方式下，也是靠自己之所能作；同樣，朋友之所有，在某些方式下，也是吾人之所有。（朋友間的互助，在某些意義下，等於每人自助：靠有能力的朋友，等於自己有能力。神貧者受朋友的施助，是人類間友誼的義務）。

解難三：彼此以友愛相待，是人類生活的義務：在於人間彼此服務，或在精神生活上，或在物質生活上，合作互助。在精神生活上，援助人，比在物質生活上援助人，德行更是偉大：猶如，依正比例，精神事物，也比物質的事物，價值更高貴，能力也強大；並且為得到人生真福的目的，用途更是重要。如此比較，立志神貧，犧牲用財物助人的能力，而換取精神事物，供給眾人以更有益的援助，不是侵犯人類結社生活的公益：可見對方第三條理由的結論，也是無效的。

解難四：同閱上述的分析，得以明見，財物是人生的利益，由於隸屬於理智生活的目的，不是由於本身有什麼價值。是以無妨神貧比財富，更有利益，如果能引人得到更優美的福利：（就是實現理智生活的目的）。如此想來，對方第四條疑難，也就渙然冰釋。

解難五：財富，貧窮，及任何外物，本身都不是人生的福利，只是由於隸屬於理智生活的需要，才有一些用途；所以，人如不按理智的規則去運用它們，難免是人犯罪的機會，並因而長養人的惡習。然而為此，仍不可說它們本身是單純惡劣的；不過只可說人不按理運用它們，就生出了惡劣的效果。（不但神貧是如此；外間一切世物，無不如此）。是以不可為了神貧有時能是人犯罪的機會，而竟棄絕神貧。可見對方第五條理由的努力，也證不出對方要證的結論。

解難六：從此再進一步，須注意：人德行的中正，不根據人享用外物的多少，但根據理智的規則。（合理者，便是中正）。外物多少的極端，只要合於理智的規則，就是適得其中。事實上，心志偉大的美德，志向極大不過；寬鴻大量的美德，消費不吝，也是寬大到極點：都是再大沒有的。

所以，德行的中正，不在於費用的量數大小適中，而在於確守理智的規則，不僭越，也不欠缺。理智的規則，不但評量消費物資的多少；而且斟酌人的身份和目的；顧慮地點和時間的適宜需要；並且詳察美德實行必須具備的各種其他條件。人如滿足了理智規則的標準，立志神貧，縱然財物盡棄，也不是相反道德（的中正）：因為他有正當的目的，並且遵守了一切應守的條件：不是浪費。

這樣的盡棄財物，有時也是必須的。財物的犧牲，輕於性命的犧牲。然而，遵守各方還境的正當需要，為了正當的目的，毅然冒犯犧牲性命的危險，是人「勇德」的實行。為了勇德，赴死不辭，何況捨財？這樣比較，對方第六條理由的疑難，也就解除了。

解難七：《箴言》所載智王撒羅滿的話，和本章的結論，並不衝突。那些話的本意，顯然是專論「人被迫而受的貧窮」，往往是偷盜的機會：

（和志願的神貧不可相提並論）。

第一三五章 神貧（五）

現應進一步，考察立志神貧的人必須採用的生活方式，（將章一三二舉出的那五種，逐一究研如下）：

第一種方式，用變賣財產得來的價錢，大眾結社，維持公共的生活，是一個臨時的辦法，不能持久。為此理由，眾位宗徒，蒙受聖神的啟迪，預先看到了信眾不久要遭受猶太人的迫害；日路撒淩京城和民族被人摧毀的危險，也是危追眉睫，不應集中城內久留；為在短期內，供應信眾臨時生活的日需，乃勸導城內的信眾，採用這個辦法，暫且維持一時。然後，播遷國外，在異國各民族間，建立教會；各會社有穩定而持久的計劃；《聖經》裡，沒有記載眾宗徒指令教眾，仍採取這樣的生活方式。（坐吃山空，不是長治久安之道）。

論到經理財務者，能行騙詐，並不是相反這個生活方式的正當理由。一則，因為這是各種團體公共生活制度內公有的弊病之可能性。然而，立志神貧，精修至善的人群裡依情理看來，騙詐的事，比較別的人群中更不容易發生：依同比例，也就更少見於他們的團體中。二則，用設計精明的教練和管制，培養忠信的人才，經理公眾的錢財，便能找到適宜的方法，抵制這樣的弊端。

是以在眾位宗徒監臨之下，斯德望，及其他許多人，受信友的器重，被認為有適宜的資格，能善盡經理公眾錢財的職務，乃被選舉，充任（神品中所謂的「六品」，管理公眾的錢財和用品。參考《宗徒大事錄》，章六，節三。這個生活方式，存錢共用，坐吃山空，不易應變，也甚難持久，能臨時救急，不足以是經常的生活制度）。

第二種生活方式，聯合立志神貧的人，共同擁有產業，從其中的出產，維持公共的生活。這是公產共用的辦法，是一個適宜的制度。對方提出的疑難，可以解除：

解難一：這樣的制度，不傷損立志神貧專務精修的至善。產業的正當經營，可委託一位或數位同志操心擔任：其餘的許多同志，用不著費心多慮，乃能清閒自由，專務神修，享用志願清貧的（精神）菓實。經營產業的那少數同志，在精修至善的神功上，也算不著任何損失：他們替別人費心經營，自己清閒所有的損失，得到愛德服務的功勳來抵償：愛德的服務，也是人生至善之所在。

解難二：產業的公有共用，也不是傷和氣、失親睦的機會。立志神貧的人，應當輕視財物：財物是現世的東西，沒有永久的價值；有這樣的抱負，便不會為了公有的財物而失掉同志者的和睦；大家之所期待，不過是從財物中，領取生活的必需品，（費用不大）；同時，經理者，又應當忠信服務。（將這些心理的條件，放在一齊，公產共用，則不難和睦共處）。

也不可為了有些人妄用這個生活的制度，而反對這個制度（的本身，及其實行）：因為惡人妄用好人好事而作惡事，好人就同樣的，善用惡人惡事而作好事：（要訣在於因應得法）。

第三個生活方式，聯合立志神貧的人，用手工的勞動，維持生活，是一個適宜的制度。

解難一：捨棄財產，然後又用手工的勞動謀取財物，不是如同對方第三條理由所提出的那樣愚妄。因為財富的產業之擁有，經營起來，或至少保管起來，需要人操心掛慮，多費智謀；並且吸引人發出愛財的心情：這都是神修的阻礙：人如用手工的勞動謀取日用的衣食，卻受不到這些阻礙：（用不著大費謀慮，或發啟貪財的妄念）。

解難二：用手工的勞動，謀取維持生活充足的衣食，費的時間不大，費的智慮，也不多：（故無害於神修）。但為積蓄大量的財富，或為掙取富裕（奢侈）的衣食，只靠手工的勞動，如同世俗的工匠那樣存心，就必須耗費許多時間；消耗大量的謀慮。解難三：吾主在《聖經》裡，沒有禁止手工的勞動，但曾禁止人為生活的需品而心生憂慮。他的原話，不是說：「你們不要勞動」；卻是說：「你們切莫憂慮」。他並用以小況大的理由加以證明：因為如果飛鳥和百合花，生活的品級和分位卑下，又無力從事於人類謀生的工業勞動；天主尚用上智的照顧，維持它們的生活；何況人類呢？人的身份高貴，又有天主賞賜的工作能力，用自己的勞動，謀取日用的衣食；豈不更受天主上智的照顧和維護嗎？如此想來，人就不應為生活的日需而憂慮苦惱：（只須安心勞作度日）。由此觀之，得以明見，對方引據的上主遺訓，不貶黜公共勞作度日的這個生活制度。

解難四：並且不可為了勞動的生產不充足，而指責這個生活的制度不適宜。因為生產不充足，是偶然能發生的少數例外：有時某人只靠手工的勞動，得不到充足的日用品：或為了身體病弱，或為了這樣的其他某某原因。然則，為了偶有少數不幸的例外，不可歸罪於任何制度或計劃的本身：自然界的秩序，和人為的秩序，或制度，本身雖然合理，也不免發生偶然的錯失。世上也沒有任何生活的方式，供給人生所需一切，而永無缺乏：連富人的財產，也能遇盜或遇匪，而受喪失；如同手工的勞力，也同樣能衰弱潦倒，遂難維持生活。

為了解除勞工的生活困難，不是沒有救藥：例如一人勞作，不能自給自足；可以受到同一團體的其他許多同志用勞動生產的富餘收穫，給與援助；或者依靠財產富足的人，根據本性友誼及（超性）愛德的規律，捐獻財物，滿盡人間由富濟貧的義務。（友誼不是私情，而人間同類互助的自然情誼，詳見於章一一七）。

是以大宗徒，《致德撒勞尼教眾第二書》，章三，（節十－十三），先說：「不肯工作的，就不要吃飯；顧及那些自己勞動不足以生活的人們，乃在下句緊接著向別的人們說：「然而你們施恩助人，切莫示弱」；這句話的用意，是勸勉有能力的人，援助能力弱小的人。

解難五：生活的日需，費用不多；立志神貧，少吃節用，手工操勞，不必用去大量的光陰：故於神功的實習，無大妨礙：這正是立志神貧的目的：何況手工勞作，同時能在心裡，想念並讚頌天主，或作其他應作的神功：用獨特生活方式，自力謀生的人，有許多應作的精神工作，可以和手工的勞作同時進行：（使手工的勞作，產生精神訓練的效用）。

此外，必要時，尚能接受社團以外的信友施給援助，免使精神工作完全停頓。

解難六：志願神貧的目的，不是用手工的勞作，消磨清閒，或剋苦肉身：因為富人擁有財產，也能這樣作。雖然如此，仍可確言：手工的勞作，實有上述的這兩種效用。然而消磨清閒，尚有其他更有益的事情可作；鎮定肉情也有別的效力更強的方法。這樣的目的，不是人手工勞動迫切需要的原因；尚有其他原因，人可不作手工的勞動，而度道德許可的生活。只是生活的需要，逼迫人作手工的勞動。是以大宗徒，致德撒勞尼信眾第二書，章三，節十說：「不肯工作的人，不要吃飯」：言外的倒裝句，便是：「人不能不吃飯而生活，故不可不下手工作」。

解難七：同上。

第四種生活的方式，是立志神貧的人，依靠外人的獻納而生活。這也是一個適宜的辦法。種種難處，分解如下：

解難一：捨棄自己的財產，謀求別人的公益，依靠別人的獻納而維持生活，不是不適宜的。假設這是不可以的，人的社會生活，將不能長久維持：人人只為自己的事費心經營，無人為公眾的利益而服務。人間的社會需要有一些人，放開自己的事務不管，專心服務公眾的利益，並依賴公眾的獻納而維持生活：為此理由，從軍的戰士，用軍餉維持生活；國家的首長，領公款的薪俸。

依相同的比例，人如立志神貧，跟隨基督，捨棄一切，專為公眾的福利而供職服務，用智慧，學識，及道德，樹立人生的師表和楷模，照耀人民的黑暗，或用祈禱及轉求，邀得天主助佑，維護人民的安全：理應也受到人民的捐助，以維持生活，（並以得到充足的時間，專務精修之事）。

解難二：從此也可見得：領受人財物的扶持，用以增進人精神的福利：所受者是暫時的世物；所報者是永遠的神恩：借輕還重，算不得醜陋可恥。是以大宗徒，致格林德信眾第二書，章八，節十四也說：「你們（世物）的富：「（在世物方面），你們的富餘，補助他們的貧乏；為能（在神恩方面），他們的豐富，補滿你們的缺欠」。助人者，分享人的功德和罪惡。（助人精修至善，有德無惡）。

解難三：神貧的榜樣，以言以行，鼓勵眾人，感於德表而興起，崇高道義，剋制愛財的私心，提高散財濟眾的公德；擴展助貧的慈善工作。如此比較，立志神貧，接受眾人的施給，以維持生活，對於人間的貧苦人群，益大而害小：（主要在於道德提高，則民利百倍）。

解難四：立志神貧，輕視錢財，本此目標，精修道德的成全：這樣的人，為維持生活，領受別人施給的資助，量數微小，不因而喪失心靈的自由。人不屈服於情慾，則不失心靈的自由。領受別人的施給，而無貪心，則神志不失自由。輕視財物，則無貪財之心；雖受施給，不失自由。（不失自由，則保持清靜）。

解難五：生活靠別人的施給維持，依賴施者的意旨，但神貧者並不因此而陷於不夠維持：因為不是依賴一個人，而是依賴許多人的意旨。神貧者，是跟隨耶穌的人。信從耶穌的人民眾多，敬仰神貧者道德的優良，不致於沒有許多人肯敏捷援助他們的急需。

解難六：或為別人，或為自己，呈示自己的需要，要求所需的用品，不是不適宜的。《聖經》記載，眾位宗徒嘗用這樣的作法。他們宣講福音，向聽講者，徵收日用的需品，與其說他們是乞丐，勿寧說他們有權力，因為是吾主耶穌的規則：「為福音而服務，則由福音而生活」。（參考《致格林德信友第一書》章九，節十三—十四）。除此以外，他們還為日路撒淩的貧苦信友，徵募其他信友的捐助。那些貧苦的信友，當時（為了應付教難和國難），捨棄了自己的財產，臨時在京內度神貧的生活。他們當時沒有給國外的人民宣講福音，卻也經過宗徒們的聯絡，受到了國外信友的經濟援助：然而他們的神修生活，對於國外信友，有神恩的實益和價值，這是他們領受國外信友援助的充足理由。

本著這樣的理由，當時眾位宗徒，勸勉眾人各隨自己的意志，不是出於命令的必須，捐獻救濟品，援助那些貧苦的信友。這樣的勸捐，不是別的，乃是乞丐的請求。這樣的辦法，雖然是乞丐的討索，但不引人輕視：只要守適當的節制，請求需要的援助，不徵求過度，適合向誰請求的身份，時間，和地點的情況，避免不適合情況的作法：不給人招惹不合理煩惱。這些是人精修至德必須遵守的條件。

解難七：從此尚可明見，這樣徵募，雖然無異於乞丐，但謹慎適度，不討人厭，不求奢侈，不徇私慾，在這些條件下，沒有醜陋的外表，（也沒有營私舞弊的嫌疑）。

解難八：（同於第三種生活方式，解難一及二）。

解難九：乞丐性的徵募，是謙卑的行為。比較動作的施受，受動者卑下，施動者高貴；同樣，領受物品者卑下，施給者高貴；服從國王的命令，和作大皇帝給國王出命令，治理天下國家，比較起來，前者卑下，後者高貴。

雖然卑下可恥，如有某某附加條件，謙卑自抑，得失互相抵償，也是可能的。甘願卑下，適應需要，則是謙德的實行。如無需要，單純的甘願卑下，不是謙德。謙遜的美德，不是作事漫無檢點，或不識分寸。人如不加檢點，妄然屈辱自己，不是謙德，而是昏愚。然而如有需要，為成全道德，不辭身受卑辱；這樣甘心受辱，乃是謙德：例如愛德有時需要人承擔卑下的職務，為能服務隣人：：為愛隣而屈躬折節，是謙德的義舉。

依照以上的原理，可知為追隨神貧者精修至善的人生之路，因日需缺乏，而乞募援助，不恥卑辱，甘心樂受，是謙德的實行。又有時，非為職務的需要，但為樹立榜樣，號名職務卑下的人效法，以減輕他們卑辱的心理痛苦，這也是謙德的實行：例如軍隊的首長，身先士卒，率領全軍奮勇追隨。

還有時吾人運用卑辱，作修養道德的良藥。例如有人心理傾向於高傲自負，為壓抑心靈的驕狂，甘心自己卑辱自己，或甘受別人的卑辱；是有益的；惟宜遵守適度的節制。同時，用自己身受的卑辱，將自己和職務卑陋，地位極低的人群，處於平等地位。這是謙遜的美德。

第五個神貧生活的方式，是某些人認為吾主禁止人為掙取日需而運用任何智慮。（不用智慮，完全靠天主，絲毫不盡人力）。還是完全不合理性的一個錯誤。

證一：人的一切行動，個個需要智慮。如果人對於身體的日需，完全不應謀慮，必致於停止一切行動：這是不可能；這樣的實行起來，也是不理智的。天主規定的自然秩序，是每個物體，依照自己本性的特點，發出動作。人的本性，是靈魂和肉身兩個因素，合構而成的；所以應作出精神和物質生活的行動；人的品格優良，隨其專務精神修養的誠切，而相併提高，然而不是身體的行動完全罷休：因為身體的行動，以維持生活的需要為自然的目的：身體的行動停頓，是將人人應保養的生活，置之於不顧。

人己力自助之所能作，忽略而不作，坐待天主助佑，是不明智，並且是「試探天主」。天主的仁善和上智，照顧萬物，不是直接包辦萬物的動作，而是推動萬物，各盡己力發出自己本性能有的動作，詳證於上面（章七十七）。從此可見，忽略自己維持生活應作的工作，而期待天主助佑，是不可以的：因為是相反天主規定的自然秩序，並且是踐踏天主的仁善。（不運用天主賞賜的智能，是暴棄天主的恩典）。

吾人有發出動作的能力，但沒有達到動作之目的的把握：因為能有許多阻礙，從中作梗。每人行動能生出什麼效果，全聽天主的安排。吾主耶穌召勸吾人，勿有憂慮，是對於天主應作的事，勿要憂慮，（惟應安心依恃主慈，順聽天主安排）：但這不是禁止吾人竭盡智慮，善作吾人應作的事。

所以，人為作自己應作的事，殷勤謀慮，不是相反吾主的勸囑和命令。然而如果有人為了自己善作一切工作以後將能突然生出的不幸，而事先焦愁憂慮；甚而致於為預防未來的偶然事件發生，乃罷輟應作的工作或行動，這樣的存心，卻是相反吾主的勸誡。因為，正是對於這些未來能有的偶然事件，吾人應依靠天主上智的安排和助佑，俾能免禍得福：如同鳥飛花長一樣，依靠天主扶持。

駁謬：憂慮不可知的未來，而罷輟應發啟的行動，迷信天主助佑，是異教某些人的錯誤。他們的憂慮，是疑慮。他們的「全靠天主助佑」，等於否認「天主上智的助佑」。真正的智慮，不是憂慮或疑慮，而是既信天主上智的助佑，則不敢不敬謹從事，善盡己力所能的一切，不顧成敗得失；更不憂慮不可知的明天。

為此，（《瑪竇福音》，章六，節三四），結論說：「我們不要憂慮明天的事，但要應付今天的艱難，就夠了」。吾主說了這些語，不是禁止吾人保存明天生活需要的用品；只是勸導吾人，不要對於（不可知的）未來的偶然遭遇，放心不下，憂愁疑慮，彷彿同時是失望於天主的助佑；也是勸戒吾人，今天不要提前憂慮明天應打算的事。故此，煞尾說：「但要應付今天的艱難，就夠了」。

總結全論：得以明見，立志神貧，精修至善的人，能採用許多適宜的方式和制度，來維持自己的生活。比較起來，越能釋免人心經營世物的辛勞和謀意，越是值人讚稱的生活制度和方式。（脫離世物的縈繞，成聖自己，聖化世人，追尋吾主耶穌，是立志神貧的目的）。

第一三六章　節慾和絕慾

有些思想荒亂的人，也發言攻擊節慾的美德，如同前數章所述的那些人攻擊神貧的至善一樣，提出了以下這一類的數條理由：

一、男女婚媾，以傳生人種為天倫自然的目的。全種的公益，神聖美善，勝過個人的私益。（參考大哲《道德論》，另題：《倫理學》，卷一，章八）。所以，完全節慾，停止傳種的行為，罪惡重大，甚於停止飲食，或戒絕類此的行為，而斷送個人的生存。（這是相反人道）。

二、天主規定的自然秩序，賦與人生育的器官，和情慾的刺激能力，還有其他類此的自然設備，適合同一目的。可見，完全戒絕生育的行為，是違犯天主規定的自然秩序。（這是相反天主和自然之道）。

三、假設一人節慾是好，許多人節慾則更好，一總的人都節慾，就是極好了。然而從此生出的後果將是人類滅絕。足見人完全絕慾，是不好的。

四、潔德的美善，和其他美德一樣，在於適得其中，（勿過，勿不及）。完全放縱情慾，相反潔德，既然罪在荒淫；那麼，完全戒絕情慾，就也是相反潔德，罪在冷血無情。前者失之於太過，後者失之於不及：都是失德。

五、生而為人，則不能不有生殖慾的萌動：因為那是本性自然的。然則，完全抵抗情慾，彷彿長期的搏鬥，招惹心靈的煩惱，比適度暢遂情慾，振蕩心神恬靜，更難忍耐。既然心靈煩惱，失去恬靜，極度違犯道德的至善，所以，終身節慾，守貞不渝，顯然也似是背叛道德的至善。

六、在以上這些理由以外，還可加添吾主的勸戒：《古經》，《創世紀》，章一，節二八；章九，節一，記載天主命人說：「你們要生長，也要繁殖，並要充滿地面」。這個命令，在《新經》的福音裡，沒有被收同，反而受到了更堅強的證實。《瑪竇福音》，章十九，節六，記載吾主有句名言說：「天主結合的，人莫拆離」，就是指親事的締結而說的。終身絕婚，明明違反這條誡命。足見終身節慾，是不許可的。

解破以上那數條疑難

根據（前章）提出了的那些原理，不難解破以上這些疑難：

解一：（依照心理和生理的自然規律），人間職務或工作的分配，隨其供應人生需要，有個人與公眾的不同，而應採用不同的核算方法和標準。這是應注意的一個原則。

個人維持自己生活的需要，是每個人必須滿足的，否則不能生活，例如取用飲食，或作其他維持個人生活必要的種種動作。這樣的動作，應由每個人自己去作。是以每人自己應取用飲食，並作其他必要的工作。

然而，公眾的種種需要，不應交歸每一個人負責：這是不應當的，而且也是不可能的。人類公眾的需要繁多，不是一個人所能供給的，例如公眾不但需要飲食，而且需要衣服，房屋，及其他這樣的許多事物。

所以，公眾的生活，應以分工合作為原則：如同一個身體，有許多肢體和器官，分別擔任不同的工作。生殖行為，不是為滿足個人生活維持的需要，而是為滿足全人類傳種和生活的需要：是公眾生活的需要：應由大眾共同負責；但不必須責令一總的人，個個都要以生殖行為當作專心習行的本職；只需要有某些人負責生殖，另某一些人卻戒絕生殖行為，獻身於其他職務：例如從軍，或專務神修，（還有其他）。

解二：第二個疑難的解除，也根據同樣的理由。理路明顯：因為天主的上智，固然給每一個人，賦給了全人類傳種和生活需要的一切能力和設備，然而不是責令任何每個人，實用任何每一個能力和設備。事實上，人類天賦，有建築的技巧，有戰鬥的武術：然而不是一總的人，個個都是建築的技師或工匠；或個個都是戰士。同樣，人類有天主上智配給的生育能力及生育的設備，但不是人人都必須立志從事於生殖行為。（能力是每人都有的，但運用能力的責任，不是每人都有的）。

解三：從此也可看到第三疑難的解除。公眾需要的事，對於某些人，為能依照個人條件，獻身於更聖善的職務，他們就應戒絕，為他們，這是更好的；但如一總的人個個都戒絕，就不好了。（公眾需要的事，不可完全無人肯作）。

例如：神體優於形體，然而只有神體的世界，不如兼有神體和形體的世界，更是優美：反而是更不完善的。又例如：比較動物身體的器官，眼睛優越，勝於腳；然而動物如果不是腳眼具備，則其身體殘而不全。同樣，人類公眾的整體，如果沒有某些人立志從事於生育，又有某些人戒絕生育而專務靜思的神修，則人類生活的境況，不是美善全備的。（用反證法，反回去，足證：美善全備的人類生活，既需要某些人結婚生育，又需要另某些人絕婚而專務神修）。

解五：用前者（在章一三四）論神貧提出的理由，乃可解除第四條疑難。道德的美善，在於適中。這是必然的。然而道德的適中，不在於事物的量數不多不少，而在於確切遵守理智的規則，和標準，不過無不及：斟酌適宜的環境，達到適當的目的。

如此可見，離失理智的規則，戒絕一切色慾的快樂，叫作「冷血無情」，是惡習的一種。反之，確守理智的規則，戒絕一切色慾的快樂，乃是超越人間普通生活方式的一種美德：使人現實分享天主神性的純潔，肖似天主的聖善；是以貞潔的美德，被《聖經》稱讚是「和天神們本性同類的美德」。（參考《瑪竇福音》，章二十二，節三〇：世界終窮，肉身復活的人，不娶不嫁，生活純潔，如同天上天主的眾位天神。人在現世，度天神一般的純潔生活，是超越人類生活普通方式的美德：猶言超凡脫俗）。

解五：結婚的人，照顧妻子和兒女，經營家務，操心費力，長期不斷，絕婚的人，抵抗色慾的騷擾，心情的不安靜，僅約一小時。人如不同意色慾的引誘，心中煩亂的時間，便因而縮小：因為，依反比例，人越習慣享用慾樂，則享樂的慾望，隨著更加強烈。（參考大哲《道德論》，卷三，章十二，節七）。情慾因戒止而消弱；此外，尚有身體的運動和鍛煉，也能助人剋制情慾。

享用體膚的娛樂，比抵抗這些娛樂的情慾而感受的不安適，更能牽扯人的心智，從自己神智的高度，向下墮落，並且更能阻礙欣賞神靈的福美：因為人心享用情慾的快樂，乃極度膠合於肉體之類的事物；色慾的快樂，極其這樣的迷惑人心：情慾為快樂而追尋可樂的事物，不得則不安；既得財不忍捨，（而且得少求多，迷不知返）。為了這個理由，為立志靜思天主的事理，或為欣賞任何真理，專心修養的人，溺心於色慾，是極有害的；戒絕色慾的享用，是極有益的。

依照公共的原則，一個人絕婚守潔，優於結婚。然則，仍無妨有某樣的人，為了他個人的環境，結婚更好。是故（《瑪竇福音》，章十九，節十一—十五，記載），吾主在講完了貞潔以後，附加了兩句話說：「不是一總的人，都能掌握這個話的真理：然而能掌握的人，就應掌握實行」。（參考聖保祿，《致格林德第一書》，章七，節七—八；節三一—三二）。

解六：最後，天主給人類原祖，出了的那條命令，是針對著人類生殖傳種的本性傾向而發的：執行那條命令，不是一總的人個個必須盡的責任；但由某些人擔任起來，就夠了。詳論見於章首，不足為難。

附誌：如同方才說了，不是每個人都適宜絕婚，同樣也不是任何時代，都適宜絕婚。人類有某時代，需要繁殖，或因人數稀少，需要增加，例如人類開始繁殖的初期；或因信天主的人數稀少，有某時代，需要用肉身的繁殖，將信眾的數目增加，例如《古經》時代。所以，天主將終身節慾的勸誡，保留到《新經》的時代：在這時代裡，（人類眾多），信天主的人民，數目增加，用神靈的生育，（傳教引人接受洗禮；不用肉體的生育：但為神靈生育的健速，應有某些人，戒絕肉體生育，專以精神生育為職）。

第一三七章　絕婚與結婚

已往另有些人，不是不讚稱終身貞潔，但是認為貞潔和婚姻，兩種生活的地位，是平等的。這是若維年的異端，(參考日納德(神父)著，教會信條論，章三十五；聖熱羅慕著駁若維年(修士)，拉丁教父文庫，卷四十)。

根據前者(數章裡)提出的討論，得以明見這個異端的錯誤。人用貞潔，提高心智上升的能力，交接神靈和天主的真理與生命，並在某些限度內，超越人性的生活境界，而參與和天神相似的生活：(足證貞潔的地位，高於結婚者的地位)。

歷史上，有些結婚的人，也有至完善的道德生活，例如亞巴郎，依撒各，和雅各伯，(諸位聖祖)。這並沒有妨礙：心智的德能越強大，則越難能受事物的牽扯而墮落。並且他們也不因習用婚姻，而減低靜思真理和欣賞天主萬善的喜愛：但遵照時代條件的需要，操行婚姻的聖事，為能增加信天主的人數。

然而，某些人道德生活的完善，不是他們生活境界完善的充足證明：因為心智優越的人，用較小的能力，比別人用較大的能力，更能作出同樣的或更好的成績。所以，亞巴郎或梅瑟道德美善勝於許多立志守貞的人，並不足以證明婚姻生活的境界，優於貞潔的境界，或和它平等。(生活的境界，彷彿是立足的據點。絕對說來：婚姻的境界低於貞潔。然而心智的靈慧優越的人，由較低的據點，可以升躍於聖智的高峯，超過靈慧低弱的人以較高的據點為升躍的憑藉。聖智的高度，是靈慧高強的表現，不是出發時依憑的據點高上的證明）。

第一三八章　發願聽命

尚有些人，認為發願聽從命令，或照辦任何事物，約束自己，是一件糊塗的事情。

他們的理由是道德的善良行動，越自由自動，不受約束，則越合於道德的特性。作事越受必然的約束，就越沒有自由。如此看來，由於聽命或誓願的必然約束，而作出的行動，都貶低了自己道德的價值（足見，人作事不應以聽命或以誓願約束自己的自由）。

為解除以上這個疑難，不可不知，「必然」二字，有兩種不同的意義。（實際上，有三種不同的意義）：

一是「被迫的必然」。被迫的行為，是和意志相違背的。故此，被迫的必然減低道德行為的價值。二是內心傾向的必然，不減低道德行為的價值，反而增加其價值，因為提高了意志的誠切。道德的習慣，越老練，意志的傾向就越強烈，並且缺點也越減少。這是由內心傾向所使然；也是一個明顯的心理事實。道德因久練而達到完善的極點，便形成內心傾向的必然，引人行善不能自止，遂以致於不能再犯罪作惡，例如真福境界的人，但不因此而受到意志自由或行為聖善的絲毫損失。詳見於下麵（卷四，章九十二）的說明。

三是目的的必然：例如人為航海，必然乘船。顯然，這樣的必然，不減低意志的自由，也不減低行為的聖善。反之，人作目的必需的事，是本身可嘉的一個動作：目的越聖善，則其動作也就更值嘉獎。

根據上段的分析，得以明見，信守誓願的必然，或聽從自己歸依的人提出的指導，既不是被迫的必然，又不是內心傾向的必然，而是目的決定的必然：因為發了願或立了誓的人，如果應當還願，或滿盡誓願，或聽從指示，就必然應作出某某適當的行動。用這樣的行動，達到預先自己選擇的目的；如果目的是聖善可嘉的，例如人達到目的乃將自己歸服於天主，那些行動的必然，就絲毫不減低行為的道德價值。（為聖善而必要的目的，作出必要的行動，是合理的善良行為，不會因其必然性而損失其價值，反而確保其必行）。

再進一步，尚需注意，為滿盡誓願；或為敬愛天主乃屈服自己，遵行人的命令，而作出的善良行為，比無誓願或無命令，更有價值，更值酬勞。

為證明以上這一點，用罪惡和道德相對的反比例：有時兩個罪惡，共成一個罪惡的行動：當此之時，一個罪惡的行動，系屬於另一個罪惡的行動，以之為目的；例如某人盜竊的目的是為犯邪淫：盜竊的行為，依其本質，是貪財；但依此人的目的，卻是邪淫。（參考《道德論》，卷五，章二）。同樣，有時兩個美德，一個的行動，也系屬於另一個的行動，以之為目的：例如某人施給物品，目的是為和另某人締結愛德的友誼；施給物品，這個行為的本質，是寬鴻，其目的卻是愛德。其價值來自目的，高於寬鴻：因為愛德的友誼，高於無愛德的寬鴻。是以，寬鴻的程度，縱然降低，但由於其愛德之目的，而價值提高，更值讚賞和酬勞，勝於只有寬鴻而無愛德。

將以上分析出來的原則，用對照的比例，貼合到吾人討論的原題，茲假設有某人，作出某某美德的實行，例如齋戒，或斷絕色慾；不因誓願而為之，則是克制食慾，或是貞潔的實行；如果因誓願而為之，有其另某目的，為成全另一美德，就是信主虔誠，是以同天主立誓發願，必作某事。信主的虔誠是一個比守齋和守潔更聖善的美德：因為虔誠敬主，則維持吾人和天主應有的正當關係。人因誓願而守齋或守潔，雖然心中不感興趣，仍有更高的價值，勝於有興趣的守齋或守潔，而無誓願：因為有誓願的人，有虔誠敬主的興趣：這個興趣的價值，高於守齋或守潔的興趣：故可抵消其缺乏。（無敬主的誓願，而有興趣的守齋或守潔，不如無興趣的守齋或守潔而有敬主的誓願及興趣，更有高貴的價值）。

又證：道德行為中的最主要成分，是目的正當。行為聖善的理由，主要的來源，是目的。目的越崇高，行為則越有道德的價值：縱令行為的興趣，有人不感激昂。譬如行路，有人行路，近而緩，目的卻聖善，則其價值優於另某人行路，遠且速，但目的有欠聖善。（誓願的目的聖善，故為滿盡誓願而作某善行，則其價值多加一重）。

為愛天主而行善，是將那善行，獻給天主。但如為愛天主，而發下誓願，將來盡力必作某某善行；則其所獻於天主，不但是某某善良的行動，而且是那行動的能力，（及歷久不變的志願）。他的目的和意旨聖善崇高，則其行動不因興趣不熱烈而失掉其崇高價值。（換言之：守願的冷淡修士行善，價值高於熱心的人士行善而無誓願）。

另證：（意志的心理經驗）：事前立定的意志，以其效能，貫通事件進行的綿長歷程，使整個的歷程有可嘉的道德之美善；縱令人的心目中，在執行工作的時期，不想念事前立定的那個意志：例如某人為敬愛天主而起程旅行，不必須在長途的每一段落中，現實想念天主。（然而整個的長途旅行，都有敬愛天主的意義和價值）。

然則，發下誓願必作某事的人，志願誠切，勝於單純立志而不發誓願的人：因為發誓願的人，不但立志作某事，而且立志堅定心願，誓許非作那事不可，決不自行敗退。誓願的執行，如有某些強度，則由於心願的強度，而提高其聖善的價值，縱使其意志，不現實注意其行動，或注意鬆輕。

總結論：其他一切條件相同，一件事，發願去作，則其價值聖善，勝於實作而無誓願。

第一三九章　善功與罪過的等差

從這些分析，轉進觀察，尚可明見：善功不是平等的，罪過也不是平等的。

勸誡，無非勸人作更好的善功，（回閱章一三〇：勸誡和規誡的分別，正是在於這一點。規誡命人作不可不作的事。勸誡，勸人作那不作無罪，作了卻更有功勞的事）。天主的法律，頒佈的一些勸誡，是勸人守神貧，守貞潔，或作其他這樣的事。這些事，比擁有財富，享用婚姻，更是善良的：雖然結婚和有財富的人，按上面（一三三、一三六－三七）的證明，遵守了理智的秩序和限度，也能度道德成全的生活。如此比較，可見，道德行為的聖善價值，不是事事平等的。

還證：行為在類下分種，是以對象為根據：價值的優越，互成正比例：對象越善良，則行為本種固有的道德價值也就隨著越加提高。然而，目的優於工具和方法。工具，方法，或其他系屬於目的的一切事物，按距離目的之遠近而品定價值之高下。人直接以最後目的，就是以天主為對象的行為，是聖善至極的。其下，隨對象距離天主的遠近，各種行為乃分別出價值的高下。

加證：人行為的善良，在於遵守理智的規則。行為當中，某些比另某一些更接近理智：例如理智本身的行為，沾享理智的美善，多於下級能力的行為：它們只受理智的指揮，從此可是：人的行為，有的一些比另某一些，更是善良。

又證：按上面（章一一六及一二八）已有的說明：滿盡法律的定則，最好的辦法，是以愛為動機。作應作的事，一個人能比另一個人，懷抱著更大的愛情。所以，道德的行為也就一個比另一個更優良。

另證：人行為的善良，得自行為的德能。同樣的德能，有大小不同的強度，隨人而異。故此，人的行為必定也有高低不同的善良程度。

又證：人行為的善良，生於德能。德能的善良，有高低不同的程度，故此行為的善良，也隨著有高低不同的程度。然而事實上，德能之間，善良的程度，有高低的分別：例如作事的場面盛大，優於施捨大方；心胸的寬大堅忍，勝於謹慎節約。足見：人的行為善良，也是互有高下。

經證：是以大宗徒致格林德信友第一書，章七，節三八說：「父母將自己的女兒，嫁給人去結婚，是件好事；然而不將她們嫁出去結婚，是一件更好的事」。（在家裡守貞，更好。出嫁也不是不好）。

論罪過的大小

用同樣的理由和看法，也得明見：罪過有許多，也不都平等：人因犯罪，而失離目的，相離越遠，罪過則越大：更擾亂理智的秩序，也就更有害於近隣。是以《厄則克爾先知》章十六，節四七，曾責備當時的人說：「在你們一切的路途上，你們犯了的罪過兇惡，重於他們（別的人民）」。

駁謬：用這以上的定理，乃可破除主張功勞和罪過都平等的錯誤。

一切道德的行為，都是平等的，（依對方的看法），好似也有一些理由：因為行為的道德價值，來自善良事物的目的：就是來於最高的至善。既然善良事物的至高目的，是一切善良行為所共有的同一目的，所以一切行為都應有同等的善良程度。

為解破上述的疑難，須知善良事物的最後目的，固然只有一個，然而行為由它那裡，領取的善良程度，仍有高低的分別。因為這許多善良事物，系屬於最後目的，隨距離最後目的之遠近，而排成品級不同的梯階。是以人的意志，及其行為，以善良事物為對象，乃隨事物優良的品級，而有優良的差別，雖然最後目的只有一個。

同樣，一切罪過是平等的，（依對方的看法），也好似有些理由，因為人的行為裡，發生的罪過，都在於一個基本的錯誤：就是不合於理智的規則。事情不分大小，只要不合理智的規則，便都是錯誤：所以凡是罪過，都是平等的。

人間法廳的常例，似乎佐證這個理由：法律的限止，不可踰越；一有踰越，不分多少，都同樣是犯罪。又例如舞劍者，比賽武術，依規則不可走出運動場的界限；一出界限，不問出了多遠或多近，都同樣受評判員的處裁。依同理，罪過由於違犯理智的規則，不分事情大小，都是一樣的犯了規則：所以似乎都是平等的。

上述這些（對方的）理由，都不恰當，也不足為難。人如慎審究察，乃見一切事物的完善和優良，專在於某某尺寸的適度：因素的配合，不適度，則是罪惡：和適當的尺度，相去越遠，則罪惡越重大：例如健康，或健適，在於體內津液配合適度；美麗在於肢體及部分間佈置適度。真理在於心智對於事物，或言論對於事物，符合於事物的情況。

顯然的，體內的津液或血氣，越失調合，病勢也就越加嚴重。肢體間的紊亂不齊，越不合尺寸，就越顯得醜陋。人的思想或言論，和真理相去越遠，則錯誤越加重大。數學裡，誤說一加二等於五，和誤說一加二等於一百，前者錯誤遠不如後者的錯誤重大。依相同的比例，罪過也有輕重和大小的分別。

然而道德的善良，在於適度：因為它乃是依照一切環境適當的限制，而在互相衝突的罪惡之間，維持中正的立場。越離棄中和的調諧，就越加深罪惡的嚴重。（可見，罪惡的嚴重，也不是平等的）。

尚須理會到一點：就是罪惡違犯道德的規則，和人違犯法官或評判員規定的條款或限制，這兩件事不全相同：因為道德的規則，是本體善良的理則：是以違犯道德，是一件本體惡劣的事。違犯法官或評判員規定的限制，卻不是本體惡劣，而是附性惡劣：就是為了外在的附加條件，它是法官禁止了的事，只是在這個限制內，它是不可作的；作了就是犯過。（假設那件事，沒有法官指定的禁止，就是可以作的：可見它的本體不是什麼罪惡。然而本體重要，甚於附性：所以本體惡劣的事，罪惡嚴重，也甚於附性惡劣的事：足證事情的惡劣之嚴重性，也是隨事而異，不事事都是平等的）。

然後請看，附性惡劣或善良的事物，（用複比例的推論法），由於前提裡單純的主辭引於前則有單純的賓辭隨於後；不得在結論裡推斷說：主辭的程度提高，則其賓辭的程度；也隨著提高：這樣的結論不是必然的：舉例說明如下：如果某白人是一位音樂家，由這個前提，不能推出必然的結論說：所以膚色加倍白的人是一位加倍精明的音樂家。（因為「白人是音樂家」，這件事，一個附性事件：白色和音樂的技能，偶然連合為某人所有：兩者之間，沒有本體相因的關係：所以「白人會音樂」，如果是真的，不見得「更白的人更會音樂」，也隨著必是真的）。

反之，本體惡劣或善良的事物，（用複比例的推論法），如果前提裡，某單純主辭，有某單純賓辭；

那麼結論裡，如果主辭的程度提高，則其賓辭的程度，也隨著提高，乃是必然的了：（因為主辭和賓辭所指的情況，有本體相連的關係）；例如白色放散眼睛視力的範圍，故此，顏色越發白，則越放散視力範圍：（因為「放散視力範圍」是白色本體必有的作用之一。本體既相因而成，程度則相隨而消長。是以顏色越不發白，則越不放散視力範圍。顏色越黑暗，則越收聚視力範圍。這是「本體強度」和「本體效用的強度」互成正比例的原理：物理如此，倫理亦然。足證：本體惡劣或善良的事物，及其效用，強烈程度，有或高或低，相隨升降的必然：不能全是平等的。例如殺害賢良的人，是本體惡劣的事，故此，越多殺高度賢良的人，則越是高度兇惡的事；反之，越尊敬高度賢良的人，則越是高度聖善的事。事之善惡，有程度高低的分別，是必然的；也是一個明確的定理）。

加證：尚須注意，罪有大小的分別：大罪是死罪，小罪是輕罪。（在人為的刑法中，死罪受身體的死刑，輕罪受其他較輕的刑罰。在道德自然的理法中），死罪喪亡靈魂的精神生活。（精神生活，是理智和神智之類的生活），它和物質生活有相似的兩點。（一在生力方面，一在目的方面）。身體本性的物質生活，賴有靈魂而有生力。靈魂是生活及一切生活能力的根原。身體賴有靈魂而有生活，乃有自發行動的能力。身體失掉靈魂，成了死屍，或僵臥不動，或只能受外力的移動。（在目的方面，有靈魂的活身體，依本性自然的傾向，追尋物質生活的需要，以滿足自己的需要為目的。死身體則不自己追尋自己的目的。反之，亦然，不追求自己生活需品的身體，也要漸漸死去）。

依這同樣的比例，在靈魂的精神生活方面，人的意志賴有正直的意向而銜接於終極的目的，既有這目的作自己追求的對象，和生活所寄賴的性理，（猶如身體依賴靈魂），乃有活潑潑的生機，（和修德行善的能力）；於是，發出愛情，膠結天主和近隣，由內心的因素和活力，自動興作正直的行為。然而一旦除掉了正直的意向，背棄終極的目的，斷絕上愛天主和下愛隣人的情誼，人的靈魂就喪失了精神生活，（停止表現理智和神智的善良特徵，彷彿肉身失去靈魂，停止物質生活以後），就好比死了的一樣：因為在這情況中，人的意志，不自動行善，或甚而至於完全停止行善，或至多僅能受外力的驅使而行善：例如怕受懲罰，乃不敢作惡，也勉強行善。

從此可見，凡是和終極目的及愛主愛人的情誼相反的意向，或成於中，或形於外，便是（精神生活的）大罪和死罪。保全了正直的意向，就是不背棄終極目的，不喪掉愛天主和愛隣人的情誼，但在某某理則方面，有些缺點，（沒有傷中理智和神智生活的本體），這樣的思言行動，便不得算是大罪或死罪，不過是小罪和輕罪而已。（死在大罪中的人，受地獄的永罰，得不到寬赦。死在小罪的人，受煉獄相當時期的鍛煉，乃得寬赦。大罪和小罪也叫作不赦和可赦的罪。不赦的罪，是重罪。可赦的罪是輕罪）。那麼，罪惡有輕重的分別，不都是平等的。（依功罪相反的複比例，推論起來，足證：功德也有大小不等的分別。人的行為既善惡等級不同，天主賞善罰惡，也應有公義的分配。然而有些人，不承認天主賞善罰惡。問題詳論於下章）。

第一四〇章 賞罰（一）

從上面已有的分析，得以明見，人的動作，因有善惡，故受天主的賞罰。

證一：法律的制定者，也是刑賞的制定者。立法者用賞罰的勸戒，引人守法。然則，按（章一一四）已有的證明，天主的上智，給人類制定法律。所以，天主的上智也賞罰人的功罪。

另證：那裡有目的正當的秩序，那裡守秩序，則得目的；不守秩序，則失目的。附屬於目的之事物，由目的而得其必需：就是：如果目的應得，則必需有那些附屬的事物；（欲得目的，則少不得應用的工具和方法）；那些附屬的事物，應有盡有之時，又無其他阻礙，則必得其目的。然則，按（一一五）已有的證明，天主給人類的動作，制定了至善目的固定的秩序。那麼，如果那個秩序是正當的，守秩序的人，就應得到至善的目的：就是受賞；違背秩序的人，自己犯罪，則受革除，不得沾享至善目的之幸福：這就是受罰。

還證：按前者（章九十）的說明，人的動作，和自然界的一切事物一樣，各自應遵守天主上智規定的秩序。人的動作，和物理自然動作，兩下裡，都能發生守秩序和不守秩序的事件：但有倫理和物理的不同。物理的動作，或錯或不錯，不由物體自主；倫理的動作，有過無過，卻由人的意力作主。然而，效果和原因相對而適稱，是一條必然的定律。依照同樣的比例：自然界的事物，遵守自然因素及行動的正當秩序，隨則必然保全自己的性體，並得到自然的目的和福利，違背了秩序，便喪亡性體而得災禍；依同樣的比例，在倫理的事物裡，人用自由意志，遵守天主規定的法律秩序，必應得到人生的目的和福利；不是由於物理的必然，而是由於天主的主宰分配：這就是受天主的賞。反之，不守那法律的秩序，必定得到兇惡，這就是受罰。

加證：天主的至善，不放任事物違犯秩序：是以吾人觀察自然界的事物，得見凡是兇惡或災禍，都在結局裡，附屬於某一善良的目的及其秩序：例如氣體的燒毀，是火體的生成；綿羊的傷亡，是犲狼的飽餐。依同理，人的行動，如同自然事物，也應遵守天主上智的統制，是以，人行動內犯的罪惡，也應在結局裡，附屬於某一善良的目的及其秩序：最適宜的辦法是「罪當其罰」：這乃是附屬於正義的美善及其秩序。正義的任務，是處裁公平。超越限量的事物，都受正義的制裁。人如放縱私意，違背主旨，干犯主命，超越限量，有失公平，乃應依照天主的規則，彌補過錯，而忍受本心不願受的痛苦，並且自力無以逃脫。從此可見：人犯罪惡，必受天主降罰；反之，人有功德，必得天主的賞報，理由正反相同。

又證：天主上智，不但給萬物，設計規定秩序，而且推動萬物，執行其秩序，詳證見前（章六十七）。然則，意志的行動，卻是被動於其對象：或善，或惡。所以，天主上智的重要任務之一，是給人懸賞勸善：引人正直行動；並且頒罰戒惡，促人慎防不軌。

另證：天主上智，佈置萬物間的秩序，使之彼此相成，（參考七十七及其下數章）。然則人間相成，或因善而成善，或因惡而成善，適宜的辦法，莫過於見行善者受賞，乃發憤效法；見作惡者受罰，乃改惡遷善。足證，天主上智，不得不賞善罰惡。

經證：是以《出谷紀》，章二十，節五－六，稱述（天主自己）說：「我是你的天主，照察父輩的罪惡，罰及子輩；給敬愛我並遵守我誡命的人，降施仁慈的恩惠」。《聖詠》（章六一，節十三）也說：「爾按人的行為，回報每人」。聖保祿，致羅馬信眾書，章二，節六－八也說：「天主將來，按人的行為，報達每人：堅忍而行善，追求光榮、讚揚、和不朽者，天主則報之以永生；不安心於真理，而信從不義者，天主則報之以忿怒和痛恨」。

駁謬，由此得以破除主張天主不罰人的錯誤。古代瑪而松，和瓦蘭德，曾主張有兩個天主，一個是仁善的天主，（不罰罪，是《新經》的天主；一個是正義的天主，罰非，（是《古經》的天主。瑪、瓦二氏是第二世紀的人。參考聖奧斯定，異端論叢，章二十一－二十二）。

第一四一章　賞罰（二）

按（前章）已有的說明，賞善的目的是勸人立志行善，罰惡的目的是勸人立志戒惡。人有求賞而免罰的願心，得賞則善，以為福利；受罰則悲，以為兇禍。惡是善的缺乏；罰是賞的反面。善惡相對，賞罰相當。善惡既有輕重，賞罰也就必須有不同的種類和等級。

人生的終極目的是真福，乃是人的至善：人的福善，距離這個目的越近，則越崇高。距離最近者，莫過於道德，（參考《道德論》，卷一，章九）；次則助成人的善良工作，以得真福；隨之則有理智的正富修養，及服從理智各種能力。然後，則是順利的工作，需要身體健全；最後，尚有道德行動需要運用的外間事物：工具和用品等等。

如此比較，極重的罰，是罰人失去真福，次重，則罰人失去道德，並失去行善而有的本性智巧；再次，則罰人靈魂的理智失去本性各種能力的統制；然後，則是罰人身體受害；最後，是罰人喪掉外間的利益。

罰罪，這件事的本質和定義，有消極和積極兩方面：消極方面，是罰人失掉福利；（如同上段所述輕重各級）。積極方面，是罰人受到不順心如意的苦惱。（客觀的看法，失掉的福利越大，則苦惱越深：

這是人人意見相同的）。然而，不是人人都用客觀看法看事：是以有人有時將大禍看成小苦；罰他失掉重大福利，他覺得卻是小不如意，於是他認為不是重罰：因為他的意志，對於禍福的評價，不合於客觀本體的實價。例如有許多人，重視身體和覺識的福利，輕視神靈和智力的福利，於是害怕身體受罰，過於神靈受罰。

根據他們那樣的評價，罪罰輕重的等級，和上面方才說過的那個秩序，適相顛倒。就是他們認為，罪罰極重者，是外物的損失和身體受傷害；次重是靈魂情慾的荒亂；再次，是道德損失，最輕卻是失掉享受天主的真福：因為他們對於人生終極真福的享見天主，或認為價值不大，或認為完全沒有價值。本著這樣的主觀看法，他們認為「天主不罰罪人」，是一個合理的結論：因為他們眼見許多罪人，安享身體健康，並有豐富的外間幸運，（發財得勢，等等）；有德行的人卻多災多病。

正確觀察，不足為奇。依照客觀的本體價值，外間的利益，附屬於內部的利益；外部以內部為目的。（人的內部），身體卻以靈魂為目的。身體的，和外部的福利，有時能幫助成全理智的福善，在這個限度內，它們是人的福利，但有時也能阻礙人成全理智的福善；在這個限度內，它們便是人的禍害：福禍分別的關鍵，在於是否有利於理智的生活目的。

然則，天主是萬物的處理者，認識人道德生活需要的限度：是以有時供給身體和外間事物的福利，幫助有德行的人成全其德行；這就是賞他得福；有時卻減除他這些福利，因為天主考慮到這些福利妨害他道德的修養，並且阻礙他享天主的真福；是乃福利反而變成了禍害；依同理，它們的喪失，卻反轉過去，又變成了他的福利。

既然凡是罰，都是禍；所以，外物及身體福利的損失，助人成全道德，既然不是禍，則也不是罰。反之，讓人得外物（及身體）的福利，受其引誘而陷於罪惡，既是害人，故是罰人。是以《智慧篇》，章十四，節十一，曾說：「萬物，天主所造，其中有些物，變成了可恨的禍種，引誘人的心靈向惡，並是愚妄者的絆腳網」。

雖然如此，外物及身體福利之損失，縱令助人修德，仍是違反人的心願；固非實害，尚有罰的含義：因為罰的意義不但是罰人受禍，而且是違反人意。人遭受不如意而無實害反有實益的事，有時也叫作受罰，（例如說「好人多磨」，是人類原罪的罰）；這裡說的「罰」字，（有折磨和冤罪的意味）：是勉強的借用，不指「罰人本罪」的實義。

人因理智錯亂，有時能顛倒事物的價值，不副合事物的實況；遂重視物質，而輕視精神；迷戀身體的福樂，而遺棄神靈的真福。然而須注意，這樣的理智錯亂，或是罪過，或是罪過生出的後果：非前必後。從此可見，人受罰而感到的痛苦，（或有罪而受實罰，或無罪而受冤罰），都是罪過招致的苦惱：沒有別的來源。（無罪而受的冤罰，是方才所說的外物及身體福利之損失：人如果不理智錯亂，則應知這類的損失，有益於道德的修養：故應視如真福的門路，不可心生苦惱；否則，認福為禍，理智錯亂，或是現實的本罪，或是已往本罪的餘緒；或是人類原罪的遺毒。本罪是某人本身目犯的罪。原罪是人類原祖的本罪：故此是全人類的罪。人理智的錯亂，是本罪或原罪惡毒之發作）。

這個結論也可證自下面這另一個理由；就是：本體善良的福利，不因濫施或妄用，而變成人的禍害，除非由於人的內部現有某種秩序的錯亂。又證：人的意志採納本性善良的福利，但為增進德行的修養，人應受到一些損失，由於人內部現有的某種錯亂；或是罪過，或是罪過的遺毒。事實上，顯然人在犯罪以後，便生出心情的迷惑，神志顛倒，傾向於罪惡，容易犯了又犯，（為剋制向惡的習性，人應忍受物質福利的損失）。所以，天主用物質福利的損失，罰人，為助人修德，不是因為人沒有罪過。雖然人的理智顧慮目的也有時甘願忍受損失，不以之為痛苦，但損失究竟是一件不順人意的事：絕對說來，仍是人為了心情的錯亂而受天主的罰。人本性現有的這個錯亂，來源於人類初祖所犯的原罪，詳論於本書後部（卷四，章五十：錯亂，是秩序的顛倒；心情的錯亂是顛倒價值的貴賤：判斷力對於事物的評價，不副合事物本體的實況：認禍為福，認福為禍。人心的迷妄，是人類原罪的效果，也是天主公義的懲罰）。刻下，足以斷定一個明確的結論：天主罰人是為了人有罪惡；並且天主不罰沒有罪惡的人。（可見天主罰人不罰無辜）。

第一四二章 賞罰（三）

為能維持事物間的公平，天主的正義，需要賞功罰罪。既然按已有的證明，功罪有等級，故此賞罰也必須有等級；否則，罪重罰不重，或功大賞不大，就是不公平：因為既然善有善報，惡有惡報，則依同理，大善有大賞以為報，大惡也有大罰以為報；才算是公平正義。

又證：（按卷一，章九十三的證明，天主有分施的正義，在於賞善罰惡，公平正義：分配適宜）。分施正義的公平，需要不平等的功罪，受不平等的報答。假設刑賞一律，不分輕重大小，則非正義與公平。

還證：法律制定刑賞，引人向善避惡，詳論見前，（章一四〇）。然則不但應引人向善避惡，而且也應勸勉人，善者進步而從優，惡者進步而去劣：刑賞無等級的差別，則收不到這樣的效用。故此，罰罪賞功，不能不分等級。

加證：人因行為之善惡而受賞罰，猶如物體因本性才質的裝備而得性理。然則，天主上智給萬物制定的秩序，是才質優厚者，乃得優越的性理，（而屬於品級崇高的物類）。所以，依平行對照的複比例，善惡種類和等級不同的行為，必須應受種類和輕重不同的賞罰。

又證：行為善惡的程度，能有質量兩方面的差別。量數有多或少。品質有優或劣。賞罰的質量，卻應和功罪的質量，程度相對而適當：否則，天主審判並處裁人行為的功罪，量數方面，必有遺漏；品質方面也欠適當：都是賞罰不公平：（非天主所可作）。

經證：是以，《古經》《申命紀》，章二十五，節二：「按罪處罰，質量的程度必應適當」。《依撒意亞先知》，章二十七，節八：「當她被廢棄以後，我要用相對適當的尺寸，處裁她」。（她是邪神偶像的崇拜者和迷信家及同類者的人群）。

駁謬：此即足以破除主張將來賞罰無等差的錯誤。

第一四三章 賞罰（四）

回閱前者（章一三九）已有的說明，得以確知罪分兩種，（輕重不同；故此因罪受罰，也分兩種：重罪受永罰，輕罪受暫罰）。

一證：人犯重罪，心志和天主完全斷絕系屬的關係，自絕於萬善的終極目的：這就是死罪。人犯輕罪，仍和終極目的保持系屬，但自加阻礙，願心疏忽怠惰：這就是所謂的小罪。既然罪必當罰，程度相合，所以死罪受永罰，喪失人生的目的；小罪受暫罰，不永喪目的，但遭受困難，緩期得到目的。這樣，人犯什麼的罪過，自願背棄目的，就受什麼樣的處罰，阻礙自己滿足達到目的之願心：這才是保持正義的公平。

再證：自然物體有自然的本性傾向，猶如人有意志。（前後有平行對照的複比例）。既然自然物體失去了本性傾向，則總不能達到其目的：例如重物腐朽，失去下沉的重量，變成了浮揚上升的輕物，則不得達到（地中心的）適中的止點；如果行動受阻，本性傾向尚存，去掉阻礙，則終於達到目的；依同比例，人犯死罪，全失終極目的之意向；如果只犯小罪，意向不失正鵠，動向卻受某些阻礙，由於過度留戀系屬於目的的下級事物。所以，依同比例，人犯死罪，就應受罰，完全喪失人生目的；如果只有小罪，則受到困難的阻擋，緩期達到目的。

個目的了。

加證：人得未嘗意料的福利，乃是倖運和偶然。（回閱章七十四及九十二）。假設人的意向，完全背棄了終極目的，竟然得到了終極目的，這乃是他意外的僥倖和偶然。這是不適宜的。因為終極目的是智力所知的美善對象。僥倖或偶然，卻是智力豫料不到的事：故和智力是相反的。智力用相反智力的途徑而得到智力本性固有的目的，是不適宜的。足證：人犯重罪，意向既然完全背棄了最後目的，就再也得不到那個目的了。

又證：物質無適當條件的裝備，則無以從作者手中，領取性理。然則，目的與福善，成全意志的滿足，猶如性理是物質潛能實現的盈極。所以，意志無適當條件的裝備，也就無以得到終極目的。意志為得目的應裝備的條件，是堅持達到目的之意向和願望。足證：意向背棄了目的，則意志無以再得到目的。

另證：在事物系屬於目的而組成的秩序內，如果現在或將來目的實有，則系屬於目的的切事物，（即是工具和方法等等），也必須是實有的；反之，如果系屬於目的的那些事物實際沒有，則其目的無以實現：假設沒有那些事物，而能實現其目的，則用那些事物作追求目的之工具和方法，就是枉費工夫了，（並是不合理性的）。

然則，眾人公認的真理是：人用道德的實行，首要用正當的意向，得到人生的終極目的，就是得到真福。所以，行為相反道德，意向背棄目的，人則喪失目的，這才是合理的。（喪失終極目的，就是受永罰的至苦）。

經證：因此，《瑪竇福音》，章七，節二三，曾說：「（天主審判世人時說）：你們遠離我，你們是犯罪作惡的人」。

第一四四章　賞罰（五）

重罪受罰，喪失終極目的，應當是無止境的永罰。

一證：喪失的本義，是某物本性應得，既得而後丟掉。本性不應有某物時，無之不可謂喪失：小貓新生，眼睛不睜開，不可說是喪失了視覺；（長大以後，應睜眼瞻視，而仍不睜開，則應說是喪失了視覺的）。人本性生來，不是在現世得到人生的終極目的，而是在今生以後，（詳證於四七及其下數章）。所以，這個目的之喪失，也必須是在今生以後所受的罰。然而在今生以後，人沒有掙取終極目的之能力：因為人的靈魂，為掙取人生的目的，需要有肉身：就是運用肉身，在知識和道德上，掙取美善的成全。靈魂，（在今生以後，肉身死去），離開了肉身，不又回到（今生的）這個世界裡來，運用肉身，謀取人生美善的成全。某些人提倡「人靈化身轉世」的謬說，前在（卷二，章四十四；章八十三─八十四）多處，已有詳細的檢討和批駁。從此可知：受罰喪失最後目的，必定是永失不復再得。

加證：某物喪失其本性應有的因素，不能挽回，除非原有的物質，從頭作起，另生新體：例如動物喪失了眼睛，或其他器官的知覺；（為能恢復原有的器官和知覺，必須體內原有的物質，從頭作起，另生新的器官；有些動物有這樣從新另生器官的能力）。然而，物體或器官，既生以後，為能從新再生一次，不得不先喪亡，死去，腐化；然後，從原有的物質中，才能生長出完整的新體，和死去的舊體，不是同數同體，而是同種同性。（新體的動作及其美善的成全，無法又是舊體的動作與成全）。

然而神靈之類的物體，例如靈魂和天神，不能舊體消解，化歸原有的任何物質，俾能由而再生出同種的另一個新體。（即便新體另生，也無益於舊體）。足見，它們如果喪失了本性應有的事物，便一失永失，不能再得。然則，靈魂和天神對於萬善的終極目的，就是對於天主，所有的系屬，是一個本性應有的關係。所以，犯罪受罰，關係既經斷絕，則一斷永斷，無法挽救。（自然物理本性應有的事物，舊體喪失，原體重生，是不可能的：新體新生，生於原有的物質，有時是可能的，但無益於舊體）。

又證：宇宙間物性自然的公平原則，依吾人觀察所得，可知每人（或每物）行動相反什麼福利，便理應失掉什麼福利：既有相反的行動，則自己取消承受那個福利的資格：（例如飛蛾赴火，則翅膀被燒；無力恢復燒毀了的翅膀）。本著同樣的原則，根據市政的法律，市民犯相反政體的重罪，便失掉市民的一切權利：或受死刑，或受終身徒刑，（充軍異域，終身不得重歸）；法廳正義，不注意犯罪時期的長久，但注意罪案干犯了什麼禁例。

然而，現世終身的一生，對於塵世的市政團體；和來世整個的永生，對於真福者的團體，有比例相同的關係。按上面（章六十二及其下數章）已有的證明，真福境域的人，永遠享受終極目的之真福。所以，犯罪相反終極目的，並且相反真福者團結一致，追求真福，彼此間互有的愛德（之友善），雖然罪惡犯在暫時，也應受永罰，才是合理。

另證：人看外部行動，天主察人心。（參考《古經》，《撒慕爾紀》上卷，章十六，節七）。為此理由，天主審判功罪，將心意算作實行。（參考聖奧斯定，《聖詠》註解，伍柒，節三）。人為暫時福利，背棄最後目的之永享真福，將永福放在暫福以下，自證寧願永享那個暫福。所以，按天主審判的標準，他應受永遠犯罪者應受的罰。永遠犯罪者，理應永遠受罰，這是無疑的。足證：不拘誰也不拘為了什麼原因，既願背棄人生的最後目的，就應受永遠的罰。

還證：賞善罰惡，正義之理相同。（章一四〇）。賞善既用永遠的真福，所以罰惡就應剝奪永遠的真福。（參考《道德論》，卷一，章九：道德的賞報是人生的真福。參考上面章一四〇：人生的真福是永遠的）。

經證：《瑪竇福音》，章二十五，節四六：「這些人，要自投永罰。正義的人卻得享永生」。

駁謬：這就得以破除罪罰都有止境的謬說。某些哲人曾主張一切罪惡所受的罰，都是為清洗人的罪污，所以都有終止的時期。（沒有理會到，永遠犯罪的願心，充滿著永遠洗不淨的罪污）。

檢討：對方的主張，表面上也好似有些值人信服的理由：一是人情風俗：刑罰的目的，如同醫藥治病，是為改正惡習。二是理性：刑罰的可用，不是以用刑為樂，故應另有目的；此則非改正惡習莫屬。人尚如此，天主聖善，更應如此。何況罪污，是附性偶然的遭遇，不傷人靈或神體的本質，故可洗淨而不銷毀實體。可見凡是罪罰，都是洗除罪污的藥劑，服用起來，不是永無止境。

解答：天主用刑，是為罰罪，不是以用刑害物為樂；但為維持秩序，確保宇宙公益。萬物間的秩序，需要天主賞罰適當，不爽分毫。為此，《智慧篇》，（章十一，節十二）說：「天主的上智作事，都有分量，數目，和尺寸」。賞功罰罪，輕重適當，事情苦樂軒殊，正義同是一理。有些罪惡，按方有的證明，受永罰，才算適當。足證：天主為處置某些罪惡，降以永罰，目的為維持萬物間的正當秩序，適足表現天主的上智。

縱令一切罪罰，都是為改正風俗，此外別無目的；仍不必因而主張一切罪罰都是為洗除罪汚，故有正期。因為人間立法，也有死刑，懲一儆百，是為改正別人，無益於挽救主犯。是以《箴言》，章十九，節二五說：「鞭責亂首，愚者生智」。

人間法律，為能澄清市政，也要驅逐犯人出境，終身不許還歸。《箴言》，二十二，節十說：「驅逐譏嘲者，口角即停；爭訟和辱罵也就要全告止息」。所以，按照天主審判的公義，為改正風俗而用的刑罰，也絲毫無妨罰某些人永遠離開善良者的團體，永不赦歸，為警戒人停止犯罪，並為清除善良團體中的惡劣分子：猶如《啟示錄》，章二十一，節二七說：「有罪汚的人，或犯罪作惡，及製造謊言的人，不得進入聖京」：聖京，就是曰路撒湊，象徵善良者的團體：（有時也叫作天堂，或天國，或天上的曰路撒湊城）。

第一四五章　刑罰（一）

犯罪相反天主的人，應受的罰，不但是永失真福，而且是實受某種傷害和痛苦；（就是刑罰）

一證：按上面（章一四二）的證明，刑罰副合罪過，應適度相稱。人犯罪過，不但心智背棄人生的終極目的，而且過分歸向外物，錯認外物為目的。所以人犯罪應受的罰，不但是和目的隔絕，而且是從外物方面應感受苦害。

加證：按前章的證明，刑罰，罪罰，是為警戒人莫再犯罪。無人害怕失掉不願掙取的事物。意志背棄終極目的的人，不害怕和那目的隔絕。故此只有目的之隔絕，尚不足以喚醒人心，戒絕罪惡。所以應當另加罪人害怕受的刑罰。

又證：取用物品，不合規律和秩序，不但失去目的，而且加受苦害：例如飲食不當，不但不增進健康，而且生出疾病。以受造的事物為目的，迷不知悟，不維持和終極目的應有的關係，乃是用物失當。故應受罰，不當失去真福，而且親身體驗到妄用那些事物的害處。

另證：行為正直的人，應得福善，行為荒亂的人，應受禍惡：前後比例相同：一反一正，共是一理。然則，行為正直的人，完成志向，達到目的，乃領取生存的美善盈極，和喜樂。所以，反過去，行為不正直的人應受的罰，也是既失去目的而迷戀外物，乃從外物領取禍害與痛苦。

經證：《聖經》警告罪人不但喪失榮福，而且從外物方面自取苦惱。《瑪竇福音》，章二十五，節四一說：「你們可咒罵的人，離開我，投入魔鬼及其差使準備了的永火中去」。《聖詠》章十，節七：「祂要降下羅網，烈火，硫磺，嚴罰犯罪的人；狂暴的颶風苦雨是他們吞飲的酒杯」。

駁謬：這就足以破除亞家澤的意見，他主張罪人受罰，只受「失苦」，就是只受「失掉終極目的」的苦。（參考亞家澤，《形上學》，卷二，章五）。

第一四六章　刑罰（二）

人間的法官判處罪犯於重刑，執行正義，不是犯罪。

一證：有些人，陷溺於器官知覺的情慾，好似只顧慮可見的事物，故此，輕視天主降下的罪罰，（天主及其行動是不可見的，有些人乃不知畏懼）。是以天主上智，規定地上人間，應某些人，用現前的，器官可知覺的刑罰，處罰罪人，勒令眾人遵守正義。他們判罰犯罪的惡人，顯然不是犯罪。無人執行正義，竟是犯罪的。處罰惡人，是正義的：因為處治罪犯，理應施用刑罰。詳證於上面（章一四〇）已有的討論。所以法官罰惡，不是犯罪。

二證：各地人間，設立官長，充任執行天主上智的規律。天主用上智的秩序和規律，任用上級辦理下級事物，詳見於上面（七七及其下數章）的討論。無人竟因執行天主上智的計劃和規律，而能犯罪、得罪於天主。反之，天主上智的秩序和規律，需要善人受賞，而惡人被罰，前在章一四〇已有詳論。位在上級者，賞善罰惡，不是犯罪。

加證：善惡相需，是惡需要善，善卻不需要惡。為保存善良而需要的惡，不是本體實惡。然則為保存人間的和睦，需要刑罰惡人。足證：刑罰惡人不是本體實惡。（回閱章十，及其下數章）。

又證：全體的公共福利，優於局部的福利。為能保全公益，理應捨棄私益。某些亂首的生命，阻礙公益，就是破壞人間團體的和睦。所以這些人應受死刑，退出人間的團體。

另證：醫師治病，旨在恢復人的健康，重整血氣的調和，同樣，市政的長官，治理公務，目的在維持和平，就是維持市民有秩序的和睦。（參考章一二八）。然而醫師卻不惜砍斷腐爛的肢體，為抵制腐爛全身的危機：這樣的手術是一件好事，也是有益的。依同理，可見，市政的長官，誅殺亂首，防止市政和平的擾亂，是一件公義的事，所以是無罪的。

經證：是以大宗徒，致格林德信友第一書，章五，節六說：「你們豈不知一小撮酵母，腐化全盆的麵粉嗎」。下文又接著說：「你們要從你們當中把惡人剷除」。致羅馬信友書，章十三，節四也說論到塵世間的權力：「掌權者執劍，不是沒有原因；他是天主的官員，懲罰作惡的人」。聖伯多祿，第一書，章二，節十三——十四也說：「你們要為天主而服從人間的權力：國王和官長：因為國王派遣官長懲罰惡人，嘉獎善人」。

駁謬：這就足以破除某些人的錯罰，他們主張「不許刑罰人的身體」。為支持這個意見，他們提出了以下這幾條理由：

一是《古經》：《出谷紀》，章二十，節十三說：「勿殺人」。《瑪竇福音》，章五，節二一，（吾主耶穌），重申天主的這條誡命。

二是《新經》：《瑪竇福音》，章十三，節三〇，上主回答，吩咐職工，勿從禾田拔除莠草，說：「讓它們一同生長，長到麥熟收割之時」。莠草喻指惡徒，敗類；麥熟之時，喻指世界的末期，這樣的解釋明見於本處福音，（三八及其下數節）。足證：不可用斬殺的死刑，從善人當中，把惡人削除。

三是道德：人生在世，能改惡遷善。所以不應用斬殺的死刑從世界上把惡人剷除，但應保留惡人的性命，期待他們及時悔悟。

以上三條理由，不足為難；審察起來，可見都是輕浮的。

解一：天主的誡命「勿殺人」，本義是禁止不公義的殺人。不禁止公義的殺：因為同書章二十二，節十八，接著說：「你不要容忍作惡者偷生」。《瑪竇福音》，章五，節二一—二二，紀載吾主耶穌所說的話也足以證明「殺人也有公義與否的分別」：「你們聽古人有句名訓說：勿殺人；我現在卻給你們說：誰發怒，傷了自己弟兄的和睦，他應對質於法廳；誰罵自己的弟兄是「昏頭昏腦」，他就要到議院受審。他若咒恨自己的弟兄，說他是「無道」，（或「缺德」，或「無人性」，或「無天無法」之類），他就要到火坑裡去聽受責問」。（發怒，得罪弟兄，而殺害弟兄，是不公義，應投入火坑）：明明是說：不公義的發怒殺人，或咒恨人，是不許可的；為了酷愛公義，而殺伐不公義的殺人兇手，不是不許可的。

解二：統觀上下文的全體，得見吾主容忍莠草的目的，不是禁止剷除莠草，而是戒防因拔除莠草時機失宜而傷害嘉禾；故此原文全話說：「讓他們一同生長，長到麥熟收割之時，免得拔除莠草，連嘉麥也一併連根拔除」。這些話明顯是在不能不危害善人的時機中禁止殺伐惡人。這樣的時機是能有的：或因惡人尚未呈露顯明的罪惡，和善人分開而被善人辨認出來；或某某時期，害怕有危險，許多善人能受惡人的牽掣和糾纏，（於是應有投鼠忌器的明智，怕小不忍則亂大謀：為保護善人而容忍惡人，不是為容忍惡人而姑息放縱惡人，更不是禁止「殺惡人」這件事的本身：善惡互鬪，有時雙方為時機所迫而同意暫且互相容忍：這是時機問題，不是事體和原則的問題）。

解三：至於惡人，生活在世界上，有改過的可能，這並不妨礙他有時按公義應受被殺的死刑：（公義問題是較量善人的得失）；惡人生活危害善人，嚴重急迫而確實，和由惡人改過所能預期的福善，大小軒殊，不足相抵；當此之時，容惡害善，是不公義的；（故應殺滅惡人，為善人除害，才是公義）。

惡人在臨死之時，仍有能力，悟悔前非，誠心遷改，（辦告解，領聖事，作補贖），重新歸向天主，（得救靈魂，不失長生的真福）。假設固執於惡，死在臨頭，仍不回心棄惡；相當明顯，自證大約永遠不肯悔改：善人估量，容忍他生活，期望他悔改，大約定是無益的。（他害善人，不應生在人間；他永不悔改，無權利得永福。他被罰處斬，無自己權利的損失：故非法官之不公義）！

聖寵：超性生存的助佑

第一四七章 本性和超性的生活

從上面（一一二及其下數章）的研究，得以明見，天主上智，管理有理智和無理智的物類，各按其本類性體條件之互異，而採用不同的管理方法。現在尚待考覈的另一問題：是否天主上智，管理萬物，由於各類目的高下不同，也遂採用不同的管理方法？（為答覆這個問題，須從本性和超性兩方面觀察）：一、在本性方面，人生目的，高於無理智的萬物。人本性生來，具有智力，能用智力的動作，接觸無智力者所不能得到的真理。人依本性，又是社會動物：眾人聯合，知行互助，過結社的團體生活。在真理的本性智力之動作方面，天主上智，照顧人類，配給優厚，顯然異於他物：天主賞給人神智和理智，人用之乃能研究並且辨認真理，（神智，直觀洞見最高的真理及不證自明的許多公理。理智由公理和定義，在具體事件中，推證定理和結論。意力隨之乃欣賞愛慕真理的美善）；天主也賞給人許多內外器官的知覺能力（和情慾），助人尋察真理（和真善，以達到人智力和意力的本性生活之目的）。在團體生活方面，天主賞給人語言，人用言語，能將一人心智領悟的真理，表達於另一人；用思想的傳達，眾人互助以認識真理，並在其他事物上，滿足各人生活的需要。以上是人現世本性生活，受天主異樣照顧，和其他物類不同的證明。

二、在超性方面：更高深一步，須知人生的終極目的，在於真理的一種認識：這種認識是崇高至極的，超越人（現世）本性的能力（及其方法）；其目的在於直見第一真理的本體，詳證於上面（五十及其下數章）。低級物體，專靠本性固有的方法，不足以達到超越其本性能力的目的：是以，從目的方面注意觀察，關於人類，天主也應採用特殊的管理方法，和其他低級物類，都不相同。系屬於目的一切事物，（工具、方法、資料、技術，等等），必須適合於目的。人類為達到自己生活的終極目的，必須有天主來賞給自己超性的助佑。

一證：人生使命，依照本性自然的秩序和方向，是得到方才說的那個終極目的。那是超越人本性能力的。必須由天主賞賜超性的助佑，（以完成天主上智給人造定的目的和計劃）。

再證：本性低弱的物體，為能達到高級物類本性固有的美善，不能不仰賴高級物性能力的引導：例如月亮發光，不是由於本體，而是仰賴太陽照耀的能力和實效；又例如水由冷變熱，不是專靠自己，而是仰賴火力充足的燃燒。然則，直觀第一真理的本體，按已有的證明，是一件超越人本性能力的事，乃是天主獨自本性固有的美善。所以，依照相同的比例，人類為達到那個目的，需要天主助佑。

又證：每個物體，用自己的動作，得到自己生存的終極目的。動作的效能，發源於動作的因素。是以父體運用種籽的作用，生育子體，傳播本種的性理和生命，不出於本種範圍固定的界限。本種性體固有的效能，預先是種籽以內所具備的。依相同的比例，人類為能用自已的動作，達到自己生存的目的，不得不仰賴天主助佑的實效：因為那個目的超越一切本性力量的效能。

加證：工具，專靠本有性理的效能，無一能將作品作到最後成全的地步，但只須依靠作者主動的效能：雖然，工具專靠本有的效能，足以（在質料內）製備適當條件，供給主動者完成工作，將作品作到最後完善的地步。例如斧鋸，專靠本有的性理，及能力，只會砍殺木料；不會作成桌椅。給木料規劃並製造出桌椅的性理，（包括形式的條理，及資料的性情和品質的調整，等等），卻是工匠的藝術及智巧。工匠是主動者，運用斧鋸，以為工具，加工製作桌椅。

同樣，又例如動物的身體，消化營養物資，用火的熱力當作工具；然而生成骨肉，決定體量增長的度數，及其他類似的功效，卻應仰賴於營養生長的因素，就是依靠植物性的靈魂，專名生魂。在營養作用上，生魂是主動因素，運用火的熱力作工具。

然則，（按六十七及七十諸章的證明），在各級智力和意力排成的系統以內，天主是至高無上的第一智力和意力。天主以下，各級所有一切的智力和意力，都是天主智力和意力的工具，供給天主調用：天主是主動者。所以它們的動作，對於終極目的最後實現，享受至上的真福，所有的效能，不是專靠己力，而是仰賴天主助佑的神效。足證本性有理智的實體，為得到自己生存的終極目的，需要天主的助佑。

另證：人為達到生存的終極目的，困難極多。理智薄弱，易陷錯誤，失離正路，目的遂無以達到。器官知覺方面的七情八慾，引人追尋器官的及低級的對象，留戀陷溺，越加深長，則越隔離終極目的：是為了兩者高下軒殊的緣故。人既未降，則難上升。身體病弱，也屢次阻擋人修養道德，實作善功，於是削弱人修德立功以得真福的努力。為剋勝以上及類此的各樣困難，人需要天主的助佑，才能賴以提拔，在追求終極目的之努力上，免陷於完全失敗。

經證：是以《若望福音》，章六，節四四，曾說：「除非派遣我來的聖父引領，無人能來跟隨我」；

又在章十五，節四說：「如同葡萄枝，離開葡萄樹，不能結葡萄；同樣，你們不和我連合，也不能結出菓實」。

駁謬：這就得以破除白辣熱派（Pelagian）的錯誤；他們曾主張：人只用自由意志，就能修德立功，掙取天主賞賜的榮福。

第一四八章 催迫與強迫

討論到這裡，有人能想，天主的助佑，可以是強人行善。因為《聖經》上說：「聖父引領」，有牽引提領，強人隨從的意思。聖保祿，致羅馬信友書，章八，節十四也說：「誰被天主聖神的主動，誰就是天主的子女」；致格林德信友書，第二封，章五，節十四：又說：「基督的愛德，催迫我」。以上這些話：「引領」，「主動」，和「催迫」，等等，明顯有「強迫」的含義。

如同上段，這樣解釋《聖經》，顯然是錯誤的：

一證：天主上智，主宰萬物，順從各物本性自然的方式，詳證於上面（章七十一）。凡是本性有智力的實體，連人類算在一齊，固有的特點，是用自由意志，發出行動，並作自己行動的主宰，詳證於卷二，章四七，及其下數章。強迫人行動，是相反人本性固有的這個特點。足證天主不用自己的助佑，強迫人作正直的行動。（天主造生了人自由行動的本性，就不肯又剝削人的自由）。

再證：「天主助佑」的本義，是輔佐人完成自己願作的善良行動：固然，天主在吾人以內，發出動力，作成吾人所作的工作：如同第一原因作成第二原因的工作，又如同主動者，作成工具的工作：是以《依撒意亞先知》，章二十六，節十二，曾說：「上主啊！我們的一切工作，都是你在我以內完成的」。

但是，不可不注意，第一原因是第二原因工作成功的原因，常順從第二原因的工作方式：（例如水力磨電，市內燈光明亮，水力是第一原因，市內的電燈是第二原因，發光照耀是電燈因水力磨電資助而完成的工作。水力不違背，也不干涉電燈本性固有的工作方式；反而順從其方式）。

所以同樣的，天主在吾人以內，作吾人工作的原因，完成吾人的工作，也是順從吾人本性固有的工作方式：就是賦給吾人力量，助佑吾人用意志的自由，發出行動，不是受任何強迫。足證：天主的助佑，不是強迫。

加證：人依照本性自然的秩序，用意志的願望，追求目的：因為目的和福善，是意志的對象。天主賞人助佑，主要宗旨是助人達到目的：所以不削除人意志的行動，反而成全人的意志行動：（賞給人意志的動力，激發其行動的活躍）：是以大宗徒，致裴理伯信友書，章二，節十三說：「我們中間，行動的意願和成功，都是天主為了意志的仁善而行成的」。然而強迫是削除人意志的行動：被強迫而作的事，是和意志相反的事。所以天主助人作事，不是強迫人作事。（回閱章六十七，及八十九）。

又證：人用道德的實行，達到自己生存的終極目的，（修成至善而享其真福）：因為真福，懸在目前，是道德的獎賞。然而，被迫的行動，不是道德的行動：因為道德的主要成因是選擇，不能不用自由的意志：適和強迫相反。足證天主助人行善，不是強迫。

另證：系屬於目的一切事物，例如工具，方法，等等，應當適合目的。然則，真福的終極之目的，只是自願動作者，自主行動之所能獲得：是以無生命的，甚至動物沒有理智，則稱不起有真福：猶如吾人也不說它們有倖運，或無倖運，除非單用移情作用的象徵意義。可見，天主賞的助佑，扶持人獲得真福，不是強迫。

經證：是以《申命紀》，章三十，節十五—十八說：「你應考慮，上主今天在你面前提出生死和善惡兩條路：希望你愛慕你的真主天主，遵行祂的道路。你如心志邪妄，背棄正路，不願聽從勸導；我今天預先告訴你將要喪亡」。《德訓篇》，章十五，節十八，也說：「在人面前，有生死和善惡兩條路，任人隨意選擇，擇善則得善，擇惡則得惡」。

第一四九章 恩佑

諸如上述，得以明見，天主的恩佑，非人預先立功所能掙取。

一證：各個物體，對於高過自己的美善，有物質的潛能虧虛，對於美善的現實盈極，所有的關係。然則，物質不自動以實現潛能而得美善，但應被動於另某原因。所以，依同比例，人不自動以得天主恩佑，但預先被動於天主以得其恩佑，（既得以後，取捨或存棄，由人意自主）。發動者的發動，依名理，定義，本質，及因果的次第，先發於被動者被動而動的以前。本著這些（前提的原理和比例），得知天主賞賜恩佑，不是因為吾人先用善良行為自己提高自己，上進而得之；寧乃由於天主預先降賜的恩佑，吾人才作出善良事功有了進步。（不是人先行善而邀得主佑，而是天主先賞恩佑，人乃進而行善）。

再證：工具之類的施動因素，製造條件，為作出主動者所要作出的優美，不得不依靠主動者的效能：例如火的熱力，（消化食物），給食物的資料，準備條件，使它有能力變成（身體內的）血肉，領取血肉所以然的性理，而不領取別的性理，以變成他物，不得不仰賴（身體內）靈魂的效能：（這裡的效能，是營養和增長的效能：靈魂是主動者，發揮效能，用火的熱力作工具，消化食物）：如果沒有靈魂的指導，火的熱力，燒化食物，自己不決定食物的質料應變成血肉或變成任何別的物體：（例如灰燼，或筋骨，或毛髮等等）。

然則，吾人靈魂仰賴天主動力而作出事功，正是如同工具仰賴主動者的效能，（詳見於前章，章十七、七十、八十八、八十九、一四七）。所以靈魂不得不仰賴天主的效能，為給自己準備適宜條件，好能承受天主助佑的實效，（因而進一步作出善良的事功）。所以為作出善功，不是靈魂先在天主助佑以前，發出什麼行動，或立功邀得助佑，或準備自己承受主佑；反之，寧是天主先賞恩佑，早在靈魂未動以前。（猶如主動者不先發動，工具不會自動）。

加證：全體大公的主動者不先發動，其下各部分的施動因素，無一能提先自動，更不能提先發動以引起主動者的動作：因為各部分施動因素的動作，件件都是發源於全體大公的主動者：由主動者發起：例如（地上）這些低級事物，（榮枯生死，及其他）一切變動，（被動於天體之運行而始發動），不先自發動，以興起天體的運行，（因果先後，次序不會顛倒：又例如鐘錶以內，簧輪不動，其餘的小輪，不會先自發動，更不會引動簧輪）。然則，吾人的靈魂，系屬於天主，其關係正是如同部分因素，系屬於全體大公的因素。所以，任何行動，非預先被動於天主，都不會由靈魂自動發啟。因此，《若望福音》，章十五，節五，記載吾主親口說：「沒有我，你們什麼事也不能作成」。（雖然，天主推動人靈，發啟行動以後，人靈能妄用天主的效力，而作出相反天主正道的事件：人罪至惡，在於妄用主恩）。

又證：賞報或酬勞，適稱於功績。配給獎賞或酬勞，應當遵守正義的公平。然而，天主的恩佑，實效崇高，超越吾人本性的能力，和吾人本性能力作出的行動，高下軒殊，不成比例。故此人用自己這樣的行動，不能掙取天主的恩佑，作為酬勞：（行動的實效卑微，太不相稱）。

另證：意力的行動，隨智力的知識而發：不會發生在知識以前，追求所不知的對象。然則，人生存終極目的之知識，是超越人本性的知識，是天主賞賜的，非人專靠本性智力所能知：故此，吾人意志，嚮往終極目的而起的意願，不預先發生在天主尚未賞賜恩佑以前。（恩佑先賞，人的意願乃受甦醒而後興起：猶如春陽先至，草木隨之而復甦。天主賞賜人超性的知識，有許多方法：一是用福音的傳播；二是用人生境遇的變遷，磨煉人的心智，引人反省而妙悟：萬有真原，至仁至善）。

經證：是以聖保祿，致弟鐸書，章三，節五：「祂救活了吾人的生命，不是根據吾人作了義德的工作，卻是由於祂發顯了仁慈」。致羅馬信友書，章九，節十六，也說：「意志的意願，和跑路的奔跑，都不是願者或跑者的成功，而是天主發顯仁慈的成功」。這些經訓的根據，是因為人先受到天主的助佑，才得以發起善良意志的行動：猶如吾人習慣，將某某事件的成效，不歸功於近因，而歸功於高遠的第一原因：例如軍事的勝利，是眾位戰士勤勞的成效，歸功於主帥用兵得法：全軍的勝利，乃叫作主帥的勝利。

從此可見，以上這樣的經訓，及吾人習慣的用語，正確意義，不否認意志的自由，也不否認人是自己內外行動的主宰，但指明人的自由和自主，繫屬於天主，承受天主的主動。是以，熱肋米亞先知，哀歌，章四，（另見章五，節二一），也說：「主！回轉我們，我們就回轉過來，歸向禰」：這裡的話，明指我們的意志，先受到天主助佑回轉，然後才回轉過來，自願歸向天主。

然而，匝加利亞先知，章一，節三，記載天主親身說：「你們要回轉過來，歸向我；我就回轉過去，歸向你們」。似乎是說，我們先回心轉意，天主隨後才肯回顧助佑我們；其實，正得其反，不但天主先施恩佑，助人回頭，而且在人回頭以後，仍然加施恩右，堅強人力，安定人心，助人收到回頭的實效，固守正當的終向。

駁謬：這就得以破除白辣熱派的謬說：他們主張天主因人有功，而賞以恩佑；並且主張，吾人義德的精修，開始之時，全由吾人發啟；結束之時，卻賴天主成功：（生事在人，成事在天：這是錯誤的。生事和成事，天人兩在；天主是高遠的第一原因，人是切近的第二原因；第二原因的一切動作，都不得不先有第一原因的主動：這才是真理）。

第一五〇章　恩寵（一）

天主賞賜給人的這個助佑，既然純是施給，故應取名「恩寵」。

理證「：純施給，是將恩惠贈送給某某，不是因為這某某自己先有什麼功勞。按（前章）已有的證明，在人未立任何功勞以前，天主乃先將助佑頒施與人。故此這樣白送的助佑，理應叫作「恩寵」。是以，聖保祿，致羅馬信友書，章十一，節六：就說：「既是恩寵，已非工價；否則，恩寵已非恩寵矣」。

另證：上述的天主助佑，理應叫作恩寵，還有以下這另一個理由：說某某領受某某的恩寵，就是因為某某領受某某的親愛：是以受親愛，也叫作受寵幸。然則，親愛的本質及定義是用意志和行動成全所愛者的美善和福利。天主造生萬物，用意志和行動成全每物的美善和福利：每物的實體住存，及其一切美善，按上面（卷二，章十五）已有的證明，都是來於天主的意願和行動：是以，《智慧篇》，章十一，節二五，說：「事實上，禰鍾愛實有的萬物，也不憎恨禰所作成了的任何事物」。

此外，天主助人實得超性的美善和福利，賞人美滿至極的福享，不是享受任何外物，而是享受天主自己本體的至善；如此看來，天主親愛人類，有特殊的恩情。可見天主賞給人類的這個助佑，更有理由叫作

「恩寵」：不但因為方才說明了它純是白送的施給，而且因為人類受到了這個助佑，遂實得身受天主寵幸的一種特殊名分。按大宗徒致厄弗所信友書，章一，節五至六說：「祂預先命定了賞給吾人天主義子的名分，遵照祂的意旨，顯揚祂恩寵的光榮；祂因恩寵的施給，提拔吾人和祂自己的聖子（耶穌）同享祂的親愛和恩寵」。

這樣的恩寵，在受恩的人以內，應是一個實有的因素，彷彿是一種性理和美善，充實人的本身

理證：物受指引，追求某一目的，則應對那目的維持恆久如一的趨向：因為發動者，恆久如一，變動受動者，非至引它依賴身受的變動而達到目的，不自罷休。本此原理，可知吾人擁有天主賞的這個助佑，恆久如一，直到達成最後目的：因為按（章一四七）已有的證明，吾人受天主恩寵的助佑和指引，追求人生的終極目的。

這樣恆久如一的助佑，屬於性理之類，既賦與人心，則久留不去，彷彿是一個靜止的因素，依附在人以內；（作人現實行動的根源）；卻不是行動之類：既非施動，又非受動：因為變動的施受，不是久留不去，也不是恆久如一的；（而是乍有乍無的）：可明見於睡眠之時，人有行動的根源，就是有行動的能力；但無行動的現實；人受天主的恩愛，因而發出願心，追求人生的終向；現實的歸向，是行動：乃是受動而後自發的行動：這樣的行動，以天主的恩寵為根源：賦界在人心中，恩寵久存，行動不常有。

從此可見，天主親愛人，而施給的恩寵，是一種性理和美善，即便在人沒有現實行動的時候，仍存留在人以內，作人行動的根源。（猶如燃料，有火的性理，故能有火的行動。性理是動力的根源。性理久存下去，行動卻時有時無）。

加證：天主的親愛，是吾人現有美善的原因：猶如在吾人間，適得其反，人物現有的美善，是激發吾人親愛的原因。然而人物預先具備的特殊美善，激發人特殊的親愛，所以，依照相同的比例，反轉過去，足見那裡有天主對於人表現的特殊親愛，那裡便因而隨之，必定也有一種特殊的美善，由天主賦給人了。既然，依照前論，天主親愛人而施給的恩寵，是天主對於人特別親愛的標誌，足證天主因而施給的恩寵，乃是一種特殊的優良和美善的特點：秉賦在人內部：（如同內具的性理一般）。

添證：每個物體，因其性理，而嚮往適宜的目的：萬物種類繁殊，性理不同，則目的各異。然則人賴天主寵愛的助佑指引而嚮往的目的，是超越人本性的。故此，人在本性以上，也應添加一種超性的性理和美善的特點：人因之以為根據，乃能嚮往方才說的那個目的：和它發生兩相適稱的關係。（否則，上下懸殊，則不適宜）。

又證：人為達到生存的終極目的，必須發出自己固有的許多動作。每個物體動作必須依賴的根據，卻是自己固有的性理。所以，天主引領人用自己的動作達到其終極目的，不得不給人添加一種特殊的性理，作人動作實效的根源，人依賴這樣的實效，乃能建樹功績，掙取終極目的。

另證：天主上智，依照物之本性方式，給每物配備所需，詳證於前（章七十一）。人的本性方式，需要在本性能力以上，添置某些美善的優點和才能，藉以發出善良動作，適合本有的性情，敏捷容易，快樂有趣，而且正確精良：達成動作的至善。足證：人為達到終極目的而從天主得來的恩寵之助佑，依名理的本義，專指人心內具的一種特殊的性理和優點：（作人動作和動力的根源）。

經證：是以《聖經》，用「光明」象徵天主的恩寵。大宗徒，致厄弗所信友書，章五，節八曾說：

「有一個時期，你們曾是黑暗；現今，你們卻是光明：因為你們和吾主是合一的」。光明，是視覺的因素，是聖寵適宜的象徵：指示人應內賦的美善，因以上達終極目的：「享見天主」。

駁謬：這就足以破除某些人的意見。他們聲稱天主的恩寵，不在人以內添置任何實有的因素：猶如某人領受國王的恩寵，其現實的因素，只是在於國王有恩情，不是在於受恩的人方面有什麼特點，（或預先具備，或隨後增設）。他們意見的錯誤，來於他們未曾注意到天主的親愛和人的親愛，互有的分別。天主的親愛，是所愛者美善的原因。人的親愛，卻不常是如此。

第一五一章　恩寵（二）：愛德

從上述得以明見：人親愛天主，是天主親愛人，賞賜恩寵的助佑而在人心以內生出的效果。

理證：天主親愛人而生的效果，是給人賦與恩寵。然則，（依照因果相似的原理：惟火生火，惟情引情），天主親愛人而固有的效果，得見應是引人親愛天主。親愛者的主要宗旨，是引起受愛者以愛還愛：施愛者，發出愛情，主要的謀慮和趨向，是吸引所愛者向自己表示同情的響應。交相親愛：如果吸引無效，則親愛的熱情消散。（天主全能的愛情，不能無效）。所以，天主既親愛人，將恩寵賞給人，隨之而在人心以內生出的效果，必是人親愛天主。

還證：許多因素，如有共同的一個目的，在趨向一致的限度內，必定也互相團結一致：是以同城同國的人民，同心同德，連合一致，共謀市政的公福；同一戰場的許多鬥士，也必須為得到勝利的共同目的，而團結起來，同心合意，配合行動。然則天主恩寵的助佑，引人追求的最後目的，乃是因天主的本體而享見天主：這樣的享見，是天主本體自見而固有的生活之動作：如此，這也是天主賞人共用的終極幸福。所以人受天主引領，達到這個目的，不能不契合天主意志，和天主團結合一：這乃是親愛的固有效果：因為「朋友間相愛的特點，在於同好，同惡，同喜樂，同悲苦」；（大哲《道德論》，卷九，章三）。

從此可見：人受天主親愛而得恩寵，乃受天主建立，而成為一個「親愛天主的人」：也就成為天主欣悅而親愛的人：因為人受天主恩寵的指引，追求天主賞人共用的同一目的：親見天主本體。

加證：目的和善良，是欲願和感情的本有對象；故此天主親愛人，賞人恩寵，指引人嚮往終極目的，主要效用，應是成全人的感情。然而，感情的成全，主要在於親愛：可徵驗於心理的事實，凡是感情的活動，都是愛情的流行，以愛情為泉源：例如羨慕，希望，欣賞，無非因愛情而發出；又如躲避，畏懼，憂愁，惱怒，也是為應付愛情之敵對而發出的。（可見喜怒哀懼愛惡欲，七情，都是以愛情為本元）。從此可知：天主親愛人，賞人恩寵的首要效果，是點燃起人親愛天主的火燄。

又證：物因性理而依循秩序，歸向目的，乃因同一性理，在某些方式下，同化於目的：例如形體，因沉重下降的性理，依照本性自然的規律，落向息止的處所，乃同化於那處所，而取得某某似點。然則，證明了：天主親愛人而賞給的恩寵，是賦與人內中的一種性理：人因此性理，而依循秩序，歸向於終極目的，就是歸向於天主。所以，人因天主恩寵，乃同化於天主，取得天主神性的似點。然而，似點是親愛的原因：萬物以類相聚；同類者，莫不互相親愛。足證：人因天主寵愛，遂成為親愛天主的人。

另證：為能工作精良，必需動謹而有恆：非有愛情不為功：為了真有愛情（和興趣），人能視重如輕，嗜苦如飴。既然天主的寵愛，效用在助人成全精良的工作，所以必需也將親愛天主的心情，種植於吾人胸中。

經證：是以大宗徒，（致羅馬信友書，章五，節四）說：「天主的愛德，因天主的聖神，，流佈在吾人心中。天主的聖神，是天主賞賜給我們的（恩寵）」。《若望福音》，章十四，節二一，記載吾主，預許將來，賞賜親愛自己的人，親見自己的本體。吾主說：「誰親愛我，誰就受我聖父的親愛：我也就要親愛他，並將我自己的本體，顯示給他」。

從此可見，天主的寵愛，指引吾人，追求親見天主的目的，是吾人心中，親愛天主的原因。（親愛，是親見時的情感：真誠密切的篤愛。人心篤愛天主，是天主寵愛在人心中，生出的效果）。

第一五二章　恩寵（三）：信德

天主的寵愛，既在吾人心中，產生愛德，由此必定也在那裡，產生信德。

理證：按上面（章一四八）的證明，吾人受天主寵愛的指引，追求終極目的，而發起的活動，是自願的，不是強迫的。自願的活動，追求某某目的，不能不先有這目的之知識：是以天主的寵愛，為能引導吾人自願歸向終極目的，就必須將那目的之知識，預先栽植在吾人心田裡。又按上面（章四十八）的定理，這樣的知識，在現世的境況中，不能是明見的知識，只得是信德的知識，（就是發出信心，聽從天主藉《聖經》和福音啟示給人的真理：這樣的信德知識，不是明見事物本體實況的知識）。

加證：有知識的實體，分許多種類，各有不同的本性及生存方式，於是各自固有的知識方式，也隨之而互異。是以，神類，人類，畜類，按前者已有的說明，（參考卷二，章六十八，八十二，九十六及其下數章），本性互不相同，知識的方式，也各自不同。然而按（章一五〇）方有的證明，人為得到終極目的，在固有的本性以上，特加領受了一種超性的優點，即是聖寵，（就是所謂的「恩寵」或「寵愛」）。所以，人在本性固有的知識以上，也應特加領受一種超越其本性理智的知識。這樣的知識，就是信德的知識，在於認識用本性理智觀察不到的事物。

又證：物被動於某一發動者，追求發動者本性特有的目的，常常應逐漸進步，受發動者外力強加的壓擠和影響，尅服自己本身固有的壓力和抵抗，起初不完善，最後變化結束，乃達到完善的地步：接受外來的壓力，當作自己本性宜有的壓力：例如木料被火燒燃，最初只被熱燒；這新生的熱力，不是木料本性固有的，而是在它本性以外添加進來的；然後，熱度逐漸增高，至到最後，木料被燒發出烘烘的火燄，乃完全同化於火；它的熱力，達到了至高的程度，遂變成了木料本性固有的熱力：自己就自動的燃燒起來。

同樣，又例如學生受師長的教誨，開始接納師長啟示的思想，不是自己的智力懂明了道理，卻是用聽信的方式，將自己現時無力懂明的言論，聽人耳朵裡，存儲在心中；漸漸思索琢磨；至到最後，聽完了師長全篇的講解貫通，乃將師長的思想，曉悟在自己心內，化成了自己的思想。

然則，按（章一四七）已有的證明，吾人受天主恩寵的助佑和指引，追求終極目的；乃是將來明見第一真理的本體，詳證於第五十及其下數章。從此可見，在尚未達到這個目的以前，人的智力，服從天主恩愛的壓力和光照，對於同一目的，（只有一種不完善的知識，不明見其本體至善；而僅僅）用聽信的方式，隨從天主的名稱和指引：漸漸同化於天主。

另證：本書卷首，陳明了天主提出真理，供人用聽信的方式接納，有許多必要的理由，並有許多益處。（回閱本書，卷一，章三及其下數章）。從那些理由，也可推證出我們這裡的結論，就是：信德是天主寵愛在吾人心內必定產生的一個效果。

經證：是以大宗徒，致厄弗所信友書，章二，節八說：「天主的恩寵，用信德，保救了你們的生命。這並不是由於吾人的功德：因為是天主的賞賜」。

駁謬：這就得以破除白辣熱派的錯誤，他們主張：吾人心內，信德的開端，不是來自天主，而是出自吾人。

第一五三章 恩寵（四）：望德

用同樣的原理，還可推證出另一結論，就是：望德引吾人希望將來要得真福，也是天主的恩寵在吾人心內生出的一個效果。

理證：人親愛他人，發源於人親愛自己：不外於人之對待朋友，如同自己之對待自己。然則人愛自己，全在於願意自己得福，得善；如同人愛他人，也全在於願意他人得福，得善。故此，人必須推己及人，由於愛自己的福利而引領外顧，也愛惜他人的福利。人既希望從他人得到福利，因而必親愛他人，（不但因為他人是自己福利的來源，而且）因為他人本身善良可愛：當此之時，愛其本身善良，不必期待他為自己有利，乃是因人之本體善良而愛其人。是以希望他人有利於己，是親愛他人本體善良的途徑。人因天主寵愛，而發起親愛天主本體善良的願心。這樣的效果，足證當初人因天主寵愛，也懷中啟發了望德：就是對於天主，懷抱了真福的希望。（希望是親愛的途徑。親愛是希望的成功。天主的聖寵，既是親愛的原因，故也先是希望的原因。人既因聖寵而愛慕天主，必定也因聖寵而將希望寄賴於天主：就是希望想見天主）。

另證：人間的友愛，根據朋友本身的善良而親愛朋友，雖然不是為自己本身的利益，但仍有許多利益，隨之而自然生出：由於朋友間彼此實行愛人如己的原則，於是彼此互相援助，也是一個援助另一個：如同自己援助自己。是以人既親愛他人，並且知道自己受他人的親愛，便不能不對於那某某他人也懷抱著手足相關的希望。

然則：人領受天主的寵愛，遂被建立而成為一個親愛天主的人，根據愛德的情感，依照信德知識的啟示，由於人預先受到了天主的親愛。若望書信，第一封，章四，節十：「愛德的實義在於這個特點：不是我們親愛了天主，卻是因為天主先親愛了我們」。（天主和人的互相親愛，和人與人的互相親愛，在親愛對方本體善良的特點上，有相同的比例）。

本著以上這樣的比例，可知人由於天主寵愛的恩賜，也隨之而得到了望德：對於天主懷抱著真福同享的希望。

由此觀之，尚可明見，望德是愛德的準備。愛德卻是望德的堅定。前後一往一反，比例相同。愛德是人真誠親愛天主。

加證：親愛的感情，常催促相愛者，竭盡可能，密切團結；是以友愛之喜樂，莫過於同聚生活。人既因聖寵而親愛天主，則必也受愛情催促，亟力願望和天主團結。生於聖寵的信德知識，聲明人和天主密切團結，同享至善，共嚐真福是可能的。所以人如親愛天主，則其同享真福的願心，也必隨之而生。然而，願望是心靈的苦惱，除非有希望滿足。如此看來，可見，天主既因聖寵賞人信德和愛德，理應隨之也賞人將來實得真福的希望：另名望德，（信望愛，三德，一同生於天主賞的聖寵）。

又證：努力設施一切，謀求心願的目的，如遇困難阻隔，但有得到目的之希望，則能感到心中的寬慰：例如病人為了有恢復健康的希望，乃容易忍受藥品的苦味。在我們追求真福的長途上，有許多急迫的艱難，應當忍受：因為達到真福，必經的道路，是道德；道德的任務，卻是處理艱難的事務，（參考《道德論》，卷二，章三）。將來實得真福，是吾人一切願望的滿足。人為輕快前進，忍受艱難，尅勝阻礙，追求真福，必須對於要得的真福，懷抱著天主恩賜的望德。

另證：無人費力活動，為追求自己認為不可能達到的目的。故為恆心貫徹到底，必須具有實能達到目的之心理情態：這樣的情態，就是希望，（因其來於天主的恩賜，故）尊稱為望德。人既仰賴天主恩寵的指引，追求真福的終極目的，天主就必須用所賞賜的恩寵，給人的心裡，銘刻上望德的情態：使人懷抱著實得真福的希望。

經證：是以宗徒長，伯多祿書信，第一封，章一，節三—四，有以下這些話說：「祂重新生育了我們，賞賜了活生生的望德，預許了諸天之上儲存的，不會腐朽的遺產」。聖保祿，致羅馬信友書，章八，節二四，也說：「我們的生命，因有望德，而受到了保救」。

第一五四章 啟示

人為知自己不見的事物，不能不聽取親見者的報告。信德的知識，在於吾人認識所不親見的事物：故應聽取親見者的啟迪。這就是聽信天主：因為天主，本性自然，自見本體，自己認識自己，有透徹完善的知識，（詳論於卷一，章四十七）；吾人為認識天主的本體，卻在現世，僅有信德的知識；故應來自天主的灌輸，靈感，及啟示。

然則，又按上面（章七十七）已有的證明，天主凡有一切作為，都有一定的秩序；所以，為給吾人顯示信德知識，也應當遵守一個秩序；就是：由近及遠，近者直接領取天主的知識，遠者間接，經過近者的傳達；如此由上級，經過中間各級，遞傳到最低的末級。同時，凡有許多因素，從最高到最低，按秩序和品級，排成系統，距離第一因素越近者，則表現有更強大的能力。

以上的原則，也明明發現在天主顯示自己時所遵守的秩序中。事實上，按上面（七十九及其下數章）討論所得的證明，得知天主首先給真福的眾位天神，顯示了人所不能見，信德卻能信的知識；眾位天神，於是乃明見那些知識的真理，從而實享天主本體的真福。然後，天主經過天神們的居間傳達，也將那樣的（某些）知識，顯示給某些人；這些人認識那些真理，不是直接明見，而是確知無疑，根據天主的啟示可信。

天主給這些人啟示真理，是用內心的，智力可知的一種光明，提高人的心智，領悟而接納人的智力只用本性生來自然固有的光明、所達不到的那些真理。如同智力用本性自然的光明，確然接受自己用那光明照察所知的真理，例如許多本性自然而然的第一原理：最高公理；依相同的比例，人對於自己用那超性光明所把握的真理，也有確然無疑的信心。人、為將天主啟示給自己的知識，提示出去，供給別人接受，必需有這樣確實無疑的信心：因為（依心理的常情），吾人不確然實信的事物，則也不傳達給別人而具有牢靠的保證。

此外，天主用方才說的那個光明，從人心的內部，光照人的心智，啟示真理，也有時附加某些（器官知覺之界的）知識的工具：或在外部器官，或在內部器官；或用語言；或用景像。語言，在外部器官內，受耳朵的聽納；或在內部器官裡，受覺像力的察覺而領會其意義。景像，也是一樣，或是外部形體的景像，受到眼睛的看見；或是內部覺像力所察覺的描繪：以上各樣的工具，都是天王可以作成，並可以運用的。人既察覺這些工具的作用，乃仰賴心智內天主施降的光明，而從其中，領取天主真理的知識。人只有這樣的（器官之界的）工具，沒有內部的（智力之界的）光明，不足以領悟天主真理的知識。反之，只有那個內部的光明，而沒有這些工具的輔助，卻仍足以領悟那些知識。（可見人為領悟天主的啟示，可以有內部的神光而無器官的工具；但不可只有器官的工具而無內部的神光。後文另有詳論。目下，惟須理會，這些效知識的啟示，是天主恩寵，賦與人心，並從人心智內部發出神光照耀，開明人心，而生出的效果。這些效果，數目眾多，依照人類心理的需要和可能性，並且根據古新《聖經》，計算起來，主要有以下數種，加註號數，列舉如左。參考末段的經證那一條）。

啟示的知識之種類

一、上智：天主給人啟示人不可見的這些真理，第一類，屬於上智。上智，依其本質，專在認識與天主本體直接有關的一些真理：上智知至上真理。是以，《智慧篇》，章七，節二七─二八說：「天主的上智，周流眾國和萬民之間，充實眾位聖人的心靈：人不和上智同居共處，便受不到天主的親愛」。《德訓篇》，章十五，節五，（論天主寵愛的人），也說：「上主用智慧和智力的神明，充滿了他的全部」。

二、明達：天主的恩寵，不但給人啟示天主的真理，而且也啟示宇宙萬物的一些知識：屬於科學知識：在於明白事物的性情，通達因果的條理。因此《智慧篇》，章七，節十七說：「祂將宇宙間實有的這些萬物的真知識，賞賜了給我，使我明白通達，認識地球方位的佈置，和物質原素的效能」。編年紀下編，章一，節十二，記載上主向智王撒羅滿說：「知識的明達，和真理的上智，都賞了給你」。天主啟示科學之類的知識，因為：天主的真理，人所不可見，經由受造物的明通智達，乃呈現於人的心目觀瞻之下。是以聖保祿，致羅馬信友書，章一，節二〇，曾說：「人因天主已作成的工作，用靈智領悟，並明見天主無形可見的諸般事理」。

三、言語：人給他人傳報知識，不用言語，則無其他適宜的方法。人既領受天主的啟示，依照天主建定的秩序和規律，有義務傳訓他人；故此，為顧全他人受訓的需要和利益，天主就也必須賞人語言的恩寵。是以，《依撒意亞先知》，章一，節四，自述說：「天主賞給了我靈慧的口舌，我就會扶持言論跌倒的弱小者」。路加福音，章二十一，節十五，記載上主給眾門徒說：「我將來要賞給你們口語和智慧，你們的一切敵對，都無力抵抗你們，也不會駁倒你們」。

四、萬國語：為了同一的這個目的，當時需要用少數的人給萬國萬民傳播信德的真理，於是天主教導了某些人會說萬國語：例如《宗徒大事錄》，章二，節四記載：「他們個個都充滿了（天主的）聖神，遂依照聖神的賞賜，開始說許多不同的語言」。

五、聖蹟：口舌提出的言論，如果不是本體自明的真理，需要實驗證明，方能見信於人。信德所信的事理，不是人理智所能明見的：所以需要實驗證明。信德的道理，超越人的理智，用理智的原則，並用明證法的論式，無法推證明確。故此為能明白證實，宣講者的言論真是出自天主，必須用某些付驗，實際證明，例如治療病人，或作出其他效驗，只有天主的神力才能作到。由是，《瑪竇福音》，章十，節八記載吾主（耶穌）派遣眾門徒四出宣講時，命他們說：「你們要照料病人，復活死者，清除癩病，祛逐群魔」。瑪而谷福音，卷末，（章十六，節二〇），果然記載「他們就動身，到各處宣講，仰賴上主的協助，並用下麵的許多符驗，證明他們言論真實。（符驗，就是聖蹟或奇蹟的靈驗，例如方才說的那些事跡）」。

六、先知：先知的能力，知將來要發生的事物，並知人普通所不知的事物，仰賴天主的啟示，將所知的事物，指示給眾人。這樣的能力和任務，是天主的恩賜，叫作「先知的神恩」。（先知先覺，代替天主發言，啟迪世人）。人見先知所言屬實，乃信其所講奧理也值接納。為此目的，天主必須將這神恩，賞給宣講信德奧理的人，為給聽眾，證明所講的道理真實。是以大宗徒，致格林德信友，第一書，章十四，節二四—二五說：「如果全體信友，都實用先知神恩，有不信的人，或沒有受過初級訓練的人，進入會堂，乃受信眾的折服而不再遲疑，他受信眾的辨別；他心中的隱秘，也明顯出來，於是他在伏地叩禱，欽敬天主，稱揚天主真是生活在我們中間」。

先知如果不知惟獨天主能知的一些事物，便不是信德道理真實的充足證明：猶如聖蹟，應是惟獨天主能作到的一些奇蹟，才能作真理的符驗。天主獨自能知的事物，首要的是世界裡人心的隱密，詳證於卷一，章六十八；並是能有能無的未來事物：這樣的事物，是惟獨天主能知的，因為惟獨天主是無始無終的永遠現實；故此，對於將來的事物，有面臨現前的關係，所以能直見它們的本體，詳證於上面，（卷一，章六十七）。

先知確實，不會舛錯，和人智的預測不同。

有些能有能無的未來事物，，人類智力也能預先推測而知之如見：不是知事物將來實有的本體，而是知其原因現有的含蘊和趨勢：或知其含蘊的本體，或知其某些顯明的效果；用現有的效果，作未來事物的朕兆，人的智力對於某些將來的事實，就能未到先知：例如醫師，診察脈理，尿色，及其他類此的病徵，驗明生活能力的現狀，便能預斷病人的將來：或死亡，或康復。

這樣的預測或推斷，有時是確實的，有時卻不確實。因為，有些效果是某些原因必定產生的：例如動物身體的構造內，包含互相衝突的成分，故此將來必定死亡。然而有些原因，產生某些效果，不是生於必然，不是常常生出，而是生於慣常，就是屢屢生出：例如父親的精血，將種籽投入母親的子宮，大多數次，乃孕生體格完善的嬰兒；有時自然的傳生能力受到阻擾，卻也生出怪物。所以人智的預測，不常應驗。關於第一類事物，因果關係必然常真，故能預斷確實無疑。關於第二類事物，因果關係慣常真實，而非必然常真；人的預測經常可靠，乃非確實無誤。

然而，仰賴先知的恩寵，根據天主的啟示，人對於未來事物的預知，卻是完全真確的，如同天主預知未來，是未到先知，一樣真確：因為，按已有的證明，天主預知未來，不是只見原因而推知效果；而是永遠現前，明見未來效果本身的實況：確實真切，不會舛錯。是以人受天主賞賜而得的先知之明，也同樣真確完善：全無疑惑。

先知的確實無誤，無害於未來事物的有無兩可，如同天主知識的真確，一樣，詳證見前，（卷一，章六十七—六十八）。

眾先知，受天主啟示，預知一些未來事物，有時也不是明知其事物的本體，而只知其原因的含蘊。原因受阻失效，先知的預報，乃無妨隨之而更改。例如《依撒意亞先知》，預報厄則戒國王病在不治，結果卻斷案更改，國王健康恢復，（參考依撒意言先知，章三十八，節一）；又例如約納先知，預報尼尼物城四十日後，塌毀，結果卻沒有塌毀，（因為市民悔改，得了天主的寬恕，參考約納先知，章三，節四）。天主寬赦人罪，慨施救援，乃收回先知預報的懲罰。當時先知所見，只是原因：一方面是國王身體的病況及時局影響；一方面是市民的罪惡。由原因推測效果，有時能不應驗。

如此，可見先知預報未來，是信德道理充足的證明：因為，人的智力雖然能預測未來，但是關於未來的偶然事物，沒有確實無誤的預斷，不如同先知的預見那樣真確。天主啟示給先知的知識，固然也有時不外於因果關係的推斷，是以能受更改，但同時，或事後，也啟示給同一先知，將來時件，如何能受更改：例如同上：厄則戒國王免死而康復；尼尼物城的人民得救而脫免了滅亡。（參考同上）。

邪神，企圖破壞信德的真理，妄用奇蹟，欺哄世人，削弱信德真實的理證，但非真顯聖蹟，惟乃貌似神奇，眩惑眾人視聽，詳證見前（章一〇三）；同樣，也妄用預報，假充先知，由因推果，遙指常人所不知，好似預知未來事物之本體。

固然偶有的效果，生於自然原因；但上述的邪神，靈明銳敏，識見過人，有時也知自然原因怎樣受阻而失效；是以預報未來，貌似神奇而真實，遠遠超過眾人絕大智力之所能知。此外，自然原因當中，至高者，是天上眾形體的能力，高大玄遠，超絕人智；上述邪神，卻詳知其特有的性情，前在（卷二，九九及其下）數章，已有說明；同時，下級形體的安排，遵從天上形體運行及能力的決定，（參考章八十二）；所以上述的邪神，預報風雨，及天象的種種變化和災異，根據因果的自然，也能表現明通，勝於天文和星象的專家。

雖然，按（八十四及其下數章）已有的證明，天上形體，（日月星宿），無力直接影響人靈的智性部分，（智力和意力），但有些人，數目極多，隨從情慾的衝動，追逐物質的傾向；這些情慾和傾向，卻顯然直接感受天上形體的影響；事實上，只有明哲的人，數目稀少，有能力抵制這些情慾和傾向。因此，眾邪神也能預報與人的行為有關的許多事件；固然他們的預報也有時因人自由決裁而不實現。

另有一點，尚須理會，眾邪神，先知先覺，預報未來，其目的不如同天主的啟示是為開明人的心智，卻為迷誘人心，背棄真理；因為，它們的宗旨，不是幫助人心的靈智，得到真理完善的知識。

邪神給人類預報未來，也用內外許多方法；內部的方法，是引起想像的變化：或在睡夢中，示人以未來事故的朕兆；或在醒寤時，引人神魂出遊，或陷人於神經失常，好似瘋狂，乃能預報某些未來的事情；外部的方法，有時能用視聽可知的一些朕兆，例如禽鳥的運動，歌唱，啼鳴；獸類的排泄，及其內臟；點畫的圖形；和其他類似的方法；其作用，如同抽籤，抓彩，拈鬮等等占卜或賭博一樣。還有時藉形像，顯現人的面前，並用語言的聲音，預報未來的事物。

最後這兩種方法——顯現形像，發出語言，顯然是邪神之所為。但上述的其他方法，有些人卻想將它們歸屬於某類的自然原因。他們說出的理由如下：天上形體的運行，施降壓力，影響下界物類，產生其中的某些變化；這些變化的朕兆，乃由同一壓力或影響，而出現在某些物體之中，（例如霜降，預兆冰雪將至）；物類眾多互異，各以不同方式，感受天體影響。所以，看到某物受到天體影響而呈現某某變化，便可用作朕兆，藉以斷定另某一物（同時或異時），也必呈現（同樣或異樣的）某某變化：（鑑往可以知來。憑今可以追昔。左右也可旁通。觀此物之變化，可知彼物之改易）。本此原理，他們就主張：凡是一切變動，不受人理智自主的造作，出於自然而然者，都遵從天體施降的壓力和影響：（出於天然，秉承天意）：例如夢景，神遊，神魂出殼；禽鳥的飛行啼鳴；點畫的圖形，多少點，畫出什麼形象，或數目，（如同擲骰，任其自然），不受人理智自主的裁奪：凡此一切，都能充作朕兆，預示天體運行必要產生的一些未來的實效。

他們以上這個主張，理由的根據不大。更好相信，那些朕兆的預示，是某種神靈實體，依照未來事物的觀察，支配上述非出於人意的自然變動，而作出的效驗。有時天主，任用善良的天神，也作出這同樣的效驗：因為天主也用人的夢景，啟示許多知識，例如（《創世紀》，章四十一，節二五，紀載埃及國王）法勞，及（達尼爾先知，章二，節二八，紀載巴比倫皇帝）納布高；（都有過由天主派天神借用夢景昭示未來的故事）；又例如（《箴言》，章十六，節三三紀載智王）撒羅滿說：「骰子投入衣懷，兆像配合組成，也有時由天主安排」。

然而，那些效驗，及其預示，許多次是邪神作祟。眾位（公教）聖師，連同教外的許多名師，都有同樣的論斷：例如馬西莫·瓦助略，（言行益聞錄，卷一，章一），曾說：觀占朕兆，解說夢景，及類此種種，是偶像崇拜的宗教行為。《古經》的舊律，將這些行為和偶像崇拜，一並列入禁例。是以《申命紀》，章十八，節九—十一說：「切勿效法那些人民（崇拜偶像），干犯可痛恨的重罪；勿許你的人民，命令子女，赤腳在火上行走，（妄求神明保佑，不受燒傷，藉以）證明自己無罪；勿向巫祝或占卜家，問詢吉凶；勿觀察夢兆，勿鳥占；勿行妖法魔術以害人，也勿吟唱迷惑愚弱；勿問蔔蛇蟒，勿向通神者問事，也勿向死人追詢真理」。

先知預言，佐證信德的道理，還用另一個方法：就是有些歷史事件，在未產生以前，早有許多先知預作的報導，證明那些事件，不是宣講者的揑造，而是某某時期實有的事件，由宣講者傳報眾人，聽眾乃應置信勿疑。是以大宗徒致羅馬信友書，章一，節一說：「保祿，耶穌基督之僕，奉召充任宗徒，特受簡選，宣報天主福音，依照《聖經》紀載，天主任用（古聖）先知，預許自己的聖子，降生成人，骨肉的身軀，生於達味（聖王）的後裔」：諸如耶穌的誕生，受難，（受死），復活，及其他類似的事件，都可用古代先知的預言，證明是歷史的事實，（而不是人智的偽造）。

七、解釋經言：人類領受天主的啟示，分上下兩級，上級直接，下級間接。既有上級，（已如上述），故應有下級：因為人類從天主那裡，領受啟示，不但是為現時，而且是為傳訓將來的一總人；所以需要將所得的啟示，不但用語言傳述於現時的人，而且用文字著在書卷，傳訓於後代。文字的著述，需要有某些人負責解釋。這也如同天主的啟示一樣，應是天主賞賜的恩寵：是以《創世紀》，章四十，節八也說：「解釋（經訓的實義），豈能不是天主的光照嗎」？

八、信德：最後的一級，是人用信德，誠心信從某些人傳述，另某些人解釋的經言，繼承天主啟示的知識。上面（章一五二）證明了，信德也是天主賞賜給人的恩寵。

九、辨認邪正：邪神和善神，在許多事上，互相近似，發顯聖蹟，啟示未來，已如上述；為使眾人免受欺騙，需要仰賴天主恩寵的助佑，辨認邪神和善神。若望書信，第一封，章四，節一，曾說：「你們勿要逢神便信，卻應考驗是否某神來自天主，（或來自欺人的魔鬼）」。

經證：以上九種神恩，都是天主為栽培並堅固信德，賞賜給人的恩寵之有的實效。大宗徒，《致格林德人》第一書，章十二，節八—十，曾逐一枚舉這些實效如下：「天主因聖神（的恩寵），給某人賞賜上智的言語，給另某人賞賜明達的理論，（科學知識的學說），根據同一聖神（的恩寵）；給另某人賞賜信德，仰賴同一聖神（的恩寵）；給另某人賞賜醫治病疾的恩寵（神恩），依賴惟一的聖神；給另某人賞賜德能的奇工，（發顯聖蹟）；給另某人賞賜先知的神恩；（通達隱秘，預見未來）；給另某人賞賜鑑別力：辨認神靈的善惡；給另某人賞賜多種語言的口舌；（會說各國語言，或會說常人無力懂曉的高奧語言）；給另某人賞賜言語（實義）的解釋，（揭曉《聖經》或其他語言原有的真義。上述神恩，九種，都是同一聖神（恩寵）的實效：隨著聖寵，賦與人靈：凡受洗入教，未失聖寵者，無不分別具有）。

駁謬：用以上這些分析，得以破除摩尼教派某些人的錯誤：他們聲稱，形體界的奇蹟，不是由天主作成的。同時也得以破除他們的另一錯誤：他們竟說眾位先知不是因天主聖神（的光照和恩佑）而發出所發的言論。此外，還得以破除波利石連派及孟潭派的錯誤：他們主張眾位先知，如同神魂出殼，或神靈附體的人一樣，自己不懂自己言語的意義；（彷彿病人的胡言亂語）。這樣的主張，不副合天主啟示的本質：因為天主的啟示，主要的效用，是光照人的心智。

注意：在以上（一五一及其下）數章內，提出的聖寵實效，相互比較，有許多分別，尚應注意；聖寵諸效，雖然都可叫作恩寵，白受天主施給，人無前功足恃；然而只有「愛德的親愛」，使人成為天主可欣悅的人，既是天主聖寵的實效之一，則比其他諸效，更有理由叫作「恩寵」：（包含恩愛寵幸的情誼）。《箴言》，章八，節十七，曾說：「我親愛那些親愛我的人們」。由此，得見信德望德，及附屬於信德的其他一切，能是罪人之所有；惟有愛德，是無罪的義人之所特有。罪人，沒有愛德，故不受天主寵愛。義人既有信德望德，又有愛德，乃契合天主：「人以愛德為安宅，乃是以天主為安宅；作自己安居的宮殿」。（參考若望書信，第一封，章四，節十六：猶言，愛德完成天主和人，神靈團結的合一：融洽無間，天主在人以內，人也在天主以內：互相內在：密切至極）。

德能聖寵和行動聖寵：尚應注意，聖寵百效當中，還有另一分別：一種是德能聖龍，一種是行動聖寵。德能是常備的：人一生常應具備某些德能，無之則不能保全聖寵的生活（和身靈的永福）：例如信德，望德，和愛德，加上遵行天主誡命的忠順之德，（就是聽命之德：聽順天主的召命）。這些德能都是聖寵（的根子裡）生出的效果，是人需要恆常具備的一些才能，用以隨時發出行動。它們是常備的德能，專叫常備的聖寵，普通簡稱聖寵。

除它們以外，尚有一些行動，例如作奇蹟，預報未來，和其他類此的行動，不是人一生常作的，而只是在某些時候和地點，有作的需要。為滿足這個需要，人應由天主的恩寵，領取一些效能，不是常常具備的才能，而是天主臨時施降的效能，助人作出某某行動，行動終止，前效能的施降也隨著停止；其後，應再開始施降，如果同樣的行動，有合宜的機會，也需要再次舉作：例如先知的心智，每次受天主啟示，乃每次受到新降的光明照耀；同樣每次作奇蹟，或發顯聖蹟，就每次需要臨時領受天主新賞的效能助佑。這種臨時應用的效能，（也是從天主聖寵裡，生出的一些效果）；有時專名行動聖寵，有時通稱聖寵，也簡單叫作「寵佑」：猶言臨時行動現有的主佑。

第一五五章 恆守

人為恆心守善，也需要天主聖寵的助佑。

理證：本體變易無常者，為能固定於一，需要某一不變動的發動因素用力按撫之。然則人的本體，具有意志的自由，既能改惡遷善，又能轉善向惡：時善時惡，變易無常。故為堅定於善，恆守不失，需要主佑。（天主是不變動的發動者：發動，則動人向善；不變，則恆常向善而不向惡）。

還證：為作成超越人意志自主能力的事，人需要天主聖寵的助佑。然而意志自主的能力，達不到長期守善，恆心到底的久遠效果。理由容易明白：意志自由和自主的權能，範圍相當狹小，相當於自由選擇的對象之範圍。凡是自由選擇的對象，都是可作的特殊事物。凡是可作的特殊事物，都是此時此處的某某個別事物。所以，意志自由自主的權能範圍，只擴展到現時應作的某某個別事物。恆心守善，依名理的本義，不指現實可作的某某個別事物，反而專指整個（長久）時期內工作的持續，不歇不停。這樣的久遠效果，終身一生，恆心守善而不失，是超越意志自由自主的權能範圍的。人為恆心守善，終身不失，所以就需要天主聖寵的助佑。（一生常作某某善良的德行）。

加證：人因有意志及自由自主的決裁能力，故此是自己行為的主宰；然則人不因此而也是自己本性能力的主宰。是故，人固然有願意或不願意某某事物的自由，然而但用自己的願意，不能使自己的意志能力，在願意的現實動作上，對於所願意或所選擇的事物，保持恆久不變的關係。（按著前段所說，這是改變自己能力的本性活動範圍：猶如改變自己其他本性能力的範圍：也是意力不能作到的：例如意力支配眼睛或看或不看某某形色；這是它可以作到的；但命令眼睛常常定睛注視某處的一個形色，長久不歇，也是意力不能作到的。意力是個別行動的主宰，但不是人本性能力的主宰：既不能創生新能力，又不能改變任何能力的本性活動方式及範圍）。

為使人的意力，保持德性的聖善，恆久不變，卻需要改變人自由意力本性活動的方式和範圍：所不是人意志的自決所能作到的。（但人為達到生存的終極目的，必須有恆德）。所以，必須仰賴天主聖寵的助佑，人才能恆心行善，而有恆德。（恆德是恆久行善的德能，是天主聖寵的特別助佑）。

另證：如有許多作者，前後相繼，發出動作，就是一個動作完畢以後，另一個才開始動作；它們當中的任何某一個，都不是它們動作繼續不停的原因：因為無任何一個常動不息；那個原因，也不是它們的總體，因為它們不是同時一齊都動：所以，按大哲《物理學》卷八，（章六）提出的證明，它們動作（成效）的繼續不停，應有一個更高的原因：猶如動物逐代傳生的繼續不停，現有一個高級的常動不息的原因，（就是古代《物理學》和天文學所說的第一層天體，旋轉運行，永不止息。然則，設使有某人，現實行善，恆心不懈；他的意志自主就發出許多動作，一個完畢了，另一個繼之而興起，努力作某善事，此興彼替，直到全部工作完成而後止。這個善事的繼續不停，就是恆心不懈的德能，和實效，必有的原因，按方才舉出的理由，不得是那些意志動作的任何某一原因；（因為它們當中，沒有一個是常動不息的）；也不會是它們的總體；因為它們既不同時發動，故不能共同產生那某某同一效果（的成全）。結果必是：它們效用的持續，另有某一更高的原因。可見：人為恆心行善，也需要受到更高某一原因的寵佑。

又證：如有許多因素，守秩序，按規則，追求一個目的；它們恆心不懈，達到目的，整個的秩序和規則的體系，計劃和佈置，就都是第一發動者，主持引導而完成的功效。然則，恆心行善者，有許多行動和工作，和一個目的發生擊中的關係，所以，這些行動和工作的秩序和規則的整個體系，都是第一發動者，主持引導的功效。但是（前在章一四七），已經證明了：人的這些行動和工作，為達到至高無上的終極目的，是受人的意志仰賴天主寵佑，發動主持和引導。從此可知：恆心行善者，善良事功的持續，和秩序與規則的整體，也都是仰賴天主的寵佑。（行動，泛指移動和變動，兼指變化，運動和發展，工作，專指施展能力而作的事功。行動和工作，合舉，統指奇工妙化的整體：常是天人無間，以人參大而得的化育之功：治世如此，修己亦然。全其天賦，與天地（大主）合德，尤屬必須如此）。

經證：因此，（聖保祿）致裴利伯教眾書，章一，節六說：「你們當中的善良工作，是天主發起的，天主也就要完成它，待至耶穌基督（降來）的日期，（永不放鬆）」。宗徒長，（聖伯多祿）書信，第一封，末章，（第五章，第十節也說：「天主普施萬善，既召選吾人分享其永遠榮福；稍受痛苦磨鍊，即得天主成全，一勞永逸，堅定，穩固，（永享安泰）」。

《聖經》裡，還有許多禱詞，求天主賞賜恆德。例如《聖詠》（章十六，節五）：「主！我求你堅定我的步伐，踐行爾的徯徑，免失正路」。（聖保祿）致德撒勞尼教眾第二書，章二，節十六—十七），也說：「我們的大父、天主！我們祈求祂，勸勉我們的心靈，堅定我們一切言行的聖善」。

天主經裡面，也有這一項祈求，主要的一句說：「爾國臨格」：（意思是說：求天主正直的治理，實行在吾人間）：其中缺之不得的含意，不能不是：求天主賞賜吾人行善不懈的恆德。如果天主不是恆德的賞賜者，竟向天主祈求恆德，就是虛枉自欺的。（必非吾主之所肯為）。足證：人的恆德，來自天主賦與。

駁謬：由此，得以破除白辣熱派的錯誤。他們曾主張為恆心行善，人的自由意志，能力充足，不需要天主寵佑。

附誌：須知有天主寵愛的人，為能恆心行善，也還應祈求天主扶助：（另加寵佑。寵愛和寵佑不同。寵愛是潛能的實力和情況。寵佑是現實的扶導，引領條件適當的實力發出現實的動作：由潛能轉到現實，由虧虛充實到盈極；由鬆閒趨於緊張）：猶如自由意力，不足以在實效上恆心行善，但需要天主的外援，無之則不可；依同比例，只有天主賦與的某一能力，而無天主的寵佑，也不足以維持恆心行善的實效。理由如下：

天主賦與吾人的那些能力，依照今生的境況，固然在某些方式和程度內，將吾人的自由意力，堅定於向善的真誠，但不完全消除它由善變惡的可能性。所以，如說人為恆心向善，貫徹到底，需要天主寵佑；意思不是說，天主先賦與某一能力的恩寵，引人行善；然後又在那個恩寵的上面，加賦另一恩寵，助人恆心到底；反之，實意是說：既有了天主賦與的一切能力，人仍需要天主上智照顧，設備外部的支援和扶助：主宰治理，引導提拔，人始能恆心不輟。（猶如火燒木柴，不但燒熱木柴的內部，而且燒熱木柴外部周圍：否則，外部潮濕，木柴的火將難常燒不熄。然則，內部和外部的熱力，不是兩個：一在內，一在外：而是一個：在內者常熱，在外者助以尅勝阻礙。在內者統稱「寵愛」，愛由內賦。在外者，叫作「寵佑」，保護周圍）。

第一五六章 回心向善

從此轉進，乃可明見：人仰恃天主寵佑，縱然沒有恆心貫徹，跌倒而陷入了罪惡，還能挽救過失，回心向善，恢復舊德。

理證：物生存的健全，現有者的維持，和既失者的恢復，是一個生活能力的功效：猶如（醫科所知）身體健康的維持和疾病的救治，是運用本性具有的同一能力。依同比例，按（前章）已有的證明，人向善的恆心，既然仰賴天主寵佑而得以維持；所以失足犯罪以後，也就是仰賴同一恩寵的助佑而能以恢復。

還證：不需要預先配製主體的施動者，能將自己的實效，降施於主體以內，不拘主體有什麼預先配備的條件。也就是為了這個理由，天主施動，不需要主體預先設備條件，能將本性自然的性理，輸入於某一主體以內，縱令這個主體預先沒有任何條件的準備：例如（《聖經》所載）恢復盲人的目光；復活死者；還有其他類此的事蹟。然而天主本性自然的功化，既然不需要某人「有形質的主體」，（就是人的肉身）預先準備條件；所以按同比例，為賞賜（神靈超性的）恩寵，天主也不需要人的意力方面預先有什麼功德或準備：因為，按（章一四九）已有的證明，天主的恩寵，都是白白施給的，不是為報酬人的功德。從此可見：在人犯罪跌倒，失落寵愛以後，天主還能賞人恢復寵愛，藉以消除已犯的那些罪惡。

加證：人因生育而秉賦的一切，既失以後，不能復得；例如人本性生而具有的能力和肢體；因為人因孕育而出生，只生一次，不會生了一次又生一次，（回閱章一四四）；但以生育為限。然則，寵佑的賦與，不用生育的方法，但是在人既生以後才賦與給人：（故此，不是生而具有的，也就不是既失以後不能再得）。足證，人因犯罪，喪失恩寵，仍能再得天主恩寵，恢復舊德，免除罪惡。

又證：恩寵，是一種能力，按（章一五〇）已有的說明，是人靈魂常久擁有的一種潛能和情況。然而人因操行習練而得的能力，或習慣，既因荒廢而喪失以後，仍能因溫習舊業而恢復。天主恩寵，交結人靈，救免人罪，既失以後，就更能仰賴天主的功化而恢復給人。

另證：在天主超性的工程裡，物不虛設；猶如在天主所造物理自然工化裡一樣，也是物不虛設。物性的自然定律如此，也是天主所定。然而，物既被動，如不能達到動的目的，乃是等於虛設。故此，物既生而被動，就必須有達到目的可能。依同理，人失足犯罪以後，在此生境況中，有被動遷善的趨向：可徵驗於罪人的心理：他既有向善的願心，又有悔罪的心痛。這樣的真情常存於人的良心之中，不因犯罪而喪失。足證，（是良心自然所迫的被動，有向善的目的），所以人在犯罪以後，仍可能回頭向善，恢復天主原先的恩寵及功效。

加證：萬物的自然界，凡有被動的能力，便都能仰賴發動者的能力，由潛能引渡到現實：由虧虛充實到盈極。本性物理的自然，尚且如此；何況超性神功的天然呢？豈不更是如此。所以人靈遷善的能力，可能仰賴天主的動力，由潛能虧虛，過渡到現實盈極。這個向善的能力，在人犯罪以後，仍舊存留在人心靈以內：因人靈本性向善的自然能力，不因犯罪而喪失。故此能仰賴天主的能力，恢復原有的聖善。人這樣也就仰藉天主恩寵的助佑，能夠得到諸罪的消除和釋免。經證：因此，先知依撒意亞，（章一，節十八）說：「即使你們的罪惡，紅似黑紅，我能把它們變成雪白」。

《箴言》，章十，節十二：「愛德掩蓋一切罪惡」。

在天主經裡，吾人每天向上主祈求說：「爾免我債」，也不是虛枉的禱告。

駁異：由此，乃可破除諸瓦先派的錯誤。（聖奧斯定，《異端論叢》，章三十八記載），他們曾主張，人在領洗以後所犯的那些罪過，都不能得到寬赦。

第一五七章　恢復超性的生命

由上面同樣的理由，還可證明，人犯「死罪」以後，如不依天主寵佑，不能恢復（超性的）生命。

理證：人犯死罪，乃自絕於終極目的。但為嚮往終極目的，（按章一四七的說明），人力不足，不可不仰賴天主寵佑。足證人的悔罪自新，惟有仰賴主恩。

還證：仇怨消除，惟賴和好相親。人因犯罪，招惹天主仇怨。《聖經》說：「天主仇恨犯罪的人」。（參考《德訓篇》，章十二，節三——七。《智慧篇》，章十四，節九）。實意是說天主決意剝奪他們達到終極目的能力。反之，終極目的之真福，天主卻預備只賞給自己親愛的人。足證人從死罪裡，恢復新生之路，惟有仰賴天主寵佑，恢復人和天主的互相親愛。

上面（章一四七及以下諸章）舉出的一切理由，都可引用過來，證明本章的結論：人和天主，交相親愛的（超性）生活，（或初生，或再造），都需要依賴天主的寵佑。

經證：因此，《依撒意亞先知》，章四十三，節二五說：「我就是為了我的自愛，而消除罪惡」。《聖詠》，八四，三，也說：「爾釋免了爾人民的罪惡，遮掩了他們的一切罪過」。

駁異：由此乃得破除白辣熱派的錯誤。他們會說：人用自由的意力，就能從罪惡裡，悔改圖新。

第一五八章 自新的誠意

方向的兩端相反，如不離棄一端，人則不能回頭，歸向另一端，為此理由，人如依賴天主寵佑，回頭歸向正直的方面，必需棄絕罪惡陷溺的邪途。又因人棄絕或歸向生活的終極目的，主要是用意力，所以人棄絕罪惡，停止犯罪，不但需要外行，而需意力的要真誠：為能改過自新。

然則棄邪歸正的誠意，包含兩個要素，一是痛悔往罪；二是立志將來不再犯罪。不立志戒防，則無誠意。不痛悔往罪，也是沒有歸正的誠意。去就的動向相反，猶如黑白互相衝突。所以，意志戒惡和向亞惡的趨向也是互相衝突。意志向惡，是由於愛戀低劣事物的快樂。意志向善，則應甘心忍受罪惡應受的刑罰。慾樂引誘人心傾意向惡。刑罰，堅定人心，痛絕罪惡。

再者，試觀無靈的獸類，不勝鞭打，捶楚，方肯罷休情慾的至樂。人如改過自新，既應痛悔往罪，而戒慎於將來；所以為堅定志向，理應為恨罪而自行苦工。

另證：辛苦勞作，受了艱難，而得到的成果，吾人則愛之更為誠切；珍藏保存，也越加謹慎。是以親身勞作掙來的錢，比不勞而獲，或得自父母親友，或用任何其他方式得來的錢，更受人的愛惜和儉省，然則，人既棄邪歸正，悔罪自新，極應謹慎珍惜天主的恩寵和愛情：前者疏忽懈怠，犯罪而失去了恩愛，今既失而復得，則應慎重保存，勿再喪失。為達到這樣的目的，人理應為補贖已犯的罪債，承受勞作和刑罰的辛苦艱難。

還證：因犯罪而受刑罰，是正義的需要。事物遵守正義的秩序和規則，表現天主治理的上智。人因犯罪而受刑罰，適足以顯揚天主的聖善和光榮。罪人犯罪，踰越天主的誡命和規律，違反天主建定的秩序；理應忍受刑罰，或自己刑罰自己，勿稍自行寬假：如此乃能將意志的荒亂，完全剷除。（行苦工，作贖，自怨自艾，目的正是為制止意志的邪惡：臥薪嘗膽，刻苦自勵）。

由此可見：人因天主恩寵，既得罪赦，恢復舊德，根據天主的公義，仍有責任承受某些苦工或刑罰，專為補贖己犯的罪債。自願受刑，可謂滿足天主（正義的）願心：重整天主的紀綱，自罰蕩亂法紀的重罪。人如不願自己刑罰自己，為能實現天主上智的正義，則應忍受天主的降罰！人受天主降罰，不是自願自罰，故此不可謂是償贖罪債；但可說是清洗罪污：受外來刑罰的鍛煉，因而棄邪歸正。

是以大宗徒，（聖保祿），致格林德教眾第一書，章十一，節三一—三，說：「我們若自訟自承，則必不受判罰：（否則），既受天主審判，乃受懲治，望（得寬赦），免和斯世，同受主罰」。

然而，需要注意：人心神智，既願棄絕罪惡，悔憾往罪，歸依天主，情意真切，能達到相當深度，惡意惡念，一清如洗，則無責任再受任何刑罰。（刑罰的目的，是為洗淨人心；人心既已清洗，則不必再用刑罰。可見正心之道，惟在意誠，不在刑苦，除非私慾頑固）。詳說起來：綜合前論，宜知人受刑罰，補贖往罪，其必要目的，在於堅定志向，歸從聖善的正路；刑罰懲治人的罪惡，猶如醫藥治療人疾病；並且、有罪則受罰，也是為保全天主的公義之道。

然則，熱愛天主、心意的真誠，已經足以堅定人向善的志願；悔憾往罪，惱恨的深度，也使人心感到重大痛苦：這就是滿足了刑罰的目的；所以就不必再用刑罰：既不需要「自贖罪債」的刑罰，又不需要「洗滌罪污」的刑罰。（前者是自己尅苦自己。後者是自己甘受外來痛苦的磨鍊）。悔罪向善的心意，真誠幾分，則應將刑罰減輕幾分。真誠至極，則刑罰減盡，不需再用。（依同理，今生如此，足以減除「補贖」；來世也可免受「煉獄」：惟需今生，悔罪向善，心意真誠而熱切）。

還有一點，也值注意：為滿足天主的公義，人不但能自己為自己作「補贖」，自償罪債；而且，如有需要，也能代替別人，受刑罰，作補贖。理由是：人心的友愛，將兩個人的心情，合成了一個心情：愛德的親愛，戀慕精誠，特別是如此。朋友間的同情心，共同甘苦，眾心猶如一心。朋友為本人受罰，和本人身受一般：本人罪越重，心裡越感難過，而不甘自安。大哲，《道德論》，卷三，章十三有句名言說：「吾人用朋友作事，等於用吾人自己作事。看去前後，儼然一般」。

更進一步，愛德精誠的心情，激起人為朋友代受罪罰，比較自己為自己身受罪罰，更能滿足天主公義和仁愛的歡心：因為前者的動機，是愛德自發的情願；後者卻是被迫於公義的必然。從此可見：兩個人互有愛德相親的關係，一個可以代替另一個，作補贖。是以大宗徒，（聖保祿），致迦拉達教眾書，章六，節二說：「請大眾彼此擔負起重任，這樣就要滿全了基督的律法」。

第一五九章　人能阻礙天主的恩寵

回憶前論，（一四七諸章），得知：非賴天主寵佑，人不自己引導自己，追求生活的終極目的；，並且無人能得到為追求那目的所需要的德能，例如信德，望德，愛德，和恆德。從此想去，有人能認為：失掉那一切，不應歸罪於人；特別因為天主的寵佑，不是人立功可以掙取的報酬。又因為如果天主不先挽回人心，人不會自動回心向主：不由己的事，不應歸罪於人；（好事，也不可歸功於人）。

如果承認了上面的這個意見，顯然有許多不適宜的後果，隨之而生：例如：人無信德，或無望德，或無愛德，或無恆德，或四者皆無，既非人罪，人則不應受天主的處罰。（這顯然與《聖經》不合）；因為《若望福音》，章三，節三六，明白的說：「不信從天主真子的人，將來見不到生命，但受天主義怒的降罰」。

又因，人無上述諸德，則達不到真福的目的，必有某些人，既得不到（天堂）永福，又受不著（地獄）永罰。這也是違反《聖經》。可證於《瑪竇福音》，章二十五，節三四－四一：描寫天主審判世人說：「你們請來，享有給你們儲備的國度」；或說：「你們走開，降入永火受苦」。

為解破這樣的疑難，需要理會到：人用意力自由的活動，雖然不能立功掙取，也不能呼禱求得天主的寵佑，但是卻能阻礙自己領受天主賞賜的寵佑。《聖經》記載：《若伯傳》章二十一，節十四，提到了某些人，竟敢拒絕天主的恩愛說：「天主！爾要走開，離開我們！我不願認識爾要指示的道路」；同傳，章二十四，節十三又說：「他們這些人，反抗了（天主的）光明」。

阻礙領受天主寵佑，或不阻礙，是人意力自由作主的事；天主方面，早已依照計劃，給一種的人，散施了恩寵，因為，按《聖經》裡，（大宗徒，聖保祿），致弟茂德（主教）第一書，章二，節四的名訓：「天主願意一總的人，個個都得到救世的鴻恩，並認識救世的真理」。那麼，如果有人，自由自主，故意拒絕天主的救恩，當然不能不算是：「天與不敢，反受其咎」了。實際上，只有這樣的人，得不到天主的恩寵。

舉例說明之：比如天空裡，陽光普照，地上某人卻故意閉上眼睛，不隨從太陽光明的照耀，而遭受了災禍，（跌入了深溝），也是咎有自取。人只有眼睛而無陽光，固然也無法看見去路。（人之免死得活，也是以人全天：或則天人兩全，敗則人咎自取。天無絕人之路。人有自絕之咎）。

第一六〇章 人荒亂陷溺的心理

本性能力完整的人，意志自由自主，有能力自決不阻礙天主的聖寵，一如前章所言。人如先自荒亂，傾向罪惡，喪失了本性能力原有的完整，完全無力禁絕聖寵的一切阻礙。

理證：那樣的人，縱然某一時期能戒絕罪惡的某一行動；但日久天長，單靠己力，必要失足，陷落，幹犯罪惡，因而給聖寵，擱置阻礙。人心的神智，既已棄正從邪，顯然失去了人生正當的動向和目的。邪慾傾注於罪惡，視罪惡之慾樂，等於終極目的之真福，認假成真，勢將全力追求，自覺罪惡的慾樂，比較終極目的之真福，更可迷戀。是以偶而機會得逞，方法便利，必受自由採擇，幹犯罪惡，背叛人生正當目的；除非天主寵佑，發生實效，那人專靠己力，不會自己回頭向善。由此可以明見，人在犯罪以後，未受天主寵佑引回正路以前，自力不足以停止犯罪。犯罪乃是阻礙天主聖寵；違反人生的目的。

另證：人心的神智，既已傾向一方，乃已失去了正直的平衡，在相反的兩方之間，不在保持不偏不倚的中正；但更偏向邪慾傾倒的那一方面。心智偏向某物，遇機必選擇那某物，除非理智甦醒，殷勤勸戒，切切說服，不肯回心轉意：（是以促然行動，慎防不及，往往洩露內心久有的隱衷和固習）。察顏觀色，窺人促然而自然的表現，（按大哲，《道德論》，卷八，章五所說），最能考驗人心內部的品德或習性。

然則，人的心智，無力常久醒寤戒防，振作理智，爭辯勸戒，思考應作或應求何事。所以有時隨心所慾，選擇私慾偏向的素願。這樣，他的私慾如果已經有了罪惡的偏向，勢難長久直立，而不傾邪於罪惡，增加聖寵的阻礙：愈趨愈下，除非仰賴天主寵佑，自力無法挽回。

加之，身體（器官）情慾的衝動，激盪於內；情慾可貪求的對象，引誘於外；周圍罪惡的機會又極為眾多：人被包圍，不勝挑唆，除非向善的意志堅強，難免失身而犯罪。然而追求人生正當的終極目的，意志的真誠堅定，非有天主寵佑不會成功。足證本章定論。

駁異：從此可以明見白辣熱派意見的愚妄。他們嘗主張：生存於罪惡中的人，不靠主佑，只用己力，足以避免諸罪。這樣的意見，明明相反《聖經》，可證於《聖詠》，（章七十，節五）。那裡（達味聖王）祈禱說：「我的能力疲竭了，（無法支援下去），求爾不要捨棄我」！

天主經裡，上主也教導吾人祈求天主大父說：「又不我許，陷於誘惑，乃救我於凶惡」。

附誌：生活在罪惡中的人，除非先有天主寵佑，自力不能避免阻礙天主的恩寵；證明見前。但他每次阻礙主寵，仍然是算作是他的罪債，重上加重：理由有二：

一因他力量的缺乏，是他已往犯罪遺留下來的禍害：猶如醉漢殺人，不能辭卻罪債，因為他當初飲酒過度是他自犯的罪過：應負罪債。

二因那樣的人雖然無力完全避免犯罪，但尚有力現時避免此某或彼某罪惡行為；前者已曾論及。所以他不拘犯了什麼罪，都是自主情願犯的罪。這樣也就理應將罪惡的責任判定歸屬於他，由他擔負。（章終）

第一六一章　特赦

人犯罪，則阻礙聖寵；依照萬物自然的規律，也就不應領受聖寵。雖然如此，天主卻能在萬物自然的常規以外，作出某此行動，（回閱章九十九）：例如盲者復明，或死者復活；因此有時，由於仁愛洋溢，給阻礙聖寵的人，天主也肯先發寵佑，引領他避惡向善。

天主使盲者復明，死者復活，不是一總的盲者復明，也不是一總的死者復活；但只是某些人復朋，或復活，顯揚天主的德能；另某些人卻遵守萬物自然的常規：（盲者不復明，死者不復活）。依相同的比例，天主也不是給一總阻礙聖寵的人們，一律先發寵佑，引之避惡向善；只是救援某些人，為發顯天主的仁慈；並讓某些人顯揚天主的正義：得不到天主先發的寵佑，（陷溺於罪惡，愈陷愈深，不知返悔）。

是以，大宗徒、聖保祿，致羅馬信眾書，章九，節二二說：「天主願意發顯義怒，表現自己的權能，忍耐了義怒難忍的罪惡之器具，預備將來把它們完全毀棄；但為表現自己豐盛的光榮，用仁慈護衛義德之器具，預備將來讓它們承受光榮」。（罪惡之器具，象徵罪惡的人。義德的器具，指示義德的人，就是領受了天主先發寵佑又賞義德的人）。

犯同樣罪惡的許多人當中，有些受天主先發寵佑，改惡向善；另一些卻受天主允許，遵循萬物自然的常規，（罪上加罪，受不到挽救）。前後待遇不同，理由無他，惟在天主願意：猶如萬物初造，自無而有，尊卑異等，各有分位，全由天主隨意命定；又如工匠，製造器具，所用質料，成色相同，所造器具，各有用途，也是尊卑互異，純由匠人自由裁奪：別無其他理由。

是以大宗徒，（聖保祿），致羅馬信眾書，章九，節二一，說：「陶匠取泥製器，或作珍貴器皿，或作卑賤器皿；泥料雖同，用途迥異，豈不由陶匠全權自由決定」？（天主如陶匠，人才如泥土；優劣智愚，先天命分，全由天命。足見天命之不可由人而轉移，何其可畏）!?

駁異：由此得以破除奧理真（神父）的錯誤。他曾主張：回心向主的恩寵，得自天主，根據人的靈魂，在未結合肉身以前，（在另一個世界），立下了的功德。（前生有功者，得寵；無功者，失寵。這樣的主張錯誤，前卷（章四十四，八十三諸章），已有詳駁。

第一六二章 放棄

天主引領某些罪人，回頭改過，歸向天主，另某些天卻受放棄，各依功罪，淪陷於罪汚。然而天主並不引人犯罪。

理證：按前者（章一三九及一四三）的證明，眾人背叛天主，失去了人生目的及正路，於是犯了罪惡。然而，不能是受天主引入了錯路：因為凡是發動者，都是為達到本有的，與自己合宜的目的。天主發動，引人行動，不會引人背棄人生目的，因為人生目的，乃是結合於天主自己。（天主不能自己背棄自己）。足證天主不能引人犯罪。

復證：善因不會生出惡果。然而人犯罪，是惡：相反人性的本善：按理生活。所以天主不能是人犯罪的原因。

另證：人的上智和聖善，都導源於天主的上智和聖善；彷彿是天主的肖像。人引人犯罪，是違反人的上智和聖善。足見天主更不能引人犯罪了。

加證：罪惡生於切近原因的某些缺點，不是生於第一原因動力的灌輸和影響：猶如步伐歪邪，來自腿蹶，不來自心臟的動力：反之，蹶腿行路所表現的一切進步，和美善，都是來自心臟的推動。人生罪惡的近因，是人的自由意力。人生的遠因：並且是第一因，固然是天主，但人生行為的罪惡，是來自人的意志，不是來自天主。反之，罪惡的行為中有兩種成分，一是邪惡，二是行為。行為方面的一切美善，卻是來自天主。（例如淫婦生子。邪淫的罪惡，來自淫夫和淫婦的淫意。幼子的生育，及生育行為本有的一切美善，卻都是來自天主；成於天理的必然和自然）。

經證：是以《德訓篇》，章十五，節十二說：「你不要說是祂拐騙了我。祂不需要人犯罪，背棄祂」。下文節二一也說：「天主不會命令任何人犯罪，違反天主自己；也沒有寬許任何人犯罪」。聖雅各伯宗徒書信，第一章，第十三節也說：「人受誘惑，勿說受天主誘惑：天主不是罪惡的誘惑者，卻是惡人的試探者」。

經解：《聖經》裡，有些話，好像是說：天主是某些人犯罪的原因。例如《出谷紀》，章十，節一說：「我僵化了法郎國王及其臣僕的心」。《依撒意亞先知》，章六，節十也說：「求爾弄瞎這個民族的心目；填塞他的耳孔：免得他們眼有所見而回頭改過，並得救恩」；章六十三，節十七又說：「天主使我走入了錯路；僵化了我們的心，免得我們向天主發起敬畏的心」。大宗徒，（聖保祿），致羅馬信眾書，章一，節二八也說：「天主將他們交付給荒亂的情網，任憑他們作些不合宜的事」。

上面這些經訓，正確解釋起來，實意不外是說：天主沒有給某些人，賞賜躲避罪惡的寵佑；給某另一些人，卻賞給了。

附誌：所謂「寵佑」，不但是「聖寵的灌注」，（由內賦與）；而且也是「外部的保護」；天主上智，照顧保佑，免掉人犯罪的機會；鎮壓誘人犯罪的刺激。

此外，天主還用本性的理智光明，並賞人許多別的本性的美善，幫助人抵制罪惡。某些人，行為無功，天主公義，減除他們需要的這些助佑，(《聖經》裡，往往)便說是天主「弄瞎了他們的心目」；或「僵化了他們的心」，或說其他上述的某些話語。(都是些象徵的形容，喻指人罪至重，不堪主佑)。

第一六三章　上智永遠的註定

前（在章一六二）已證明了：有些人，承受天主寵佑，追隨人生目的；另有些人，卻喪失寵佑，失掉人生目的：這都是天主動作而生的效果。然而天主所作一切，按上面（章六十四）的證明，從無始的永遠，已經都有了天主上智的安排。

從此可知，上述人品的分別，也是天主永遠命定的！天主預定某些人順從天主指引，達到人生目的，（神學術語）叫作「先天命定」。是以大宗徒，（聖保祿），致厄弗所信眾書，章一，節五說：「天主預先命定了我們承受天主收納，作為天主的義子；遵照祂聖意的計劃」。

天主永遠預先規定了某些人得不到寵佑，（神學名辭）叫作「先天不濟」；或者（《聖經》裡）也叫它作「天主之所厭棄」，或說「天主惱恨」，（但是象徵語法，回閱卷一，）。是以《瑪拉基亞先知》，章一，節二－三記載天主曾說：「我親愛了雅各伯，我惱恨了厄撒烏」。

天主預先永定的收納或厭棄，有「天主預先簡選」的含意。大宗徒，致厄弗所信眾書，章一，節四，論到這一點，有這樣的話說：「祂在造世以前，就預先簡選了我們，作為祂的手足」。

這樣看來，可以明見，天主上智的照顧，包括三個部分：一是「先天命定」，二是「天主預選」，三是「天主厭棄」：都與人生的終極目的有關：或得，或失，（或厚，或薄）。同理，可以明見：天主預先永遠的命定和簡選，不將人自由作的事，變成人不能不作的必然事。前在第七十二章，已經證明了天主上智的永遠計劃和安排，並不取消世界事物的偶然性：所用的種種理由，相同。（故請回閱參考）。

天主預先的命定和簡選，不以人的任何功德為原因，不但可明證於天主聖寵是其原因，先發於人未立功以前；前者已有證明，（回閱章一四九）；而且還可明見於天主的意志，及其上智的照顧，是萬物和萬事生成的第一原因；不能又是任何其他事物的效果，（回閱章九十七；及卷一，章八十七）。固然，天主上智照顧而生的許多效果之中，一個能是另一個的原因。天主預先命定的效果，彼此，也能有同樣的情形。

謹釋大宗徒的遺言，作為本卷的結語，讚頌天主說：

天主至先無始；
不受施給，不領報酬，不結債務。
萬物之生，以天主為元始。
萬物之動，以天主為亨通。
萬物之靜，以天主為貞固。
萬物之行，以天主為扶導。
萬物之止，以天主為歸宿。
尊顯，顯之！
光榮，榮之！至於萬世之世。亞孟！
（羅，一一，三五—三六）

所用主要圖書館目錄

1. La Bibliotheque Pet'ang, Peiping.
   北平西什庫北堂圖書館
2. Fujen University, Peiping.
   北平輔仁大學
3. Peking University, Library, Peiping.
   北平北京大學
4. Pontificia Unbaniana di Roma.
   羅馬務本大學（傳信大學）
5. Biblioteca Apostolica Vaticana, Citta Vaticano.
   羅馬梵蒂岡圖書館
6. Biblioteca Nazionale Central Vittorio EmanueleII. Roma.
7. Pontificia Universitas S. Thomae Aquinatis, Roma.

8. Pont.Universitas, Gregoriana, Roma.
9. Bibliotheque Nationale, Paris, France.
10. Bibliothéque de L'Université Catholique (I'Institut) de Paris, France.
11. British Museum Library, London, England.
12. Bodlean Library Oxford, England.
13. J. W. Goethe Universität, Frankfurt am Main. Germany.
14. W. W. Universität Münster, Germany.
15. Biblioteca Nacional, Madrid, Espana.
16. The Library of Congress, Washington, D. C. USA.
17. Uniy. of California Libraries, Berkeley.
18. Univ. of Chicago Libraries, Illinois.
19. Univ. of Notre Dame Libraries, Indiana.
20. Harvard Univ. Libraries and Yen-chingInstitute, Cambridge, Mass.
21. The Cath. Univ. of America Libraries,Washington D. C.
22. Stanford Univ. Libraries, California.
23. University of San Francisco Library, Calif.
24. St. Mary's Seminary and University Librari. es. Baltimore, Md.

25. St. Francis Xavier Univ. Library, Antigonish, N. S. Canada
26. Pont. Institute of Mediaeval Studies, Toronto. Ontario.
27. University of Ottawa Library, Canada.
28. Bibliotheques de I'Universite Laval, CiteUniversitaire, Ouebec, Canada.
29. University of Toronto Libraries, Ontario.
30. St. John's University, Collegeville, Minnesota, USA.
31. Univ. of Minnesota Libraries, Minn.
32. St. Bonaventure University Libaries, (Olean), New York.
33. St. Albert's College, Oakland, California.
34. Holy Names College Library, Oakland, California.
35. St. Mary's College, St. Mary's, California 94575.

論萬事

作者◆聖多瑪斯
譯述◆呂穆迪
審校◆高凌霞
主編◆王雲五
重編◆王學哲
發行人◆王學哲
總編輯◆方鵬程

出版發行：臺灣商務印書館股份有限公司
台北市重慶南路一段三十七號
電話：(02)2371-3712
讀者服務專線：0800056196
郵撥：0000165-1
網路書店：www.cptw.com.tw
E-mail：ecptw@cptw.com.tw
網站：www.cptw.com.tw

局版北市業字第 993 號
初版一刷：1971 年 3 月
二版一刷：2009 年 2 月 (POD)
三版一刷：2010 年 12 月
定價：新台幣 810 元

ISBN 978-957-05-2573-1

論萬事／聖多瑪斯. 阿奎納（St. Thomas Aquinas）
原著；呂穆迪譯述. -- 三版. -- 臺北市：臺
灣商務, 2010.12
面 ； 公分
ISBN 978-957-05-2573-1（平裝）

1. 神學 2. 本體論

242.1 99022664